塑造文明的大师们

哲学家的思考

果麦 编　宋潇潇 撰文

江苏凤凰文艺出版社
JIANGSU PHOENIX LITERATURE AND ART PUBLISHING

果麦文化 出品

前言

“哲学是什么？”可能很多人都无法准确回答这个问题。因为比起文学或科学，哲学较难被我们清晰地认知和解释，和我们的距离似乎也更加遥远。

但实际上，哲学非但离我们不远，甚至可以说离我们很近，因为我们的存在本身就是哲学的三大终极问题所探究的对象：我是谁？我从哪里来？我要到哪里去？

这三个终极问题是古希腊三大哲学家之一的柏拉图提出的。他是一位在人类历史上影响十分深远的哲学家，我们这本书要讲的正是像他一样伟大的哲学家们的精彩人生故事。

从定义上来说，哲学是一门研究世界观与方法论的学说，它研究的根本问题是思维和存在、精神和物质的关系问题。简单来说，哲学研究的其实是人类与世界的关系，而哲学家就是研究这一关系并且形成了自己完备理论体系的学者。

所以说，哲学离我们并不遥远，反而与我们的幸福息息相关，是一门给人智慧、使人聪明的学问。因为，只有明白了自我与世界的关系，我们才能更好地活在这个世上；只有找到生命的意义，我们才能创造出属于自己的幸福人生。

除了柏拉图，本书还会介绍古希腊三大哲学家中的另外两位：苏格拉底和亚里士多德。其中，苏格拉底是西方哲学的奠基人，是柏拉图的老师；柏拉图是客观唯心主义的创始人，是亚里士多德的老师；亚里士多德则是古希腊哲学的集大成者。他们师生三人共同构筑了古希腊哲学的神圣殿堂，拉开了西方哲学发展的序幕。

西方哲学始于古希腊，中国哲学则始于春秋战国时期，同样形成了影响深远的哲学流派。本书将介绍三位中国古代的伟大哲学家，分别是圣贤之巅的儒家学派创始人孔子、逍遥天地间的道家学派代表人庄周、提倡兼爱的墨家学派创始人墨子。儒家追求入世的成功，道家寻求出世的安宁，两者共同组成了中国人的外儒内道的人生态度。而墨家兼爱非攻的思想，则和我们追求爱与和平的现代理念不谋而合。

本书还会介绍德国古典哲学创始人康德、德国古典哲学集大成者黑格尔、法国启蒙运动时期的思想家卢梭、法国存在主义代表人物萨特和英国女性主义奠基人玛丽·沃斯通克拉夫特的故事。他们的哲学深刻影响了一代又一代人的精神世界，塑造了今时今日的社会观念和风气。

作为《塑造文明的大师们》系列中的一本，《哲学家的思考》希望可以成为各位读者成长道路上的哲学启蒙，带领大家去认识人类历史上的伟大哲学家以及他们的思想，用他们的智慧引导我们思考自己与世界的关系，帮助我们成为一位快乐幸福的人。

目录

西方哲学奠基者苏格拉底

爱智慧的少年

“人类从什么时候开始思考”这个问题或许永远无法考证，但“人类从什么时候开始将自己独立于自然之外而进行思考”也许可以追溯到古希腊的雅典时期，从西方哲学奠基者苏格拉底身上开始讲起。

世人称他为柏拉图的老师，也有人叫他亚里士多德的师公，甚至是亚历山大大帝的师祖。他没有写过一本书，却信徒遍地，思想和言行影响了后世数千年。他着眼于人的德行与伦理道德，献身于教育事业，不求物质回报，终生实践着自己崇高的信念。他慷慨地牺牲自己的生命，只为获得真理的胜利。他跟死神碰杯，举起毒芹汁一饮而尽，为真理的胜利画上句号，同时也为下一个哲学时代写下了一个崭新的冒号。

如果没有他，西方的哲学发展进程需要改写，自然也不会有后来的“希腊三贤”。至今，他的名言仍时不时地出现在各类发人深省的文章中，在高深的学术讨论场景中亦被频繁地援引。他那智慧的哲思历经千年的斗转星移，仍不减其流光溢彩的程度。

公元前469年，苏格拉底降生在古希腊雅典的一个普通家庭。这家的男主人是一位雕刻匠，女主人则是一位到处为孕妇接生的助产婆。

当时的雅典仍被笼罩在波希战争下的萧条中，贫寒人家的生活依然困苦。值得庆幸的是，苏格拉底一家不是受人奴役的对象，一家人享有着平淡的幸福。小苏格拉底的外貌有些特别，他的体格矮小，长着一只扁平的狮子鼻，嘴唇像被蜜蜂蜇过一样肥厚，还有一双微微突出的眼睛。这副长相为他的童年招来了许多嘲笑。

当时雅典的男孩刚满七岁，都必须到学校接受初等教育，小苏格拉底也不例外。在学校七八年的时间里，他要读书识字，学习算术、几何学、天文学等课程知识，课本内容主要是《荷马史诗》《赫西俄德教训诗》《伊索寓言》等作品。

雅典男孩满十四岁，若已经完成初等教育，可以选择到社会上就业，或是到中等学校再接受两年的音乐、讲演、天文学、修辞学、伦理学训练。青涩的苏格拉完成了这两年的中等教育，其中的修辞学和伦理学是他日后赖以成名的基础。

青年时期的苏格拉底前往父亲的工作坊，跟父亲学起了雕刻的手艺，从事雕刻石像的工作，其间，他并没有放弃学习。凭借勤奋的自学，苏格拉底逐渐成为一个学富五车的年轻人。到他二十岁左右时，希腊终于在波希战争中获胜，进入了由伯里克利执政的黄金时代。

伯里克利支持文学艺术活动，致力于改善雅典人民的生活，他给雅典带来的前所未有的繁荣，后来也不复重现。那时的雅典在哲学、建筑、雕塑、历史、文学、艺术，以及经济、政治上都达到了空前的高度。当时具有某种专业知识技能的人统称为“智者”，他们纷纷从全希腊各地云集雅典，给民主制度时期的雅典带来了许多新知，引领了自由论辩的新风潮。

城市的氛围给求知若渴、决心研究哲学的苏格拉底提供了一个绝佳的契机。他除了帮父亲做事，还经常在大街小巷中搜索那些著名智者的身影，积极地向他们求教各种问题。久而久之，年轻的苏格拉底便把这些智者的学问和辩论的技巧都掌握遍了，甚至洞察了他们学问的局限。然而他并没有就此满足，对学问的追求和对思辨的探索不允许他停下脚步，他需要找到更纯粹的智慧。于是他开始反思这些所谓的智者和过往的贤人对智慧和哲学的认识。

在此之前，希腊的哲学家们皆醉心于研究宇宙的本源是什么、世界是由什么构成的等自然问题。由于这种对万物起源的讨论，都是建立在时间的荒野和想象力的自由探索之上，先天就无法得到一个绝对的定论。智者们认为任何观点都不能有对错的论断，即便是真理，也只是相对的真理，在不同的立场、条件下都会产生变化。比如他们认为个人的感觉都是真实的，对同一个温度，感觉冷和感觉不冷的人都是对的。

苏格拉底认为这种哲学讨论的内容和方式，对改善生活、追求幸福并没有任何帮助，甚至对于知识本身也是没有现实意义的。出于对人的命运的关心，苏格拉底试图将当下研究哲学的望远镜摘下，让学术的眼睛对焦于眼前的现实，即研究人类的伦理和社会问题，如什么是正义，什么是勇敢，什么是怯懦，什么是诚实，什么是虚伪，什么是智慧，什么是国家，具有什么品质的人才能治理好国家，治国人才应该如何培养，等等。

苏格拉底就此为哲学研究开创了一个新的领域，使哲学“从天上回到了人间”。从他开始，人不再是自然的附属，而是独立出来的另一个研究主体。回顾西方哲学史，我们不得不将这个泾渭分明的“蜕变”作为古希腊哲学发展的分水岭，将先前研究自然的哲学称为“前苏格拉底哲学”，而将他的出现定义为一个哲学新纪元的诞生。

苏格拉底的快乐心法

跟苏格拉底的奇特长相一样有名的是他的穷困潦倒。他还是单身的时候，不得不跟几个朋友挤在一间连转个身都困难的小房间里，然而苏格拉底却为此感到快乐。因为他觉得和自己的好朋友住在一起，可以随时交换思想、交流感情，难道还有比这更快乐的事吗？

然而这样的快乐并没有持续多久，因为一段时间过后，朋友们便先后成家搬了出去，屋子里只剩下孤零零的苏格拉底。别人问他：“这下你还感到快乐吗？”他回答说：“现在房间里可以堆放更多的书，而一本书就是一位老师，自己随时都可以向他们请教，这又有什么不该让我感到快乐的呢？”

几年后，苏格拉底自己也成了家，和妻子搬进了一座楼房的最底层，上面住着六层楼的住户。每天，这些住在楼上的人家都会往楼下倒脏水、厨余垃圾，环境极为恶劣，苏格拉底却仍怡然自得。别人纳闷地问他有什么可乐的，他便罗列了住在底楼的各种方便和好处，仿佛确实没有什么会让他感到不快乐。

相传苏格拉底的妻子是个心胸狭隘、脾气暴躁的女人。有一次，苏格拉底在家与向他求教的学生讨论哲学，他的妻子从门外气冲冲地进来把他臭骂了一顿。苏格拉底默默地接受妻子的撒泼，似乎已把这当作家常便饭。等到妻子骂完后，他又不以为意地继续刚才的讨论。妻子见他无动于衷，到外边端了一盆水进来，二话不说地从他头上浇下，表示不满。这下在座的所有外人都瞠目结舌，认为苏格拉底必然要因颜面扫地而发作了。谁知他竟然不生气，只是揩了揩脸上的水，笑着说：“我就知道，打雷之后，就要下雨。”

到了三十岁左右，苏格拉底已经是雅典小有名气的“智者”。这是时人给他的称呼，与当时的智者通过教授知识来敛财不同，苏格拉底将自己定义为一名不求报酬的社会道德教师。因此，即便围着他请教学习的学生日益增多，也依然没有改变他身无分文的境况。于是，雅典人经常看见一位将鞋子夹在腋下、在城里光脚行走的男人，因为他不希望仅有的鞋子被穿破。

苏格拉底满城转悠，会因看见市集上琳琅满目的物品而感到快乐，也恰恰是在这时，他发现居然有那么多东西是自己不需要的。但他的生活在别人眼里已到了艰苦的地步，有位知名的智者甚至取笑他的生活状态："即使让一个奴隶来过这样的生活，他也会因为不堪忍受而逃跑。"

这副快乐的姿态不免让人联想到鲁迅先生笔下阿Q的"精神胜利法"，不过其中是有本质区别的。苏格拉底试图表达的是，他的追求远远高于物质的满足，他所展现的快乐是永恒的，因为他并不从境遇中"获得"快乐，而是从自我的提升中"掌握"快乐。或者说，他无论在何种处境下都能感到快乐的原因，其实是他已经到达了快乐的源头。而其他人之所以没有发现这个源头，是因为他们并未真正认识自己。

苏格拉底认为，人的苦难源于不能清楚地认识自己想要什么，并对其展开追求和实践，因此容易被眼前的物质欲望迷惑。为了让这个概念的传达能够获得当头棒喝的效果，苏格拉底引用了镌刻在圣城德尔斐神殿上的一句著名神谕："认识你自己！"试图让世人认识到人的本性和获取幸福的真正途径。

如果不认识自己，怎么知道自己真正想要的是什么呢？苏格拉底正是因为透彻地认识了自己，因此义无反顾地成了一位清贫的义务教育者。无论何时何地何人，只要向他求教，他都热情施教，且不收分文，因为他无意活得像收费施教的智者那般“体面”。

被后世誉为“喜剧之父”的阿里斯托芬在他的创作中，极尽抹黑之能事，将苏格拉底刻画成一个没有道德、傲慢自大、欺世盗名、满嘴诡辩的“智者”。但是世人早已认可了他的辩才，都清楚地知道他并非没有赚钱的能耐，只是做出了忠于自己的选择。

下面发生的这件事，或许最能反映他在遭到别人误解和非议时的内心想法。

有一次，苏格拉底和一位老朋友在城里漫步。有一个莫名其妙的人忽然迎上来，用棍子打了苏格拉底一下就转身逃走。他的朋友要追上去帮他出气，却被他拉住。朋友说：“你怕那个人吗？”“不，我绝不是怕他。”“人家打了你，你都不还手吗？”苏格拉底笑笑说：“我的朋友，你别生气。难道一头驴子踢你一脚，你也要还它一脚吗？”

以“助产术”探索真理

人类的生活目标就是获得幸福。

既然目标明确，那为什么绝大多数世人都无法踏上追求幸福的道路，而是盲目地在短暂、变动的物质欲望中挣扎打滚呢？

在苏格拉底看来，他们并非不愿意，而是拥有的知识不够，这与人们“作恶”的原因相同。他认为，从道德伦理本身来说，“无人故意为恶”，因为作恶与人们所追求的幸福是背道而驰的。人们之所以作恶，其实是因为不具备“善”的知识，而真正的知识都是“善”的。苏格拉底由此推导出“德性即知识”的结论：德性和知识是一致的。

由此，“如何获得幸福”的抽象问题，就变成了具体可行的“如何获得真正的知识”。对于这个问题，苏格拉底给出了他的回答，并用一生的言行来实践。苏格拉底认为，人的德性是一种与生俱来的禀赋，只要通过正确的教育方法加以引导认识，这个德性就会被唤醒。

在长期的教学实践中，苏格拉底发明了一套独特的教学法，后世将它称为“苏格拉底反诘法”，他本人则称之为“助产术”。苏格拉底的母亲是个助产婆，他自称是要追随母亲的脚步，做个精神上的助产婆，帮助别人生产正确的思想。这种方法的具体过程是对人们认为理所当然的概念进行反复的诘问，从一个特殊场景到另一个特殊的场景，一步步逐渐深入地测试人们对这个概念的认识牢不牢靠，最终引导出一个适用于普遍场景的真理。

一个最经典的例子，是苏格拉底和人谈论“正义”的对话。苏格拉底问那人：“偷盗和欺骗是正义的吗？”那人回答：“不是。”苏格拉底接着问：“那在战争中欺骗敌人、偷走敌人的财物呢？”那人想了想，回答：“是正义的。”并补充说他先前说的不正义，是指对待自己的朋友亲人。

苏格拉底接过话，又问：“如果有一位元帅因为士兵们士气不振而精神崩溃，他欺骗部下‘援军很快到来’以激励士气呢？又或者一个发了疯的人，他的朋友怕他自残，偷走了他的刀子呢？”这人面色铁青地回答说：“这种情况下又是正义的。”如此往复，最终这人不得不承认自己根本不知道什么是“正义”了。

在诘问的过程中，苏格拉底自己往往并不给予正面的回答，因为他承认自己是无知的。对于别人的质疑，苏格拉底凛然坦荡地说：“我所知便是我无知。”他认为哲学家不是真理的拥有者，而是引导者、启发者，且追求真理需要“承认无知”的智慧，因为人必须先承认自己无知，才能把握每一个增长知识的机会。

到了四十岁左右，苏格拉底已然成了雅典远近闻名的人物，被认为是当时最有智慧的人。

为真理坦然赴死

苏格拉底一生不知道问出了多少问题，在他年至古稀时，他也问了自己一个终极的问题：在信仰和生命面前，你会选择什么？

作为雅典的公民，苏格拉底曾三次参军作战，在战争中表现得顽强勇敢，并不止一次在战斗中救助受伤的士兵，被授予代表英雄的勋章。此外，他还曾在雅典公民大会中担任过陪审官。然而在政治观点上，苏格拉底却并不认同雅典任何普通公民都可以通过抽签担任官职的制度。他认为必须由具有专门且丰富知识的人担任执政者，因为“德性即知识”，只有这样的人才能作出对国家有利的正确决策。这样的主张为他日后被“判死”埋下了伏笔。

在后来雅典民主集团败于斯巴达寡头集团的战争中，

苏格拉底的好朋友和学生都作为雅典民主集团的敌对方参与其中。因此在雅典民主集团夺回政权后，一直有反对言论的苏格拉底便立即被推上风口浪尖，并以藐视传统宗教、引进新神、败坏青年和反对民主等罪名被全民公开审判。

在首次审判时，五百人的陪审团中有二百八十票认为他有罪，二百二十票认为他无罪，这说明当时仍有大部分的雅典民众并不希望苏格拉底被就此定罪。这时，苏格拉底被赋予了为自己辩护的权利。以他的辩论能力，要在这当口为自己争取三十票并不难，然而他反其道而行，刻意地大放厥词，让原本支持他的民众大感失望。果然，在第二次审判是否该判他死刑时，认为他无罪的票数仅剩下一百四十，而认为他有罪的票数却高达三百六十。

耐人寻味的是，苏格拉底原定的处决期因遇上了重要的庆典而被迫延期至一个月后。在此期间，前来探监的朋友和学生纷纷向苏格拉底提出了让他乞求赦免的建议，其中一位朋友甚至计划筹钱买通狱卒，帮助他越狱逃亡。然而这些好意都被苏格拉底坚定地拒绝了。

苏格拉底早已经做出了选择。他如果贪恋生命，那在这“判死”的过程中，他有太多的机会可以脱身，然而他对信仰和真理的忠诚，不允许他在这场终极的对峙中临阵

脱逃。正如临刑时，一个妇女对着苏格拉底哭喊道：“他们要杀害你了，可是你明明什么罪也没犯呀！”苏格拉底笑着回答说：“噢，难道你希望我犯罪，作为罪犯死去吗？”

他要用自己什么都没做却被判死刑的荒诞，来揭露雅典民主体制的野蛮和无知。可以说，正是他一手策划了自己的死亡方式，以一场浩大的审判、以所谓法律正义的名义判处自己死刑。在一个错误体制下诞生的判决中，受刑者越是遵法，越是给予判决沉重的回击。苏格拉底的死既是两种道德冲突下的悲剧，也是整个世界精神要向上提升的必要辩证过程。

当苏格拉底接过毒芹汁，伸出食指，将毒液一饮而尽，奏响了他以生命谱写的哲学作品的最终章。毒碗落地时，人们的耳边仿佛还回荡着他曾说出的那句千古名句：“未经审视的人生，不值得活。”

在欧洲文化史上，苏格拉底一直被看作是为追求真理而死的圣人。他的哲学思想被学生柏拉图继承，后者所开创的伦理哲学影响了往后千百年间哲学家研究的对象。而苏格拉底那追求真理、忠于信仰的精神，更作为学术研究的榜样屹立至今。

人物评价

苏格拉底对思考的热爱、对学问的渴望和对真理的追求，都是他最终成为西方哲学奠基人的基础。他用“助产术”探索真理的方式值得我们学习，他始终快乐的心境对我们的生活有借鉴意义，但最让我们内心震撼的是他为真理坦然赴死的壮举！

客观唯心主义的创始人柏拉图

出身于贵族世家

想要了解西方哲学思想，柏拉图是无法绕过的。他的作品是西方文化的奠基文献，所讨论的内容几乎触及哲学的所有方面，乃至在西方哲学的各个学派中，都很难找到没有吸收过他思想的学派。英国哲学家怀特海甚至慨叹，西方两千年来的哲学思想，不过就是一系列柏拉图的注脚而已。

柏拉图无疑是岿立于古希腊哲学巅峰的人，与他并立的苏格拉底和亚里士多德，一位是他的老师，一位是他的学生，他们三人被广泛认为是西方哲学的奠基者，史称“希腊三贤”。

如果说一个人的思想是其所经历的集合，那么柏拉图八十载的人生里，究竟经历过什么呢？

公元前428年，对雅典来说是艰难的一年。伟大的统治者伯里克利方在一年前的一场瘟疫中病逝，他所开创的黄金时代也自此一去不复返。而在此期间，雅典还在跟斯巴达的对抗中处于颓势，陷入了旷日持久的伯罗奔尼撒战争。

这一年，柏拉图出生在这片满目疮痍的土地上，但他的童年生活并不困苦，因为他的父亲是雅典王族的嫡系，母亲是雅典立法者的后裔，叔叔是当时知名的政治家，家世可谓非常显赫。年幼的柏拉图在这样浓厚的政治氛围中长大，胸中自然埋下了忧国忧民的种子。

柏拉图的原名叫亚里斯多克勒斯，在希腊语中是“取名恰当”的意思。良好的教育让柏拉图很早就显露了出色的学习能力和作诗才华。他聪慧过人、口齿伶俐，人们夸他是太阳神阿波罗之子，还说他婴儿时期一定有蜜蜂停留在他的嘴唇上，所以长大后口才如此甜蜜流畅。

他不仅长相俊朗，运动天赋也很惊人，尤其在跟著名的角斗士学习过摔跤之后，身体锻炼得格外健壮。又因为他身材高大、肩膀宽阔，散发出一份坚韧的气质，人们渐渐放弃称呼他原本的名字亚里斯多克勒斯，改叫他“柏拉图”，意思是“平坦、宽阔”。除了摔跤之外，他还擅长许多其他运动，曾两次在古希腊的奥林匹亚运动会上摘取过奖牌。

少年时期的柏拉图赶上了希腊戏剧黄金时代的尾声。他热爱与艺术家往来，耳濡目染中，文学修养得到了精进，写出了不少诗作。其中有首《星》是这样写的：

我的星，在望着群星。
我愿意变作天空，好得到千万只眼睛来望着你。
从前你是晨星在人世间发光，
如今死后如晚星在逝者中显耀。

虽是爱情题材，读起来却像是对日后的老师苏格拉底的“告白”。

柏拉图既能文又能武，如果没有接下来发生的事，那么他很可能成为一个有影响力的政治家，或是一个才华横溢的诗人。那么究竟发生了什么，让他踏上了寻求真理的道路？

师从苏格拉底

二十一岁时，柏拉图出席了雅典酒神节的庆典。庆典中，一位长相丑陋、个子矮小的哲学家走到人群面前发表演讲。

他貌不惊人，言语却压倒众人，柏拉图听得如痴如醉，如沐春风。这位哲学家就是苏格拉底。其时的苏格拉底已有六十多岁，他满头白发，脸上密布着智慧浸润下的皱纹。柏拉图深深地被苏格拉底的思想所吸引，感慨哲学是一种“珍贵的喜悦”。

这一次的触动让柏拉图终于从众多可能的道路中作出了选择，他烧掉自己的剧作和诗作，决定投身哲学，成为苏格拉底的学生。在跟着苏格拉底学习的八年间，柏拉图一直聆听着他的谈话和辩论，观察着他的言行举止，崇拜不已。他曾说过这样的话：“我感谢神明使我生为希腊人，而不是野蛮人；是自由人而不是奴隶。不过最重要的还是，我出生在苏格拉底时代。”

在他第一天上课时，苏格拉底对着所有求知若渴的学生说：“我们今天只做一件最简单的事，每个人把胳膊尽量都往前甩，然后再尽量往后甩。从今天开始，每天做三百下，大家能做到吗？”学生们都笑了，纷纷表示：这么简单的事情，有什么做不到的？

可过了一个月，苏格拉底问还在坚持甩手的学生人数时，只剩下九成。又过了一个月，坚持下来的人只剩下了不到八成。一年后，苏格拉底又问了一次同样的问题：“请大家告诉我，最简单的甩手运动，还有哪几位同学在坚持？”这时，所有学生里只有柏拉图一个人举起了手。这样的秉性成就了柏拉图日后的哲学地位，同时也成就了他的一句名言：成功的唯一秘诀是坚持到最后一分钟。

从这个故事中，我们不仅看到了柏拉图的坚持，也感受到了他对苏格拉底的敬重。不幸的是，苏格拉底的晚年遭遇变故，他对真理和德性的执着，使他在七十岁高龄的时候，被雅典政府安上了莫须有的罪名，并被雅典人民以投票的方式判处了死刑。苏格拉底服毒陨落的那天，柏拉图因为重病卧床，无法前往行刑现场。

苏格拉底的审判对柏拉图造成了极大的冲击，以致在他以后的许多作品中都显露出他的无法释怀。在感情上，他承受了失去爱师的痛苦；在道德上，他无法接受一个追求正义的人竟会遭受如此不正义的对待，由此产生了对民主政治的否定和痛恨。

柏拉图继承了苏格拉底在政治上的观点，认为让毫无执政与治理知识的民众通过投票来治理国家是愚蠢的，但也不认可斯巴达寡头政治的独裁和暴政。对他来说，这两种政体都是不理想的。他渴望寻找到一种更为合理的、能够为公民带来和谐幸福生活的政治体制。

为了继续寻求哲学和政治的答案，柏拉图毅然背起行囊，离开了雅典。

开创阿卡德米学园

柏拉图把雅典的噩梦抛在身后，他先是去了邻近的麦加拉，接触了后来催生他“理念论”的巴门尼德哲学；然后去了昔勒尼，提升了数学、天文学方面的知识。接着他动身前往更远的埃及，在那里目睹了先进的文化教育、森严的职业分工和领先的科学成就。

游历途中，柏拉图不断地整理自己的思想，并以对话录的形式进行创作，到三十五岁时已写出了多篇流传后世的不朽之作。他游历的最后一站是西西里的叙拉古，当时的君主狄奥尼修一世正在招揽一批有学识的人做顾问，柏拉图在朋友狄翁的引荐下进了宫。

在与君主的谈话中，柏拉图直言不讳地批评狄奥尼修一世，谴责其将个人利益凌驾在公民利益之上的独裁统治，并称其为暴君。这下直接把君主惹怒至极点，下令要将柏拉图处死。狄翁看到自己的好友要被处死了，赶紧出面极力劝阻。最后君主同意了将柏拉图交给斯巴达使节的建议，因为斯巴达人与雅典人有仇，被押送到斯巴达的柏拉图与被判死无异，而西西里却可以借此避免直接得罪雅典。

这一缓兵之计，确实间接救了柏拉图一命。传说，柏拉图到了斯巴达后，斯巴达人要杀他，但他表现得如同苏格拉底面对死刑时一样镇定自若，斯巴达人见他无惧生死，便改将他卖为奴隶。幸运的是，奴隶拍卖现场正巧有一位柏拉图的朋友，这位朋友立即买下了他，并将他安全送回雅典。

此番经历颇有象征柏拉图“重生”的意味。那年柏拉图四十岁，差不多过了人生长度的一半。长达十二年的游历开阔了柏拉图的视野，丰富了他的知识，使他自己的思想理论趋于完善。更重要的是，柏拉图找到了答案。

他发现所有的城邦都处于极差的统治下，所有现存的法律和体制都因执政者没有德性而崩坏，除非让执政者懂得哲学，或是让哲学家来执政，否则就无法让公民获得公正、公平、正义的对待，过上幸福快乐的生活。他认为，只有“哲学王”才能够为国家制定出正确的政策并加以实践，创建和谐美好的社会。

公元前 387 年，柏拉图在朋友的资助下购置了一片土地，打算创办一所承载他哲学理念的学校。他买下的这块

土地是以希腊英雄阿卡德米（Academus）之名命名的森林，柏拉图为了纪念它，将学校命名为“阿卡德米学园”。后来英语中的单词“Academy”便是由此而来，意思为“学院”。

在柏拉图的苦心经营下，阿卡德米学园发展成了西方最早拥有完整组织的高等学府，也就是我们今天大学的前身。柏拉图希望借助学园培养一批既懂哲学和自然科学，又能治理国家的“哲学王”，去改变社会现状，间接实现自己的理想。阿卡德米学园存在了九百多年，直到公元529年，才被拜占庭皇帝查士丁尼以“异端”之名下令关闭。

柏拉图是西方教育史上第一个提出学前教育思想，并强调早教重要性的哲学家。同时他也打破了“女人不需要受教育”的固有思想，认为男女是平等的，都应该接受教育。他后来的著作《理想国》中有大量讨论教育的篇幅，其中有些观念即便到了今天仍有巨大的启示意义。

走出“洞穴”，创建“理念论”

柏拉图的学院特别强调理性的培养，因为柏拉图认为，想要获得真正的知识，人们需要具备超越感官经验的理性思维。当时的学术界流行着一种相对主义的论调，拥护相对主义的学者以个人感官经验作为认识事物的标准，怀疑客观真理的存在。在他们的诠释下，所有的知识、概念和定义都不具备普遍性，因为每个人的感受都是不同的，这给诡辩论留下了可乘之机。

为了捍卫真理的存在，苏格拉底提出了“反诘法”，用辩证的方式将真理“问”出来。柏拉图则另辟蹊径，提出了“理念论”，试图摧毁通过感官经验获取知识的合理性。柏拉图认为世界可以分为“现象世界”和“理念世界”，我们感官所经验的对象是“现象世界”，它不断地变化，短暂而不真实，因此我们并不能从中获得真正的知识。好比当我们想要认识什么是“狗”的时候，我们感官所获得的毛色、五官、体型等信息，会随着品种和个体差异而呈现不同的状态。这些只是我们对不同的狗的在当下的“意见”，并不能让我们认识真正的“狗”，因而不是关于“狗”真正的“知识”。

柏拉图认为，关于“狗”真正的知识，并不会因为某只现象世界的狗的状态而受影响，它存在于独立在现象世界之外的理念世界。通过认识理念世界里的“狗”，人们才可以获得关于“狗”真正的知识。其理念论认为，所有的知识都存在于理念世界，并且理念世界的存在先于现象世界。也就是说，只有在理念世界中存在“狗”的理念，现象世界才出现形态各异的狗，后者本质上是对理念世界中“狗”的模仿和分有，并不是真实的。

柏拉图还举了一个发人深省的“洞穴比喻”来解释他的理念论。说有一群囚犯困在一个洞穴中，他们手脚都被捆绑，身体也无法动弹，只能背对着洞口。他们面前有一堵白墙，身后燃烧着一堆火焰。在那面白墙上，囚徒们看到了自己，以及真实事物投射到墙壁上的影子，由于他们看不到任何其他东西，于是以为影子就是真实的东西。某天，其中一人挣脱了枷锁，并且摸索着走出了洞口，看见了太阳光底下真实的事物。他返回洞穴告诉其他人墙上影子其实只是虚幻的事物，并向他们解释真实的世界。然而囚犯们无法理解自己看到的只是真实事物投射的影子，对于他们来说，那个看过真实世界的人要么是变笨了，要么是发疯了。

柏拉图利用这个故事来告诉世人，“理念”其实就是那阳光照耀下的实物，而人们的感官所能感受到的现象，不过是那白墙上的影子而已。

正因为现实中的人误将现象世界短暂、变化的表象和经验作为知识的依据，错把“意见”当成了“知识”，才会对正义、罪恶、正确、错误、快乐、美等概念的定义产生不同的理解，让许多沟通陷于无效。人们的误会便是在这种“无知”而又以为“有知”的双重无知中诞生，酿成了一系列的争端、混乱和悲剧。

换句话说，柏拉图认为，政治的失当、社会的乱象都来源于无知。若是人们都能够认识事物的理念，得到永恒的、至善的、完美无误的知识，那就能在同一个平台上进行沟通，达成共识。然而，如果我们无法从感官经验中获得知识，那我们如何获得知识呢？

柏拉图认为，人是由灵魂和肉体组成的，肉体短暂且会消失，而灵魂是永恒不朽的，灵魂在投入凡胎肉体之前存在于理念世界，人死后灵魂又回到理念世界，不断轮回。由于灵魂的不朽，它早已在理念世界中认识了所有事物的理念，掌握了所有的知识，可当灵魂再次投胎时就会忘记所有原先认识的理念，变得无知。

因此柏拉图指出，知识的获得并不是靠传递的，而是靠回忆的，回忆灵魂所认识的理念。而现象世界的感官经验所获得的意见，只是一种刺激，目的是帮助人们进入回忆中，教学的目的也在于提供适当的刺激，帮助人恢复固有的知识。

这也就是为什么柏拉图用对话录的形式写作，因为知识无法透过结论传递给读者，而必须让读者在对话的刺激中，通过理性的反思，自己领悟。这与苏格拉底的“精神助产术”有着异曲同工之妙。

扬帆起航，寻找“理想国”

柏拉图是一个大思想家，当他步入中年的时候已然声名远扬，受到了外界广泛的认可。他对自己的使命一直有清晰的认识，并且一生都在为此努力。他认为生命的意义在于追求至善，而人在追求至善的过程中，才能获得快乐和幸福。然而，脱离社会的有序和谐去讨论人的快乐和幸福是不现实的，因此社会的管理机构，也需要追求至善。换句话说，柏拉图认为，国家的建立，就是为了帮助至善的实现。

柏拉图对国家的热爱如同他对哲学的热爱一样，他一生中始终试图将哲学的观点和政治思想相融合。他在自己的著述《理想国》中，从伦理、政治、教育、哲学、艺术等方面构建了一个和谐有序的理想国家，全书共十卷，是柏拉图对后世影响最大、也是讨论度最高的一本著作。

关于人性的复杂，柏拉图认为人的心灵包含了欲望、理性和义气。欲望的满足让生物得以繁衍，理性地克制欲望却让人得以追求更高的目标，而义气介于两者之间，它虽不理性却能克制欲望。所以国家的社会分工也要加以对应，让心灵的这三个部分得以发挥，其中普通公民通过欲望驱动，专门从事生产；士兵通过义气驱动，专门保家卫国；国家的执政者通过理性驱动，制定合理的政策。理想国中，每一个人在社会上都有其特殊功能，以满足社会的整体需要。而在这些不同的分工阶级中，女人和男人享有着同样的权利，完全平等。

为了使理论中圆满的理想国在现实世界中得到落实，柏拉图在六十岁的时候仍不辞劳苦，甚至不惜冒生命之险再次扬帆离开雅典。

公元前366年，受狄翁之邀的柏拉图，第二次踏上曾差点夺走他生命的叙拉古。这一次，他面对的不是残暴固执的狄奥尼修斯一世，而是其继承人——多疑善妒的狄奥尼修斯二世。不幸的是，柏拉图追求至善的理想仍然敌不过唯利是图的人性，抱负未及施展，便因宫廷里的政治阴谋而被迫返回雅典。为了抓住理想实现的可能性，六十七岁高龄的柏拉图又一次灰头土脸地从叙拉古回到雅典。这一次，归来的柏拉图终于决定在教学和写作中度过余生。

老年的柏拉图桃李满园，学生遍布希腊各个城邦，他也收获了雅典人民最高的敬重和钦佩。在八十岁生日那天，他受邀参加了一个学生的婚礼。出席晚宴的宾客都对当晚柏拉图脸上的欢愉印象深刻，看着他一直跳舞到深夜。婚礼结束后，柏拉图在众学生的搀扶中离开了晚宴，回到家中休息。那夜，柏拉图在睡梦中安详地告别了人世。过世后，人们将他埋葬在他付出了半生心血的阿卡德米学园内。

阿卡德米学园的不远处，就是希腊古诗中常提及的克菲索斯河。现在的阿卡德米学园已经褪去了昔日的热闹，也卸掉了曾经熠熠生辉的建筑光华，仅留下一片欲言又止的残垣，安卧在生机盎然的如茵绿草中。在这座学园遗址公园的北侧，有一座大方却精致的数字博物馆，便是以这位伟大的西方哲人命名的柏拉图博物馆。

哲人已逝，但他给西方文明乃至整个人类世界留下了宝贵的精神财富，一代又一代人循着他的脚步，找寻着各自心中的“理想国”。

人物评价

出身于贵族世家的柏拉图，没有一味享受安逸优渥的生活，反而追随苏格拉底走上了探索真理的道路，并开创了近现代大学的前身阿卡德米学园。他所创建的“理念论”，所构筑的“理想国”，是为了让每个人都能够获得公正公平的对待，过上幸福快乐的生活。

古希腊哲学集大成者亚里士多德

马其顿宫廷御医之子

自古希腊开始，西方的思想便从时间无涯的荒野中燃起了一支火炬，随后以星火燎原之势蔓延开来，形成了西方文明乃至全人类的智慧源泉，熠熠光芒堪与璀璨星河争辉。

20 世纪的哲学家罗素曾说："严格说来，全部的西方哲学就是古希腊哲学。"要知道，古希腊哲学作为一个时代的符号，距罗素断言的时刻已有两千多年之遥，可见古希腊学者们的思想所及之处已然包罗万象，以至于后来所有的努力皆可看作是前述的注解。

倘若说古希腊哲学殿堂的基底是众多哲学家各添一砖一瓦搭建的，那么最有资格为这整座殿堂搭建顶盖的人，便是希腊三贤中的最后一位——亚里士多德。无论是自然哲学还是伦理哲学，亚里士多德都有研究涉猎，他开创了形式逻辑学，还将哲学与其他具体科学区别开来，使其作为一门独立的学科而存在。

雅典往北横跨爱琴海约三百公里，是哈尔基季基半岛。岛上中部地势略高，就像一座隆起的山丘，山丘上有一座叫作斯塔吉拉的城，属于马其顿王国的疆域。公元前384年，亚里士多德就诞生在这里。他的父亲是马其顿国王腓力二世的宫廷御医，医术高明，很受人尊敬。

从小，亚里士多德就对父亲的医用工具包很感兴趣。每当父亲在检查和整理里面的各式工具时，小亚里士多德总是目不转睛地盯着，似乎只要看得卖力，便会洞悉这些工具的各种小秘密。父亲总是厉声叮嘱他不可以私自触碰工具包，但父亲也会在心血来潮时为他耐心讲解里面各种工具的用途。每当小亚里士多德不幸生病或受伤时，父亲也会向他解释那些疾病背后的原因，以及一些较为深奥的药理知识。

亚里士多德虽不能完全听懂父亲那些艰涩、枯燥的理论，但他总是听得津津有味。等到长大一些的时候，亚里士多德有了跟随父亲进入宫廷的机会。马其顿王国气派的宫廷映在亚里士多德清澈灵动的双瞳中，在他幼小的心里荡起了涟漪。他为自己身为马其顿人而感到自豪，也为父亲能为国王治病而感到骄傲。

进出宫廷，聆听父亲和其他御医的谈话，更加打开了亚里士多德的视野。在这种耳濡目染的熏陶下，他自然而然地养成了理性科学的思维习惯，比同龄人更懂得如何提出问题，如何去探索答案，以及如何辨别真伪。

春去秋来，伴随着夏干冬雨的地中海气候，众人以为聪颖好学的亚里士多德会在父亲的指导下子承父业，成为一名受人敬仰的宫廷御医。然而父亲没有要让亚里士多德继承衣钵的想法，等到亚里士多德年满十七岁时，父亲便作出了决定——让亚里士多德南渡爱琴海，到雅典的阿卡德米学园，跟随被誉为“最有智慧的人”的柏拉图学习。

阿卡德米学园的求学岁月

公元前 367 年，亚里士多德背井离乡来到了阿卡德米学园。阿卡德米学园为不同年龄阶段的学员制定了不同的课程内容，贯彻着一整套由柏拉图设计的理想的教育体系。刚入学的亚里士多德学习了算术、几何、天文、音乐、骑马、投枪和射箭等知识和技能。

当时的阿卡德米学园已是希腊久负盛名的学府，从世界各地前来求学的学子络绎不绝。为了更好地融入当地的群体，也为了得到集体的认同，学园中来自各地的学生都穿上了雅典人的服饰，践行着雅典人的生活方式。

如此一来，坚持穿马其顿民族服饰的亚里士多德就显得格外奇怪。除此之外，在生活上他也保持着马其顿有产阶级的习惯，这与柏拉图推崇的极简生活颇有违背。无论从何处看来，亚里士多德完全没有入乡随俗的意思。虽然有些特立独行，但他与学园里的所有学生一样，都对柏拉图无比崇敬。事实上，根据柏拉图的设计，三十岁以前的学生鲜少有机会接触哲学的讨论，因此当时的亚里士多德并未展开哲学上的探索。

一直到亚里士多德三十岁的时候，在学园里如饥似渴地学习了十多年的他，终于来到了柏拉图面前，与他讨论哲学问题。此时的柏拉图已有六十二岁高龄。经过一生的洗礼，这位“最有智慧的人”在自成体系的客观唯心主义哲学阐述上已然臻于完善，在学术上也早已获得各界极高的推崇，鲜少有人敢再与他进行哲学上的辩论。但亚里士多德那无人能及的思辨能力和反应速度，很快就吸引了柏拉图的注意。柏拉图发现亚里士多德的悟性奇高，思维灵动，往往一点就通，还能举一反三，因此对他不吝溢美之词，甚至称他为“学园之灵”。

但很快地，柏拉图在这个高度评价后添加了一句看似半开玩笑的话：“要给亚里士多德套上缰绳。”因为他发现这名学生的思维跑得太快了，而且隐隐有脱轨的迹象，如果不加以管束，必将长成一匹不属于阿卡德米学园的野马。

吾爱吾师，但吾更爱真理

柏拉图的担心并不是多虑。即便有着要将亚里士多德套上缰绳的想法，柏拉图终究还是没能成功把他拴住。

柏拉图作为客观唯心主义哲学的创始人，认为人们从客观事物中能够捕捉到的信息仅仅只是一种“现象”，就好比皮影戏中那因光线被阻挡而呈现在幕布上的影子一样，对它产生的认识不过是扭曲失真的“意见”，而不是真实的“知识”。这是因为他相信除了客观世界，还存在着一个“理念”世界，客观世界只是理念世界的投射，所有可感知的客观对象在理念世界里都有一个对应的理念，而只有对理念的理性“回忆”才能产生真的知识，对现象世界的感知不过是起到一个刺激回忆的作用而已。

亚里士多德对这一套说法不以为然。因为他从小对医理耳濡目染，而医学恰恰是建立在感官判断和经验总结基础上的学科，因而他无法认同柏拉图对客观事物真实性的否定，更不赞同他将感官经验置于获取知识的次要地位。但此时，哲学思维刚萌芽的他尚无办法将零碎的想法整合成系统的理论，只能发出这样的疑问：树就是树，由种子长成，结出果实，离开实实在在的树，仅仅是头脑中的树的概念又有什么意义呢？

柏拉图讲述的哲学越多，亚里士多德产生的疑惑也就越多，形成了一种另类的教学相长。亚里士多德的哲学思维日益精进后，遇到意见相左的地方也不再只是提出问题和接受解释，而是直接跟老师柏拉图辩论起来。这样的辩论无所谓胜负，只在乎真理能否越辩越明。

渐渐地，两人辩论的次数多了起来。他们在课堂里坐着辩论，也在长廊上走着辩论，在希腊神像的眼皮子底下辩论，也在摇曳的橄榄树下辩论。师徒二人辩天辩地，辩得不亦乐乎。在阿卡德米学园中，没有一个角落不曾回荡过他们辩论的声响。

一个须发皆白，一个风华正茂，举手投足间勾勒出一幅古希腊智慧和谐传承的图画。只有当爱琴海的风将他们说话的声音吹送到人们耳边的时候，人们才知道他们虽然同是面朝着真理的方向，却说出了不一样的真理。

首先，亚里士多德认为客观事物并非对理念的模仿，而人们的认识也是从对客观事物的感觉开始的，因而肯定了客观世界存在的真实性。与此同时，亚里士多德也提出了柏拉图所构建的理念论中有一些自相矛盾和不严谨的地方，比如没有将事物的本体和属性加以区分，认为物质的和精神的概念都有理念，所谓的理念世界中的理念本就混乱无序，相互重叠。

此外，亚里士多德也发现了理念论不能解释万物运动变化的缺陷。因为柏拉图所讲的理念是永恒的，没有产生和消灭，也没有运动和变化，那么作为理念所产生的个别事物就应该也是不动的。然而万物生生不息，柏拉图不动的理论无法从根本上解释总是处在不断变化中的具体事物。

亚里士多德的思想无疑更偏向唯物主义，与老师柏拉图的唯心主义分道扬镳。柏拉图对于这个得意门生，既爱惜又生气，在他生命的尾声甚至仍要忙碌于与这个学生的争论。而亚里士多德尝试要将老师的哲学理论与自己的主张相融合，却无论如何都无法修复其本质上相异的裂痕，最终无奈地留下一句千古绝叹：“吾爱吾师，但吾更爱真理。”

对柏拉图思想的继承

虽然亚里士多德对柏拉图的理论多有批评，但这不意味着他将柏拉图的所有思想都推翻了。事实上，我们还是能发现在亚里士多德的哲学中有许多来自柏拉图哲学的影响，其中要数伦理学最为明显。

苏格拉底率先将哲学家的目光从自然本源拉向伦理学，柏拉图随后虽将伦理学与政治学有机地联系起来，但在伦理学的结论上与苏格拉底并无二致，而亚里士多德也完全继承了这一脉络。他们都认为美德建立在理性之上，可以通过教导和练习来获得，人们可以选择追求美德来获得幸福。

亚里士多德在研究人类心灵结构时，确定了只有人类拥有理性，而理性的功能就是本身的实现。因此，当人利用理性的能力时，就相当于做着只有人才能做的事，在这个过程中实现了属于人的心灵的目标，由此获得了快乐。亚里士多德的结论是，幸福并不能只依靠快乐感或是单纯的荣誉来获得，而是从人类遵循理性的过程中获得的。

亚里士多德还有意地为伦理学的理性和逻辑、数学中的理性范畴作出区别，他认为伦理并非一种后者那种“精确的知识”，而更像是“常识”。伦理学的目的并不是理论，而是加以实践，如果一个人要成为有美德的“好人”，就不能光研读美德是什么，而要亲身实践美德。

对于美德的诠释和认识，亚里士多德给出了一个别出心裁的方法，他相信所有的伦理美德都来自达成“过度”与“不足”之间的平衡点。举例来说，勇气是美德，它是鲁莽与怯懦两种感觉之间的平衡点，并以此平衡点为基础采取的行动。恐惧多而自信少会导致懦弱的行为，反之，则会导致草率或愚蠢的行为。于是，亚里士多德说：“找出事物的平衡点就是找出幸福的关键。”

公元前 347 年，柏拉图在睡梦中与世长辞。他临终前或许曾认真考虑过要让那位来自马其顿的学生继承自己的衣钵，虽然他有点“叛逆”，但对于追求真理一点也不含糊。然而继承学园的意志与个人的偏爱毕竟不能混为一谈，慎重考虑后，柏拉图并没有将一手创立的阿卡德米学园交给出类拔萃的亚里士多德执掌，而是交给了另一位认同自己学说的学生。

三十八岁的亚里士多德在学园中继续待了两年后，终于收拾起行囊，离开了这个自己度过了二十多年的地方，开始了人生的另一段旅程。

成为亚历山大大帝的老师

离开学园后，亚里士多德接受了一位朋友的邀请，前往密细亚。这个地方位于今天土耳其境内的西北部，需要从雅典出发向东横跨爱琴海。而亚里士多德的这位朋友，正是当时密细亚的统治者。

亚里士多德受到朋友热情的款待。不久后，他与这位朋友的家族缔结了亲缘，娶了对方的侄女为妻。然而甜蜜安稳的日子并没有持续很久，仅仅婚后两年，他的朋友便在一次暴动中被刺杀。为了不遭到牵连，亚里士多德不得不带着妻子离开，向南边漂泊。

这天，携妻到处游历的亚里士多德收到一个消息，说祖国马其顿的国王正到处找他，想聘请他回乡担任王子亚历山大的老师。于是，公元前 343 年，四十二岁的亚里士多德重新踏上了故土，接受任命。

这位名叫亚历山大的王子，就是后来赫赫有名的亚历山大大帝。他横扫波斯，建立了地跨欧、亚、非三洲的亚历山大帝国，但此时的他尚是一个十三岁大的孩子。

腓力二世有意将亚历山大栽培成自己的接班人，因此对他的教育异常重视，拨出了一间宁芙女神神庙作为学堂。

为了答谢亚里士多德，腓力二世还同意了他重建已经破落的家乡斯塔吉拉城的请求。于是，亚里士多德得以把被卖为奴隶的前斯塔吉拉公民赎回，并召回流落他乡的居民，让这座城重获新生。

根据古希腊著名传记作家普鲁塔克的记载，亚里士多德对这位未来的伟大君主进行了道德、政治、宗教、哲学、科学等方面的教育。亚里士多德的盛名也让其他贵族纷纷将族中的青年送来学习,其中便有日后成就不凡的托勒密、卡山德、赫费斯提翁等人。

一时间,宁芙女神神庙成了当地颇有名望的贵族学校。依傍着皇家的雄厚的财力和人力资源，亚里士多德得以顺利地展开自己心心念念的科学研究，其内容便涉及今天的生物学和物理学。

公元前335年，腓力二世被刺杀身亡，亚历山大登基为王。一上位，他立刻展开了激烈的政治活动，打击各方威胁自己政权的势力。虽然身为新王的老师，但在这动荡的时局里，亚里士多德深谙伴君如伴虎的道理，他最终告别了亚历山大，携自己的妻子重返雅典。

创办吕克昂学园

亚里士多德回到雅典后，仿效柏拉图，也创办了一所学园，名为“吕克昂”。这所学校发展极快，成了阿卡德米学园的竞争对手。亚里士多德把吕克昂打造成一个真正的研究机构，校园中配备了一个规模宏大的手稿图书馆，还有博物馆和实验室等场所，各馆里有序地陈列着各种学科的材料。学园的柱廊上悬挂着许多地图，上面标示的地区都是古希腊的地理学家曾经考察过的陆地和岛屿。据说，亚历山大大帝十分支持自己的老师在雅典办学，先后提供了大量金钱、物资和土地。亚历山大还通令全国，凡是猎手和渔夫抓到稀奇古怪的动物，都要送到亚里士多德那里，帮助他做生物学研究。

在此期间，亚里士多德除了讲课和做研究外，还撰写了多部哲学著作。他讲课时习惯于边讲边漫步于走廊和花园之中，这个奇特的景象成了学园的标志，学园的哲学因而被外界称为“逍遥派哲学”。亚里士多德所写的著作并不是为了出版而经过精心修饰的作品，往往是供讲课用的笔记和手稿，加上他独特的讨论问题的方式，内容大多呈现的是问题的不同解决方式。

亚里士多德的著述宏丰，硕果累累，代表作有《逻辑学》《形而上学》《诗学》等，内容涉及哲学、逻辑学、心理学、伦理学、政治学、历史学、美学、物理学、生物学、医学、天文学等众多领域。据估计，他的全部著作多达一百多卷，至今保存下来的有四十七篇。中文译本的《亚里士多德全集》共计十卷，达三百余万字，几乎覆盖了亚里士多德当时所有的知识领域，可以看作是一部古希腊人的知识百科全书。

在逃亡中陨落

公元前323年，正当壮年的亚历山大大帝突然病逝。当亚历山大去世的消息传到希腊各城邦时，人们立刻掀起了反抗马其顿的狂潮，雅典随即成为反马其顿运动的中心。

由于和亚历山大的关系，亚里士多德不得不仓促离开自己的学园，连夜逃离雅典。根据历史的教训，他知道自己必将在不久后被冠以不敬神的莫须有罪名，而被送上处决台。为了不蒙冤步苏格拉底的后尘，他抛下了一句“我不想让雅典人再犯下第二次毁灭哲学的罪孽”后，便给这片自己生活了大半生的土地留下了永别的背影。一年之后，亚里士多德因旧病而去世，享年六十二岁。

纵观亚里士多德的一生，我们不难想起海德格尔对他的评价："他出生，工作，然后死去。"或许把工作改为思考应当更为恰当。可以说，思考就是亚里士多德的人生使命，他所思考的领域之广，研究之深，让历代所有学者都难以望其项背。他思考的结晶对后世的哲学、科学、天文学、神学等领域，乃至对整个西方文化的根本倾向，都产生了深远的影响。

在他以前，科学家和哲学家都力求提出一个完整的世界体系来解释自然现象；在他之后，许多科学家则纷纷转入具体问题的研究。他的很多著作到19世纪仍被奉为正统教学内容，虽然有些科学理论都被后人证明是错误的，但当我们回顾人类的文明岁月，仍不得不再次感叹他的伟大。

"一个沙坑，是无法装下整片海洋的所有海水的，但一个脑袋，能装下浩如烟海的知识吗？"亚里士多德曾发出这样的感慨。他对知识保持着永无止境的渴望，他将有限的人生都投入到对无穷知识的探索中去了。这位被马克思誉为古代"最伟大的思想家"的哲人，将古希腊哲学推到繁荣的顶点，给古希腊哲学谱写了最光辉的篇章，为人类文明作出了无法被时间磨灭的贡献。

人物评价

亚里士多德跟随苏格拉底、柏拉图的脚步走进古希腊哲学殿堂，却对老师的思想既有继承又有批评，说出了“吾爱吾师，但吾更爱真理”这一千古名言。师生三人史称“希腊三贤”，当中的集大成者当数亚里士多德。

圣贤之巅的儒家学派创始人孔子

失落的童年

两千五百多年前的春秋时代，中原腹地被诸侯分割成许多国家。其中有个弹丸小国，以鲁为国号，虽然“封土不过百里”，却是当时整个时代礼乐文化的中心。鲁国保留了最为完整的周代礼乐制度，各国学者都会来这里参观学习，但这一片昌明景象与年少的孔子没有太大关系。孔子出身低微，连士族阶层的门槛都没够上，更没资格进入官府学堂接受正统的教育。当时的平民想要获得文化教育，简直难于登天，但孔子凭借刚强的意志和矢志不渝的勤奋，终成一代仁博无双的圣贤。

教育上，孔子主张“有教无类”，打破“学在官府”的传统，并且注重启发式教学，针对不同学生“因材施教”。政治上，他注重“礼治”，主张“仁治”，并且带领弟子周游列国，游说各国君主实行“仁政”。他开创的儒学思想为中华文化贡献了源源不绝的力量，铸就了一代代华夏子孙的精神世界，因而被后世尊称为“至圣先师”。

让我们一起来到孔子出生的时代，探寻他曾生活的痕迹，了解这位先哲无比孤寂又无比绚烂的人生。

公元前563年，鲁国和几个诸侯国联军攻打一个叫偪阳的小国，然而固若金汤的偪阳城易守难攻，联军迟迟无法攻克。正当联军焦躁难耐时，偪阳那重达千斤的城门却缓缓打开了。联军以为对方终于愿意短兵相接，于是在战鼓轰鸣中长驱直进，可就在联军冲进百人以后，城闸却突然放下，眼看队伍就要被从中截断，刚冲进城内的士兵才意识到上当了。

就在千钧一发之际，一双青筋虬结的大手托住了即将落地的城闸，手的主人大喝一声：“退！”便是这么一缓，刚刚闯入瓮中的士兵们才得以逃了出来。这名大力士便是孔子的父亲——孔纥，他身材高大威猛，在鲁国是威名远震的英雄。

在战场上称雄的孔纥，却一直因没有儿子能继承衣钵而深感遗憾。为偿心愿，他在花甲之年向鲁国颜氏求婚，迎娶了二十岁出头的颜徵在，两人年龄相差很大，却十分恩爱。婚后，他们一起去尼丘山祈子。很快，一个健康的男婴出生了。婴儿出生时，额头四周高中间低，形似尼丘山上的凹陷，于是孔纥给男孩取名为丘。

小孔丘一天天长大，越发聪明伶俐。父母怜爱他，对他寄予厚望。可惜好景不长，惊天噩耗传来——孔纥去世了。三岁的孔丘从此没有了父亲，年轻的颜徵在不得不承担起生计，独自抚养孔丘长大。为了能给孔丘更好的照顾和教育，她毅然带着孩子搬到了鲁国的都城，靠给贵族缝补洗浆为生。

孔丘非常懂事，懂得体贴母亲的辛苦，幼时就开始做些杂活帮补家用，小小年纪就帮人家放过牛，管过仓库。后来有人称赞孔子说："夫子真是多才多艺啊！"孔子却说："吾少也贱，故多能鄙事。"意思是：我会做这么多事情完全是由于生活所迫啊！

来到都城后，他发现这里的生活远比小村庄丰富。城里每年都会举行各种祭祀、庆典活动，春祭求五谷丰登，秋祭庆五谷丰稔。小孔丘喜欢和小伙伴一起围观这些活动，他的小眼睛骨碌骨碌地转，脑子里也在思索着各种各样的问题。

每当回到家中，他还会玩自己发明的小游戏——模仿大人们祭祀。把小碗盘摆在台子上，学着大人的模样行礼。这个看起来有点无聊的游戏，他却怎么玩都玩不腻。

时光飞逝，十五岁的孔丘长得像父亲当年一样魁梧挺拔，此时的他立下志向，要好好学习各种知识和本领。从此，他的学问与身体一同飞速成长。然而辛劳半生的母亲未及他长大成人，便永远地离开了。那一年，孔丘十七岁，他失去了敬爱的双亲，从此独自生活在这个世界上。

谦虚好学的少年

少年时期的孔丘，如同一叶扁舟驶入了苍茫的暗夜，但高存的理想像天边的星辰一样指引着他，无穷无尽的求知欲使他始终保持着勤勉好学的习惯。

守丧期内，孔丘听说鲁国的贵族季氏举行了一场宴会，招待当地的士人。他想参加宴会，向当中有学识的人请教，于是穿着丧服便跑去了。季氏的家臣阳虎看到出身贫贱的孔丘，故意刁难道："你来干吗？我们请的是有地位的人，又没有请你！"

孔丘失落地回去了。这件事情在他心中留下了烙印，他第一次感受到阶级和门第带来的鸿沟。他深刻明白了作为一个出身寒微的普通人，想要获得一些文化知识，不知要碰多少壁，付出多少努力！

回到家后，孔丘没有消沉，反而更加发奋学习。既然无法跟士大夫请教，那就抓住一切机会向身边的人请教，贩夫走卒都能成为他的老师。后来他成了别人的老师，也时常教导弟子们“三人行，必有我师焉”，要“不耻下问”。他认为无论身份地位如何，只要别人有强过自己的地方就值得学习，这才是应有的态度。

转眼又过了几年，孔丘的才能和修养都有所长进，在当地也有了名气。功夫不负有心人，有一天，孔丘得到了进入太庙的机会。这一天，太庙里正在举办大型祭祀，王公贵族都去参加。孔丘望着巍峨的庙宇心潮澎湃，这是他从儿时开始就始终仰望的神秘殿堂，没想到如今竟有机会躬身踏足。他怀着崇敬的心情一步步朝太庙走去，也留心观察起身边的一切，无论遇到什么不明白的地方都一定要问清楚。

一到太庙门口，他就看到了三头牲畜被拴在一起——一头牛、一只羊和一头猪。牲畜们瑟瑟发抖。孔丘感到不解，便问：“这三头牲畜是用来做什么的？”参加祭祀的人告诉他：“这是太牢，是大祭祀用的。”孔丘又追着问：“大祭祀用太牢，那小祭祀用什么呢？”原来，祭祀有三种，地位最高的叫太牢，要用到牛、羊、猪；地位其次的叫少牢，用到羊和猪；地位最低的叫特牲，只需要用猪。

孔丘继续往里走，他看到了庄严的九鼎摆在庭院中，九鼎中盛着各种各样的美食。鲁昭公正站在东侧的台阶上迎接宾客，他和来宾一起从西侧拾级而上。进入正殿后，孔丘看到一个小孩在吃祭台上的食物，他疑惑这么庄重的场合怎么会有小孩出现，于是就跟管事的请教。管事的告诉他，那小孩是国君的儿子，在祭祀中担任主位，象征祖先，他享用美食就代表祖宗享用了丰厚的祭品，甚至国君都还要向他敬酒。

孔丘又问："向儿子敬酒会奇怪吗？"负责祭祀的阳虎看到孔丘问个不停，不耐烦地说："谁说孔纥家的儿子是个懂礼仪的人，怎么什么都不懂，什么都要问啊？"孔丘则不卑不亢地回答："这就是礼呀，把礼弄清楚就是真正的知礼呀！"

虽然不停地发问会被嘲笑误解，但孔子毫不在意，因为他认为只有提出问题并得到答案，才有可能解答自己的疑惑，把事情真正弄清楚，所以一点也不丢脸。正是这样抓住一切机会学习，孔子后来才得以成为一代儒学大师，还时常告诫弟子："知之为知之，不知为不知，是知也。"

温故而知新，可以为师矣

孔子从年轻时就很喜欢音乐，经过岁月的历练，鼓琴已达到十分精通的地步。但他仍不满足，感觉还有可以进步的地方。

有一天，孔子听到鲁国著名的乐官师襄演奏了一首曲子，大为惊叹。师襄琴艺十分高超，达到了出神入化的境界。孔子听过后深深感到了自己的不足，于是向师襄拜师学艺。

师襄将曲子传授给孔子，孔子回家后勤奋练习，一连十天不曾间断。师襄来到孔子家，听到孔子能够完整地弹奏该曲，便对他说："你已经学会了，可以学习新的曲子了。"孔子却说："不行，我虽然能够弹奏它，但还没掌握弹奏的技巧，怎么能打动别人呢？"

孔子又继续练琴，过了一段时间，乐曲如流水般从他的指间流出，师襄听到后对他说："现在你已经掌握弹奏的技巧，可以学习新的曲子了。"孔子却说："不行，我虽然已经掌握了技巧，但还没能领会曲中的感情。"

又过了一段时间，孔子已经弹奏得炉火纯青，听者无不如痴如醉，完全被带到乐曲的情感世界中去了。师襄听后，半晌才回过神来，对孔子说："现在你已经领会了曲中的情感，可以学习新的曲子了。”孔子说：“不行，我还不了解曲子的作者。”

孔子埋头练琴，不知又过了多少天。师襄来听琴，见孔子完全沉浸在音乐的世界中，时而若有所思，时而遥望远方。突然，孔子站起来激动地说道：“啊！我知道他是谁了：那人皮肤深黑，体形颀长，眼光明亮，像个统治四方诸侯的王者，除了周文王谁还能作出这首乐曲呢？”师襄听到后，连忙站起来向孔子深深地行了个礼，答道：“我的老师说过，这的确是《文王操》！”

日复一日的练习让孔子的琴艺到达了炉火纯青的境界，许多人慕名而来向他请教。后来孔丘为人师时，也常常教导学生：“温故而知新，可以为师矣。”意思是：温习学过的知识，从中获得新的理解与体会，凭借这一点就可以成为老师了。

有教无类，因材施教

因为勤奋好学，又虚心善问，孔子年纪轻轻就以博学闻名，他不仅学习礼乐的知识，也学习射、御、书、数等其他技艺，将贵族教育体系中要求掌握的六艺学了个遍。

因此年仅二十出头，就有人慕名前来拜他为师。

因为自身的求学经历十分艰难，孔子决定打破“学在官府”的传统，他秉着“有教无类”的理念，开创了平民教育的先河。他宣称：不管是谁，只要双手捧着十条小干肉作为入学礼，就收他为弟子。这个学费无论在当时还是现在都可谓非常低廉。

干肉条不大，可以捧在手上，在孔子看来这只是一种礼仪，并不是强制的规定。当时有个家境贫寒的学生叫颜回，即使连小肉条都拿不出来，孔子也收他为弟子，无私地传授知识。

很快，孔子德才兼备、善为人师的名声传播开来，前来求学的学生日渐增多，有英勇善战的子路、才华横溢的子贡、热衷礼仪的公西华。学生中也有少数贵族，如鲁国大夫孟僖子的儿子孟懿子和南宫敬叔。

孔子的每个学生都个性迥异，所以在教学上，孔子注重启发式教学和“因材施教”。有一次，孔子讲完课后回到了房间，学生公西华给他拿了一杯水。这时，子路风风火火地跑了进来，大声问老师：“老师，如果我听到一个正确的主张，能马上就去做吗？”孔子看着子路，慢条斯理地说：“怎么能马上行动呢？总得问问你的父亲和兄弟的意见吧。”

子路刚出来，另一个学生冉有就走到孔子跟前，小声地问：“老师，如果我听到了一个正确的主张，我应该马上去做吗？”孔子立即回答：“是的，应该马上行动。”冉有离开后，公西华奇怪地问：“老师，他们两个问的同样的问题，你怎么回答不一样？”

孔子说：“冉有做事犹豫不决，所以我鼓励他果断进取；子路鲁莽直率，考虑不周全，所以我建议他多听听别人的意见。”善于因材施教的孔子，在教育事业上大获成功。相传孔子一生的弟子多达三千人，其中才干杰出的有七十二位。

踽踽独行的“仁政”

而立之年的孔子已然博学高识，仍不忘不断审问所学，对所有知识慎思明辨，终于形成了一套完整的思想体系。孔子认为处世待人应该仁义兼并，将心比心，推己及人，以此指导人们做该做的事；同时以礼仪的实践来激发和培养人们心中尊敬和忠诚的情操，以此来约束人们不做不该做的事。

孔子坚信，只有将“仁”和“礼”贯彻到底，才能触碰到世间乱象的根源，创造一个人人友爱互助、家家安居乐业、没有差异、没有战争的“大同世界”。他渴望像周公一样辅佐君王，恢复国家的礼仪制度，推行“仁政”，实施一系列真正为老百姓着想的政策。

但是他的主张在当时的鲁国没有实现的土壤，因为鲁国常年混战不断，国君鲁昭公忙着和季氏、孟氏和叔孙氏三大家族争权夺势，孔子的思想对当时的鲁昭公来说无法解决燃眉之急，因而不予采用。

公元前517年，鲁国发生政变。三大家族联合起来打败了鲁昭公，迫使他逃到齐国。这一年，三十五岁的孔子也带着弟子从鲁国出走，来到了齐国。

刚到齐国时，孔子受到了齐国国君隆重的接待，齐景公一开始对孔子很尊敬，常常向他请教治国的大道理。齐景公问孔子治理国家有什么好办法，孔子回答：“君君，臣臣，父父，子子。”意思是：君王要像君王，臣子要像臣子，父亲要像父亲，儿子要像儿子。

齐景公听后非常满意，想重用他，大臣晏婴却激烈反对，他说：“孔子专门讲究怎么见人、怎么穿戴、怎么走路这些礼制，烦琐得要命，又没有实际的用处。”齐景公受到晏婴的影响，改口对孔子说："我老了，精力不济，不能任用你来图谋改革了。"

在齐国待了三年无果后，孔子带着弟子又回到了鲁国。鲁国的内乱并未结束，一晃又过了很多年，五十多岁的孔子终于有了一次从政的机会，他被任命为中都宰，相当于首都的市长。孔子将都城治理得很好，所以很快得到了晋升，成了司空，后来又被提拔为大司寇，即国家的大法官。不仅如此，他还代表鲁国进行外交事务，在与齐国的交涉上大获成功。

身居要职的孔子以为实现政治理想的时候到了，于是大刀阔斧改革鲁国内政，从政治军事上削弱三大家族的势力。但是政治斗争一向是复杂的，他在权力斗争的旋涡中被利用、被排挤，最终不得不离开鲁国。

公元前 496 年，五十五岁的孔子辞去了官职，带领弟子周游列国，那时的士人如果在本国无用武之地，可以出国游说其他国家的君主，去寻求施展抱负的机会。

孔子和弟子首先来到了邻国卫国。然而，他们发现卫灵公并不关心政事，大权早已旁落到其夫人和宠臣手中。有一次，卫灵公带着夫人坐着马车，又让孔子坐在后面的马车上，一起招摇过市。此举让孔子感到非常屈辱，他知道这里并非自己的栖身之地，因此主动告别卫灵公，离开了卫国。

孔子接着到了宋国境内，一行人在一棵大树下休息。孔子对弟子说："学而时习之，我们来练习下礼仪吧！"他们标准的礼仪动作吸引了很多宋人来围观，曾经被孔子批评过的宋国大司马听说了这件事，便带人来把树给砍了，还扬言要杀掉孔子。为了避免众人遭受厄难，孔子只好和弟子们乔装打扮，换上老百姓的衣服，仓皇离开。

来到郑国后，孔子和弟子们走散了。弟子到处寻找自己的老师，路上有郑人看到孔子，跟弟子们讲："我看到一个高个子的人站在那边，仓皇得像只丧家之犬，不知道是不是你们的老师。"弟子找到孔子后，告诉了他这件事，孔子也自嘲道："他说得没错啊，我如今确实像没有家的狗一样颠沛流离。"

后来，孔子和弟子还去了陈国、楚国。所谓的"周游"并非如今的旅游，他们的交通工具只是一辆马车，而且所到之处时常处于战乱，路途其实是十分艰辛危险的。他们绕着中原各国走了一大圈，仍然没有找到实现政治理想的土壤，既没有安定的国家，也没有贤明的君主。孔子终于明白，也许自己的理想注定无法在这个时代实现。

傲立于圣贤之巅

奔波十四载后，六十八岁那年孔子终于再次回到了鲁国。这时的他已经看淡了政治生活，认为真正不朽的事业还是文化教育，而他拥有的最宝贵的财富是这些生死相随的弟子。晚年，孔子将生活重心放在学术整理工作上。他参考了各国的史书，编写了《春秋》。他还整理了诗歌和音乐，编订了《诗经》，为中华民族留下文化的无双瑰宝。

在孔子生命的最后几年，他的儿子去世了，最看重的两个弟子也先后离开人世。他曾悲痛地说："老天，你是要了我的命啊！"七十三岁时，孔子得了重病，子贡来看他，孔子举着拐杖站在门口唱歌："太山坏乎！梁柱摧乎！哲人萎乎！"意思是：山要倒了，梁柱要断了，哲人要像草木那样枯了烂了！子贡连忙扶孔子进入房间。

七天之后，孔子永远离开了人世。

孔子离开后，弟子们时常思念这位如兄如父的长者，不断回想起朝夕相处的点滴，孔子的言行如明灯，指引着他们走向人生的宽广明亮处。弟子将老师和他们相处时的情形整理成了《论语》。这部记载孔子言行的书对中国乃至全世界，都产生了深远的影响。

斯人已逝，虽然孔子没能完全实现自己的理想抱负，但他播下的思想种子永远扎根在华夏大地上，像奔流的黄河水一般融入了中华文明的血脉之中。而他也将始终傲立于那料峭的仁圣之巅，成为人类思想史上一座不可磨灭的丰碑。

人物评价

自身求学经历坎坷，便主张打破“学在官府”的传统，开创了平民教育的先河。看过太多百姓困于乱世，便追求“仁政”，主张“礼治”，渴望创造一个人人友爱互助、家家安居乐业的“大同世界”。这是孔子能开创影响深远的儒家学派，并被后人尊称为万世师表的重要原因。

逍遥天地间的道家学派代表人庄周

钟情于自然，与万物合一

战国时期，中原腹地有一个叫宋国的小国，公元前369年，庄周就出生在这里。与孔子所处的时代不同，此时诸侯国之间的纷争更为激烈，局势动荡，民不聊生，真正爱民的有志之士无法施展抱负。

在这样的时局下，庄周选择淡泊名利，寄情于山水之间。他用悲悯的眼光关注着天下苍生，却不愿踏入仕途，力图在乱世保持逍遥独立的人格。他的选择无疑为当时的士人开辟了一条新的精神救赎之路。

庄周小时候生活在一个远离城市的村庄“蒙邑”。那里群山环抱着湖泊，碧波荡漾其间。此时，夏日的溽暑刚刚褪去，清晨的微风带来凉意，少年的声音在山间此起彼伏，他们时而放歌，时而交谈，如山中的小兽在林间奔跑。少年们将要去到半山腰的学堂聆听先生讲授儒学经典，以此为日后谋取一官半职打下基础。

庄周也在求学者之列，他每日跟着先生念诵儒家经典，却也渐渐对这些学说产生了怀疑。因为他所看见的世道，和书里描述的仁、义、礼、智、信的世界相差甚远。他生活的地方几乎见不到有爱民之心的儒者，拦路抢劫的盗贼倒是屡见不鲜。于是，他越发对书中那个虚伪的世界提不起兴趣，渴望接触到这个世界的真实面貌。

他喜欢村中的湖泊，时常坐在水边沉思。初秋的一天，他仰躺在湖边的岩石上，盯着水里的鱼儿发呆，一下子进入了玄妙的世界，忘记了身后的一切。仿佛在这密林的深处，有一个与世俗截然不同的地方。一团混沌之气在他的胸中渐渐形成，他的眼睛看到的不再是普通的水、普通的鱼，而是一个汪洋恣肆、可以随着他的意志而变化的世界。

忽然，他变成了一只蝴蝶，在山林间自由地飞翔，忽高忽低，好不快乐。成了蝴蝶的庄周可以飞到天地宽广处，俯瞰蒙邑这个小小的村庄。只是一阵狂风突然袭来，树叶铺天盖地地落下，蝴蝶在寒风中打了几个转儿，就无力地跌落在了地上。它想再次挥动翅膀，却如同举着千斤重铁一般无法动弹。

这时，庄周醒了，沁人的寒气钻进他的衣襟。他不禁一阵哆嗦，这才想起自己是庄周，刚刚所经历的一切，只不过是他做的一场关于蝴蝶的梦。但他转念一想，又觉得不对，因为在梦中当蝴蝶的感受是那么真实，怎么能确定就是庄周做梦变成了蝴蝶，而不是蝴蝶入梦后变成了此刻的庄周呢？

想到这里，他明白了一个道理，庄周和蝴蝶表面上看起来是完全不同的两样事物，但实际上他们的区别又不是那么绝对的。人不能执着于自己认为对的事物，这样才能更接近本心，获得快乐！

想到这里，庄周嘴角浮现出一抹微笑，这种思考的快乐是他最为享受的，也是他认为最宝贵的。他对一切合乎天性的自然事物充满了热爱，而敏锐的感知又给了他源源不断的灵感。

除了自我沉思，庄周也喜欢和他的好朋友惠施辩论。两人都博学多才，但观念相差极大。有一次，他们在濠水边散步。庄周看着水里的鱼儿游得起劲，兴奋地说："你看水里鱼儿游得多么从容，多么快乐啊！"

惠施听了却不认同："你不是鱼，怎么知道鱼快乐呢？"庄周说："你不是我，怎么知道我不知道鱼快乐呢？"惠施争辩道："我不是你，当然不知道你是否知道鱼的快乐。

但你也不是鱼，那么你也无法知道鱼的快乐，这是完全肯定的。”

庄周想了想说：“别绕弯子了，咱们还是回到最初的话题吧。你刚不是问我怎么知道鱼的快乐吗？你这样问就说明你已经知道我知道鱼的快乐了，所以才问我是如何知道的，那么我的回答是，在濠水的岸边知道的呀！”

从逻辑上来讲，惠施的观点是成立的，而庄子似乎带有一些“诡辩”的色彩。但是当惠施说“子非鱼”时，就把自己和外物完全分隔开了，在自己心的周围筑起一道堡垒；而庄周正好相反，在他的心里万物并没有明确的界限，他很自然地把自己代入了鱼。他在水边看到鱼在游动就觉得它们很快乐，其实是他自己的心感到快乐。不过，他和鱼的快乐是一体的，并没有分别。

傲视王侯，终身不仕

青年时代的庄周已经形成了自己独特的人生观和价值观。他认为在这个黑白颠倒、国君昏聩的乱世，追求政治理想必然会失败。与其卷入政治的旋涡浪费生命，不如把时间花在更有价值的事情上，比如享受生命本身的美妙，或与美好的灵魂促膝交谈，或欣赏大自然的鬼斧神工等。尽管庄周的才学已经远近闻名，有不少出仕的机会，但他都拒绝了，选择隐居山林。他的好朋友惠施却不这样想，惠施有着远大的政治抱负，去魏国做了宰相。

有一天，庄周来到魏国的都城大梁，打算会会老朋友惠施。有人得知消息后，悄悄对惠施说："您看庄周这么有才干，这次来恐怕会取代您的相位。"惠施自觉庄周的才华在自己之上，一听到有人这么说立马紧张了起来。他派人在城内大肆搜捕了三天三夜，打算捉拿庄周。

庄周听闻这件事后，主动来到惠施的家中。他对惠施说："你最喜欢听我讲故事了，今天我讲个故事给你听。南方有一种叫作鹓雏（凤凰）的鸟。它从南海起飞，要飞到北海去，不是梧桐树就不肯停下来栖息，不是竹子所结的果实就不吃，不是甘甜的泉水就不喝。这时有一只鸱（猫头鹰）得到一只腐烂的老鼠，看到鹓雏从它面前飞过，害怕鹓雏来与它争食，便仰起头来对着鹓雏怒目而视，恶狠狠地发出'吓吓吓'的怒斥声。你看这只鸱竟然以为鹓雏会想要它的老鼠，真是好笑。老兄啊，你不会因为担心魏国的相位而来恐吓我吧？"

惠施听完感觉羞愧难当，与庄周相识多年，他当然了解庄周的为人，庄周是断然不会把相位看在眼里的，都怪自己把虚名看得太重。他立马给庄周赔礼道歉，两人很快冰释前嫌，又成了无话不谈的好朋友。

魏国国君梁惠王也想见庄子。惠施叮嘱庄周，见惠王要穿戴整齐，行为举止恭敬些。庄周不以为意，他与惠王见面时仍然穿着一身破破烂烂的粗布衣裳，趿着一双破了的草鞋。

惠王说："先生！你怎么这样潦倒呢？"庄周说："这是贫穷，不是潦倒。衣服破了，鞋子烂了，并不叫潦倒！读书人怀有道德而不能实行，那才是潦倒啊！而且，我之所以这样，完全是因为遇上了不幸的时代。我生在这样一个到处都是昏君的乱世，又有什么办法呢？"听到庄周如此说，惠王像被泼了盆冷水，不再继续说下去了。

又过了几年，庄周的名气更大了，国力强盛的楚国听闻他的大名后，派两位大夫去聘请他来做官。两位大夫跋山涉水找到庄周时，发现庄周正在湖边钓鱼。大夫向庄周鞠躬说："我们大王有意劳烦先生来处理国事。"大夫心想，没人会拒绝这样的美差，何况眼前的人看起来很是落魄。

谁料庄周头也不抬地拒绝了。他盯着手中的钓鱼竿，悠闲地说："我听说你们楚国有一只神龟，死去已有三千年，你们国君把它用绚丽多彩的丝巾包着，用雕花的宝盒盛着，藏在太庙里。遇着国家有疑难事，便向它卜问吉凶。”两位大夫连忙应和说：“是的，确有其事。”

庄周又接着说：“你们觉得这只神龟是愿意死了让人供奉在太庙里呢，还是宁愿活着拖着尾巴在烂泥里爬行呢？”大夫说：“当然是活着拖着尾巴在烂泥里爬行。”庄周说：“好！既然这样，那二位请回吧！我庄周也只想做只活着的龟，拖着尾巴在烂泥里爬行！”

安于贫困，自得其乐

庄周家里没有稳定的收入，时常陷入断粮的窘境。有一阵子，他为了让家人能够吃饱穿暖，便接受朋友的建议做了一段时间的漆园吏。这个职位也是庄周自己选择的，因为漆园的风光秀美，又远离复杂的政治斗争，是个清闲的美差。可是好景不长，庄周无法忍受统治者的苛捐杂税，不忍剥削普通的老百姓，于是愤而离职，继续过着三餐不继的日子。

有一次，庄周家中又断粮了，他想起担任漆园吏时认识的一位监河的官员，他们曾经有过短暂的交集。监河侯曾对庄周说过：“如果生活上遇到什么困难就来找我。”

庄周原本不想麻烦别人，但看了一眼家中的光景，小儿已饿得面黄肌瘦，只好硬着头皮去寻求接济。

庄周来到监河侯家中对他说：“请借我一升半斗的米应急。”监河侯没想到自己的几句客套话庄周竟然当真了。他眼睛飞快地一转，说：“先生要借米当然没问题，只不过我最近还没收到老百姓的租税呢。要不你等等，等我收到钱后就借给你，别说几斗米，三百两黄金都没问题。”

庄周听到他这么说，知道监河侯在耍赖，要等到收租收税的时候，不知要到猴年马月。他原本想借不到就算了，但看到监河侯这副嘴脸又忍不住想教训他一顿，于是说：“我给你讲个故事吧。刚才走在路上，突然听到一个声音在叫我，低头一看，原来马车压过的车辙里有一条小鲫鱼，鲫鱼可怜巴巴地对我说‘快救救我，给我一点水吧’。我说：‘鲫鱼啊，你等等我，我现在去南方游说吴王和越王，请他们把江水引来给你，到时候你要多少水有多少水。’小鱼怒斥道：‘那你不如直接去卖鱼干的铺子里找我好了。’”监河侯听到这里脸色发白，只好吩咐用人准备一袋粮食，给了庄周。

庄周家安稳地度过了一段时间，但靠人接济的日子始终不稳定。于是，庄周和妻子开始编草鞋拿到市场上卖，他们家的草鞋质量好、价格低，所以很快受到了人们的欢迎。草鞋的生意一下子打开了局面，但是庄周决不贪多，满足一家人的基本生活便可。

温饱问题解决后，庄周又可以专心读书思考和著书了，他读的书越来越多，学问也越来越大了，来求学的人也越来越多。庄子花了更多的时间和朋友、学生们在大自然中畅谈世间万象。

庄周博学而雄辩，开口就是一篇篇洋洋洒洒的文章，那些生动的小故事仿佛信手拈来，把深奥曲折的道理讲得浅白易懂。此时的庄周被学生尊称为“庄子”，学生都希望庄子把自己的想法记录下来，让世间更多的人接触和理解他的思想。

庄子也认认真真考虑起这件事情，他准备好笔、帛等材料后，就开始提笔构建自己的精神世界。他开始凝思该如何把自己的思想传递给后人，如果叽里呱啦一通说理，可能没人看得进去。他想到自己善于讲故事，不如干脆用故事来阐明思想吧。

他郑重地写下《逍遥游》《齐物论》《养生主》《人间世》等篇章，里面一个个栩栩如生的小故事被称作“寓言”。寓言故事看起来很荒诞，所以庄子会假托圣贤之口来说一些重要的话，比如假借黄帝、老子之名来说，这些话被称作“重言”。那么庄子本人说的话叫什么呢？叫作“卮言”，因为他的话就像盛在卮子里的水，汩汩地流也流不完。

机锋相对，无用之用

庄周对于“有用”和“无用”的看法与常人的不同。他认为看起来“无用”的人或事物往往才有真正的“大用”，别人之所以觉得“无用”纯粹是因为看问题的角度不对。为此，他还和好朋友惠施争论了几次。

有一次，惠施回乡看望庄周，他们俩又因为观念不同而争论了起来。惠施对庄周说：“我家院子里有棵大树，人们都叫它‘樗’。樗树上长满了疙瘩，不符合绳墨取直的要求，它的树枝又弯弯扭扭，也不符合规矩。虽然生长在大路旁，木匠们都不会看它一眼。你所讲的那些大道理就像这大樗树一样，听起来高深莫测却毫无用处，没有人会真的相信你说的这些话。”

庄周笑着说：“你说得没错，我追求的正是无用。你见过狸猫和黄鼠狼吗？它们弯腰匍匐在地上，等待小动物出现。它们上蹿下跳，哪曾想过会陷入猎人设下的机关。

还有那牦牛，庞大的身躯犹如天边的云块，它本事那么大却捉不到一只老鼠。如今你有这么大一棵树，却愁它没有用处。你将它移栽到无边无际的旷野里，然后悠然地在树旁徘徊，或者干脆躺在树底下休息。斧头不来砍伐它，又没有旁物来伤害它。虽然没有派上什么用场，但哪里会有什么苦恼呢？”

惠施听完说：“你说得不对，‘无用’可不是什么好事。魏王送了我一些大葫芦的种子，我把它种在院子里，结出一个容量五石的果实。这么大一个葫芦，用它去装水吧，它的质地又脆又软，承受不了水的重量；把它剖开做个瓢吧，它又大又平，装不了任何东西。我实在不知道它可以做什么，就把它砸烂了。”

庄周又笑了，说：“你可真是不善于用大的东西啊！听我说个故事，有一个宋国人善于制作防止手皲裂的药，他家世代以漂洗丝絮为业。有位客人听说了这件事，就找到宋国人，请求用一百金来买他的药方。宋国人召集全家说：‘我家世代从事漂洗丝絮之业，一年所得不过数金，现在卖掉药方马上可得到百金，不如我们就卖了吧。’客人拿到药方后就去游说吴王。这年冬天吴越正在打仗。客人拿出他的防冻药，吴王十分欢喜，就命他为将，与越人展开水战。吴人因手脚抹了药物没有皲裂而大败越人，吴王一高兴就封了这位客人为侯。同样是一贴膏药，有人只会用于漂洗丝絮，而有人靠它得到封赏，这是因为使用的方法不同啊！现在，你有了一个巨大的葫芦，为什么不把它当作腰舟系在身上，浮游于江湖之间呢？你还嫌弃它太大了，可见你还真是没开窍啊！”

惠施觉得庄周的理论听起来有道理，也有一种逍遥自由的精神在其中，却不能解决任何实际的问题，所以没有什么用处。但庄周认为无用才是世间万物的根本，有用的事物需要凭借无用的事物才能发挥作用，所以无用的事物才有真正的大用。那些觉得“无用”不好的人，是心智不通，没有慧眼，看不到事物的根本！

击盆而歌，笑对生死

晚年的时候，与庄周同甘共苦的妻子离开了人世。他看着空荡荡的房间万分悲痛，一屁股坐在地上，号了几声后，突然停了下来，开始一边敲着瓦盆，一边唱着歌。

惠施闻讯后前来吊丧，他看到庄周不仅不哭，还在放声歌唱，忍不住责问：“你的妻子与你共同生活这么多年，

她为你生儿育女，现在死了，你不哭也罢，还要敲着盆子唱歌，这岂不是太过分了？”

庄周说：“你说得不对，她离开我了，我怎么可能不哀伤呢？但我转念一想，她原本没有生命，更没有形体，后来忽然有了形体，有了生命，此刻又死去了。这不正像春夏秋冬四季的运行吗？她现在已经静静地睡在了天地之间，如果我在这里声嘶力竭地号哭，岂不是说明我不通达生命的自然变化吗？我想不通为什么要哭啊！”

过了几年，那个一直与他争论的好朋友惠施也去世了。面对惠施的离开，庄周已经淡然了很多，但是他心里其实是很凄凉的。尽管他和惠施理念不同，却是真正通达彼此心意、懂得彼此思想的人。

有一次，庄周经过惠施的墓地，不由得怀念起惠施。他给身旁的人讲了这样一个故事：“从前有个泥水匠，一滴白粉脏了他的鼻尖，像苍蝇翼般薄薄一层。他让一个叫石的木匠用斧头替他削去这一薄层白粉。那石木匠看也没看，只顾使劲地抡起他手里的斧头，像风一般快速地掠过那泥水匠的鼻尖，那薄薄一层白粉削去了，泥水匠的鼻尖却丝毫没有受伤。宋国的国王听说了这件事，传召那石木匠，说：‘你也替我试一试你的手法吧！’石木匠说：‘我以前确实有过这个技能，但我的对手不在了，我的这个技能就无法再施展了。’”

庄周叹口气继续说：“自从惠子死去了，我也失了对手，没人可以讲话啰。”

庄周也老了，他在寒风中回顾起自己的一生：自己原本也不存在，后来有了生命，现在生命也快终结了。一切从自然中来又回到自然中去，这不就是道吗？他感到很知足，没有什么可以留恋，一切都是变化的，死亡不过是生命的另一种存在形式。

庄周病危了，身边的弟子想为他举办一场体面的葬礼。庄周却拒绝了，他说：“等我死了，你们不要为我操办葬礼，就把我丢在山上，以天地为棺椁，以日月星辰为装饰，以世间万物为祭品。丧事的一切材料都已经有了，你们不必再费心额外操办了。”

弟子担忧地说：“没有棺椁，您的身体被乌鸦和老鹰吃掉了怎么办？”庄周说：“那就送给它们吃吧。若是埋在地下，我也会被蝼蚁吃掉，不还是一样吗？何必跟乌鸦和老鹰争食呢，你们不要偏心了。”

庄周趁着夜色，悄悄离开了，不知所终。

伟大的哲人走完了他的一生，他才思敏捷，文采斐然，在晚年煞费苦心地将毕生学问凝结成了一部《庄子》，传世千年，如洪钟大吕，敲醒了无数深陷世俗的迷途之人。

庄周延续和发展了道家学说，后世将他与老子并举，称为“老庄”，他“无为”“自然”的思想影响了中国文化数千年，他作为中华文化史上独一无二又逍遥自由的灵魂，被视为浪漫主义的始祖。

人物评价

如果说儒家追求的是入世的成功，那么道家寻求的就是出世的安宁，两者共同组成了中国人的外儒内道的人生态度。庄子是道家哲学的代表人之一，他对变化与不变、有用与无用的思辨令人们醍醐灌顶，他那安贫乐道、笑对生死的逍遥哲学更让我们从另一种高度看待人生得失，收获内心的平和。

提倡兼爱的墨家学派创始人墨子

生于乱世，身怀绝技

春秋战国时期，烽火狼烟四起，战鼓喧嚣不绝。城头被黑黑的乌云压得密不透风，守城战士们伤痕累累，眼角带着风刀霜剑般的寒意。城内是残垣断壁和未熄的战火，惶然的百姓如丧家之犬般苟活，他们被一种“朝为耕种人，暮作刀枪鬼”的残酷命运笼罩着。

在这炮火连天的土地上，有一个人甘愿冒着风险四处奔忙，阻止不义之战的发生。他就是诸子百家中的传奇侠士——墨子。墨子阻止强国攻打弱国不是为了得到任何利益，而是为了心中神圣而不可撼动的行事准则——“义”。他的理想是通过自己的义行，将这个相互厮杀的残暴世界变成一个“兼相爱、交相利”的和平家园。

约公元前476年，墨子生于鲁国一个工匠世家。据《琅嬛记》记载，他的母亲梦到一只五彩斑斓的凤凰飞入家中，

醒来后就生下了墨子。因为古代凤凰的别名是翟，所以他的父亲给他取名为翟。

据说墨子一家是殷商贵族目夷的后裔，原本居住于宋国,迁居鲁国后家境衰微,几代后便沦为底层的普通劳动者。墨子从小在家中跟随父母学习工匠技艺，很快就展现出惊人的天赋，孩童时期就发明出许多实用的小工具。

当时鲁国有个大名鼎鼎的工匠叫公输般，后人称之为鲁班。他和墨子是同乡,传说他们之间有过一次技艺的较量。公输般和墨子约定以三年为期，各自制作一只可以在天空中飞翔的鸟，谁的鸟飞得久谁便获胜。年少气盛的墨子刻苦钻研，花了三年时间做好了一只木鸢。他在木鸢身上轻敲几下,木鸢便飞上了天空,时而越过高山,时而横过湖面,飞了一整天才落下来，人们对这一奇景赞叹不已。

公输般也用木料和竹子削出一只活灵活现的木鹊，他的木鹊在空中连续飞了三天才落下来。公输般的工匠技艺似乎略胜一筹,但墨子并不在意结果。他把木鸢丢到一边，对公输般说："我们花这么长的时间做一只木鸟没什么用，不如那些做车辖的工匠，用三寸木料、片刻工夫就能做好一个车辖，可以让马车负载五十石的货物。我觉得做的东西对人有利才能称作巧，对人没用处的就叫拙。"

显然，墨子的志向不在于技艺本身，而是希望通过技艺为老百姓做一些实实在在的事情。在墨子看来，对天下有利的事情才是大事。日后，他也将秉持这一信念，为寻找治世良方奉献毕生心血。

近儒脱儒，创立墨学

墨子出生之时，孔子离世不久，儒家学说影响巨大。墨子少年时期和其他儒生一样学习儒学之道，他熟读前人流传下来的《诗》《书》等经典，对儒学的经典烂熟于心，却也渐渐发现儒家那套繁文缛节其实是与现实生活脱节的，于是一颗叛离的种子在心中萌发。

时机一到，墨子不再学习儒学，转而跟随周朝史官的后代学习“夏禹之道”。与尊崇礼乐文化的儒家推崇的周公不同，夏禹是一位实干派的君王，他带领百姓治理洪水，亲自背筐执锹，不畏辛苦，不辞奔波，治理了三百大河、三千支流。在墨子眼中，夏禹更接近他心中圣人的形象。不知不觉间，他的精神离夏禹越来越近，离儒学越来越远了。这一段时期的学习让墨子受益匪浅，也为他后来创立墨家学说奠定了基础。

墨子和孔子一样，希望找到悬壶济世的良药。他们都认为天下之所以纷争不断，是因为人们不相爱。但儒家提倡有等级、有差别的“仁爱”，认为人们应当先爱与自己有血缘关系的父母，推而广之再去爱邻居和族人，最后再爱天下所有的人。而墨子则提出了“兼爱”，这是一种无差别、无等级的爱。他认为天下人应该不分亲疏贵贱地相爱，彼此互利互助，达到一种“兼相爱、交相利”的局面。

以“兼爱”为核心思想的墨家学说，受到迫切渴望公平正义的底层劳动者的欢迎，很快流传开来，成为与儒学并列的显学。但墨学挑战了森严的等级社会和儒家的等级思想，因此两家始终争论不断。

儒家信徒巫马子时常找墨子辩论。有一次，他对墨子说：“我跟你不同，我不能兼爱。我爱邹国人胜过爱越国人，爱鲁国人胜过爱邹国人，爱同乡胜过爱鲁国人，爱家里人胜过爱同乡人，爱我的父母胜过爱家里人，因为离我越来越近。打我，我感到痛。打别人，我不感到痛。为什么我不设法除去我的痛苦，而要去管别人的痛苦？所以，只能是为了我的利益而去杀别人，不能为了别人的利益而来杀我。”墨子说：“你这个想法是打算藏在心里，还是要告诉天下人？”巫马子说：“我为什么要藏在心里？当然是要告诉天下人！”

墨子说："按你的说法，一个人可以为自己的利益而去杀别人。如果有一个人赞同你的说法，那就有一个人想杀你；如果有十个人赞同你的说法，那就有十个人想杀你；如果天下人都赞同你的说法，那天下人都想杀你。反之，不认同你的话的人，会认为你是散布恶言的人，也会想杀你。如果有一个人不认同你的说法，就会有一个人想杀你；如果有十个人不认同你的说法，那就有十个人想杀你；如果天下人都不信你的话，那天下人都想杀你。总之，相信你的话的人会杀你，不相信你的话的人也会杀你。你说这种话能有什么好处呢？既然没有好处，你还说什么呢？"巫马子被辩驳得哑口无言。

又有一次，巫马子对墨子说："你兼爱天下，但没有让天下人得到什么好处。我不爱天下，也没有让天下人受到什么伤害。既然都没有效果，为什么你只认为你是对的，而我是错的呢？"墨子说："有个地方失火了，一个人提着水桶想灭火，一个人提着油桶想浇油，最后他们都没成功，但您认为谁做得对呢？"巫马子说："当然是那个要灭火的做得对。"墨子说："我要说的正是这个意思。所以我的主张是对的，你的是错的。"

墨家思想的核心目标在于构建一个"兼爱"的社会。

在军事上主张“非攻”，要制止不必要的战争，为百姓谋得一个安全稳定的社会环境；在政治上主张“尚贤”，打破“任人唯亲”的局面，认为无论身份如何，只要有德行和才能都可以做官，力图通过贤人保障社会的良好运行；在生活上，主张“节用”和“节葬”，反对贵族沉迷于骄奢淫逸的生活，也反对他们因长久地服丧而剥削百姓，平民因长久地服丧而荒废生产劳动。

墨家学说为世人描绘了一幅理想的社会蓝图，在这个“兼爱”的社会里，所有人都相爱，所有祸患的根源都不复存在，人人都能和平共处，社会安定又和谐。那么这样的社会如何才能实现呢？墨子认为空谈理论是不行的，必须依靠实际的行动。那么这个实际的行动就是坚持不懈地去“行义”。什么是“义”呢？在墨子看来，有利于天下和老百姓的言论与行动都可视为“义”。

知易行难，自苦为义

为了让天下人“知义”“行义”，墨子开始兴办教育，他从二十一岁开始收徒弟讲学，至三十五岁成为名扬天下的饱学之士，墨家学派也因此进入全盛时期，与儒家学派形成分庭抗礼的局面。

墨子招收学生算得上是真正的“有教无类”，不仅不像孔子那样收取“束脩”作为学费，甚至还分文不取，无论是光脚穷汉还是贩夫走卒，都能成为他的学生，就连犯过罪的人也不例外。据记载，高何和县子硕两人原本是齐国的暴虐之徒，百姓们痛恨他们，官府追捕他们。他们走投无路拜到墨子门下。墨子没有将他们拒之门外，反而耐心地教导他们，最终两人改邪归正，成为行侠仗义的好人。还有一个臭名昭著的狡诈之徒，名叫索卢参，他在墨子大弟子禽滑釐的教导下，也成了颇有名望的士子。

儒家的教学理念是学生应主动求教，对不求上进的人老师可以不闻不问。而墨家的教育理念则认为教师应具备教学的主动性，即使学生不学，老师也要主动地去教，还要时时刻刻调动学生学习的积极性。

墨子是这样劝学的。有一次，一个人来到墨子门下，墨子问：“你为什么不学习呢？”那个人说：“我家族中没有人学习。”墨子说：“道理不是这样的。喜爱美的人，难道会说我家族中没有人爱美，所以不爱吗？想要富贵的人，难道会说我家族中没有人富贵，所以不想要吗？爱美、想富贵的人，不用看他人行事，仍然努力去做。义是天下最贵重的宝器，不应看别人怎么做，而一定要自己努力去践行。”

一个叫公孟子的儒生不满墨子的教学方式，同他争辩：“真正行善谁人不知道呢？好比美玉藏而不出，仍有异常的光彩。现在您到处上赶着去教别人，劝说人们学习，未免太好为人师了，干吗这么劳苦啊！”墨子说：“现在世间混乱，追求善的人太少了，不努力劝说，别人就不知道了。”

又有一次，墨子从鲁国到齐国去探望老朋友。朋友也对墨子说：“现如今天下已经没有人行义了，你何必苦行为义呢？”墨子回答说：“有一个人有十个儿子，但只有一个儿子耕种，其他九个都闲着，耕种的这一个不能不更加努力啊。因为吃饭的人多而耕种的人少。现在天下没有人行义，我更应该努力行义啊！”

于是，在漫天黄沙的焦土上，人们总是能看到一群穿着破布衣服、面色苍黑、眼神坚毅的行者在四处奔走，他们有一个共同的名字——墨者。他们和墨子一起吃着最粗陋的饭菜，钻研军事科技和辩论技巧，为推行“义”的主张，不畏奔波劳苦，义无反顾，一往无前。

除此之外，墨子也会推荐一些有辩才的弟子到诸侯国当官。这些墨家官员有一个共同的使命，就是在当地推行墨家学说。如果不能推行墨家的主张，或者参与了不义的战争，就必须辞职。墨子有一个叫胜绰的弟子，在齐国大将项子牛那里做官。项子牛三次攻打鲁国，胜绰三次都跟随了。因而墨子认为他背弃了“义”的精神，于是派高孙子请项子牛辞退了胜绰。

千古一战，止楚攻宋

目睹满目疮痍的乱世，有救世情怀的墨子痛心疾首地呼吁“非攻”。他从青春年少到八十四岁的耄耋之年，没有停下四处奔忙的脚步。他游走于各个诸侯国，游说君主减少不义的战争。他劝阻过鲁阳文君攻郑，指责过齐国伐鲁，还曾在游说宋国时，被宋国司城子罕囚禁，差点丢失了性命。

在墨子奔忙的这些岁月里，鲁国大匠公输般则有另外一番人生。他因帮楚王设计了钩、镶等军械，得到了楚王的重用。楚王视公输般为夺取天下的利器，他命公输般造云梯，用来攻打宋国。

墨子听闻这件事后连夜启程，欲阻止不义之战的发生。他先安排大弟子禽滑釐带领墨家三百弟子驻守宋国城门。随即只身前往楚国。他不眠不休地走了十天十夜，身上的衣衫更破了，脚底磨出渗着血的茧子。他心里只有一个念头：立刻见到公输般，阻止战争。

墨子和公输般相识几十年了，他们既是同乡，也是同行，自公输般离开家乡到楚国后，他们已经很久没见过面了。墨子来到公输般的宅邸，公输般热情地招待了墨子，心里却犯着嘀咕：多年不见却突然造访，难道是因为造云梯一事？他试探地问墨子："请问先生有何指教？"

墨子紧锁眉头，说："北方有人侮辱我，您若帮我杀了他，我奉上二百两黄金。"公输般脸色变得铁青，愤然说道："我坚守道义，怎么可能为了钱去杀人？"墨子听后突然大笑起来，对公输般拜了拜，说："我在北方听说你造云梯，将用它来攻打宋国。宋国有什么罪过呢？你说不愿意违背道义去杀一个人，却要杀一个国家的百姓，这是什么道理？"

公输般听到这里，明白了墨子的来意，心想：果然他是来管我造云梯这件事的，但我不过是听命于楚王，又有什么办法呢？想到这里，公输般只得应声道："是啊，你说得对。"

墨子不依不饶："既然这样，那为什么不停止进攻宋国的计划呢？"公输般说："这是楚王的决定，我也没办法。"墨子说："那你带我去见楚王吧。"

朝堂上，墨子不卑不亢地与楚王对视，气氛有些肃杀。墨子开口了，他没有马上谈及攻宋的话题，而是话锋一转说："大王，我给您讲个故事吧。"紧张的氛围就像一面瘫软的鼓皮那样，松了下来。

墨子绘声绘色地讲道："我听说有这么一个人，自己家有豪华的马车不坐，偏要去偷邻居家的破车；自己家有华美的衣服不穿，却要去偷邻居家的粗布短衣；自己家有美食佳肴不吃，竟要去偷邻居家的糟糠。您说这是怎样一个人呢？"楚王听了觉得很有趣，回答说："哦，这种人我知道，他是患了盗窃病。"

墨子见着楚王一步步走进自己设的局，便展开了演说："楚国的土地，方圆五千里；宋国的土地，方圆不过五百里，这就好比豪华马车和破车；楚国有云梦大泽，犀牛、麋鹿等珍禽异兽漫步其中，长江、汉水里的鱼、鳖、鼋、鼍多得天下无双。宋国连野鸡、兔子和小鱼都没有，这就好比美食佳肴和糟糠；楚国有巨松、梓树、楠、樟等名贵木材，宋国连棵大树都没有，这就好比华服美衣和粗布短衣。我想，大王若是要攻打宋国，就像那个患了偷窃病的人一样，损人而不利己。"

楚王一听，绕了这么大一个圈子就是为了说自己，心里有些不悦，但为不伤害面子，他推诿说："是啊。但是公输先生已经造好了云梯，不打是不行的。"墨子说："就算打，大王您也不一定会获胜，不信请您让公输先生和我当场对阵吧，看我怎么破他的云梯。"

二人随即坐了下来，墨子解下长长的衣带当作城墙，用小木片作为守城器械。公输般变换阵形，进行了多次进攻，都被墨子一一抵御了。公输般攻城的方法用尽了，墨子的防御手段还没有用完。公输般灵机一动说："我知道用什么办法对付你了，但我不说。"墨子了然于心说："我也知道你要用什么方法来对付我，我也不说。"

楚王在一旁着急了，追问到底是什么方法。墨子说："公输先生的意思无非是要杀掉我，这样就没人能帮助宋国守城了。但我的弟子禽滑釐已经带了三百人，手持器械，在宋国的城墙上等着你们了。即使你们杀掉我，也杀不尽宋国的抵御者。"说到这里，楚王意识到宋国是攻不下来的，与其白白浪费精力，不如就此罢手，慨然叹道："好啊，我不攻打宋国了。"

墨子成功说服了楚王，以布衣之身对抗了千乘之国的君主。这是墨家历史上一次不流血的战争，也为墨子的人生写下了最为辉煌灿烂的一笔。

短暂辉煌，销声匿迹

墨子的成就不仅体现在哲学、教育、军事和政治上，他的实践精神还造就了中国古代科技的辉煌，创造出独步天下的自然科学成就，墨子的理论涉及天文学、数学、物理学等领域，足以在世界科技史上占得一席之地。

在天文学方面，墨子把时间、空间和物体运动联系在一起。他认为没有时间先后和位置远近的变化，也就无所谓运动。这一朴素的时空观与两千多年后爱因斯坦提出的相对论遥相呼应。

在数学方面，墨子是中国古代提出几何概念的第一人，其著作中有许多关于数学概念的定义和解说，与西方欧几里得的《几何原本》相似。

在物理方面，墨子也有不少重大发现，其研究涉及力学、光学和声学。他给出了力的定义："力，形之所以奋也。"意思是：力是使物体运动的原因。

他是第一个进行光学实验的人，奠定了中国光学的基础。他发明了"地话器"——用空洞器具为共振器，以监测敌人围城时掘隧道和埋炸药的位置和方向，是防御工事技术中的重要突破。

可以说墨子达到的成就是“百科全书式”的。他光辉的思想如一颗璀璨的明星照亮了战国那暗淡的天空，绚烂一时，却在秦汉以后迅速陨落，长久地淹没在历史的长河里。直到清代中晚期，墨学才再次受到了重视，并获得了高度的评价。文学家鲁迅盛赞墨子是“中国的脊梁，传奇式的伟大英雄”。

墨子的思想和言论，集中在《墨子》一书中，原有七十一篇，现存五十三篇，是我们了解这位伟大哲人的重要依据。而他留下的精神财富依然滋养着每一个华夏子孙，为中华民族的伟大复兴供给着源源不断的精神养料。

人物评价

墨子在战火不断的乱世中奔走呼号，反对战争倡导和平，推行无差别、无等级的“兼爱”思想，关注的其实是底层劳动者的生存与幸福。他没有止步于空谈理论，而是身体力行地去践行，这种知行合一的行动力也十分值得我们学习。

德国古典哲学创始人康德

哥尼斯堡的童年时光

18世纪的欧洲，启蒙主义的思潮以燎原之势燃烧了半个多世纪，科学理性冲破了神学的枷锁占据了上风，逐渐被世人奉为真理。但当科学把真实的世界呈现到人们面前时，人们该如何看待这个崭新的世界？而仅仅依靠科学理性，又能否解决人类安身立命的问题？这是当时所有人所面临的困境，也是近代哲学家们孜孜不倦探寻的问题。一个伟大人物的出现以其独到的方式回答了这个问题，还进一步开创了德国古典哲学，让哲学成为德意志民族不可磨灭的特质。他就是伊曼纽尔·康德。

1724年的春天，波罗的海的风吹拂着海港城市哥尼斯堡，它位于普鲁士的东北边陲，靠近俄罗斯的边境，虽然远离欧洲中心，却是普鲁士王国的主要城市之一，也是重要的贸易港口。

这一天风平浪静，港口依旧繁忙，往来的商旅船只装卸着货物，不同肤色的人种和语言在这里交汇。在海的另一边，城市街巷内的一幢老房子里，婴儿的啼哭打破了午后的寂寥，新生的喜悦洋溢在年轻夫妇的脸庞，他们欢欣雀跃地围在这个刚刚出生的男孩身旁。这一天是4月22日，在《旧普鲁士年鉴》里被称为“埃马努埃尔”，意思是“与上帝同在”，因此他们给男孩取名为埃马努埃尔。长大后，男孩将名字改为更接近希伯来语的发音“伊曼纽尔”，此后的一生，男孩都为拥有“伊曼纽尔·康德”这个名字而感到自豪。

小康德的父亲名叫约翰，是当地有名的马具师，拥有自己执业的工作室。他母亲是另一个马具师的女儿，受过教育，拥有高出一般劳动女性的知识文化素养。康德的父母都是虔诚的教徒，他们重视自身的德行修养，在孩子的教育上倾尽所能，尽可能地给予他们爱、尊重和自由。康德的家境不算富裕，却是宽松和睦的，他在成年后谈起自己的童年和父母总是充满感激。他曾对朋友说自己很幸运，因为他“不曾从父母那里听到不得体的言辞或看到低下的行径”。

康德是家里的第四个孩子，有两个孩子在他出生前就夭折了。康德的出生伴随着父母殷切的期望，他们无比盼望这个孩子能健康地活下来。但这个孩子似乎有天生的缺陷，他长得瘦瘦小小的，胸腔有些凹陷，一剧烈活动就容易大口喘气。家人们对小康德的生活照顾得无微不至，让他得以健康地长大。康德也十分注重身体的休养，活动范围严格控制在家乡四十公里之内，一生几乎不做长途旅行，后来竟也活到了当时罕有的八十岁高龄，不得不说是一个奇迹。

1732 年的秋天，八岁的康德因天资聪颖，被推荐进入腓特烈中学学习。这是一所教会的附属学校，同时招收贵族和平民的孩子，为他们将来在政府或者教会任职做准备。平民的孩子若能进入这样的学校，可谓拥有了光明的前途，自身身份和所处的阶级都将发生巨大的变化。但康德很快发现自己的天性与学校灌输式的教学方式格格不入，比起神学知识，他更愿意把精力花在拉丁文课程和古希腊经典著作上。比起服从学校的纪律和安排，他更喜欢自由探索和独立思考。

这段中学时光康德过得并不开心。多年后，他在回忆这段时期的经历时说道："许多人认为少年时期是黄金岁月，但这或许是个错觉。那是最难受的时期，有令人喘不过气的纪律，朋友寥寥无几，自由则更难得。”更不幸的是，康德在这段时期还失去了挚爱的母亲，他的少年时期始终蒙着一层阴影。

初露锋芒的青年时代

1740 年，十六岁的康德以优异的成绩毕业，获得进入哥尼斯堡大学继续深造的资格。大学有着与中学截然不同的氛围，这里没有严苛的纪律和强制的灌输，康德可以自由选择感兴趣的内容进行学习，因此他选修了大量与哲学相关的课程，包括逻辑和形而上学、伦理学、自然法等。他接受了不同哲学家思想的洗礼，其中包括著名的哲学家休谟和卢梭，他们都从不同角度给予了康德启发。康德曾说：“曾有一个时期，我骄傲地认为知识是人类的光荣，因此我对愚昧无知的人总是蔑视的。正是卢梭让我幻想的优越感消失了，我学会了尊重他人。”

进入大学四年之后，康德开始写作处女作《论对活力的正确评价》。书中谈论了当时著名的科学家牛顿、莱布尼茨等人的观点，对一些主流思想进行批判。该书一经问世就展现了康德独立的思想家特质，为他以后的哲学家之路奠定了基础。

或许这个时期的康德已经有了一种思考人类终极问题的志向。晚年面对采访的时候，康德对一位记者说："我从年轻时代开始不断尝试成为自主独立的人，不为别人而活，而是为自己和自己的责任。我认为独立性是生命愉悦的源泉。"

他很早就开始思考自己的道路，不是出于神学的规训和社会的惯性，而是企图寻找到一条内心认可的具有使命感的道路。他没有把过多的时间放在追求世俗成功上，而是专注于自己的思考，在自我探索的道路上一步步前进。这一时期的康德专注于学术事业，过着一种简朴自律的生活。那时欧洲大学具有饮酒狂欢的风气，但康德不爱参加。

1748 年，康德大学毕业，此时父亲也已经去世两年。站在人生的十字路口，他面临着重新的选择。如果要走一条顺遂的学术道路，就应该继续深造，但失去双亲的他已经没有了经济来源；如果是为了生计，那出任某个地区的神职人员或者去教会学校担任教师，也都是不错的出路，但他似乎志不在此。于是，康德做出了与众不同的选择。他没有当神职人员，也没有读硕士，而是在哥尼斯堡的郊区担任了一名家庭教师。

在担任家庭教师期间，康德并未放弃自己的学术理想，而是利用课余时间做研究、写作。1755年，他发表了一部名为《自然通史与天体理论》的自然科学著作，其中提出了太阳系起源的星云假说。遗憾的是这本书并没有在科学圈掀起什么浪花，直到拉普拉斯的星云说发表以后，人们才想起了康德的星云说。这是康德对于自然科学领域的贡献，尽管没有像在哲学领域一般产生开天辟地的影响，也足以证明他的科学素养。此后，康德也并未沿着科学研究的道路走下去。

同年，康德向哥尼斯堡大学哲学系提交了硕士论文，三个月后他顺利获得了硕士学位，并拥有了在哥尼斯堡大学开课的资格。这一转折彻底改写了康德的人生，此后几十年，他将专注在学术事业上，开启作为哲学家的辉煌生涯。

严苛自律的学者生活

1755年，康德重新返回哥尼斯堡的大学校园，担任编外讲师。这一职位的特点是没有固定的薪水，讲师需要通过收取学生的听课费来维持生计，收入的多寡仰仗于开课的数量和学生的人数。康德为了谋生开了很多门课，从自然科学到人文学科，包罗万象。他学识渊博、博览群书，在讲台上侃侃而谈，于平淡中透露出诙谐和机智，因此来听课的人络绎不绝。

康德对这样的生活感到满意，他曾在给朋友的信中写道："我得到了想要的一切，亦即一个惬意的工作环境：工作、沉思与社交的交替活动。在其中，我那多感但除此之外便无忧无虑的心灵，以及薄弱但无恙的身体，可以充分舒展却不至于太劳累。"

康德天生身体孱弱，所以他十分爱惜自己的身体。他延续着从早年养成的严苛作息，过着简单的书斋式生活。他的一天大概是这样的——凌晨5点起床，7点到10点上课，上完课后写作到中午，然后出门用餐，下午他将和朋友们探讨各种话题，晚上则进行阅读和其他工作，9点左右睡觉。

关于康德的生活，流传着这样一则轶事。在哥尼斯堡的一条林荫道上，无论刮风下雨，每天都会有一个小个子男士的身影出现。这位男士就是康德。因为康德总能准时经过这条街道，所以邻居们总是在遇见他的时候校对家里的钟表。有一次到点了，康德却没出现，所有人都感到很惊讶，甚至怀疑家里的时钟出了问题。后来才知道，原来是康德前一天晚上通宵达旦地阅读卢梭的著作，以至于睡过了头。据说这是数十年间他唯一一次没有准时出现。

这则逸事可以看出康德对自己生活作息的严苛要求，但他并非一个古板无趣的人。事实上，康德很喜欢社交和交友，但出于身体原因无法长途跋涉，所以他常常在家中接待那些慕名而来的人士，和他们共进午餐、探讨问题。

康德在编外讲师的岗位上做了十五年，这期间他并不是没有想过申请一个更稳定的教授职位，但是他不愿意接受外地的教职，也不愿意接受除逻辑和形而上学以外的教职。所以直到 1770 年，四十六岁的康德才如愿以偿地申请到了哥尼斯堡大学的逻辑与形而上学的教授职位。就职以后，他发表了题为《论感性世界和理智世界的形式与原则》的论文，文中闪现的思想日后将以更系统的方式出现在他的巨著《纯粹理性批判》中。

“三大批判”掀起哲学界革命

晋升为教授后，康德的生活有了很大的改善，他不再需要为了谋生而开设大量的课程，但他依旧依照自己的兴趣开设了不少的课程，其中包括德国第一个人类学课程。此后的十年间，他没有发表一篇论文，专注地思考从早年起便开始困扰着他的哲学问题。

直到1781年，他的十年心血终于凝结出版，那就是足以改写西方哲学史的《纯粹理性批判》。此书一经问世便在哲学界掀起了一场哥白尼式的革命，也成就了康德在哲学史上的不朽地位。后来他又陆续写作了《实践理性批判》和《判断力批判》，“三大批判”完整地构建了康德的哲学体系。

在康德生活的时代，启蒙运动持续了近一个世纪。启蒙思潮呼吁理性和自由，提倡用理性和科学之光驱散愚昧，将人们从神学的束缚中解脱出来。这个时期的科学突飞猛进，极大地改善了人类的物质生活，也让人们对科学理性的推崇达到极致。但是科学理性一旦无限放大，甚至进一步扩展到人类社会领域，便会带来严重的认识危机。试想，如果人们相信人类社会和自然界一样，都受自然法则的支配，那么人的自由就开始丧失了。

《纯粹理性批判》围绕“我们能够认识什么”展开。康德首先对科学知识的性质进行了分析，他认为一切知识来源于感觉经验，但仅仅有感觉经验是不够的。一方面，知识必须建立在经验的基础上，但另一方面，人自身就具有一套先天的认识形式，能够将感觉经验进行加工和整理。

康德认为我们看到的世界是经过我们的感官处理过的，而非世界的本来面貌，世界本来的面貌是什么样的我们无从知道。基于这种情况，康德在知识的范围上划分了一个界限，他认为有一部分知识是可以认识的，另一部分知识是无法认识的，他将这些不可知的事物称为“自在之物”或“物自体”。

知识之所以成为知识，不仅需要有经验作为基础，还必须具备普遍性和必然性。自古希腊以来，西方哲学家普遍认为知识必须符合对象，但这其实是没办法证明的。于是康德将两者的关系颠倒过来，他认为如果无法证明知识符合对象，那么不妨换一个思路，让对象符合知识。这一认识的转变便被称为“哥白尼式的革命”。

如果说《纯粹理性批判》解决的是“人能够认识什么”的问题，《实践理性批判》则回答的是“人应该做什么”的问题，《判断力批判》探讨的是人类的审美和情感。这些著作的问世为康德赢得了国际的声誉，此后的二十多年里他始终专注于自己哲学体系的完善。

1796年，康德退休了，仍然坚持读书和写作，但生命衰微的特征已不可逆地显现，他的记忆力和思考力都逐渐退化了。他的身体愈发瘦小，肌肉也渐渐萎缩。生命的最

后几年，康德的身体持续恶化，吃饭困难，谈吐困难，饱受衰老和疾病的折磨。1804 年 2 月 12 日，离他八十岁生日不到两个月的时候，这位伟大的哲学家静静地离开了。

康德哲学以“三大批判”为核心，构建了一个丰富而完整的哲学体系，开创了德国古典哲学，影响了后世西方哲学，被认为是继苏格拉底、柏拉图和亚里士多德后，西方最具影响力的思想家之一。他的思想给哲学界乃至世人留下了不可估量的精神财富，而他的魅力不仅仅在于构建一个庞大的哲学体系，还在于他对人类终极理想身体力行的追寻。

他在《实践理性批判》的尾声留下了这样的名言：“有两样东西，越是经常而持久地对它们进行反复思考，就越是使我的心灵充满日益增长的惊赞和敬畏，它们就是我头顶的星空和我心中的道德法则。”

这段话在几个世纪之后听来依然振聋发聩，仿若让我们看到这位哲学巨擘以瘦小之躯撑起了一片人类文明的天空。他的哲学疆域无比宽广，他的内心世界如同浩渺星空，博大而精深。

人物评价

康德通过《纯粹理性批判》《实践理性批判》《判断力批判》构筑了自己的哲学体系，探讨了“人能够认识什么”“人应该做什么”“人可以希望什么”三大命题，开创了德国古典哲学。当旧世界坍塌，人类如何安身立命？康德的回答是，头顶的星空和内心的道德法则，将成为我们活在科学时代的重要支撑！

德国古典哲学集大成者黑格尔

最初的烙印

18世纪末期，经历了一个世纪的启蒙运动，人们的思想得到了解放，神学虽然仍占统治地位，却不再像中世纪那样密不透风。康德哲学的诞生肯定了“人”的意义，在学界和社会都掀起了狂潮，人们听到了一种全新的声音。科学技术的进步促进了经济的迅猛发展，产生了一批以“知识”为武器的新兴市民阶层，诸如工匠、律师、公务员等。他们不再像农民一样需要依靠土地生存，专业的知识和技能是他们赖以谋生的利器。那个时代的文化精英、知识分子大多诞生于这个阶层，如康德、荷尔德林和黑格尔。

1770年8月27日，黑格尔生于符腾堡公国的斯图加特市，斯图加特位于今天的德国西南部，是符腾堡的首府，也是当时的经济、文化中心，聚集了政府机构、研究机构和先进的知识分子。黑格尔的父亲在符腾堡的税务部门任职，母亲是一位受过良好教育的女性。黑格尔的父母一共生育了六个孩子，其中只有黑格尔和一个弟弟、一个妹妹活了下来。

上小学之前，母亲在家里对黑格尔进行了拉丁文的启蒙，当他五岁进入拉丁语学校时，已经有一些基础的拉丁语常识。他很聪明，又爱读书，老师们都很喜欢他。

1785 年，黑格尔进入斯图加特中学进行学习。这里的学习氛围很宽松、友善，老师与学生建立了深厚的情谊。黑格尔在中学时代即表现出早慧的气质。他喜爱古典文化，阅读了大量古希腊的文学作品，也翻译和摘录了一些，后来他经常在著作和演讲中引用它们。他还表现出对历史的兴趣，喜欢研究某个民族特有的精神、风俗和宗教，热衷于探寻帝国繁盛与衰落的原因。

与此同时，老师也开始对黑格尔进行哲学启蒙。在中学的三年间，他完成了基础的哲学训练，养成了爱观察、爱思考的习惯。他喜欢做笔记，对很多事物都发自内心地感兴趣，这样敏思善学的学生自然得到了老师更多的关注。老师们鼓励他进行创作，于是黑格尔写了很多习作，包括《安东尼、屋大维和雷必达关于三头政治的谈话》《论希腊人和罗马人的宗教》《谈古今诗人的显著区别》等，这些作品的主题和风格与后来让他声名鹊起的成熟著作相去甚远，但也难掩其智慧的锋芒。

1788年，黑格尔以优异的成绩从斯图加特中学毕业了。这一年，他收获颇丰，不仅代表毕业生做了毕业演讲，还拿到了公爵奖学金，被保送至图宾根神学院继续深造。当时整个中学获此殊荣的学生只有四位，他便是其中一位。

图宾根的三伙伴

图宾根神学院是一所培养牧师和教会附属学校师资的学校，学制是五年，前两年主要学习哲学，后三年学习神学。经过五年繁复枯燥的训练，学生们会获得相当不错的哲学和神学素养，为将来在宗教系统任职打下牢固的基础。

神学院和我们今天的大学有很多不同的地方，它有许多严苛的清规戒律，禁止一切形式的娱乐。一旦进入神学院，就意味着要过一种离群索居的修道院般的生活。这样的生活听起来没有多大的吸引力，甚至与年轻人的心性相违背，却是当时贫穷年轻人的普遍选择——他们为了能够获取教育资源，不得不走上这样的道路。不过，当时已经有越来越多的学生毕业后不会选择从事宗教事业，而是走上另一条看起来更自由的道路——成为家庭教师。

图宾根神学院招收的是当地最优秀的年轻人，在这里，黑格尔结识了两位日后对他影响颇深的朋友，分别是伟大的浪漫派诗人荷尔德林和著名的哲学家谢林。他们三个人曾经在图宾根的校园里亲密无间、朝夕相伴地度过了无忧的年少时光，甚至在毕业后长达数年的时间里，生活和思想也都紧密地交织在一起。

荷尔德林与黑格尔同岁，是一位敏感忧思的美少年，他写诗天赋极高，写出了很多像宝石一样会发光的诗句。他写给友人的诗句“人充满劳绩，但仍诗意地栖居于这片大地之上”慰藉了无数心灵。他和黑格尔住在同一个宿舍，后来，比他们小五岁的谢林也加入了。年仅十五岁的谢林才华出众、锋芒毕露，被冠以“天才少年”的称号。这三个青年都非常热爱古希腊文化，常常一起仰望天空，探讨哲学、文学和历史。他们志同道合，又形影不离，被人们称为“图宾根的三伙伴”。

神学院的纪律让他们显得严肃而沉稳，尤其是黑格尔，总是埋首书堆、不苟言笑，同学们给他起了“老头子”的外号。但在学院外，三个伙伴却呈现出另外一面，他们会像当时欧洲的年轻人一样反抗学校的规定，偷偷聚在小酒馆里喝酒、唱歌、恶作剧等。短暂的自由让他们感受到年轻的恣意和美好。

日子虽有波澜却大致平静，直到那一天的到来，学生们的思想仿佛受到了全新的洗礼和鼓舞。1789年7月14日，奋起反抗的巴黎人民攻占象征专制统治的巴士底狱，法国大革命爆发了。这场革命不仅改变了欧洲的命运，还在校园里引起一股讨论热潮。黑格尔和伙伴们的心中燃起了巨大的激情，他们为革命的成功欢呼雀跃，还一起种下了自由之树，庆祝革命的胜利。他们十分羡慕法国人民，虽然身体不曾参与革命，但心灵与那些誓死抵抗、保卫家园的英雄同在。法国大革命在黑格尔的思想上产生了极大的震撼，那些普通人民表现出的英勇无惧深深刻入了他年轻的心灵。终其一生，黑格尔都对这场革命保持着赞赏和共情，还会带领学生一起庆祝革命纪念日。

在图宾根神学院的岁月，黑格尔进入了全新的人生旅程。这个阶段他的思想、经历都得到了极大的丰富。如果说斯图加特中学孕育了他思想的萌芽，那么这只猫头鹰在图则宾根大学迎来了首次试飞。

在磨难中砥砺前行

1793 年，黑格尔从神学院毕业，他拒绝成为一名牧师，接受了家庭教师的职位。经过权衡，他去了瑞士伯尔尼的一个贵族家庭。那时，到贵族家里当家庭教师是德国青年知识分子中的一种潮流。黑格尔原本以为能就此脱离神学院的桎梏，却没想到家庭教师的生活同样充斥着无奈的悲惨。尽管他心里早已有所准备，但近乎奴仆的从属地位仍让心高气傲的他感到痛苦。

黑格尔一边忍受着背井离乡的苦闷，处理着复杂而陌生的社会关系，一边也观察着伯尔尼的政治和经济体系。这段时期，他保持着与荷尔德林的通信，两位老友通过书信交换着彼此的心得，也倾诉着各自的苦涩。

此时的荷尔德林在法兰克福旅居，在他的鼓动下，黑格尔任期满后就来到法兰克福与他相聚了。在这里，黑格尔有了朋友的陪伴，精神状态更为愉悦，依旧利用业余时间从事着理论研究。在担任家庭教师期间，他写作了《耶稣传》《基督教精神及其命运》的手稿，还翻译了《让-雅克·卡特书信集》。

三年后，平静的日子被打破了，荷尔德林的骤然离开和父亲的去世都让黑格尔迫不及待地想离开这个地方。他写信给老朋友谢林求助，谢林比黑格尔晚两年毕业，但很快就迈入了哲学家行列，在耶拿大学当讲师。在谢林的邀请下，黑格尔于 1801 年到了耶拿。这个决定改变了黑格尔的人生轨迹。

耶拿是繁荣的文化中心，闪烁着自由思想的光辉，聚集了许多优秀的知识分子。歌德、席勒这些伟大的诗人在这里大放异彩，康德和费希特的哲学活动在这里如火如荼地开展，二十三岁的谢林如一颗闪耀的新星登上了耶拿知识界的舞台。黑格尔和谢林在这里重拾旧谊，一起合办了《哲学评论》杂志。此时，黑格尔还只是一个籍籍无名的小辈，被戏称为“谢林的小跟班”。

耶拿时期，黑格尔的生活境遇和社会地位都有了改善。半年后，他发表了《费希特和谢林哲学体系的差异》一文。他在文中支持了谢林的观点，但同时也蕴藏着自己特有的观点，这为他与谢林哲学的分道扬镳埋下了伏笔。另一个变化是，黑格尔通过了博士论文答辩，成为耶拿大学的编外讲师。这段时期，黑格尔开设了很多哲学相关的课程，对于哲学的思考也日趋成熟。

1803 年，谢林离开了耶拿，《哲学评论》杂志也停刊，大批知识分子陆续离开这里，耶拿逐渐丧失了活力与魅力。黑格尔的生活因此暗淡了下来，他对前途感到迷茫，想要寻找新的出路。他向一些大学投递了简历，但都没能成功。同时，他还在着手进行一本伟大著作的写作，这本书将凝聚他重要的哲学观点。

1806年，耶拿战争爆发的前夕，黑格尔终于完成了《精神现象学》的手稿，这本书的诞生标志着黑格尔成为一位成熟独立的哲学家。他在这部巨著中划时代地提供了一部人类意识的发展史，从内容上将人类意识发展分为五个阶段：意识、自我意识、理性、精神和绝对精神。黑格尔的整体观和伟大的历史观，均体现在这部意识发展史中。

不久，拿破仑攻入耶拿，战争迫使黑格尔不得不离开这里。黑格尔在报社短暂地担任了编辑，又辗转到纽伦堡中学担任校长，他在中学校长这个职位上干了八年。作为校长的黑格尔很重视古典文化的教育，尤其是古希腊语言和文学的教育，他还凭一己之力将中学的哲学教育提升到了一个新高度。

这段时期，他在教育上有所建树，也获得了认可。与此同时，他的另一部重要巨著《逻辑学》出版了。《逻辑学》包含了黑格尔哲学体系核心的基本观点，如思维的内容与形式的统一、量变到质变的飞跃、否定之否定等。

登上哲学的顶峰

不过，中学校长并不是黑格尔渴望的职业归宿，他依然对大学教职有着热切的期盼，渴望从事纯粹的哲学事业。经过多年的积累，一部部哲学著作为黑格尔打开了局面，赢得了声誉。1816 年，四十六岁的黑格尔获得了海德堡大学的教授一职，这个身份使他拥有了体面而稳定的生活。他有生以来第一次得到这样的安全和快乐，拥有一个稳定的家庭、一份值得期待的事业、一群志同道合的同事，以及很多尊敬爱戴他的学生。

1818 年，黑格尔再次晋升，他受邀来到位于首都的柏林大学担任哲学教授。他在这里开设了自然法与国家学、历史哲学、美学等课程。黑格尔讲课的风格和他的著作一样晦涩难懂，喜欢使用一种弯弯绕绕的、有些结巴的讲述方式，但又因内容深刻而吸引了很多人，学生和门徒遍布德国。与此同时，他的又一力作《法哲学原理》也诞生了，这让他的声望一时达到了顶峰。

同一时期，哲学家叔本华也获聘来到了柏林大学。他觉得黑格尔讲课一般，自己的风采更胜一筹，于是特意将课程安排在与黑格尔的同一时段。结果令他意外——黑格尔的讲座场场爆满，而自己的课堂却空无一人。

1829 年，黑格尔被任命为柏林大学校长，还被国王授予了勋章，成为无可争议的德国哲学界之王。在生命的最后几年，他获得了极高的声望、巨大的荣耀和富足的物质，也让哲学受到了空前的关注。

黑格尔从一个贫穷卑微的小伙子，一路登上了哲学殿堂的宝座，好似一部励志的热血漫画。从在斯图加特的童年开始，他一路都走得十分艰辛，漂泊了很多地方，经历了朋友的不幸、家庭的悲剧、战火的无情，终于一步一步抵达了伟大的目标。

黑格尔的丰富与复杂，就像一本读不尽的书，要去描述这样一个充满不确定性的生命，任何简单、独断的文字都有可能使故事变得单调、平庸。也许正如黑格尔临终遗言所说："只有一个人理解了我，但他还没有理解我。"不得不承认，理解黑格尔确实不是一件容易的事情。

"密涅瓦的猫头鹰，只有在黄昏时才会起飞。"这句写在《法哲学原理》序言里的话，是对哲学的隐喻。哲学就像密涅瓦的猫头鹰一样，它不是在太阳初升的时候在蓝

天里翱翔，而是在黄昏时分悄然起飞。哲学是对既往思想的反思，因此它总是来得很晚。

这句话又何尝不是黑格尔人生的注脚呢！

“黑格尔时代”的谢幕

1831 年，欧洲暴发霍乱，黑格尔不幸感染，于柏林的寓所内逝世。他去世之后，人们根据他的讲稿和学生的听课笔记整理成了一系列讲演录，包括《历史哲学讲演录》《美学讲演录》《宗教哲学讲演录》和《哲学史讲演录》等。

黑格尔在哲学史上堪称“百科全书式”的哲学家，他对当时的各门学科多有精通，并且将它们纳入自己的哲学之中，形成了一个包罗万象、博大精深的绝对唯心主义哲学体系。黑格尔哲学标志着古典哲学的终结，他以其独特的方式实现了传统形而上学成为科学之科学的最高理想，也使曾经统治西方哲学长达两千多年之久的传统形而上学走向了终结。

人物评价

黑格尔在年少时养成思考和观察的习惯，在逆境中修炼出严肃踏实的人生态度，以及他对理想的追求和不懈的努力，再加上一点点必要的运气，使他最终成为德国古典哲学集大成者。

法国启蒙运动时期的思想家卢梭

童年的短暂温馨

前半生，他历经艰辛，被疾病、贫穷折磨，被社会和文明排斥；晚年，他离群索居，被误解、被诽谤，与昔日好友反目成仇；去世后，他却影响了整个欧洲，乃至世界。他就是 18 世纪极具传奇色彩的思想家、法国启蒙运动的代表人物卢梭。

1712 年 6 月 28 日，卢梭出生于日内瓦的一户普通人家。他的父亲是一个脾气火暴的钟表匠，母亲是一位温柔有教养的女性。7 月 4 日，是小卢梭接受洗礼的日子，这一天原本应该过得热热闹闹，但他的母亲患上了产褥热，躺在病床上奄奄一息，不久就离开人世了。卢梭说："我的诞生，是我经历的诸多不幸事情中的第一件。"

母亲去世后，姑姑负责抚育和照料这个小生命，性格开朗的她抚慰了卢梭幼小的心灵。父亲对卢梭的教育比较随意，父子俩在一起时更像玩伴，他们最喜欢在晚饭过后，一起阅读妈妈留下来的各种小说，有冒险的、游侠的，父子俩经常不知疲倦地读到深夜。卢梭说："那时候我虽然什么都不懂，但对一切事物都有了自己的感受。"

卢梭七岁时读完了母亲留下来的书，又找到当牧师的外祖父借书来读。他在外祖父那里读到了《世界史讲义》《威尼斯史》《名人传》等书籍，最喜欢那些关于古希腊、古罗马英雄的故事。然而幸福的时光稍纵即逝，卢梭的父亲在打猎时与一个退役军官发生了冲突，为了躲避追捕，父亲逃到了伯尔尼管辖的尼翁，后来在那边再结婚生子，与卢梭鲜有联系。

卢梭就此成了"孤儿"。他被送到舅舅家，又和表哥一起被送到一个叫波塞的村子里，由一位教士和他的妹妹负责照管。卢梭起初对这段日子是满意的，他和年龄相仿的表哥成了亲密的朋友，两人一起学习、郊游。乡野的风光令他陶醉，他在这里发现了广阔的天地，以及人与人之间美好的情谊。然而一件事情改变了他的看法。

有一天，教士的妹妹发现自己的梳子被折断了，她认为是卢梭干的，但卢梭坚决不承认。因为这件事，卢梭被舅舅狠狠揍了一顿。从此，他变得不快乐了，他发现世界上竟还有如此难以让人忍受的事情，那就是被不公平地对待。他决定以孩子特有的方式来反抗这种不公，于是他经常调皮捣蛋，不尊重教士。

流浪少年遇见华伦夫人

两年后，卢梭回到了舅舅家。他已从一个懵懂的孩子长成一个清秀的少年。舅舅不愿意出资让他继续上学，就把十二岁的卢梭送到一个雕刻匠那里当学徒。这是那个时代穷苦人家孩子普遍的出路。师傅给学徒传授手艺，提供食宿。作为回报，学徒要为师傅做大量的活计，遭受毒打也是家常便饭。

这种粗暴的、不自由的生活自然不是卢梭所向往的。他曾经像块璞玉一样被捧在手心，心中流淌着如丝绸般柔软的情感，怎会甘心屈居于这样冷冰冰的现实之下。学徒生活对他来说实在是太难熬了，卢梭时常叹气、发呆。三年的学徒生涯让他性情大变，他学会了和其他的伙伴一样偷懒、磨洋工，也沾染上了撒谎、偷窃的恶习。这时的他只是一个可怜的、疏于管教的孩子，他仍然有机会走上正途。

每个星期天，学徒们拥有短暂的自由，听完布道后可以去城外散会步。有一天，卢梭和伙伴们在城外闲逛，回来时城门已经关了。他们若是第二天再回去，免不了要受一顿毒打。伙伴们觉得无所谓，便在城外露宿起来，但卢梭不愿再忍受这样的日子，于是毫无留恋地离开了家乡。

这个十五岁的少年孤身一人走在茫茫然的郊外，谁也不知道他要去哪里，就连他自己也不知道将会去向何方。不过他心中并不害怕，因为他想起了小时候读到过的那些英雄故事。他想，这个世界那么广阔，总有一个地方可以让自己容身。

卢梭先去找了一位神父先生，他想让好心的神父帮忙解决食宿的问题。这位神父给了他一封介绍信和一位夫人的地址，并告诉他这位夫人会帮助他。卢梭按照神父的地址找到了一幢花园洋房。

他永远也不会忘记那天的春光有多明媚，一位年轻的贵妇人径直从洋房里出来，她金发碧眼、温柔慈爱，亲切地对他说："噢，孩子，你这么小就出来流浪了，真是太可惜了……"卢梭已经许久没有遇到过这样温柔的人了，一时间感动得说不出话来。他神情有些恍惚，觉得夫人亲切得就像自己的母亲。

这位雍容的贵妇就是后来多次出现在卢梭笔下的华伦

夫人。那时候的她只有二十八岁，良好的教育、优渥的家境让她举手投足间都流露着优雅，更可贵的是她有一颗善良的心，当她遇见卢梭后，一直尽力地帮助他。

这次相遇改变了卢梭的命运。他兜兜转转后在华伦夫家住下，这段日子过得闲适而幸福，他在华伦夫人家读了很多的书，他们还经常一起讨论书中的观点。他后来在自传《忏悔录》中写道："那是一段平静的日子，我在她身边一边工作一边学习。我产生了多种兴趣，沉迷于数学、几何、绘画和音乐……我对文学和哲学也产生了浓厚的兴趣。"

在经历五十载人生风雨后，卢梭依然怀着无限的感激之情回忆起这段岁月。他想，若是没有华伦夫人的帮助，他可能会四处流浪，沦为一个小偷、无赖，或者像流浪汉一样饿死街头，最好的出路就是到富人家当一个卑躬屈膝的奴仆。总之，他不会写出那些轰动文坛的作品，也不可能成为一个名满天下的思想家。

闯荡巴黎，一举成名

1742年，卢梭三十岁了，他离开了华伦夫人的家，怀着远大的抱负踏上了布满荆棘的新征途。他怀揣着一点钱、一个剧本和一个音乐方面的发明，来到了群星荟萃的巴黎，试图在这里博得一块立锥之地。

卢梭起初想在音乐方面有所作为，他带着自己发明的记谱法来到艺术科学院，希望能引起重视。但科学院的院士没有采纳，只是象征性地颁给他一张奖状。卢梭又将自己的理论整理成《现代音乐论》出版了，仍然没能掀起什么风浪。

闯荡了几年后，卢梭一无所成，住在一个破旅馆里，日子并不好过，直到认识了狄德罗，他的命运才迎来了转机。狄德罗那时也是一个籍籍无名的穷小子，正在主编一套体量庞大的《百科全书》。经人介绍，他邀请卢梭撰写其中关于音乐的部分。相似的境遇让两个有才华的年轻人很快成了朋友。

1749 年，狄德罗因得罪了教会被捕入狱。那段日子，卢梭经常去监狱探望他，两人的感情愈发深厚。一个炎热的下午，卢梭又去探望老朋友狄德罗，他顶着烈日在步道上疾行，不一会儿就满身大汗了。卢梭索性就放慢了脚步，随手拿出《法兰西信使报》翻阅。突然，一则征文公告闯入了他的眼帘，题目更是让他感到浑身战栗。“科学与艺术的进步是否有助于教化风俗？”这个题目简直是为他量身定制的。他思如泉涌，随即坐在一棵树底下，翻出纸和笔，把电光石火间捕捉到的灵思妙想记录了下来。

卢梭完成了一篇名为《论科学与艺术》的文章，并投了稿。前半生屡遭挫败的他对获奖没有抱太大的希望。谁料几个月后，这篇文章不仅获了奖，还让他名震欧洲文坛，从此以一个作家的身份闯入了法国知识界。

文章表达了卢梭酝酿已久的思想：艺术和文明的进步是以人类道德沦丧作为代价的，科学和艺术越繁荣，社会便越堕落。他洋洋洒洒地写下了这样一段话：“是怎样一长串的罪恶在伴随着这种人心莫测啊！再也没有诚恳的友情，再也没有真诚的尊敬，再也没有深厚的信心了！怀疑、猜忌、恐惧、冷酷、戒备、仇恨与背叛永远会隐藏在礼仪那种虚伪一致的面孔下边，隐藏在被我们夸耀为我们时代文明所依据的那种文雅背后。”他认为世界上最可贵的东西是情感和道德，而科学和艺术是欲望的产物。

这番言论在18世纪的法国可谓惊世骇俗，当时法国处于启蒙运动时期，知识界的主流观点推崇理性的力量，认为可以借助理性和科学扫除迷信和愚昧。而卢梭的思想可谓逆潮流而动，在社会引起了激烈的论战。

1753年，第戎科学院再次发布征文公告，题目是“人类不平等的起源”。这个题目又一次引发了卢梭的兴趣，他将自己的思考写了下来，完成了《论人类不平等的起源和基础》一文。卢梭认为要想发现“不平等”的起源，就需要先了解社会契约产生前原始的人类是怎么生活的。于是他进行了假想：那时的人类过着简单朴素的生活，自给自足，没有“不平等”的概念，后来随着社会的“进步”，就有了等级、地位的差别。那些在自然状态下不存在的“不平等”现象，也就无处不在了。他尖锐地指出，人类一切困难的真正根源在于所谓的进化。

这篇文章没有获奖，但问世后又引起了社会激烈的讨论，也让他和伏尔泰、狄德罗等启蒙主义思想家产生了分歧和裂痕。

颠沛流离的后半生

卢梭在巴黎获得的名声远超他的期待，随之而来的是越来越多的谩骂和污蔑。他厌倦了巴黎的喧嚣，决定同那里的生活一刀两断，彻底过上一种隐居的生活。1756 年，四十四岁的卢梭接受了埃皮奈夫人的邀请，住进了专门为他准备的“退隐庐”。第一天夜里，他被夜莺的歌声惊醒，他狂喜道："我所有的愿望都实现了！"

早晨，他去林中散步，目之所见皆为清幽的风景。他在这里感到放松、无拘，仿佛回到了与华伦夫人在一起的宁静岁月。他思绪也开始飞扬，构思出一部浪漫的爱情小说《新爱洛伊丝》，这本书围绕主人公的友谊和恋爱展开，不仅探讨了爱情，还包含了他在教育、文艺、社会、宗教等方面的思想。几年后，《新爱洛伊丝》一经出版便获得巨大的成功，受到女性读者的热捧。

好景不长，卢梭与埃皮奈夫人决裂了。他从退隐庐搬出，精神颓废，身体也越来越差，只有写作可以让他暂时忘却现实的烦恼。后来，他接受德·卢森堡夫妇的邀请，迁居到了巴黎北郊的蒙莫朗西，在这里创作了两部影响后世的经典名著《社会契约论》和《爱弥儿》。

《社会契约论》是一部谈论政治的著作，书中的"主权在民"思想为波澜壮阔的法国大革命提供了精神动力。《爱弥儿》是一本关于教育的小说，书中以孤儿爱弥儿为主人公，探讨了人生不同阶段应遵循的教育原则，提出了"人生来是自由、平等的，在自然状态下，人人都享受着这一天赋的权利"等观点。其中体现的"天赋人权"的思想如一颗惊雷震惊了整个社会，也让他和上层社会主导的知识界产生了决裂。

《爱弥儿》出版后在法国被列为禁书，卢梭也遭到通缉，开始了长达八年的逃亡生涯，他先后到了伯尔尼、普鲁士、英国等地避难，每到一处稍有安定便被驱逐。他没有想到正是这本他认为“充满对人类善意的爱”的书，给他来带来了巨大的灾难，使他后半生都不得安宁。

似乎一夜之间，所有人都站在了他的对立面。他昔日的好友狄德罗，他曾经仰望的前辈伏尔泰都站出来指责他。贫穷、孤独、无休无止的攻讦让他游走于疯狂的边缘。他的疑心越来越重，开始怀疑存在一个巨大的阴谋：所有的老朋友串通一气要坑害他。

英国著名哲学家休谟曾经在卢梭逃亡时期伸出过援助之手，却被卢梭怀疑是要迫害他，两人不欢而散。休谟冷静后，这样形容卢梭：“他在整个一生中只剩下感觉，在这方面他的敏感性达到我从未见过任何先例的高度；然而这种敏感性给予他的，是一种痛苦甚于快乐的尖锐感觉。他好像这样一个人，这人不仅被剥掉了衣服，而且被剥掉了皮肤，在这种情况下被赶出去和猛烈的狂风暴雨进行搏斗。”

卢梭敏感的心灵使他陷入愤世嫉俗的偏激中，几乎和所有朋友都闹僵了，失去了友谊，也没有了收入，贫病交加。

孤独的漫步者

1770 年，漂泊无定的卢梭和妻子返回巴黎，靠抄写乐谱为生，他几乎不与任何人来往，有空的时候就喜欢去郊外采集植物的标本。虽然身处繁华的都市，他却过着如隐士般的生活。他的受害妄想症越来越严重，一点点风吹草动都会让他紧张不安，但他也学会了让自己变得平静的方式，那就是到林间去散步，在独孤中沉思，让大自然的风光治愈自己。

他耗时四年完成了自传《忏悔录》，回顾了自己五十年的人生，从孩提时寄人篱下，写到步入社会后耳闻目睹的种种不公。他在书中真诚地袒露了生而为人的全部，勇敢地批判了自己。后来，他又着手写作《一个孤独散步者的遐想》。在这本书中，他不再谈论那些不堪回首的往事，也不再对人类的善意抱有希望，他只是追忆了往昔的幸福时光，又一次重温了生命最初的宁静与喜悦。

1778 年，他听到伏尔泰去世后说："我与他的存在是相互连在一起的，他如今已死，我也将不久于人世。"一语成谶，一个月后，卢梭溘然长逝。1794 年，卢梭的灵柩迁入巴黎的先贤祠，巴黎人民前往相送，场面空前，他巨

大的影响力和价值终于被世人认可。

在整个思想史上，卢梭是一个独特的存在。他在理性占据权威的世界里呼唤道德与情感，不惜与整个主流思想界决裂。他始终坚定地站在平民的立场，呼唤自由和平等。他对自我赤诚的剖析和批判，像一束刺眼的强光穿透了人类虚伪的遮羞布。他的思想影响了康德、黑格尔等伟大的哲学家，以及马拉、罗伯斯庇尔等革命领袖，成为永远的精神偶像。

有人说，卢梭的不幸是因为他的诞生早于他的时代。但也正是这样一颗不合时宜的心灵在理性权威的社会里挣扎，才唤醒了人类灵魂深处真诚而神圣的东西，让人性的光辉永不消亡。

人物评价

卢梭的敏感令他陷入了愤世嫉俗的偏激中，但也正是这种不合时宜的敏感，让他觉察出过分追求科学理性的弊端和隐患，促使他在科学昌隆的时代大胆地与文明逆行。时至今日，他所提出的天赋人权的思想，所倡导的自然情感与道德，仍在为构筑自由而平等的人类社会发挥力量。

法国存在主义代表人物萨特

与书为伴的童年

1980年4月的一天，法国巴黎街巷人头攒动，数十万人走上街头，为一位伟大的哲学家致哀。这位影响广泛的哲学家结束了波澜壮阔的人生，他的哲学思想却如同一枚文化印记刻入了法兰西人民的骨子里。法国总统亦走在送葬者之列，他感叹道："萨特的逝世使我们感到人类智慧的一盏明灯熄灭了。"

萨特出生于巴黎富裕阶层，却甘愿与伴侣生活在巴黎的贫民区，他没有在大学获得教职，却能在思想界搅起惊涛骇浪。他喜欢出名，却拒绝了诺贝尔文学奖。他身上的复杂性和矛盾性使他在20世纪的思想界独具魅力。

20世纪初，西方世界享受着宗教解放和工业革命的果实，经济高速发展，中产阶级迅速崛起，知识分子们依靠自己的努力过上了优渥的生活。那时候的人们以为世界会一直欣欣向荣，美好的生活可以永远持续，谁也不会预料到即将发生两次惨烈的世界大战。

1905年6月21日，萨特出生了，他还不到两岁的时候，父亲就突发疾病去世了，母亲带着小萨特回到了自己的父母家。萨特外祖父是一位语言学教授，在巴黎的索邦大学教授德语。外祖父母都很喜欢这个天资聪颖的孩子，他们竭尽所能养育着自己的外孙。

他们是一户典型的中产阶级家庭，住在巴黎附近的一幢大房子里。萨特总是被打扮得漂漂亮亮的，坐在书房里那张柔软、宽大的椅子上读书，外祖父有时还会在旁边给他讲讲荷马、莎士比亚、雨果等人的故事。萨特四岁时就能自主阅读了，七岁的时候便已拜读过伏尔泰和福楼拜的作品。从儿时起，书籍对萨特的吸引力就远胜外面的真实世界，当别的孩子在路上玩泥巴时，他已经在外祖父的书房里完成了知识的启蒙。

母亲给萨特的教育也是不一样的。她温柔耐心地陪伴着儿子，在萨特还不认字的时候，她就给他讲睡前故事。无论这个故事讲过多少遍，只要小萨特把书拿到她手上，她总能不厌其烦地再讲一遍。当萨特能够自己阅读后，她时常带他去附近的公共图书馆，萨特每次都会沉浸在浩瀚的书海中。母亲认为孩子应该看属于这个年龄的书，所以她给萨特看了很多童话故事、冒险故事和英雄故事。萨特从这些书里发现了一个另外的世界，这个世界充满了光明和正义，英雄总能打败坏人，所以他也变得乐观起来。这种乐观的态度成了他一生的基调。

除了阅读，母亲还会带他去看电影，电影的画面激发了萨特的想象力，萨特受到启发创作了很多故事。尽管这些故事有着强烈的模仿痕迹，但母亲都很喜欢，还会把他的故事拿给其他人阅读。母亲总能看到萨特身上的闪光点，这给予了萨特创作的动力，他渐渐爱上了写作。萨特有一个独特的创作习惯，他总是随身带着一个本子记录灵感和创意，写作时便能从中获取素材，成年后也依旧如此。

萨特的成长备受家人的呵护，但还是发生了一点意外。在一次生病后，萨特患上了眼疾，以至于右眼失明，眼球也不受控制地歪斜了。这个漂亮的孩子外表出现了明显的缺陷，他为这件事情懊恼过、自卑过，但也慢慢地开始不在意了，因为他发现了更加值得关注的事情，那就是自己的精神世界。他的思想也的确让人忽视了他外表的怪异，那只失明的眼睛反倒成了他独一无二的标志，让他更具魅力。

叛逆的少年时代

1914年，第一次世界大战爆发了，这是一场史无前例的惨烈战争。次年，萨特进入亨利四世中学读书。战争没有对萨特造成太大的影响，但家庭的变故着实改变了这个孩子的心性。

萨特的母亲，他幼时最亲密的“玩伴”再婚了。从此，母亲的精力不再放在他一人身上，她开始用心经营起自己新组建的小家庭，她还带萨特去了新丈夫在法国西部城市拉罗谢尔的家，萨特也因此从亨利四世中学转到了当地的公立学校。

公立中学的教育不如亨利四世中学那般开明自由，萨特一点也不适应，他讨厌机械地学习，而他擅长的思考和写作在这里毫无用武之地。他甚至还因为戴着眼镜、操着巴黎口音，遭到了同学的嘲笑。

更糟糕的是，萨特与继父合不来，他们会因为一点小事就闹矛盾，母亲也毫无办法。青春期的萨特十分顽劣，他脾气暴躁，经常逃课，还偷偷拿家里的钱。母亲和继父放弃了对他的管教，让他回到了外祖父母的身边。

十六岁的萨特回到了熟悉的亨利四世中学。在这里，他如鱼得水，落下的功课很快追了上来，深邃的思想和卓越的才华让他受到瞩目，萨特终于找回了他自己，重新变得自信而有魅力。他还结交了一位志同道合的好友——尼赞。尼赞和萨特有相似的经历，他没有父亲，也有眼疾，也爱看书，且才华卓越。两个看似有点另类的朋友走在一起，成了校园里的焦点人物，因为他们是亨利中学公认的最优秀的学生。

跟很多少年时代的朋友一样，萨特和尼赞既是朋友又是对手，他们暗地里较着劲。看着尼赞已经写了很多文章并且小有成就，萨特也不甘示弱，他以在拉罗谢尔的经历创作并发表了小说《小城教师：猫头鹰耶稣》，又以和尼赞的友情为原型创作了《种子和水肺》。

这段时期，萨特接触到了伯格森的作品，并开始爱上了哲学。他认为："哲学真了不起，可以教人认识真理！"伯格森是一位宣扬直觉主义和生命哲学的哲学家，同时他也是一位文学家，曾凭借《创造进化论》摘得诺贝尔文学奖。萨特也希望自己能像他一样，成为一个文学家或哲学家。

结识灵魂伴侣

在萨特意气飞扬的少年时期，巴黎有一位叫波伏娃的女孩也正在同步成长。

女孩原本有一个富裕优渥的家庭，但因为第一次世界大战的爆发而家道中落。战后，女孩和全家人挤在一间小公寓里，父亲终日消沉，母亲变得脾气暴躁。她讨厌这样的生活，唯有阅读能够让她脱离烦恼的处境。女孩把全部的精力投入学习中，思想愈发独立和成熟，在其他少女热衷时尚、化妆和服饰的时期，她闷声于思想的事业。她有一个梦想，要考上巴黎高等师范学院，成为一名作家。

1929 年 6 月的一天，二十四岁的萨特和二十一岁的波伏娃在巴黎高等师范学院的考试中相逢。萨特拔得头筹，波伏娃获得第二。两个有着聪明头脑的青年一见如故，碰撞出思想的火花。他们很快就相恋了，终日有说不完的话，一起谈文学，谈哲学，谈作家的梦想。他们认真探讨了婚姻及未来的生活后，决定不结婚也不生孩子，将所有的精力投入到写作与思考中。此后漫漫几十年的人生道路上，两人始终以情侣的身份相互扶持，直至生命的终结。

几个月后，萨特必须按照规定去服兵役，两人只能靠书信传递情意，交流思想。这样的日子持续了两年，直到萨特退伍后回到巴黎。他找到一份中学教职的工作，尽管他并不喜欢当老师，只把教书当作谋生的手段，但学生们

都很喜欢这位桀骜不驯的老师。在学生眼里，他言谈机智，不修边幅，喜欢和主流社会作对，就像一个与他们站在同一战线的盟友。

1933 年，萨特获得了去德国研学的机会，他请朋友帮忙代课，自己专程前往德国研究胡塞尔和海德格尔等人的哲学思想，并在此基础上形成了自己的存在主义思想体系，即从人、人的意识出发来研究人和这个世界的关系，把人的主观意识的存在看成是一切存在的根本。这个时期，萨特开始了关于存在主义的创作。

回国后，他继续当老师，在不上课的日子里，他总喜欢在巴黎街头的咖啡馆写作，经常一待就是大半天。他在咖啡馆里创作了著名的小说《恶心》。小说的主人公洛根丁是一个孤独的知识分子，萨特借他之口剖析了生活的真实样貌："什么事情都不会发生。只不过背景经常变换，有人上场，有人下场，如此而已。在生活中无所谓开始，日子毫无意义地积累起来，这是一种永无休止的、单调的增加……"洛根丁感到生活失去了意义，他开始对世界感到恶心。这是一篇用文学的形式来表达和揭示"存在"本质的小说，让萨特一举成名。

1939 年，第二次世界大战爆发，萨特又一次入伍当兵了。次年，他作为战俘被转移到了德国战俘营，在那里度过了十个月的铁窗生涯。萨特依旧保持着乐观，和中学时代一样喜欢开玩笑、恶作剧，他积极参加监狱里组织的各项活动，还充当战俘和德军之间的翻译。也是在这段时间里，他开始撰写自己最为著名的哲学著作《存在与虚无》。后来，他给德军开了个天大的“玩笑”。他通过医生开了一张伪造证明，谎称自己快要双目失明了，因而获得了自由。

回到巴黎后，萨特发现生活发生了翻天覆地的变化。他震惊地得知自己少年时代的好友尼赞在前线阵亡了，一些看似牢不可破的信念开始被摧毁，世界并不是越来越好的，谁也不能预知明天会发生什么。从前不大关注政治和时事的萨特，突然意识到只有行动才会有所改变。他一改往日沉浸在书房中的生活状态，积极投身于各项政治运动，利用文学干预生活。在那些侵略的战争中，他总是坚定地站在弱者的一方，为被压迫的人民发声。

战后的日子里，萨特和波伏娃相互扶持，走过了一段艰难的岁月。他们靠着当教师的薪水维持生活，有时候穷得连食物都买不起了，也依旧没有放弃写作的梦想。萨特耗时三年完成了哲学巨著《存在与虚无》的撰写，这本书是萨特学说的代表作，在知识界引起了巨大的反响。

《存在与虚无》分四个部分：第一部分论述虚无问题，第二部分论述自身的存在，第三部分论述他人，第四部分论述有、做和存在。萨特将存在分为两种：“自在的存在”和“自为的存在”。苹果就是苹果，对于苹果来说，它的本质是固定的，这就是“自在的存在”。而人的本质是不固定的，他永远在变化，永远在成为自己，这就是“自为的存在”。

存在主义是一种人道主义

1945年，萨特和波伏娃、梅洛·庞蒂、雷蒙·阿隆一起创办了《现代》杂志，这份杂志评论当时法国内外的重大事件，成为宣传存在主义的重要阵地。从此，萨特辞去教职，成了一名职业作家，活跃在法国和世界的政治、文化舞台。

两次世界大战改变了世界的格局，使人们的生存受到了威胁，战后的经济萧条和各种社会问题又加深了人们心理的阴影。传统的信仰被瓦解，不确定性吞噬着人类的灵魂，失去了精神家园的人越来越感到空虚和恐慌。大家不禁思考起“人为什么要活着”“如此地活着到底有什么意义”

等问题。在这样的背景下，存在主义流行了起来。

在不同思想流派的交锋中，人们依然对存在主义有不少误解和质疑，有人认为存在主义是一种太过绝望的哲学，让行动失去了意义。也有人控诉存在主义只关注人类生活中暗淡卑劣的一面，而忽视了人性中光明美好的一面。为了正面澄清这些指摘，让公众对存在主义有更深入的了解，萨特于 1945 年 10 月 29 日举办了一场题为“存在主义是一种人道主义”的讲座。

讲座上，他开宗明义地列举了一系列反对的观点，并进行了一一辩驳，然后在《存在与虚无》的基础上，简明扼要地阐述了什么是存在主义。他用一句话概括了存在主义的信念，就是“存在先于本质”，意思是人的存在是虚无的，没有任何固定的本质。他认为“人首先存在着，首先碰到各种际遇，首先活动于这世界——然后，开始限定了自己”。也就是说人生原本没有意义，人们通过自己的选择为自己的生活赋予了意义。每个人都可以选择成为什么样的人，这是一种自由，也是一种沉重的责任。他说“人是自由的”，但自由并不意味着为所欲为，而是你总能通过选择改变现在的处境。

演讲结束后，萨特的名声更盛了，他成了家喻户晓的名人，他的存在主义学说被更广泛地接纳，在思想界和普通人群中都引起了激烈的讨论。

1964 年，诺贝尔文学奖被颁给萨特，授奖词说："由于他那具有丰富的思想、自由的气息以及对真理充满探索精神的著作，已对我们的时代产生了深远的影响。"萨特又一次做了一件很酷的事情，拒绝领取诺贝尔文学奖。他的理由是他不接受一切官方给予的荣誉。

在生命的最后十年里，他在同波伏娃的谈话中袒露了更深层的原因，他说拒绝诺贝尔文学奖是因为："给予这些荣誉的人，都没有资格给出这样的荣誉。他们根本不是根据作品自身价值作出的判断。我无法想象谁有权利给康德、笛卡尔或歌德授予奖项，这奖意味着现在你属于某一个等级。我们把文学变成了一种有等级的实在，在这种文学中你处于这种或那种地位。我拒绝这样做，所以我拒绝一切荣誉。"

晚年的萨特因为疾病行动不便，他说："我已丧失了存在的理由。"1980 年 4 月 15 日，他平静地离开了人世，被安葬在蒙帕纳斯公墓，有几十万人为他送葬，世界各地的悼词也纷纷涌向巴黎。

这个戴着黑框眼镜的小个子男士用他的一生践行了"艰

难的乐观”。面对生命究竟为何，他给出了自己的答案。他留下的作品依然启示着每一个现代人：“人是自由的。”他的呐喊仍然回荡在本世纪的上空，给予我们一个既绝望又带有希望的开端。

人物评价

右眼的失明曾让萨特自卑，精神世界的闪光却让萨特重生。他和灵魂伴侣波伏娃的结合，使两人的爱情与事业交融在一起，所构筑的存在主义哲学虽否定了人生原有的意义，却肯定了每个人创造自己人生的可能。通过自己的选择和行动赋予生命意义，或许这才是人类真正的自由。

英国女性主义奠基人玛丽·沃斯通克拉夫特

独自闯荡的勇敢女孩

在漫长的人类历史上，男女一直处于不平等的权力结构中，在很长一段时间里，女性被剥夺了受教育、工作以及表达观点的权利，只能依附于男性。通过一代代女性主义先驱们的努力，女性才有了今天的处境和地位，得以在各个领域展露才华，实现自我的人生价值。

18世纪的英国，女子一旦结婚便不再拥有财产权，必须服从丈夫的权威和意志。在男性主导的社会，一位女性敏锐地洞悉这一切不平等的根源，她撰写了一本言辞激烈的小册子《女权辩护》，分析了女性的生存处境，首次提出了女权应该与男权平等的诉求。她就是女性主义先驱玛丽·沃斯通克拉夫特，她的思想为妇女解放运动带来了一束光，影响了后世的作家伍尔夫、波伏娃等人。

1759年的春天，玛丽·沃斯通克拉夫特出生在英国的郊区，她在埃平森林度过了童年最初的时光，后又因父亲生意的转移与家人多次迁居。父亲工作繁忙，母亲要照料多个子女，这个女孩在成长过程中未能得到过多的关注和怜爱。

她的家境原本小康，靠着祖上留下的财产就可以过活，但爱折腾的父亲屡次投资失败，致使家庭陷入了困境。不顺遂的人生让父亲染上了酗酒的恶习，他喝醉后便常常暴虐地对待妻儿。懦弱的母亲无力抵抗，只能默默忍受。

玛丽在这样支离破碎的家庭长大了，她非但没有变得自卑怯懦，反而被激起一股抵抗权威的斗志。她行事勇敢又果决，当父亲要家暴母亲的时候，她会冲进房间解救母亲。在暴虐的父亲面前，她像一个英勇的武士。除此之外，她还主动担负起照顾弟弟妹妹的责任，帮助他们更好地选择人生道路。

玛丽不仅勇敢，还十分聪慧，对知识充满了强烈的渴求。当家庭无法满足她的求知欲时，她转而向外界寻求。有一年，他们搬家到了一个新的地方，邻居是一位知识渊博的牧师。在他的指导下，玛丽的学业突飞猛进。

后来，一位叫范妮·布拉德的女孩走进了她的世界。

范妮比玛丽年长两岁，在艺术方面颇有造诣，她靠绘画养活了一家人。玛丽第一次知道，原来女孩子还可以像一株自由骄傲的玫瑰那样活着，她视范妮为自己的人生榜样，渴望有朝一日也可以依靠自己的才华谋生，但此时的玛丽还不知道自己的才华到底在哪里。

1778 年，十九岁的玛丽为了养家糊口，去给一位夫人做陪护。这位难缠的女士赶走了很多陪护，唯独对玛丽信赖有加。玛丽照顾了夫人两年，直到母亲病危。她放下了工作，来到母亲的榻前悉心照料，然而还是目睹了母亲的离开。母亲在弥留之际喃喃道：“再忍一下，一切就都会了结了。”玛丽日后遇到困境时，总是想起母亲的这句话，仿佛女性只有依靠这样的隐忍信仰才能走完艰难的一生。

母亲去世后，玛丽对原来的家没有任何留恋了，她搬去同范妮一起生活。两个年轻的女孩经常一起幻想未来，那时虽然贫穷，却充满了希望。当范妮提出办一所学校的想法时，玛丽瞬间被击中了。跟优柔寡断的范妮不同，玛丽是一个说干就干的行动派，她招来自己的妹妹当助手，很快就创立了一间学校。通过开办学校，她接触到一些知识分子，为将来进入思想界打下了基础。

后来，范妮结婚了，随丈夫定居在了远离故土的葡萄牙。

婚后数月，她的旧疾发作，生命垂危。像几年前抛开一切回家照料母亲一样，将范妮视为亲人的玛丽再次义无反顾地放弃了事业，前往葡萄牙，在异国他乡陪伴好友度过了人生最后的时光。多年后，她在回忆范妮时写道："一位至亲的好友、我年少时的伙伴，已成墓中人，但她依然与我同在，每当我在荒野迷失方向时，总能听到她的轻语呢喃。"

随着好友离去，那段充满幻想的少女时光也彻底终结，但友情给予她的力量并未消弥，依旧激励着她成为一个独立自主的女人。当玛丽返回英国时，来自成人世界的重击才刚刚开始。

以笔为枪为女权辩护

由于玛丽长时间的离开，学校疏于管理，濒临倒闭。她在朋友的引荐下给贵族家的小姐当了一段时间的家庭教师，当她意识到这份职业不过是"有知识的奴仆"后，便毅然辞职了。

玛丽重新整理思绪，决定投身文学，用写作养活自己。这是一个了不起的想法，过程却很艰难。通过整理过往的观察和思考，她出版了处女作《女教论》，这本书呈现了她思想中的闪光之处，为她获得了一笔不错的报酬，也证明了她的才华，让她对创作有了更坚定的信心。

该书的出版商约翰逊欣赏玛丽的才华，邀约玛丽做一些翻译和编辑的工作，这些文字工作为玛丽日后的创作提供了思想养料，也锻炼了她表达观点的能力。后来，玛丽给约翰逊创办的杂志《分析评论》撰稿，为了写作评论文章，她阅读了大量的著作，并抓住一切机会自学，虽然没有在大学受过专门的学术训练，但玛丽精通四门语言，对当时的流行启蒙思想十分熟悉。

玛丽一边进行着繁忙的工作，一边创作着自己的作品。她以和范妮的交往为素材，创作了一部名为《玛丽，一篇小说》的作品，还出版了童书《真实生活的原创故事》，但真正让她一夜成名的是一篇关于“人权”的文章。

1789 年，轰动世界的法国大革命爆发，保守主义政治家埃德蒙·伯克发表了他的重要作品《对法国大革命的反思》，文章批判了疾风骤雨般的法国大革命，认为其注定会失败，因为社会需要传统制度的支撑。这一逆潮流而动的言论如同巨石投入海面，激起千层浪，知识界为此展开了激烈的论战。玛丽认为这篇文章罔顾事实，颠倒黑白，于是愤慨地撰写了《人权辩护》进行驳斥。她赞颂了法国大革命的进步意义，宣称宗教信仰自由和公民权利的自由是人与生俱来的权利，这部言辞犀利又富有感染力的作品很快引起了思想界的注意。

之后，她将关注力聚焦到“女性的权利”上，写出了《女权辩护》。她认为占据人类一半数量的女性，被社会剥夺了本应有的尊严。女性应该被当作有理性的生命平等对待，应当同男性一样享有同等的受教育的资源。

这些现在看起来称得上“常识”的言论，在当时是惊世骇俗的。那时候女孩子只能在“父亲家”接受教育，而且接受的教育是“如何更好地服务男性、如何成为更好的伴侣”，而不是实现自我的价值。

玛丽一针见血地指出，女性在智识上的劣势不是因为自身具有缺陷，而是由于缺乏公共教育。她认为，应当建立让男女一起入校学习的全国教育系统，让女性入学。而且让女孩受教育的目的不是为了训练出好妻子，而是为了女性的尊严，让女性有权利和能力去自食其力。

除了对社会进行批判，玛丽也把批评的利刃指向了女性自身。女性的成长之路看似芬芳四溢，实则布满荆棘，太多的诱惑致使女性失去了独立的力量。社会潜移默化的影响让女性的思维出现了偏差。“妇女的行为和态度显然证明了她们的思想是不健康的；像培植在过于肥沃的土壤中的花草一样，力量和用途都为‘美’而牺牲了；而那些绚丽的花朵，在使品评的观众感到赏心悦目以后，远在它们应该达到成熟的季节以前，就在枝干上凋谢，不受人们重视了。”

她的话语如同警钟一般敲击着沉睡中的女性，她写道：“我希望说服妇女努力取得身心两方面的力量，并且使她们确信：那些缠绵的软语、敏感的心灵、细致的感情和优雅的趣味几乎都是形容软弱的辞藻的同义语。”或许很少有女性会如同玛丽这般警觉，意识到优雅迷人、善解人意并不是女性不可或缺的品格，独立自主、坚强自信才是女性得以在社会上立足的必需品。因此，她的这些言论为自己招来了非议。

自我放逐的北欧之旅

1792 年，玛丽离开纷纷扰扰的英国，来到了象征新世界的法国。她在这里与美国商人伊姆利相恋了，不久生下了一个女儿。为念纪少女时代的友情，玛丽为女儿取名为范妮。好景不长，伊姆利与玛丽渐行渐远，对她的爱逐渐消失了。

感情炙热的玛丽无法接受伊姆利要离开的事实，陷入了无法自拔的苦楚中。伊姆利为了缓和她的情绪，请她协助前往北欧处理一些事务。一周之后，玛丽踏上了北欧的旅途。那时的北欧远离欧洲文明的中心，是茫茫然未开化之地。

旅途既新鲜又寂寥，她在孤寂中将北欧的见闻写成炙热的文字寄给伊姆利，但伊姆利给予的回应却是冰冷的。玛丽回到伦敦时，她和伊姆利的关系彻底结束了，那些文辞优美的书信未能挽回爱情，却成就了一本出色的书信集作品《漫长的旅行》，这是玛丽最有影响力的作品之一。有评论称其主题和审美观影响了威廉·华兹华斯与柯尔律治等英国著名浪漫主义诗人。

这本书展示了一个不一样的玛丽，纤柔、感性。与此前人们熟悉的言辞犀利、直击要害，如同斗士的玛丽判若两人。书中有一段描写令人印象深刻，当她爬上一块岩石，陶醉在大自然的风光中时，她写道："山石丈量着天空，阻拦了天光，沐浴着长日将去前的晕染。这日头，极少会化为轻柔的暮光，它会唤醒爽朗的微风，呼出一轮皓月，沉静悠然地掠过蔚蓝的苍穹。"简约、细腻的文字如同工

笔画一般精准地勾勒出黄昏的画像。

夜晚到了，她听到潺潺水声，又有了新的灵感。“这难道不是夜晚最迷人的时刻吗？水流低吟浅唱着，仙乐一般。平和的神灵在外游荡，安抚着悸动的心弦。此时此刻，瞬间即永恒。俗世的烦忧化为一缕轻烟，成了梦的材料。一如对爱的最初向往，对逝去快乐的追忆，让不幸的人们对未来有了期许。”

她抬眼看到了夜空中的明月，写道：“天空中一弯新月如钩，眼前的穹窿引诱我在外面游荡。它并不是太阳的银色背影，却闪烁着太阳的耀眼金光。不必担心露水滴落，刈过的青草会因此更加芬芳。”

这些感情丰沛的细语如同灵魂的浅斟低唱，叩击着浪漫主义诗人的心弦。湖畔派诗人罗伯特·骚塞赞叹说，这些书信让他“爱上了那里寒冷的气候、霜冻和白雪，以及那北方的月光”。对于玛丽来说，大自然消解了她的忧愁，她在旅途中完成了自我的救赎，浸润在露水里的感伤如同被骄阳烤过似的，烟消云散，新的生活正闪耀着热腾腾的金光，引着她继续前行。

令人惋惜的早逝

1796年，玛丽与哲学家威廉·戈德温重逢，经历了半生的风雨，他们被彼此的心灵吸引，两人越走越近。玛丽形容他们的感情："是爱情最为纯净的形态，它在彼此的心灵中默契地生长着。"

他们结婚了，婚后生育一个女儿，这个女儿就是日后的被称为"科幻文学"之母的玛丽·雪莱，她创作的《弗兰肯斯坦》在两百年后依然被科幻迷津津乐道。不幸的是，玛丽在生产完女儿不久后便离世了，年仅三十八岁。作为一个思想家、文学家的最好年华才刚刚开始，她便永远地香消玉殒了。

玛丽去世后不久，丈夫出版了一本关于妻子的回忆录，他在书中袒露了有关玛丽的一切，包括她的缺点，以及不为世俗所接受的往事，导致她在离世后的几十年间遭受了众多诋毁，她的思想和作品也被冷落了一个多世纪。

直到二十世纪，特别是随着女性解放运动的兴起，人们才重新认识玛丽，确立了她作为女性主义先驱的地位。斯人已逝，然而她的里程碑式的作品《女权辩护》却不朽，这是英国女权主义历史上的奠基之作，提醒一代代的女性要自强，要主宰自己的人生。

玛丽曾骄傲地说过：“我决意去做的重要事情，至今从未有心不甘情不愿的。”她在短暂的一生中勇敢、骄傲、热烈地活过。两百多年来，女性的成长之路不曾停止，希望女孩们都能拥有将意志付诸实施的热情、勇气和能力，创造更加美好的明天。

人物评价

支离破碎的家庭使玛丽性格早熟，母亲和好友的相继离世令玛丽思想顿悟。在目睹社会对女性的不公和压迫后，她终于忍不住提笔写下《女权辩护》，首次提出女权应该与男权平等的诉求，为后来的女性主义哲学的发展奠定了基础。作为女性主义先驱，她的勇气和信念至今仍鼓舞着所有自尊自强的女性。

（全书完）

附录：

本书哲学家代表名言

苏格拉底

未经审视的人生，不值得活。

柏拉图

成功的唯一秘诀是坚持到最后一分钟。

亚里士多德

吾爱吾师，但吾更爱真理。

孔子

学而时习之，不亦说乎？有朋自远方来，不亦乐乎？人不知而不愠，不亦君子乎？

庄周

天地与我并生，而万物与我为一。

墨子

夫爱人者，人必从而爱之；利人者，人必从而利之；恶人者，人必从而恶之；害人者，人必从而害之。

康德

有两样东西，越是经常而持久地对它们进行反复思考，就越是使我的心灵充满日益增长的惊赞和敬畏，它们就是我头顶的星空和我心中的道德法则。

黑格尔

凡是合理的都是存在的，凡是存在的都是合理的。

卢梭

人生而自由，却无往不在枷锁中。

萨特

对于过去我无能为力，但我永远可以改变未来。

玛丽·沃斯通克拉夫特

我不是希望女性拥有支配男性的力量，而是希望她们拥有支配自己的力量。

塑造文明的大师们 哲学家的思考

主编 _ 果麦　撰文 _ 宋潇潇

产品经理 _ 刘树东　装帧设计 _ 朱大锤　插画绘制 _ 王俊宇
产品总监 _ 熊悦妍　技术编辑 _ 白咏明
责任印制 _ 杨景依　出品人 _ 王誉

果麦
www.guomai.cn

以 微 小 的 力 量 推 动 文 明

图书在版编目（CIP）数据

哲学家的思考 / 果麦编；宋潇潇撰文 . -- 南京：江苏凤凰文艺出版社，2024.1
（塑造文明的大师们）
ISBN 978-7-5594-8085-9

Ⅰ . ①哲… Ⅱ . ①果… ②宋… Ⅲ . ①哲学家 －生平事迹 －世界 Ⅳ . ① K815.1

中国国家版本馆 CIP 数据核字（2023）第 215190 号

哲学家的思考

果麦 编　宋潇潇 撰文

责任编辑　白　涵
特约编辑　刘树东
装帧设计　朱凤婷
出版发行　江苏凤凰文艺出版社
　　　　　南京市中央路 165 号，邮编：210009
网　　址　http://www.jswenyi.com
印　　刷　北京世纪恒宇印刷有限公司
开　　本　880 毫米 ×1230 毫米　1/32
印　　张　5.5
字　　数　86 千字
版　　次　2024 年 1 月第 1 版
印　　次　2024 年 1 月第 1 次印刷
印　　数　1–5,000
标准书号　ISBN 978–7–5594–8085–9
定　　价　158.00 元（全五册）

江苏凤凰文艺版图书凡印刷、装订错误，可向出版社调换，联系电话：025–83280257

塑造文明的大师们

文学家的奇想

果麦 编　四喜 撰文

江苏凤凰文艺出版社
JIANGSU PHOENIX LITERATURE AND ART PUBLISHING

果麦文化 出品

前言

有一些读者初次看到这本书时会问："文学是什么？文学家又是做什么的？我们为什么要读这本书？"

在语文课上，老师会讲李白的诗句"两岸猿声啼不住，轻舟已过万重山"，会介绍鲁迅先生的《从百草园到三味书屋》，还会提到马克·吐温的《汤姆·索亚历险记》。诗歌、散文、小说，这些都是文学呈现出的模样；李白、鲁迅、马克·吐温，他们则被称为"文学家"。

此外，《文学家的奇想》还向读者们介绍苏轼、李清照、蒲松龄、曹雪芹、莎士比亚、夏洛蒂·勃朗特、泰戈尔和托尔斯泰。书中按照时间顺序，辅以相关作品的内容梗概和人物插画，讲述了这些文学家的生平故事。这些名字同样会陆续出现在语文课本上。

至于"为什么要读这本书"这个问题，读者们在这本书中除了能更熟悉在课堂和考试中会出现的人物与内容，还能学到文学家们身上的美好品德：在他们中，有人仕途坎坷，饱经磨难，却在大起大落中执笔挥墨，流芳百世；有人恰逢国难，以笔代戈，“俯首甘为孺子牛”；还有人，无视周遭的嘲讽和质疑，以女子之身，对抗时代的洪流……

作为《塑造文明的大师们》系列中的一本，《文学家的奇想》希望可以成为读者们成长道路上的文学启蒙，引导读者学习历史名人的高尚品格，阅读更多文学作品。

目录

盛唐豪侠李白

“莫怪无心恋清境，已将书剑许明时”

中国历史上有这么一个人，他生性豪迈，又喜洒脱浪漫，左手持剑，右手握笔，将英雄的豪情壮志与文人的傲世风骨相融合，将自己的一腔热血、雄心壮志糅进那遒劲有力的文字中，成就了中国诗词界的一座丰碑。这么一个被后世推崇，堪称“传奇”的人物，便是盛唐的“谪仙人”——李白。

唐太宗李世民贞观之治的影响一直延续到武则天的统治时期，富饶强大的唐朝开始“周武之治”。也正是这位女帝统治的长安元年（701 年），李白在剑南道绵州昌隆出生了。根据《新唐书》记载，李白为凉武昭王李暠九世孙，是李唐王室同宗，其父李客时任昌隆城尉。

李白自小便表现得比同龄儿童聪慧，根据《上安州裴长史书》记载，他“五岁诵六甲”。等到十五岁的时候，就已经赋诗多首并广为流传。

优渥的家庭条件给予了李白优越的读书条件，他对江湖游侠的故事也甚是痴迷，再加上受到道家思想的影响，青年时期的李白钟情剑术学习，慕名拜当时剑术第一的裴旻为师。裴旻曾是唐边防大将，常年同契丹人和吐蕃人等外敌战斗，官至左金吾卫大将军，其剑术既高超又实用，被世人尊称为“剑圣”。李白跟随他多年，习得一身剑术本领，其剑术在当时仅次于师傅裴旻，被称为“天下第二”。

彼时学业有成、意气风发的李白，已经不想做一只父母爱护的小鸟，他渴望去更加广阔的天地中翱翔，开阔眼界，建功立业，开创“奋其智能，愿为辅弼，使寰区大定，海县清一”的大事业。为此，开元十二年（724 年），二十四岁的李白辞别家人和恩师，毅然决然踏上远游的路，这一游便是十六年，其足迹遍布江、浙、河南、山西等大半个中国，这个时期李白的诗歌多以山水风光和浪漫遐想为主，脍炙人口的《望庐山瀑布》和《渡荆门送别》等，皆是这个时期的作品。

李白性格豁达又仗义疏财，在游历期间广交好友，结识了李邕、孟浩然等一批文人雅士。李白对自愿摒弃官职、白首归隐的孟浩然十分钦佩，写下千古名诗《赠孟浩然》，

全诗采用抒情加描写的写作方式，首联点题，真切地表达了自己对孟浩然的敬佩尊重之情。

“云想衣裳花想容，春风拂槛露华浓”

在外长期游历的李白，心中怀揣着报效国家、建功立业的梦想。因出身问题，他不能通过常举和制举入仕，只能走献赋和引荐的途径。虽已是前宰相之婿，他在仕途上却仍旧屡屡碰壁，多次谒见王公大臣都被拒绝。直至开元二十三年（735 年），彼时女皇武则天已辞世，在位的是唐玄宗李隆基，经过多年励精图治，唐朝国力空前强盛，李白入朝为官匡扶社稷的心志更为强烈。终于有一次，在玄宗狩猎之际，李白借机献上《大猎赋》，希望能博得玄宗的赏识，但希望还是落了空。

此时李白已经盛名在外，其诗词也已家喻户晓、广为流传。皇室中，玄宗御妹玉真公主对其赞赏有加；朝堂上，贺知章更是直接称其为“谪仙人”，对其创作的《蜀道难》和《乌栖曲》十分欣赏。但即便如此，李白心中抱负一直无法实现，遂作《行路难·其二》，抒发了自己“行路难，归去来”的感叹，失望又无奈地离开了长安。

天宝元年（742 年），由于李白的名气越来越大，再加上玉真公主和贺知章对其十分赞赏，玄宗特意宣诏李白见面，随即令他供奉翰林。李白内心无比雀跃，以为自己的一腔抱负终得赏识，大展拳脚的时刻终于到了。可是在工作了一段时间后，他发现唐玄宗虽然肯定了他的才华，但是并没有打算重用他，仅仅希望留他在身边为自己和其宠爱的杨贵妃写诗文娱乐。

每当唐玄宗和杨贵妃出游，唐玄宗必定安排李白前往为其作诗留念，让他用华丽的辞藻向世人表述明艳动人、集三千宠爱于一身的杨贵妃的美貌，世人也确实通过李白所作《清平调》窥见一二。《清平调》中最为著名的“云想衣裳花想容，春风拂槛露华浓”，更是将李白浪漫主义的艺术风格发挥到极点，将杨贵妃的衣裳与云朵的轻盈灵动媲美，将杨贵妃的容貌与花儿的娇艳动容比俏，诗句似乎在描述风景，实则却是用拟人的手法描写杨贵妃的雍容华贵和明艳动人，言语灵动又富有浪漫。

此诗作一出，深得唐玄宗和杨贵妃的喜爱，但李白对这种供权贵取乐的御用文人生活日渐厌倦，特别是跟随在帝王左右期间，他见识到了处于中国封建王朝权力顶峰的那些王公贵族的腐朽丑陋，宦官当道、外戚专权。此时的他表现出对权力阶级骄奢淫逸的蔑视，如其所作《古风·大车扬飞尘》：“大车扬飞尘，亭午暗阡陌。中贵多黄金，连云开甲宅。路逢斗鸡者，冠盖何辉赫。鼻息干虹蜺，行人皆怵惕。世无洗耳翁，谁知尧与跖！”

全诗通过描写中贵阶级与斗鸡者的飞扬跋扈，来表现盛世之下各阶层人物才能与身份的错位。李白通过此诗表达了自己对当时权贵享乐奢靡之风的强烈不满。

其骨子里文人的孤傲让他对权贵的种种做派都嗤之以鼻，更不愿对朝中权贵阿谀奉承，心中郁闷无法抒发，只能寄情于酒，有时喝醉了甚至连唐玄宗的召见都置若罔闻。再加上恃才傲物的做派，李白得罪了不少朝中权贵，特别是曾被迫为李白脱靴的高力士，一直对李白怀恨在心，经常在唐玄宗面前诽谤李白的为人，这使得唐玄宗也开始慢慢疏远他。不久后，李白便被“赐金放还”，被迫离开了盛唐的权力中心。

“安能摧眉折腰事权贵，使我不得开心颜！”

被“赐金放还”后的李白又开始了十一年的山河游历。天宝三载（744）的夏天，李白到了东都洛阳。在这里，他遇到了同样伟大的诗人杜甫。中国文学史上最伟大的两位诗人见面了，两人一见面就惺惺相惜，相逢恨晚，结伴游历了河南、山东等多地，纵情山水，把酒言欢。分别时，李白更是写下《沙丘城下寄杜甫》和《鲁郡东石门送杜二甫》等诗作来表达对杜甫的不舍之情。

正所谓“水满则溢，月满则亏”，盛唐在发展到顶峰后，其封建社会腐朽的本质开始逐步暴露出来，天宝十四载（755 年），历史上著名的安史之乱爆发，唐玄宗带着杨贵妃仓皇出逃，次年，唐玄宗一行人逃至马嵬驿，随行将士处死宰相杨国忠，并强迫杨玉环自尽，爆发“马嵬驿兵变”。此时的李白避居庐山，他看着那由盛转衰的王朝，心中报效国家的志愿仍未熄灭，是选择退隐山林？还是当一个“天生我材必有用”的济世青年？李白一时陷入矛盾之中。

恰逢此时，永王李璘出师东巡，李白为了报效国家、救国救民，应邀入幕。却不想永王另有贼心，名义上是东巡，实则是借机起兵造反，但因为师出无名，外加力量弱小，不久便被唐肃宗镇压，而李白也受其连累，锒铛入狱，得郭子仪等人力保才留下性命，改判流放偏远的夜郎。

碰巧彼时的唐朝刚刚经历安史之乱，又逢关中遭遇大旱，在这天灾人祸的背景下，唐肃宗宣布大赦，规定死者改判流放，流放者以下完全赦免。至此，李白在经过长期的辗转流放后，终于获得了自由。

获赦的李白已是五十九岁的白发老人了，对于突如其来的自由，他的内心可谓欣喜若狂。他顺着长江疾驶而下，随后写下了著名的诗作《早发白帝城》，来表达自己雀跃的心情。虽然重获自由，他的身体健康却每况愈下，三年后，李白在病榻上与世长辞，终年六十二岁。

观其一生，动荡冒险却又精彩绝伦，他丰富的人生经历也赋予他的诗歌非常鲜明的个人色彩。他的诗歌时而清新飘逸、浪漫唯美，时而豪迈奔放、大气磅礴，其想象力更是丰富多彩，意境奇妙非常，对后世文人的创作产生了极为深远的影响，中唐的韩愈、孟郊，宋朝的苏轼、陆游、辛弃疾以及明清时期的杨慎、龚自珍等著名诗人的诗歌风格无不受到李白诗歌的影响。

可以说，从他身上我们可以瞧见那绚丽如画的盛唐的缩影。而此后，不管是史学家还是文学家，只要想到盛唐的繁华，无不会联想到这位“谪仙人”。正如台湾诗人余光中在《寻李白》中所言：“绣口一吐，就半个盛唐。”

人物评价

李白身负旷世之才，曾饱受赞誉，却并未迷失在金樽玉露中，始终保持着心中的清明，不为眼前的利益而趋炎附势。

豁达率真的苏轼

少年得志，“太平宰相”之才

在中国文学史上，有两位公认的“神仙”：一个是大唐的“谪仙”李白，一个是大宋的“坡仙”苏轼。如果今天的我们能够选择和某位古代人物做朋友的话，苏轼绝对会是最高人气王。他文、词、诗、书、画皆是一绝，可与你坐谈佛法、评赏书画，可与你谈论国事、关心一方百姓的生计，席间可尝到他亲自研制的“东坡肉”，喝他亲酿的酒。他还喜好游览山水名胜，可与你共享游玩之乐。尤为难能可贵的是，他胸怀阔达，人生中曾遭过三次大贬，却从未因此一蹶不振。无论身处公卿云集、日常宴饮的京师汴梁（今河南开封）、偏僻荒凉的黄州（今湖北黄冈）茅舍、还是远在岭南的惠州（今广东惠州）、落后荒凉的儋州（今海南儋州），苏轼永远能以他豁达的胸襟和开阔的眼界看待一己荣辱，在波折不断的一生中做个勇敢的乐观主义者。

苏轼生于公元1037年四川眉山的一户乡绅之家。父亲苏洵是自学成才、大器晚成的读书人，《三字经》中说苏洵“苏老泉，二十七，始发愤，读书籍”。他二十七岁才开始发奋苦读，最终学业有成，留有传世名篇《六国论》。苏轼的弟弟苏辙擅长散文、政论和史论，在文学上也颇有成就。有俗语“一门三父子，都是大文豪”，说的便是父子三人同列“唐宋八大家”的苏洵、苏轼、苏辙了。

苏洵非常重视两个儿子的教育。他曾在《名二子说》一文中说起给儿子取名“轼”字的缘由：“轼”指车厢前端供手扶的横木。给儿子起名“轼”，意在告诫他，人虽然有才华，但要时刻记得收敛锋芒。要像车轼一样，虽然身处车子的显要位置，却善于掩饰、保护自己。

在父亲苏洵以身作则的教导下，苏轼兄弟二人精读四书五经和诸子百家，还精心研读史书，积累了渊博的知识，也具备了过人的才智。苏轼二十岁、苏辙十七岁那年，他们跟随苏洵进京参加省试，初次应试便一鸣惊人。在考进士时的策论一门中，主考官欧阳修读到苏轼的文章，顿觉观点新颖独到，文采斐然，心中已然属意此文应为第一，但又担心这篇文章是自己的学生曾巩所作，为避嫌将其判为第二名，等发榜后，方知晓这篇文章出自苏轼之手。在殿试中，苏轼高中榜眼。宋仁宗主持完考试回来，高兴地对人说：“吾今又为子孙得太平宰相二人，盖轼、辙也。”

乌台诗案：因言获罪，被贬黄州

年少得志，一时春风得意马蹄疾。年轻的苏轼踌躇满志，像他在史书经典中读到的无数忠君爱国之士一样，正欲一展身手。然而，当时神宗当政，朝中推行王安石的新法。苏轼在任职地方官时，亲眼所见新法中一些弊端为百姓的生活带来负担，对新法颇有不满，便多次上书直言反对新法，由此被贬至离京，到密州为官。孤身一人的苏轼与苏辙分别后，已七年未团聚。这年中秋，对着皎洁的圆月，他叹道：“人有悲欢离合，月有阴晴圆缺，此事古难全。”这首望月怀人的《水调歌头·明月几时有》成为千载间人们表达亲友相思时常诵的佳作。

朝中一些变法派的官员嫉妒苏轼文才和政治能力，趁机打压苏轼。苏轼任湖州知州时，他们盯上了苏轼给皇帝献的《湖州谢表》一文中的词句，说苏轼妄自尊大，包藏祸心，对皇帝不忠。御史台派人赴湖州将苏轼逮捕、下狱，

因御史台又称“乌台”，这桩案件便被称为“乌台诗案”。

在这场蓄谋已久的诬陷中，苏轼在狱中遭到严厉审问，与他通信的官员、友人皆被要求提交苏轼所作诗文词作。这些作品被仔细审查，苏轼的敌人们试图从中找到他不忠之心的确凿证据。所幸，最终神宗并未完全听信小人的诬陷，只是将他贬到黄州，任黄州团练副史，这是个没有俸禄的虚职。

黄州五年：不妨做个拄杖徐行的东坡居士

初到黄州，苏轼也曾有过失落。一家老小刚从弟弟苏辙那里接到身边来，自己没了俸禄，要靠什么养家呢？好在，乐观豁达的性格很快就帮他走出了低落。苏轼为人宽厚，不拘小节，友善而乐于助人，所以平日里朋友众多。这些朋友也在他最艰难的时刻给予他帮助。在友人的帮助下，苏轼买下了城郊几十亩的一块田地，带领家人种田为生。刚脱掉朝廷冠带的他，难免在务农上有些生疏，用拿惯笔的手拿起锄头，有一个个困难等着他克服。他的夫人王氏和两个儿子也是他得力的助手，王氏还用附近的药草治好了家里耕牛的病。生活虽然困顿，但没了政敌的虎视眈眈，苏轼也渐渐不再惊惶不安，转而将精力投入一日三餐的平淡度日中，闲来与农人、小贩、秀才为友，品诗论画，研读佛经，修养身心。

在黄州的第二年，苏轼在友人的介绍下，去黄州东门外，查看一块其貌不扬的坡地。坡上砖石散乱，杂草丛生，但景致不错，坡下是悬崖，赤鼻矶水汹涌奔腾，在坡上伫立，可眺望对岸的山色。苏轼心下释然，决定买下这块坡地，在此建起几间房屋，可供远道来访的友人休憩、闲谈之用。他将这块坡地命名为“东坡”，自号“东坡居士”。

在黄州的日子里，苏东坡并不孤单。他文、词、诗、书、画皆是当时一绝，又喜好收藏古物，故不管在京师还是黄州，总能引来志同道合的友人与他评论一番。他曾对友人说：“吾上可陪玉皇大帝，下可以陪卑田院乞儿，眼前见天下无一不好人。”足见他为人友善，与人诚心相交，并不在乎朋友的身份、地位。当地猪肉价格不贵，士大夫不屑于吃猪肉，百姓不懂得如何吃猪肉，他便极具创意地研究了猪肉的做法，写成一篇《猪肉赋》，这道菜传承千年，成为我们今天深爱的“东坡肉”。

一桩乌台诗案，将意气风发的少年苏轼变成了蛰居江湖的东坡先生。但黄州五年，恰恰是他文学艺术创作的巅峰。他的书法名篇《寒食帖》在这里写就，他与友人乘舟夜游赤鼻矶，作成《赤壁赋》《后赤壁赋》，传诵千古。一日，他与友人在山间的沙湖道上散步，途中遇雨，友人狼狈，但他觉得，人生中总有遭遇挫折阴云密布之时，但心中需抱有坚定的信念，无惧他人的阻挠与流言蜚语，最终总能迎来拨云见日的一刻。“莫听穿林打叶声，何妨吟啸且徐行。竹杖芒鞋轻胜马，谁怕，一蓑烟雨任平生。”这种豁达的心境是黄州之贬留给他最珍贵的礼物。

“黄州惠州儋州”：此心安处是吾乡

在黄州蛰伏了五年多，苏东坡终于迎来了起复的消息。在回京途中，他与友人同游庐山，在西林禅寺的墙壁上留下“不识庐山真面目，只缘身在此山中”的佳句，既是他游览“横看成岭侧成峰”的庐山后的感悟，又体现了此时的他已有哲思，能以灵活的心态看待人生的困境与逆境。再回京师，他比从前更知道收敛锋芒，但仕途并未一帆风顺。此时神宗驾崩，哲宗年幼，高太皇太后垂帘听政，重用反对新法的保守派大臣司马光，苏轼也获重用。但苏轼在官场上并不会圆滑周旋，他秉性正直，为人坦率，导致他一度与司马光起冲突，讥讽他是性格执拗的“司马牛”。在京为官令苏轼颇为压抑，他便主动申请，出京去做地方长官。

苏轼起先任湖州知府，不久后又调任杭州，任杭州知府。有了多年的贬谪生活和地方官的经验，苏轼了解民情，不仅将耳闻目见的民间疾苦写进诗中，还致力于用自己的政治才干造福一方百姓。他在杭州时，曾写诗称赞西湖美景“水光潋滟晴方好，山色空蒙雨亦奇。欲把西湖比西子，淡妆浓抹总相宜”。西湖之美，可与春秋时期的美女西施相提并论，无论天气如何，观赏西湖都别有一番韵味。当他看到西湖淤塞不通时，便找人清理湖底淤泥，将淤泥堆成一道贯通南北的长堤，砌上砖石加固，这便是“苏堤”。苏堤上面遍植垂柳，柔软的枝条垂在西湖清澈的水面上，形成了西湖著名十景之一的“苏堤春晓”。

宋哲宗亲政后，再次起用了主张革新的变法派。这时的宰相章惇原与苏轼是同榜进士，也曾在苏轼因乌台诗案落难时施以援助。此时却痛下狠手，趁新皇亲政的机会排挤苏轼，苏轼在众人弹劾下，被贬岭南惠州。

当时的岭南属于“瘴疠蛮荒”之地，被贬至此，形同流放。苏轼带着一家老小来到惠州后，没有住处，只得暂居驿站中闲置的房间，房屋年久失修，破败不堪。不仅如此，苏轼来惠州的一路上，若沿途有地方官员对苏轼一行以礼待之或提供生活便利，章惇便会给予严惩，使得沿途州郡官员对苏轼避而远之。当时的惠州知州仰慕苏轼的才情，对他以礼相待，被章惇知道后，便遭罢免。

所幸，多年的政界浮沉和贬谪生活让苏轼练就了超然达观的心境。苏轼带着一颗随遇而安的心，无论多么艰难的生活，他总能从中发现快乐。他喜欢岭南的景色，来到惠州后，捐出自己的私产帮助地方长官治理丰湖，丰湖也因此得名为“惠州西湖”。岭南瓜果种类繁多，味道甘美，苏轼曾有诗作：“罗浮山下四时春，卢橘杨梅次第新。日啖荔枝三百颗，不辞长作岭南人。”他在惠州与儿子手抄史书修身养性，推广教育，留下一百六十首诗词和几十篇散文，令惠州名扬四海。清代诗人江逢辰评道：“一自坡公谪南海，天下不敢小惠州。”

惠州的诗作传到章惇的耳朵里，苏轼又贬到了更为荒蛮的海南儋州。宋代不会对士大夫判死刑，而被贬儋州，是欲置苏轼于死地了。当时的海南处于文明的边缘，是远离教化的荒岛。已经经历大起大落的苏轼，不但没有绝望，反而更添了一番豁达。看到海南人民辛苦备耕的景象，他作词歌颂“春牛春杖，无限春风来海上”。他兴办私塾，建起海南历史上第一个学堂“载酒堂”，向大众讲学，儋州百姓和海南其他郡县的学子纷纷慕名而来。苏轼不仅大力推动了海南文化教育的发展，还教出了海南的第一位举人姜唐佐，第一位进士符确。

在海南谪居三年，年逾花甲的苏轼终逢大赦，离开海南时，他写诗依然豪情不减，“九死南荒吾不恨，兹游奇绝冠平生”。政敌的恶意、贫乏的物质环境并不足以伤到他，在儋州、惠州贫病交织的日子中走过来，他心中留下的，只有岭南与海南绮丽绝美的风光。

一蓑烟雨任平生

1101年，六十六岁的苏轼遇到大赦，离开了海南，选择常州作为他的终老地，于同年病故。他自年少时离家应试，一生宦海沉浮，行经汴梁、凤翔、杭州、湖州，先后被贬至密州、黄州、汝州、惠州、儋州，最后终老常州，直至人生尽头都无暇再回到他的故乡眉州。这位大诗人宦海漂零一生，历尽困难而永远乐观，每到一地便造福一方，大家对他的喜爱和倾慕千年不衰，其关键就凝结在他的词作《定风波》中，“试问岭南应不好，却道，此心安处是吾乡”。

人物评价

千百年来，苏轼的豁达与率真一直为人所称赞。而除此之外，苏轼为官，忠诚又正直，为友，诚信且友爱。官场沉浮，他始终保持本心，不改心中的赤诚。

千古才女李清照

“常记溪亭日暮，沉醉不知归路”

她是一代“婉约词宗”，生于书香门第，从小诗礼教导，与志同道合的丈夫琴瑟和鸣，但因为大宋的靖康之耻，晚年饱尝颠沛之苦，病痛缠身。在封建中国，几乎全是被男性的笔写就的文学史上，李清照这个秀丽清雅的名字让人耳目一新。男尊女卑思想和父权主导的封建社会，千古才女李清照独辟蹊径，以她精细而优美、具体而生动、富有情趣的文笔，成为我国文学史上最负盛名的女词人。

李清照出生于山东章丘一个官员家庭中。父亲李格非是著名学者，是“苏门后四学士”之一，在朝中任礼部员外郎；母亲是岐国公长女。成长于知书达理的书香门第，李清照无疑比同时代的众多女孩子都幸运很多：父母皆善文，一有时间便陪她读书，使她早早就获得了文学启蒙。

童年时的李清照深受宠爱，性格活泼，喜欢在词作上表达自己的才思，令父亲李格非惊叹不已。南宋《碧鸡漫志》中提到李清照，称她“自少年便有诗名，才力华瞻，逼近前辈”。一次，李清照与友人外出，宴饮醉酒，在回家的路上误入一片荷花池，她以此经历写下了那首音韵优美、家喻户晓的《如梦令·常记溪亭日暮》：“常记溪亭日暮，沉醉不知归路。兴尽晚回舟，误入藕花深处。争渡，争渡，惊起一滩鸥鹭。”李格非将这首词作者的名字隐去，拿给与他交往的士大夫赏鉴，获得了一致夸赞。众人谁都没想到，这词是当时年仅十六岁的小娘子李清照所写。词中不仅有盛开的荷花、鸥鹭惊起时扑动翅膀的声音，更流露出游玩后的轻松心境、小小冒险之后的喜悦，读这首小词，少女的快乐跃然纸上。

这时的她心性活泼，用心体察细腻的情感与自然的变化。一夜大雨，醉酒初醒的她首先担心的是昨天开得正盛的海棠，它们有没有受风雨摧残而凋零？得到侍女丫头“海棠依旧”的答复，她内心惊讶，“知否，知否，应是绿肥红瘦”。肥瘦原用来指人，这里指花朵凋零而绿叶仍在，形象生动，也只有善于体察的少女才想得到。

一日，刚在秋千上摇晃片刻，下来闲坐，懒懒地揉搓自己的纤纤玉手，让微风带走身上的薄汗，稍微凉爽一些。

突然听见家里有外客来访的动静，连忙起身躲避，顾不上穿鞋，头上的金钗也松散了几分。虽然遵守家里女子不见外客的规矩，却忍不住好奇“来人”是何模样，便有了那句“和羞走，倚门回首，却把青梅嗅”。羞涩与好奇，活泼与娴静，都揉在这首清丽小词《点绛唇·蹴罢秋千》中。

“赌书消得泼茶香”

年方十八，李清照在父母之命下，嫁给了门当户对的吏部侍郎赵挺之之子赵明诚。她的婚姻出奇地幸运，丈夫大她三岁，不仅没有世家子弟的纨绔陋习，而且与她性情相投、志趣一致。赵明诚喜爱研究金石，即青铜器及其上的铭文款识，年纪轻轻就有“汴京第一金石学家”的美誉。婚后，李清照在赵明诚的影响下喜欢上了金石字画，丈夫下朝后喜欢前往古玩街，遇到心动的文物便倾尽身上钱财购回家，与李清照细细赏玩。

婚后不久，北宋政坛变革，李清照父亲所属的旧党与赵明诚之父所属的新党开始党争，势同水火。李清照的父亲被革除官职，全家迁回山东章丘老家。不久后，赵明诚之父也从宰相之位被排挤下来，抑郁而亡。赵明诚被革除官职，夫妇二人一同离开了繁华的汴京，前往山东青州。

在山东青州定居的十年成了李清照人生中最为快乐的日子。尽管少了俸禄的经济来源，但远离了官场上的权势倾轧，李清照和丈夫将全部心思都花在了对金石和字画的研究上。他们生活清简，将钱财都用于收购金石器具。李清照"食去重肉，衣去重采，首无明珠翠玉之饰，室无涂金刺绣之具"。赵明诚开始编制《金石录》，这部书后来成为中国最早的金石目录和研究专著。李清照在辅助他的研究之余，自己也创作了一篇《词论》。《词论》一文后来有"词学理论开山之作"的意义，她在文中提出，词不同于诗，"别是一家"之说。李清照在《词论》中对优秀词作的标准颇为严格，称名气甚大的柳永"虽协音律，但词语尘下"，指责他用词内容荒淫，格调不高；又认为晏殊、苏轼、欧阳修等大家的词作"皆句读不葺之诗尔"，认为他们的词是乱打标点符号的诗，读起来平仄不合、唱起来不合音律。李清照凭借她对词这一文体的深入理解，毫不避讳地指出当时词坛多位文学大家词作的不足之处，可见其才情与勇气不让前辈，也不输男子分毫。

远离朝堂纷争的青州，能让她体会到宁静生活的美好与安逸。她读陶渊明的《归去来兮辞》，对"倚南窗以寄傲，审容膝之易安”一句颇有所感，便将青州住所命名为“易安堂”，自号“易安居士”。在青州的日子，李清照与赵明诚与书、画、文物为伴，精神世界丰盈自足。传有这样一段趣事。李清照的记忆力很好。吃完饭后，常与赵明诚一边煮茶一边打赌，指着满屋的书籍，说出某个历史事件在某书某卷的第几页，以是否说中定输赢，赢了可先喝茶。过目不忘的李清照自然常常赌赢，一赢，她便乐得举杯大笑，把茶水泼了自己一身，这便是“赌书泼茶”的典故，形容夫妻恩爱，琴瑟和鸣。清代词人纳兰性德在追忆妻子的悼亡词中也借赵李二人的典故回忆妻子的细心照料和往日寻常生活的幸福，“被酒莫惊春睡重，赌书消得泼茶香，当时只道是寻常”。

平静无波的日子终究短暂。两情缱绻的夫妻因为赵明诚要到山东莱州任职被迫离别。在独居的日子里，李清照以词遣情，抒写自己对远方丈夫的思念和牵挂。盼望丈夫给自己寄信，她写“云中谁寄锦书来，雁字回时，月满西楼”；孤身一人牵挂丈夫，她在初秋的重阳时节写下“莫道不销魂，帘卷西风，人比黄花瘦”，菊花花瓣本就瘦弱如丝，思念赵明诚的她更是人比黄花瘦。

“这次第，怎一个、愁字了得”

时代洪流的裹挟下，任你是饱读诗书的高门才女，还是为生计奔波的升斗小民，都逃不过命运之手的无情拨乱。公元 1127 年，金国骑兵南下，攻占汴京，掳走宋朝徽钦二帝及众多宫眷、大臣，朝局大乱，史称“靖康之耻”。软弱的朝廷只得迁都南下，逃往建康（今南京）。赵明诚在仓促中料理官场事务，无暇顾及青州十几间屋子里积存的金石文物和名贵字画，将它们安全运到南京的重任，就落在了李清照一个人的肩上。在兵荒马乱的动荡日子里，她显示出莫大的勇气，一路提心吊胆，押送着十五车金石器具，从山东青州一路前往南京。这批金石器具凝聚了夫妇二人的心血，半生精心淘聚所得，她绝对不会将它们一弃了之。经过几个月的跋涉，她终于抵达建康与丈夫团聚，金石器已在途中失散十之五六。

在建康的短暂太平岁月中，李清照与丈夫分离的心绪稍微得到慰藉。好景不长，一年多后，赵明诚即患病，不久撒手人寰。失去伴侣的李清照几乎无暇悲痛，因为有一个不怀好意的传言又在威胁赵明诚的名声和她的生活：因赵氏夫妇收藏金石器众多，有人传赵明诚在建康任知府时曾将一个名贵的玉壶献给金人，卖国通敌。李清照闻言惊惶恐惧，为避诬陷，决心忍痛舍去这半生耗尽心血与家财集来的金石器，将它们献给朝廷，永绝谣言。于是，李清照跟随宋高宗逃亡的车驾，在动荡不安的岁月中独自颠沛，来到当时的都城临安（今杭州）。

家国遭难，人财两空，无人陪伴，这时的李清照内心十分凄苦。为了情感上的安慰，她改嫁一名叫张汝舟的官员。谁料张汝舟性情卑劣，觊觎她所剩无几的金石器，又对她施加暴力。李清照孤傲坚韧的性格不愿受此折磨，为求离婚，只得向朝廷告发张汝舟谎报自己为官履历的罪行。告发成功，但李清照也因为大宋法律中“以妻告夫，一旦罪责落实，妻子也要连坐”一条，面临两年的牢狱之灾。性格中的勇敢与坚毅让她下定决心帮自己摆脱噩梦，最终她因家族中在朝为官的亲戚努力营救，入狱九天后被释放，得以结束这段不堪的经历。

若没有晚年的颠簸与磨难，恐怕李清照只是汴京城内众多高门大院的贵眷中独具才情的那一位，沉浸在诗书画作与金石古籍之中，享受闺房之乐。而国破家亡的磨难激出了这位多愁善感的女词人身上坚强刚直的品格。看着朝廷不断败逃，任长江附近的大好河山沦于金人之手，她为此不耻，却也长憾自己身为女子，无法披挂上阵。在辗转逃亡期间，渡过乌江之时，她想起楚汉之争时的霸王项羽，即使深知胜算无多，也有拼死一战的豪情，便借古讽今，直抒悲愤，作出《夏日绝句》一诗：“生当作人杰，死亦为鬼雄。至今思项羽，不肯过江东。”

晚年尽管流落江南，孤苦落寞，但李清照的文才因为艰难日子的洗练而更加精妙，她在词作中将凄苦与哀愁娓娓道来，这个时期的词作水平更上一层楼。在《南歌子》中，她写独居时一个失眠的夜里，起身查看深夜到了几更天，仍穿着当年的睡袍，由青绿色丝线和金线修成的莲蓬、荷叶虽然没有变化，但看起来总是更小、更稀疏了，又想起从前在青州的快乐时光，叹道“旧时天气旧时衣，只有情怀不似旧家时”。

在雨中的黄昏独自饮酒，听雨水滴到梧桐的阔叶上，听见空中的雁鸣，想到自己当年也盼着这些大雁帮忙给远方的爱人传信，可惜今日信使仍来，思念的人却再也无法陪伴自己。李清照的《声声慢》，“寻寻觅觅，冷冷清清，凄凄惨惨戚戚”连用叠词，直观地让人感受到那份孤寂萧索的心情，许多愁都凝结在这首忧伤凄美的词作中了。

公元1155年，李清照在临安的住所病逝，年七十二岁。

她经历过大喜大悲，大起大落，遍尝快乐、甜蜜、孤独与痛楚，有了真实深切的情感体验，才能充分在词中表达一己之才情与一生之际遇。其他词人的作品，如晏几道的“落花人独立，微雨燕双飞”、柳永的“衣带渐宽终不悔，为伊消得人憔悴”，虽然也能传递动人的离别之思，但终究是以男子之心去旁观和揣度女子思念远方丈夫的心情，不如李清照直接表达她切身之感来得深切细腻。她的词往往用词平浅，读来跌宕有致，灵动感人。她是不让须眉的女中豪杰，正如自己在《鹧鸪天》一作中对桂花的称赞一样，“暗淡轻黄体性柔，情疏迹远只香留。何须浅碧轻红色，自是花中第一流。”

人物评价

李清照是千古才女，更是勇敢、坚毅、刚直的女性代表。即使颠沛流离、横遭变故，她也能坦然面对，在大喜大悲后，依旧执笔书写诗词传奇。

仕途坎坷的文学奇才蒲松龄

没落的书香门第

明朝末年，天灾人祸不断，阶级矛盾日益尖锐，各地相继爆发农民起义。明崇祯十三年（1640 年），农民起义领袖张献忠与明朝军队交战得不可开交，四月十六日夜，山东淄博的书香门第蒲氏家族诞生了一名男婴，这名男婴白白胖胖，深得家族长辈喜爱，长辈们对这名男婴寄予厚望，希望日后他能出人头地。这个时候，大家谁也没有想到，男婴的一生虽郁郁不得志，却为世人留下了千古奇书，受后世人推崇。这男婴便是日后流芳千古的小说家——蒲松龄。

蒲松龄的出生还有个颇具传奇色彩的故事：就在蒲松龄出生的前一天晚上，其父蒲盘做了一个奇怪的梦，梦中有个瘦骨嶙峋的和尚，面相苦楚悲怜，走路歪歪扭扭的，袒露的胸口处贴着一枚铜钱大的膏药，似乎还生着病。这病和尚越过蒲盘径直走进了他妻子的内室，蒲盘正欲上前制止，还未碰到那和尚，便突然被一阵哭声惊醒。蒲盘急忙循着哭声看去，原来是自己的第三个儿子出生了。他欢喜地去抱自己的孩子，却惊奇地发现，新生的三儿子胸前有一块非常明显的青痣，这青痣的大小、位置，和他梦中所见那个病和尚贴的膏药竟然完全相符，蒲盘大惊，遂认为自己的三儿子就是那位病和尚的转世。

蒲松龄家族的发家史可追溯到元朝。其远祖曾为元朝官员，家族自明朝万历以来，相继出了多位登科入榜、入朝为官的族人，家族虽没有权倾朝野，但也算是书香世家，在当地有着很高的名望，所以蒲氏家族对于通过科举考试“金榜题名”有着代代相传的执念。蒲松龄的父亲蒲盘，早年也是热衷考取功名，无奈屡试不中，终其一生也只是考取了秀才，最终不得不弃文经商。自己没有考取功名，蒲盘便把登科入榜的心愿寄托在儿子身上，特别是从小就聪明伶俐的第三个儿子蒲松龄，更是受到他的悉心栽培。

天资聪颖外加家族重视，年幼的蒲松龄学业进步飞速，特别是家中历代族人积累下来的丰厚藏书，也为他汲取知识提供了巨大帮助。在努力学习多年后，蒲松龄父母觉得儿子已经准备好了，便鼓励十九岁的蒲松龄去济南府参加考试，蒲松龄果然不负厚望，在县、府、道试中均夺得第一名，一时成为当地家喻户晓的人物。

清朝科举考试有着明确的八股文体系，要求必须从“四书五经”中取材，不允许自由发挥，对文章中句子的长短、字的繁简、声调的高低甚至是字数等都有严格规定。但蒲松龄在考试中，并没有完全遵照八股文的要求，而是剑走偏锋，融汇了自己的思想情感，呈现独特的文章风格。这种大胆的举动若是遇到一般考官，估计蒲松龄早已名落孙山，但所幸他精彩的文章吸引了当时的考官施闰章。施闰章是清朝著名诗人，彼时也是山东学政，他对蒲松龄大胆创新的写作手法不但不排斥，反而赞赏有加：“蒲松龄的这篇文章，好像让我闻到了空中奇异的芬芳，这是我这么多年来看到的最有神韵的文章。文章将人们追求富贵的丑态，完全暴露在‘早起’这二字之上，完全可以促使大家维持好的风俗，摒弃坏的习惯。其次，他的文章就像月亮般，读来让人觉得明白透彻，通篇文章的文笔连贯流畅，让人有一种在游行中甩动胳膊的乐趣。”这对蒲松龄而言是莫大的鼓励，可也为他日后科举考试上的“郁郁不得志”埋下了种子。

就当众人都以为蒲松龄日后定能“金榜题名”，在仕途上大展拳脚之时，老天似乎和他开起了玩笑。虽然他满腹诗书自信满满，但在不久后的乡试中，由于写作风格不同于正统八股文，即使文采斐然，也屡试不中。在经历了前前后后多次考试，差不多等了二十年后，蒲松龄直到四十六岁时，才候补成为廪生。因为科举考试耗费其大量的时间和精力，蒲松龄也没有其他生存办法，只得一边准备考试，一边在家乡做私塾老师。可以说，蒲松龄这一生的科举之路十分艰辛困苦。

旷世巨作《聊斋志异》

正如俗话所说："失之东隅，收之桑榆。"虽然蒲松龄在仕途上历经坎坷，在文学创作上却大放光彩。

由于屡次考试失败，蒲松龄只好一边考试一边在家乡做私塾老师教书育人，赚取微薄的银两养家糊口。由于家里总是穷得揭不开锅，蒲松龄还曾写过一篇文章叫《除日祭穷神文》。文章一开头便写道："穷神，穷神，我与你有何亲，兴腾腾的门儿你不去寻，偏把我的门儿进？难道说，这是你的衙门，居住不动身？你就是世袭在此，也该别处权权印；我就是你贴身的家丁、护驾的将军，也该放假宽限施施恩。你为何步步把我跟，时时不离身，鳔粘胶合，却像个缠热了的情人？”他以自嘲的口吻来抒发自己贫穷的苦闷。

除了日常教书育人，蒲松龄还发展了自己的文学创作和学术研究，他对小说、诗文、戏剧、俚曲甚至农业、医药等都有深入研究并留有著作存世。其中，最著名的就是《聊斋志异》。

后世邹弢在《三借庐笔谈》中提到，蒲松龄先生住在乡下，为了能更好地创作《聊斋志异》，自己在村口开了一间小小的茶社，为来往行人提供茶水和烟草，行人若是想进店休息，以奇妙有趣的故事作为报酬即可。蒲松龄每每听到稀奇古怪的故事，便立刻记录下来，就这样坚持了二十多年，直到蒲松龄年过四十，《聊斋志异》才最终完成。

《聊斋志异》通篇共分八卷、四百九十一篇，约四十万字。“聊斋”是他的书屋名称，“志”是记述的意思，“异”指奇异的故事。该书沿用了唐朝传奇小说的写作风格，内容以花妖狐魅和人鬼纠葛为主，人物情感丰满，文笔干练经典，情节曲折离奇，内容精彩纷呈。蒲松龄通过这一个个光怪陆离的故事和传说，写尽人间百态，道尽世态炎凉。蒲松龄将自己对社会不公和官场黑暗的讽刺都融进书里。

《聊斋志异》中，有抨击科举制度摧残读书人的故事，如《王子安》《叶生》《司文郎》；有揭露统治阶级黑暗、官贪吏虐、人民生活困苦的故事，如《梦狼》《促织》《梅女》；有男女青年不惧封建礼教、勇敢追求自由爱情的故事，如《莲香》《连城》《宦娘》。世人所熟知的《倩女幽魂》的故事，就是出自《聊斋志异》中《聂小倩》一文。

《聊斋志异》是中国古代文学中志怪传奇小说的集大成者，对后世文学创作也产生了极其深远的影响。该书问世后，一时间志怪传奇类的效仿之作铺天盖地，包括袁枚的《新齐谐》、宣鼎的《夜雨秋灯录》等优秀作品。就连我们熟知的清代大文学家纪晓岚也在《聊斋志异》的影响下，写下著名的《阅微草堂笔记》。

落魄文人的无可奈何

虽然《聊斋志异》大放光彩，风靡一时，但这并没有改变蒲松龄落魄的人生。他穷其一生的愿望“朝为田舍郎，暮登天子堂”至死都没有实现。

生活上的贫苦也许还有家人的理解和扶持，但心灵上的郁郁不得志更与何人说？特别是蒲松龄将最珍贵的青春光阴都放在参加科举考试中，屡战屡败，屡败屡战，直到他七十二岁替补做了贡生，当时的县官还故意压着他的贡生待遇不发。蒲松龄无奈，只好拖着年迈体弱的身子苦苦奔走，争取自己的权益，他心中的痛苦可想而知。

在创作《聊斋志异》早期，他的家人和朋友都不能理解。他的好朋友张笃庆看到他开始专注于创作而非科举时，内心着急万分，甚至写了一首诗劝他：“此后还期俱努力，聊斋且莫竞谈空。”虽然有朋友好心劝解，但蒲松龄并没有因此放弃自己的心血，最终，他克服种种困难完成了这部旷世巨作。

生活的贫穷、科考的不得志以及写作的艰难，伴随了这位才华横溢的文人一生。康熙五十四年正月二十二日(1715 年 2 月 25 日)，七十六岁的蒲松龄带着太多的不甘和无奈走完自己悲苦的一生，因病与世长辞。

历史是公正的，世人的眼睛也是雪亮的。蒲松龄当年名落孙山，却比状元更为人熟知。他所创作的《聊斋志异》更是被誉为中国古代文学史上成就最高的短篇小说集，不仅仅是中国文学中的珍品，更是全世界文学的瑰宝。

人物评价

蒲松龄的才华在少年时便已家喻户晓，在仕途上却终年郁郁不得志。但他从未放弃教书育人和写作，克服生活的贫苦、在他人的不理解中坚持理想，完成了《聊斋志异》这部旷世巨作。

大起大落的梦中客曹雪芹

盛极而衰的家族

在中国千百年来的封建王朝中，留存着一句话：“君子之泽，五世而斩。”意思是一个品德高尚的君子，辛辛苦苦积攒了祖业，最多经历五代，这些恩惠福禄就会消耗殆尽，家族也会由盛转衰，最终走向消亡。这句话在曹雪芹家族得到了印证：

曹家第一代先祖曹锡远原是汉族，在明末清初时期曾是辽阳守军的一名普通下级军官，后在作战中被掳而投降后金，后金即清朝前身。曹锡远当时虽只是包衣奴才，却很受后金贵族宠信。曹家第二代曹振彦曾作为清朝下级军官随清兵入关，并在入关前的明金战争、入关战斗以及入关后在山西平姜瓖之叛的战争中都立下战功，深受清朝信任，最后官至浙江盐法道。曹家第三代曹玺官居江宁织造[1]，虽官衔不高，但极为重要，除去日常为皇家采办以外，还兼有考察民情、充当天子耳目的作用。曹家到第四代时，已经达到了鼎盛，其中曹寅是康熙帝从小到大的伴读，其母亲又是康熙帝的乳母，与皇家有千丝万缕的联系，这使得曹家深受康熙帝的重视。在继任江宁织造后，曹寅又兼任了两淮盐漕监察御史，康熙帝六次南巡，就有四次入住曹寅的织造任署，可见对其恩宠有加。

但所谓“水满则溢，月满则亏”，当皇家的恩宠达到顶峰后，接下来便是摧枯拉朽般的倒台。曹家的第五代曹颙、曹頫正遇上时局变动，朝廷上也风起云涌。康熙帝去世后，雍正帝即位，曹家首当其冲，在雍正六年便被抄了家。

被抄家之时，作为曹家第六代的曹雪芹已经十四岁了。关于他的身世，世人说法不一，其中比较有说服力的一种是，曹雪芹是曹颙的遗腹子。传言康熙五十四年（1715 年）正月，曹颙继任江宁织造三年就因病辞世，康熙帝深表惋惜，便恩旨其堂弟曹頫接任江宁织造一职。当年三月初七，曹頫递上奏折道：“奴才之嫂马氏，因现怀妊孕已及七月。”在曹頫的奏折中，曹颙的这个遗腹子就是曹雪芹。

1　江宁织造是向清朝宫廷供应丝织品的皇商，深受皇帝信任，能直接向清政府提供江南的各种情报。江宁织造府位于现在的南京市。

曹雪芹年幼时因家族仍蒙圣恩，有过一段锦衣玉食、富贵风流的生活，可随着江山易主朝廷更替，曹家因罪抄家，一夜间从天堂到地狱，这般落差对少年曹雪芹的心理造成了强烈的影响，也让他看清了世态炎凉、人性凉薄。

旷世奇作《红楼梦》

十四岁前的曹雪芹就如同《红楼梦》中的贾宝玉般，享受家族鼎盛繁荣带来的优越生活。他喜好自由自在，不喜欢读“四书五经”，更是对八股文嗤之以鼻。当时曹家仍是江宁第一望族，家中藏书极多，曹雪芹自幼便在诗书礼仪中成长，博览群书，很早就展现了聪慧的天资。

曹雪芹对诗歌、戏曲、美食、养生、医药等百科知识无不精通，尤其喜爱文学典籍，虽然没有参加过科举考试，他的文采却逐渐笔酣墨饱，颇有大家风采。这些也为他后期创作《红楼梦》打下了基础。

在家族衰落后，曹雪芹一度为了家族复兴而努力奋斗，他访师觅友，拜访朝中权贵，也曾在内务府寻得一份差使，但这些都无法改变他家族衰败的命运。抱着对生活的无可奈何之感，在经历了人生大起大落，饱尝人间冷暖后，人到中年的曹雪芹决定归隐。

中年曹雪芹举家迁往了北京西郊，一边卖字画一边受朋友接济度日，生活一度贫困到了“满径蓬蒿老不华，举家食粥酒常赊”的地步。但生活的困苦并没有消磨他的意志，相反，曹雪芹用无比强大的毅力克服身心困难，将自己的毕生所知、所感、所想、所悟都杂糅重塑，融汇到自己的作品中。就在一方破败的草庵里，曹雪芹将往日旧作《风月宝鉴》“披阅十载，增删五次”，经过反复推敲，最终写成了旷世巨著《红楼梦》。

清代脂砚斋在《脂砚斋重评石头记》中有言：“浮生着甚苦奔忙，盛席华筵终散场。悲喜千般同幻渺，古今一梦尽荒唐。漫言红袖啼痕重，更有情痴抱恨长。字字看来皆是血，十年辛苦不寻常。”

《红楼梦》以富贵鼎盛的贾府为中心，写贾、王、史、薛四大家族的兴衰，将封建贵族青年贾宝玉、林黛玉、薛宝钗之间的恋爱和婚姻悲剧故事贯穿全书，通过描写大观园中的日常琐事揭露封建社会的种种黑暗和罪恶，道尽那荒谬的封建礼教对青年男女的摧残。通篇阅读后，读者不但有身临其境之感，在文学形式上也有耳目一新之感。

《红楼梦》改变了以往小说人物类型化、绝对化的特

点，人物不再单一肤浅，而是饱满、充满血肉、栩栩如生，打破了传统人物描写上“恶则无往不恶，美则无一不美”的惯例。全书中，不管是浓墨重彩的“金陵十二钗”，还是一笔带过的小厮丫鬟，都是在基于人物所处环境、身份、年龄等各方位考量后精细描写的，形象生动贴切，人物画像跃然纸上。

《红楼梦》将叙事和诗歌相结合，极大地丰富了中国古典小说的叙事风格。在叙述大观园日常的同时，又描绘了缠绵悱恻的爱情故事，将简单的篇章变成了一件绚丽夺目的艺术珍品。

《红楼梦》不仅仅是一部文学作品，更是一部中国封建社会的百科全书，它涵盖了诗歌、养生、美食、乐理、戏曲、医学、宗教等各方面知识，特别是美食、养生、诗词歌赋等内容，被后世红学广为追捧研究。

清朝诸联《明斋主人总评》对《红楼梦》有评：“书中无一正笔，无一呆笔，无一复笔，无一闲笔……作者无所不知，上自诗词文赋、琴理画趣，下至医卜星象、弹棋唱曲、叶戏陆博诸杂技，言来悉中肯綮。想八斗之才又被曹家独得。”

红楼一梦终成空

《红楼梦》最初以钞本形式广为流传，京师流传的竹枝词有言："开谈不说红楼梦，读尽诗书也枉然。"可见其受欢迎程度。虽然清乾隆帝时期把《红楼梦》列为禁书，可仍旧阻挡不了《红楼梦》的传播。目前传世的《红楼梦》通行本共一百二十回，公认前八十回是曹雪芹所著，后四十回是清代作家高鹗所补。

但从脂砚斋对《红楼梦》的批语来看，曹雪芹版《红楼梦》应该是写完了的，但不知因何故该版的后续章回没有留存下来，这也让《红楼梦》同它的作者曹雪芹的身世一样，蒙上了一层传奇的色彩。

而正如《红楼梦》所描绘的悲情故事，曹雪芹的人生也在贫穷和悲痛中结束。乾隆二十七年（1762 年），曹雪芹因幼子夭亡，陷于极度的悲痛中一度卧床不起，大约于乾隆二十八年的除夕病逝于北京。

曹雪芹的一生从富贵豪门到穷途末路，正如这《红楼梦》中的"梦"字般，一切繁华绚烂却好似梦一场，当他从梦中醒来，昔日的美好成了虚妄，回到人间只能独自面对美梦后的怅然若失和鲜血淋漓的现实人生。

中国著名红学家、古典文学研究家周汝昌曾这么评价：“曹雪芹的一生是不寻常的，坎坷困顿而又光辉灿烂……他有老、庄的哲思，有屈原的《骚》愤，有司马迁的史才，有顾恺之的画艺和‘痴绝’，有李义山、杜牧之风流才调，还有李龟年、黄幡绰的音乐、剧曲的天才功力……他一身兼有贵贱、荣辱、兴衰、离合、悲欢的人生阅历，又具备满族与汉族、江南与江北各种文化特色的融会综合之奇辉异彩。所以我说他是中华文化的一个代表形象。”

人物评价

曹雪芹曾历家族兴衰，饱经世间冷暖，大起大落如梦一般，却仍勇敢面对人间的虚妄和残酷，用十年心血铸就了《红楼梦》，创新地、生动地演绎了这部百科传奇。

“俯首甘为孺子牛”的鲁迅

从三味书屋到弃医从文

我们对中国现代文学的奠基人之一的鲁迅并不陌生：从月光下瓜田里刺猹的闰土，到可怜之人必有可恨之处的阿Q，鲁迅笔下每一个文学人物都那么生动形象，或凄惨或可笑。这位“横眉冷对千夫指，俯首甘为孺子牛”的文人以笔代戈，在字里行间表达了自己对国家、对中华民族的拳拳之心、殷殷之情。

清朝光绪七年八月初三（1881年9月25日），鲁迅出生于浙江省绍兴市的周家，原名周樟寿，后改名为周树人。据考证，其祖先是北宋理学始祖周敦颐，周家也一直是当地有名的书香世家，鲁迅的父亲周伯宜是一名秀才，祖父周福清先后任翰林院庶吉士、江西金溪知县、内阁中书等职。

幼年的鲁迅家境富裕，生活无忧无虑，还进入私塾“三味书屋”学习。但欢乐的光景没持续多久，在鲁迅十二岁时，他的祖父周福清因为轰动一时的“科举舞弊案”被革职，判“斩监候”，入狱八年。其父母为保后辈不受牵连，一边安排鲁迅兄弟到城外皇甫庄的大舅父家中避难，另一边花费大量钱财打点狱卒，积极营救鲁迅祖父周福清，以致家道中落。

祖父入狱后不久，父亲又身染重病，用中医治疗了很长一段时间无效后，最终也因病离世，鲁迅家里一下子失去了主心骨。作为家中长子，少年鲁迅在这段时间里受尽世人冷眼和亲友欺凌，这些经历让他体会到了世态炎凉，也更加坚定了他努力学习、用知识改变命运的决心。

1898 年，十七岁的鲁迅离开家乡，进入金陵的新式学堂江南水师学堂，改名为周树人，后转入江南陆师学堂附设矿路学堂。他天资聪颖，外加勤奋好学，不久便以第一等第三名的成绩毕业，官费保送到日本留学。

学医一直是鲁迅的一个理想。早年父亲重病，当地的中医治了许久最终也没有治好父亲，此后鲁迅便对中医心存芥蒂，立志学西医。他曾立誓：“预备卒业回来，救治像我父亲似的被误的病人的疾苦。”

但鲁迅在日本的求学并没有想象中那样一帆风顺。那时的中国积贫积弱，正在被列强侵略，鲸吞蚕食，作为中国留学生，鲁迅深受当地日本同学的歧视。鲁迅的学业成绩还算中等，因此身边的日本同学怀疑是老师故意将试题透露给他，经常借故检查他的笔记本，根本不相信这个中国留学生能比很多日本人的成绩还好。

同学的排挤和猜忌使鲁迅的自尊心受到极大的伤害，更加不愿与其他同学交友，性格逐渐冷漠孤傲起来。在鲁迅离世后，其在日本学医时的老师藤野先生在《谨忆周树人君》中写道："尽管日清战争（即甲午战争）已过去多年，不幸的是那时社会上还有日本人把中国人骂为'梳辫子的和尚'，说中国人坏话的风气。所以在仙台医学专门学校也有这么一伙人以白眼看待周君，把他当成异己。"

那为何鲁迅最后又弃医从文了呢？鲁迅在艰难求学时，有次在课间观看了日本制作的"日俄战争教育片"。片中，日本人残忍杀害了在日俄战争中充任俄国间谍的中国人，被杀和围观的中国人却全然麻木不仁，这幅场景令他触动非常大。

多年后，他在《呐喊（自序）》中写道："我竟在画片上忽然会见我久违的许多中国人了，一个绑在中间，许多站在左右，一样是强壮的体格，而显出麻木的神情。据解说，那绑着的是替俄国做了军事上的侦探，正要被日军砍下头颅来示众，而围着的便是来赏鉴这示众的盛举的人们……从那一回以后，我便觉得医学并非一件紧要事，凡是愚弱的国民，即使体格如何健全，如何茁壮，也只能做毫无意义的示众的材料和看客，病死多少是不必以为不幸的。所以我们的第一要著，是在改变他们的精神，而善于改变精神的是，我那时以为当然要推文艺，于是想提倡文艺运动了。”

新文化运动的领军人物

辛亥革命后，袁世凯窃取大总统职位，梦想复辟帝制，还在思想文化界掀起一股尊孔复古的逆流。

面对袁世凯的倒行逆施，中国日益崛起的先进知识分子表示强烈反对。1915 年，陈独秀在其主编的《新青年》上连续刊载文章，提倡民主与科学，反对封建文化，自此揭开了新文化运动的序幕。随后，李大钊等人也加入运动之中，他们以《新青年》为宣传阵地，对封建的旧文化、旧道德、尊孔复古势力发起猛烈的抨击。

此时的鲁迅已经归国，并应蔡元培之邀在教育部任职。

新文化运动爆发不久，他身上的斗士精神被激发，不久便投身运动中。

在1918年5月15日出版的《新青年》上，“鲁迅”这个笔名第一次出现在大众的视野中，而这期《新青年》上刊登的，正是惊世骇俗的《狂人日记》。小说具有强烈的现实批判性，直指中国封建主义文化的核心。通过一个患有被迫害妄想症的狂人的自述，揭示了封建礼教的“吃人”本质，揭露中国封建社会“吃人”的社会病态。在对封建社会旧道德、旧礼教发起猛烈抨击的同时，鲁迅又着眼于中国青少年的健康成长，在文末发出“救救孩子”的呼喊，体现了他对当时社会的深切忧虑和对下一代健康成长的期盼，同时也表现了他“忧愤深广”的人道主义情怀。

作为中国现代文学史上第一部现代白话文小说，《狂人日记》在中国现代文学史和中国现代文化史上都具有跨时代的深远意义，它奠定了中国现代小说创作的基础，在形式和思想方面都深刻影响了20世纪的中国文学史和思想史。现代文学家茅盾曾评价《狂人日记》道：“这奇文冷隽的句子，挺峭的文调，对照着那储蓄半吐的意义，和淡淡的象征主义色彩，便构成了异样的风格，使人一见就感着不言而喻的悲哀和愉快。”

此后，鲁迅势如破竹，先后发表了《孔乙己》《阿Q正传》《祝福》等优秀作品。通过孔乙己、阿Q、祥林嫂等一个个鲜活生动的人物形象，鲁迅深刻批判了封建社会对底层劳动人民的黑暗统治和压迫。

文章千古，直指人心

1926年9月4日，鲁迅在林语堂的邀请下，从上海乘轮船抵达厦门，前往厦门大学担任国文系教授和国学研究院研究教授。在厦大期间，鲁迅开设了中国文学史和中国小说史两门课程，参与编写了《中国小说史略》和《汉文学史纲要》等教材，并且指导和帮助青年学生创办了《鼓浪》和《波艇》两种刊物，甚至还特地将自己的文章发表在《波艇》上以示支持。

1927年1月，鲁迅辞去厦大工作。

同年9月，鲁迅定居在上海公共租界北区的越界筑路区域，在此专心从事写作直至离世。而在上海的十年创作时期，也是鲁迅一生中文学创作最辉煌的时期。

1930年，中国左翼作家联盟成立，鲁迅作为主要发起人之一，积极引领左翼文化运动，先后主编《萌芽月刊》《前

哨》《十字街头》等重要文学期刊，同时培养了一批杰出的青年作家如萧军、萧红、叶紫、沙汀、丁玲、张天翼等，为日后中国文艺事业蓬勃发展打下坚实的基础。

在上海期间，鲁迅还主攻杂文创作，先后出版了《三闲集》《二心集》等杂文集，以及别具特色的历史小说《故事新编》。

《故事新编》全书共八个短篇，多以远古神话故事为蓝本。在文中，鲁迅以浪漫主义为基调，将古代神话故事和现代生活细节杂糅在一起，以“游戏笔墨”的诙谐风格，表现出自己前所未有的从容、幽默和洒脱。

1936 年 10 月 19 日，鲁迅因肺结核病在上海去世，年仅五十五岁。他的死讯立刻轰动全国，上海上万民众自发为他举行了隆重的葬礼，十六位名流大家为其抬棺，更有民众代表在其灵柩上覆盖写有“民族魂”的白旗，以表哀悼。

伟大领袖毛泽东主席在《新民主主义论》中评价鲁迅：“他是中国文化革命的主将，他不但是伟大的文学家，而且是伟大的思想家和伟大的革命家。鲁迅的骨头是最硬的，他没有丝毫的奴颜和媚骨，这是殖民地半殖民地人民最可宝贵的性格。鲁迅是在文化战线上，代表全民族的大多数，向着敌人冲锋陷阵的最正确、最勇敢、最坚决、最忠实、最热忱的空前的民族英雄。鲁迅的方向，就是中华民族新文化的方向。”随后在 1961 年纪念鲁迅八十寿辰之际，伟大领袖毛泽东主席还为其作七绝两首以表纪念：

其一

博大胆识铁石坚，刀光剑影任翔旋。
龙华喋血不眠夜，犹制小诗赋管弦。

其二

鉴湖越台名士乡，忧忡为国痛断肠。
剑南歌接秋风吟，一例氤氲入诗囊。

人物评价

医者当有悬壶济世之心，文人当有忧国忧民之德。作为周树人，他刻苦勤奋；作为鲁迅，他执笔仗言。我们要记住的，不仅仅是鲁迅暗含一片苦心的小说和散文，还应是他于历史洪流中用字字句句托起民族之魂的坚毅。

天才剧作家莎士比亚

天才的诞生

因为地域的差异，历史的不同，东西方世界的文学存在巨大的差异，但人们的情感是共通的，特别是对美好爱情的向往。从古至今，东西方都有许多经典爱情故事广为流传，东方有凄美的《梁山伯与祝英台》，西方则有《罗密欧与朱丽叶》。《罗密欧与朱丽叶》的作者，就是西方文艺史上最杰出的作家之一，也是全世界最卓越的剧作家之一——威廉·莎士比亚。

1564 年 4 月 23 日，莎士比亚出生于英国沃里克郡斯特拉福镇。他在家里的八个孩子中排行第三。

那时的英国正处于伊丽莎白女王所统治的时期，由偏安一隅的岛国逐渐走向强盛，甚至有学者认为："没有伊丽莎白时代的中兴和辉煌，英国要成为世界上首次资产阶级革命和首次工业革命的发祥地，是难以想象的。"

莎士比亚的父亲约翰·莎士比亚，原本只是一个日出而作、日落而息的农民，后来通过自己的不断努力成为一名手艺精湛、经营有方的皮手套工匠和商人，最终走向仕途，成为市政委员会执行官，莎士比亚的母亲玛丽·阿登是一个富裕的地主家的女儿。

1571 年，七岁的莎士比亚被父母送进斯特拉福文法学校读书。在斯特拉福文法学校六年的学习时期，莎士比亚在文学上表现出极大天赋，他很快掌握了写作的基本技巧与丰富的理论知识，除此之外，他还努力学习了拉丁语和希腊语。

莎士比亚在斯特拉福镇度过了自己无忧无虑的童年，更让他开心的是，小镇经常有剧团来巡回演出。幼小的莎士比亚对那一方小小的舞台产生了极大的兴趣。他发现，仅需几个演员生动的表演，就能给观众呈现出或风趣幽默或可歌可泣的精彩故事，从此莎士比亚深深地爱上了戏剧。他常常反复吟诵生动的戏剧故事，甚至会和自己的同伴一起模仿演员的表演。

在莎士比亚十四岁左右的时候，他的父亲不幸破产了，并且欠下了巨额的债务，莎士比亚不得不中断学业回家，做一些简单的劳动赚取微薄的薪水替父亲还债。莎士比亚当过肉店学徒，也曾在乡村学校教过书，还陆陆续续做过许多工作，这些工作经历增长了他的社会阅历，同时也为他日后的剧本创作奠定了基础。

最终，在1587年，莎士比亚决定离开家乡前往伦敦，随后他加入剧团，开始演员生涯，并尝试写剧本。

莎士比亚时期的到来

从一个剧团杂工，到参演剧目，再到最终参与剧本的创作，莎士比亚一步步地走向自己年幼时的梦想。

莎士比亚的文学创作可分为早期、中期和晚期三个阶段，早期作品主要集中在1590—1600年。伊丽莎白一世通过一系列战争巩固王权，王室跟工商业者及新贵族的联盟尚在发展，特别是在1588年，英国在打败号称“无敌舰队”的西班牙后国运大振，国内经济发展迅速，人民生活也得到极大改善。此时的莎士比亚的戏剧风格受意大利文艺复兴思想的影响，呈现出明朗乐观的戏剧效果，比如《罗密欧与朱丽叶》《威尼斯商人》《约翰王》《仲夏夜之梦》等。

其中，《罗密欧与朱丽叶》最为经典。该剧主要描写世仇家族的子女——蒙太古之子罗密欧和凯普莱特之女朱

丽叶在一次意外相遇后一见钟情，但两人的美好爱情没有得到双方家族的祝福，为了追求自由的爱情，他们毅然决然地与家族对抗，甚至违抗父命，最终双双以死殉情。该剧描写了两个家族的矛盾与两个追求自由恋爱的年轻人的美好爱情，通过矛盾的不断激化制造强烈的戏剧效果，令观众产生了强烈的代入感和共鸣，该剧也是莎士比亚悲剧中浪漫主义抒情色彩最浓的一部，体现了他倡导自由平等、婚姻自主的思想。

中国翻译家朱生豪曾评价道："《罗密欧与朱丽叶》是莎士比亚早期的抒情悲剧，也是继《所罗门雅歌》以后最美丽悱恻的恋歌。这里并没有对人性进行深刻的解剖，只是真挚地道出了全世界青年男女的心声，爱情不但战胜了死亡，并且使两族的世仇消弭于无形；从这个意义上来看，它无疑是一本讴歌爱情至上的喜剧。"

莎士比亚的中期作品主要集中在1601—1607年。彼时的英国，农村圈地运动正在加速进行，王权和资产阶级及新贵族的暂时联盟已经开始瓦解，社会矛盾激化。随着伊丽莎白一世离世，詹姆士一世继位，英国人民生活变得困苦，社会矛盾愈加激烈，政治经济形势日益恶化。此时，莎士比亚的创作风格由明朗乐观逐渐转变为阴郁悲愤，并开始将揭露社会种种罪恶和黑暗的故事搬上舞台。此时他的代表作品就有他著名的四大悲剧:《哈姆雷特》《奥赛罗》《李尔王》《麦克白》。

其中,《哈姆雷特》是莎士比亚所有戏剧中篇幅最长的一部作品,同时也是莎士比亚最负盛名的剧本。故事主要讲述了丹麦王子哈姆雷特在国外读书时,他的叔叔克劳蒂斯毒死自己的哥哥老哈姆雷特篡夺了王位,并娶了嫂嫂。哈姆雷特回国后对父亲的死因产生怀疑,在同父亲的鬼魂交谈后得知父亲真正的死因,由此展开了复仇计划。在目睹了心爱之人和母亲的相继离世后,他化悲愤为力量,最终为父报仇,但也付出了自己宝贵的生命。

莎士比亚将当时的社会矛盾映射在剧本中,其中哈姆雷特与克劳蒂斯的斗争,就是映射新兴资产阶级与封建王权代表的斗争,揭露了英国封建贵族地主阶级与新兴资产阶级之间日益加剧的矛盾,进一步批判了王权与封建邪恶势力的罪恶行径。《哈姆雷特》具有深刻的悲剧意义,甚至被后世公认为整个西方文艺复兴时期文学的最高成就。

莎士比亚的晚期作品主要集中在1608—1612年。詹姆士一世王朝日益腐败,荒淫无度,社会矛盾更加尖锐。莎士比亚心中的人文主义理想最终破灭,他最终选择隐居故乡，此时他的创作风格也由中期的阴郁悲愤转变为浪漫空幻的乌托邦式的幻想。此时期的代表作有《亨利八世》《冬天的故事》《暴风雨》等。

其中《暴风雨》作为莎士比亚晚年传奇剧的代表作，也是莎士比亚人生中最后一部完整的作品。故事主要讲述的是在意大利北部的米兰城邦有一位公爵普洛斯彼洛，而他的弟弟安东尼奥借助那不勒斯国王阿隆佐的帮助，篡夺了哥哥公爵的宝座，无奈之下，普洛斯彼洛带着魔法书和自己年幼的女儿米兰达历尽艰险漂流到一座岛上，并运用魔法使岛上的精灵和妖怪都臣服于自己。随后普洛斯彼洛又用魔法唤起一阵风暴，使弟弟、那不勒国王和王子的船在他的岛上触礁，此时的普洛斯彼洛用魔法降伏了他的弟弟和那不勒国王。最终，普洛斯彼洛恢复了爵位，宽恕了弟弟，兄弟和解，而他的女儿米兰达也同王子结婚，大家一同返回了家园。

《暴风雨》被文学评论家认为是莎士比亚“诗的遗嘱”。本剧将正剧和喜剧、幻想与现实融合在一起，既有人与人之间的情感较量，还有精灵妖怪等奇幻设定，充分体现了莎士比亚丰富多变的想象力和高超的语言表达能力。著名文学家梁实秋曾这样评价《暴风雨》：“技术的圆熟，文字的老练，声调的自然，以及全剧之静穆严肃的气息，很明显地表示这戏是莎士比亚的思想臻于烂熟时的作品。”

吟游诗人的经典流传

晚年的莎士比亚选择离开伦敦，回归故里斯特拉福，过上一段安详的隐退生活。但不幸的是，1616 年莎士比亚在自己五十二岁生日当天因病去世，后葬于圣三一教堂。

作为英国文学史和戏剧史上最杰出的诗人和剧作家，莎士比亚一生中共流传下来三十八部剧本、一百五十四首十四行诗、两首长叙事诗和其他诗作。虽然离世已有四百多年，但他的部分代表作如《罗密欧与朱丽叶》《威尼斯商人》《哈姆雷特》等至今仍广为流传，而莎士比亚更是被英国人亲切地称为“吟游诗人”。

莎士比亚的作品对英国乃至世界的文学影响深远，其中小说家查尔斯·狄更斯更是在其作品中大量引用了莎士比亚的作品。小说家赫尔曼·梅尔维尔的著作《白鲸记》里的亚哈船长则致敬了莎士比亚创作的悲剧人物李尔王。全世界无产阶级和劳动人民的革命导师马克思称他为“人类最伟大的天才之一”。法国作家雨果更是评价他：“莎士比亚这种天才的降临，使得艺术、科学、哲学或者整个社会焕然一新。他的光辉照耀着全人类，从时代的这一个尽头到那一个尽头。”

联合国教科文组织把莎士比亚去世的那一天，即 4 月 23 日，定为“世界读书日”，以此来纪念这位为人类文学发展做出巨大贡献的剧作家。

人物评价

除了是天才剧作家，莎士比亚更是一位社会百态体验家，他曾目睹各个阶层、各种职业的无奈，再将这些无奈通过讽刺或幽默的手法融入剧本和诗歌中。他悲天悯人的情怀、与抗争命运的力量从未消逝。

倔强的英格兰玫瑰夏洛蒂·勃朗特

玫瑰含苞

英国在17世纪经历资产阶级革命后，资本主义蓬勃发展，文化产业也迎来了繁荣期。19世纪，英国的文化已经深深地打上了自由、民主、独立的烙印，妇女得以从繁重的劳动中脱离出来，有了更多的时间去学习、交流、写作，所以此时的英国文坛涌现了一批优秀的女性作家，其中最为耀眼的便是勃朗特三姐妹。

1816年4月21日，夏洛蒂·勃朗特出生在英国北部约克郡的豪渥斯，父亲是当地圣公会的一位牧师，母亲则是一名家庭主妇。夏洛蒂·勃朗特的家庭成员众多，其父母一生共孕育了六个孩子，夏洛蒂·勃朗特在家中排行第三。

豪渥斯位于英国一个偏僻的山区，人烟稀少。夏洛蒂·勃朗特的父母收入微薄，外加家庭成员不断增加，因此她从小生活困顿，虽然作为牧师的父亲每天都为家人祈祷，但上帝似乎并没有眷顾他们。在夏洛蒂·勃朗特五岁时，她的母亲便患癌症去世，留下了六个幼小的孩子。

母亲的离世对这个牧师家庭而言无疑是雪上加霜，但好在夏洛蒂·勃朗特的父亲是剑桥圣约翰学院的毕业生，受过良好的教育，他对待子女的教育非常用心，常常教自己的孩子们识字、阅读，还给他们讲故事，为这些可怜的孩子带来生活的希望。正是父亲的教育，让夏洛蒂·勃朗特从小就对文学产生了浓厚的兴趣。

但是不幸再次来临。1824 年，家中已经到入学年龄的两个女孩子玛丽亚和伊丽莎白被送到附近的一所寄宿学校去读书，不久，夏洛蒂·勃朗特和她的妹妹也被送去那里。当时的寄宿学校条件极差，校规严厉，孩子们不但受到残酷的体罚，而且每逢周日还必须步行几英里[1]去教堂做礼拜。这些恶劣的条件对夏洛蒂·勃朗特的家庭影响非常大，特别是第二年学校里流行伤寒后，她的两个姐姐相继染病离世，这更是让家里陷入巨大的悲伤之中。

在此之后，夏洛蒂·勃朗特的父亲果断把她和其他子女接回家，自己亲自教育她们。夏洛蒂·勃朗特姐妹回到家里后，生活如同草地里的蝴蝶般自由自在，她们一起学

1 “英里”是一种英制长度单位。1 英里约为 1.6 千米。

习写作，一起讲述故事，一起弹琴唱歌，三姐妹度过了一段快乐轻松的时光。夏洛蒂·勃朗特也是在这个时期对写作产生了浓厚的兴趣，在她十四岁时，就已经尝试着写了许多小说和诗歌，虽然此时她的作品还不成熟，但她不断累积自己的写作技巧和文学知识，这也为她以后的创作奠定了基础。

玫瑰初绽

在当时的英国，女性虽然可以进入社会，靠自己的劳动养活自己，但社会地位仍然十分卑微，甚至当时的人们普遍认为，女性是男性的附属品，特别是已婚妇女。

这显然不是夏洛蒂·勃朗特想要的人生。十五岁时，父亲把夏洛蒂送进罗海德的一所学校读书。几年后，她又以教师的身份在学校教书。在此期间，她怀揣着对文学的热爱，一边教书一边写作。1836年，夏洛蒂·勃朗特把自己的几首短诗寄给当时的著名诗人骚塞。然而这位名震一时的大诗人在对待女性创作的问题上十分苛刻，骚塞在给夏洛蒂·勃朗特回信中写道："文学……不是妇女的事业，也不应该是妇女的事业。"

虽然不被看好，但夏洛蒂·勃朗特并没有因此灰心，反而沉下性子更加认真地钻研写作技巧，默默地坚持写作。

1838年，夏洛蒂·勃朗特决定辞去学校教师的职业，改为去富人家担任家庭教师，以此换取更高的薪水来贴补家用。在当时，家庭教师的社会地位非常低，并受到广泛歧视，夏洛蒂·勃朗特亲身感受到了作为一名家庭教师的艰辛。她在同妹妹艾米莉·勃朗特的书信中写道："私人教师是没有存在意义的，根本不被当作活的、有理性的人看待。"这段经历给了她很多写作灵感，而当时女性社会地位的低下，让她萌生了要积极争取相关女性权利的想法。

家庭教师的工作没有持续多久，夏洛蒂·勃朗特和妹妹们便回到自己的家乡，计划在当地开办一所学校，这样既可以教当地孩子读书，也可以维持生计。但因为种种原因，学校最终没有开办下去。

办学的理想虽然破灭了，但生活还是要继续，父亲微薄的牧师收入根本无法支撑全家的开销，而姐妹几人都不愿意随众多女性一样选择嫁人，或者进入工厂无休止地劳作。思前想后，三个人决定把幼年就喜欢的写作作为人生的一项事业。1845年秋天，夏洛蒂·勃朗特同妹妹合出了一本诗集。虽然她们的诗写得很美，但在那个年代并没有

人注意，诗集出版后仅卖掉了两本。

诗歌不行，那就转战小说创作。夏洛蒂·勃朗特花了将近一年时间，写成长篇小说《教师》，她的妹妹艾米莉·勃朗特创作了长篇小说《呼啸山庄》，安妮·勃朗特创作了长篇小说《艾格尼斯·格雷》。她们把三部小说一起寄给出版商。不久，出版商回复她们说，《呼啸山庄》和《艾格尼斯·格雷》写得非常精彩，已经准备出版，但很遗憾，夏洛蒂·勃朗特的《教师》没有被看中，予以退回。

这对夏洛蒂·勃朗特而言无疑是一个巨大的打击，虽然她为妹妹们的成功感到高兴，但对于自己被退稿的事情仍暗自神伤。

不过夏洛蒂·勃朗特很快调整了自己的心态，她分析了自己写作的优劣，结合自己家庭教师的生活经历，几经构思，最终创作出著名长篇小说《简·爱》。

玫瑰怒放

据传，出版商拿到《简·爱》的稿子后，大为惊喜，通宵不眠地审读，认定它是一部旷世杰作，于是立刻安排档期进行印刷出版。

不久，勃朗特三姐妹的作品全部问世。在当时的英国文坛引起了极大的轰动，尤其是夏洛蒂·勃朗特的《简·爱》更是被公认为三部小说中最精彩的一部。

小说《简·爱》主要讲述的是自幼失去双亲，孤苦伶仃的简·爱，从小便被寄养在舅妈家，后被狠心的舅妈送往洛伍德义塾读书。毕业后，简·爱应聘到当地富人罗切斯特家中做家庭教师。通过与罗切斯特的沟通交流，简·爱逐渐对这个外表冷酷无情内心却善良正直的男人产生情愫，就在两人准备举行婚礼的时候，却意外发现罗切斯特的疯妻伯莎·安托瓦妮特·梅森仍未离世。高傲倔强的简·爱经过激烈的思想斗争后选择离去。后来，简·爱故地重游，才知道罗切斯特的疯妻数月前纵火而死，而罗切斯特也因为救她，一只眼球被砸了出来，另一只眼睛发炎失明 。简·爱并没有嫌弃此时的罗切斯特，她找到受伤的罗切斯特并最终与其喜结良缘。最后，罗切斯特在伦敦医好了一只眼睛，并和简·爱生下了一个男孩，一家人过上了平静幸福的生活。

《简·爱》虽然描写的是感人的爱情故事，但表达了作者对世俗的反抗以及对坚强、独立女性的讴歌。在夏洛蒂·勃朗特的笔下，简·爱虽然出身悲惨，却没有自暴自弃，而是对生活一直保持乐观、充满信心。面对世俗的蔑视和不公，简·爱更是同其顽强斗争到底，勇于打破陈旧观念，积极追求属于自己的幸福。

俗话说，作品是作者自身思想和情感的表现。夏洛蒂·勃朗特通过细腻的人物刻画和精准的心理描写，用富有激情的语言和恰到好处的气氛烘托，为读者呈现出一幅幅生动的故事画面，让读者能身临其境，体会主人公的真实情感历程。从简·爱的身上，可以看到作者夏洛蒂·勃朗特的身影，她们同样都做过家庭教师，同样都有着坚忍的性格以及维护自己的尊严和权利的勇气。

玫瑰凋落

勃朗特三姐妹文学创作上的巨大成功，对一直处于贫困边缘的勃朗特一家而言无疑是一件巨大的喜事，正当她们打算一鼓作气再接再厉之时，上帝又和她们开起了玩笑。

1848 年她们唯一的弟弟，同样也具有很高文学天赋的勃兰威尔·勃朗特因酗酒、吸毒等染上重病，不久便去世了。三个月后，夏洛蒂·勃朗特的妹妹艾米莉·勃朗特又染上结核病，紧随其后离开了人世。更让她痛苦的是，自己的最小的妹妹安妮·勃朗特也不幸感染上结核病，在艰难地治疗了五个月后，仍然被病魔夺走了年轻的生命。

家人的相继离世，对夏洛蒂·勃朗特产生了巨大打击，她只能化悲痛为力量，将自己的情感都寄托在文学创作中。1849 年 8 月，夏洛蒂·勃朗特完成了自己另外一部长篇小说《谢利》，在 1853 年，夏洛蒂·勃朗特又创作了著名的长篇小说《维莱特》。

虽然夏洛蒂·勃朗特一心扑在文学创作中，但死神的魔爪并没有放过她。1854 年 6 月 29 日，三十八岁的夏洛蒂终于同自己的伴侣，牧师阿贝尼科尔斯结婚，不久便怀有身孕。正当她憧憬着未来幸福温馨的生活时，却在一次同丈夫一起外出游玩的途中受寒，自此一病不起。1855 年 3 月 31 日，三十九岁的夏洛蒂带着腹中的婴儿一起离开了人世。

自此，19 世纪英国文坛上怒放的玫瑰凋落。纵观夏洛蒂·勃朗特的一生，贫困与死亡似乎一直围绕着她，但她用自己坚忍顽强的信念和高超的文学水平来对抗人生的艰难困苦。虽然夏洛蒂·勃朗特一生仅创作了《教师》《简·爱》《谢利》和《维莱特》四部小说，却是英国文学史上第一位从女性平权的角度将女性的呼声作为小说主题的作者。她对后世的英国乃至世界文学史上女性作者的成长都起到了积极的推动作用。

正如英国诗人兼文学艺术评论家赫伯特·里德所评价的那样："夏洛蒂·勃朗特对英国小说发展的影响远比一般人认为的深刻得多。"

人物评价

《简·爱》的作者只是夏洛蒂·勃朗特身上的标签之一，她是卑微又倔强的家庭教师，是不被看好却坚持写作的诗人，还是迸发了时代勇气的女性独立精神的引领者。

美国文学的“领航员”马克·吐温

“马克·吐温”笔名的由来

自1776年《独立宣言》签署后，在短短二百多年间，美国通过资本主义财富积累，迅速崛起和发展。但由于是从欧洲殖民地演变到独立国家，早期的美国从社会生活到规章制度，处处都留有欧洲国家的痕迹，特别是美国文学的发展，更是受欧洲文学影响深远，以至于当时的欧洲国家轻蔑地称“美国无文学”。这种困境直到一个美国本土著名文学家的出现才被打破，他便是令海明威和福克纳都膜拜的“美国文学之父”马克·吐温。正如海明威曾经说过的：“一切当代美国文学都起源于马克·吐温一本叫《哈克贝利·费恩历险记》的书。”

马克·吐温出生于1835年11月30日的美国密苏里州佛罗里达的一个乡村，原名为萨缪尔·兰亨·克莱门，他的父亲是一位贫穷的律师，家中一共有七个小孩，马克·吐温是第六个孩子。由于生活拮据外加居住环境恶劣，这个贫穷的家庭最终只有马克·吐温和他的一个哥哥、一个姐姐幸存了下来。“马克·吐温”这个笔名就和他从小的生活经历有着密切的联系。

由于家庭生活拮据，小马克·吐温不得不一边上学一边打工，来补贴家庭的开支。在十二岁时，他的律师父亲因肺炎去世，这一悲剧无疑使这贫困的家庭雪上加霜，无奈之下，小马克·吐温离开了学校，开始了独立的打工生活。马克·吐温做过许多工作，先后在费城、圣路易和辛辛那提市当过印刷工人，后来又当过送报人和排字工，最后来到密西西比河上当水手和轮船领航员。

在当时，轮船由木材建造，为防止火灾，轮船在晚间也不可以点油灯，所以这就需要领航员对河流足够了解，要能够安全避开河流中的各种障碍和两岸的树木。由于轮船领航员工作的重要性，该职业一度是当时全美国薪资排位第三高的职业，每月可以获得约二百五十美元。马克·吐温通过两年多的努力学习，积累经验，最终在1859年获得了领航员执照。而对于密西西比河的了解，也为他后续创作《哈克贝利·费恩历险记》打下了坚实的生活基础。

“马克·吐温”这个笔名就是来源于当时的水手术语。

在密西西比河当轮船领航员时，同伴会边测量水深，边朝他喊“马克·吐温！”，即“水深三英尺[1]”，轮船可以安全通行。后来马克·吐温在写作时，回想起自己做轮船领航员的岁月，笔名“马克·吐温”便由此而来。

美国乡土文学的集大成者

作为一个土生土长的美国人，年轻时的马克·吐温也和当时很多西部淘金者一样怀揣梦想，希望自己有朝一日能淘金暴富。1861 年，马克·吐温前往美国西部内华达州，试图通过经营木材业与矿业发财致富，但现实是很残酷的，即使他倾其所有努力工作，他的暴富梦依然没有实现。无奈之下，马克·吐温转以写作为生。

其实早在1852年，马克·吐温就在波士顿的幽默周刊《手提包》上发表了他的处女作《令拓殖者大吃一惊的花花公子》，但反响平平。直到1865年，他又在纽约一家杂志上发表幽默故事《卡拉韦拉斯县驰名的跳蛙》，一时间反响热烈，他才开始被大众熟知，此后他经常为报刊撰写幽默文章。

1873 年，马克·吐温同查·沃纳合写了自己的第一部

1　“英尺”是一种英制长度单位。1 英尺约为 0.3 米。

长篇小说《镀金时代》，小说的背景正是南北战争之后，美国资本主义经济迅速发展之际，巨大的经济利益滋生出官场的腐败。小说正是通过描写参议员迪尔华绥导演的土地欺诈案，揭露了当时美国社会投机主义盛行、官场腐败不堪、投机商人和政府官员之间勾结伺机一夜暴富发大财的黑幕。该篇小说发表后社会反响强烈，甚至一度引起当权人士的不满。

《镀金时代》并非马克·吐温的代表作，他最为世人所熟知的作品，是他的著名长篇小说《哈克贝利·费恩历险记》，美国小说家海明威称颂它“是我们所有的书中最好的一本”。

《哈克贝利·费恩历险记》是马克·吐温所写的另一部小说《汤姆·索亚历险记》的续集，其中故事的主人公也是《汤姆·索亚历险记》中出现过的哈克贝利·费恩。哈克贝利是一名机智勇敢的少年，他同汤姆·索亚一同在一个山洞中，阴差阳错得到了大坏蛋英姜乔的宝藏。由于事情太过轰动，哈克贝利被道格拉斯寡妇收养，并受到她的严厉管教。这让一直无拘无束的哈克贝利十分不适应。后来他的酒鬼父亲贪恋钱财将他接回，却无法给他正常安稳的生活，最终哈克贝利趁着密西西比河的泛滥期逃出家庭。在逃到杰克逊岛避难的时候，哈克贝利遇见同样出逃的勤劳朴实、忠心耿耿的黑奴吉姆。他们两个很快成为好朋友，并结伴流浪，在经历了种种离奇又惊险的奇遇后，最终根据吉姆原主人华森小姐的遗嘱，吉姆获得了自由身。面对热情的费尔普斯太太提出的要收养哈克贝利的邀请，哈克贝利谢绝了，因为他主意已定，要到印第安人居住的地方去过属于自己的自由生活。

《哈克贝利·费恩历险记》是马克·吐温最成功的作品，小说在描写精彩的冒险故事的同时，也批判和讽刺了当时社会的不公平现象。

《哈克贝利·费恩历险记》首次出版于1884年，但故事的背景是1850年前后的美国，此时的美国刚刚结束美墨战争不久，本国领土不断扩张，经济发展迅速，政治腐败严重，社会矛盾特别是关于奴隶制和种族歧视的问题愈演愈烈，受迫害的黑人奴隶过着极度艰难的生活。马克·吐温也极其同情黑人的悲惨遭遇，所以在小说中让白人小孩哈克贝利同逃亡的善良黑奴吉姆相识相伴，运用两人的勇敢、机智、无畏战胜种种困难，充分体现了马克·吐温对黑奴悲惨命运的同情。他用自己的作品谴责美国蓄奴制度的罪恶，宣传人人自由平等的主张。

《哈克贝利·费恩历险记》也是美国文学史上一部划时代的作品。小说扎根于对美国风土人情的生动描写，开创了美国乡土文学的先河。在小说中，马克·吐温把自己所熟知的密西西比河上的自然风光及沿岸城市的真实面貌同故事中哈克贝利·费恩与吉姆的奇幻漂流经历相结合，同时为了增强读者的代入感，马克·吐温采用了第一人称叙事方式，以主人公哈克贝利·费恩的视角来叙述故事，从而更好地烘托了情节氛围，引人入胜。

诙谐幽默的“文学林肯”

马克·吐温一生创作了数十部作品，大多数都带有很鲜明的个人特色。他通过高超的语言文字技巧，将自己对社会的讽刺和批判，以一种幽默又不乏巧妙的方式表达出来。

这一创作特色，对后世的美国作家影响巨大，美国的很多作家都沿用了马克·吐温的这一创作手法，试图通过幽默诙谐的语言表达自己对社会黑暗面的批判和不满。久而久之，马克·吐温的写作特色也逐渐演变出我们所熟知的美式幽默，美国著名作家威廉·福克纳更是称马克·吐温为“第一位真正的美国作家，我们都是继承他而来”。

马克·吐温在生活中，也是一位不乏幽默的人。据传，在某年 4 月 1 日愚人节，有个读者为了整蛊大众，便在报上刊登马克·吐温不幸去世的讣告。这个消息在社会上引起了巨大的轰动，马克·吐温的亲朋好友怀着极度悲伤的心情从全国各地赶到他的家里悼念。

结果当他们风尘仆仆赶到马克·吐温家中时，只看见马克·吐温正坐在桌前专心致志地创作。亲朋好友们这才发现自己是受到了报纸的整蛊，纷纷谴责那家报纸刊登不实的消息。

但是听完亲朋好友的抱怨之后，马克·吐温丝毫不生气，反而安慰亲朋好友们，幽默地说道："报道我死是千真万确的，不过把日期提前了一些。"

虽然本次是整蛊事件，但是随着时间的推移，马克·吐温的三个女儿及妻子陆续因病离世，给他带来了巨大的打击。在孤独地度过了几年后，1910 年 4 月 21 日，七十五岁高龄的马克·吐温最终因狭心症不治逝世，被埋葬于纽约州艾玛拉。

回首马克·吐温的一生，他出身贫寒，虽尝尽人间辛酸，但并没有因此自怨自艾，反而发奋写作。而他独特的诙谐幽默的语言、现实批判的写作风格，影响了一代又一代的美国作家，正如美国评论家威廉·豪威尔斯所说："马克·吐温是独一无二的、无法相比的，他是美国文学中的林肯。"

人物评价

不是所有人都敢在作品里说真话的，马克·吐温却坚持批判社会不公，披露阶层真相。本是水手的他，是美国文学史上的一场意外，但在往后百年中，引领着美国文学成长、蜕变。

印度诗圣泰戈尔

文坛冉冉上升的新星

“生如夏花之绚烂，死如秋叶之静美。”这句优美的诗句世人早已耳熟能详，但可能有人不知道，它出自一百多年前的印度国宝级诗人、文学家、社会活动家——拉宾德拉纳特·泰戈尔之口。泰戈尔在印度文坛的地位，就如同泰姬陵在印度旅游业的地位，无人可以撼动。泰戈尔是第一位获得诺贝尔文学奖的亚洲人，也是在英国殖民统治中长大的印度人，他波澜壮阔的一生都与印度文学和印度殖民地民族复兴运动密不可分。

1861 年 5 月 7 日，泰戈尔出生于印度加尔各答一个庞大且富有的婆罗门[1]家庭。他的父亲代温德拉纳特·泰戈尔被人称为“大仙”，是当地远近闻名的哲学家和社会活动家；母亲夏勒达黛维擅长操持家务。作为家里最小的孩子，

---

1 婆罗门是印度社会中最崇高的种姓，该种姓的人享有诸多特权。

泰戈尔一共有十三个哥哥姐姐。

同他们的父亲一样，泰戈尔的哥哥姐姐们在社会各领域都取得了显著成就，例如，他的大哥德维琼德拉纳特，就是一位著名的大学者、诗人、音乐家、哲学家和数学家，创造了孟加拉速记体；二哥萨特因德拉纳特是一位著名的梵文学家，最早把马拉提虔诚诗介绍给印度读者；五姐斯瓦尔纳库马莉，是一名富有才干的音乐家和女作家，同时更是印度第一位女长篇小说家。哥哥姐姐的成功对泰戈尔影响非常大，优渥的生活环境和崇尚知识的良好家庭氛围，更是为他日后成为文坛巨匠打下了坚实的物质和精神基础。

泰戈尔从小便受到了良好的教育，在哥哥姐姐的熏陶下，八岁开始写诗，十二岁开始尝试写剧本。他的童年生活却没有那么幸福。因为母亲早逝，父亲又爱好离开大家庭出门旅游，小时候的泰戈尔被父亲安排的几名男仆严密看管起来，而没有了男主人的监督，男仆们的工作态度日益松散，为了省去看护的麻烦，经常将年幼的泰戈尔关在一个幽闭的小房间里，或者将他带到一棵大树底下，在原地画个圈圈，禁止他随意走动。因此年幼的泰戈尔时常感觉非常孤单，他没有什么小伙伴，每天只能呆坐在房间或者圆圈内观察着周围的风景，以此来度过这段难熬的时光。

泰戈尔稍大一些后，便随着哥哥们去学校上学。但他最初所在的“东方学校”以体罚学生而闻名，这令泰戈尔深恶痛绝，最终转学至“孟加拉学校”，但他仍旧厌恶学校那死气沉沉的学习氛围。最终，旅游归来的父亲了解儿子心意后，决定给他安排老师在家学习，在家庭教师的指导下，泰戈尔系统学习了音乐、历史、文学、生物学、物理学等多门学科。

后来，泰戈尔对诗歌表现出了浓厚的兴趣。父亲见儿子对诗歌感兴趣，更是言传身教地教育他，每天早晨都陪同泰戈尔一起背诵古诗，甚至会亲自教导他诵唱经文。在父亲的指导下，泰戈尔的诗歌写作技巧突飞猛进，他在十五岁时发表了第一首长诗《野花》，十七岁发表了叙事诗《诗人的故事》，诗歌一经发表便受到世人的瞩目。自此，泰戈尔也成为印度文坛上一颗冉冉上升的新星。

坚定的民族主义者

作为一个一生都处在英国殖民统治时期的印度人，泰戈尔的人生中注定绕不开“民族复兴”这个历史话题。年轻的泰戈尔是一个热血青年，为印度民族复兴积极奔走，在作品中也常常抒发强烈的反抗帝国主义和封建种姓制度压迫、争取民族自由复兴的爱国情怀。

特别是在1905年以后，印度民族解放运动蓬勃发展，印度民族资产阶级成立的国大党和无产阶级登上了政治舞台，并在1908年7月策划了孟买工人的政治总罢工，把这次民族解放运动推向高潮。泰戈尔也毅然投身于印度民族解放运动当中，创作了多部爱国歌曲，其中，《人民的意志》被定为现在印度的国歌。

从1891年起，泰戈尔在《萨塔纳》杂志上陆续发表了《摩诃摩耶》等六十多篇短篇小说，以及《金帆船》等五部抒情诗集，一部哲理短诗《微思集》和一部《故事诗集》。大部分作品都表达了他反封建反压迫的思想以及对印度民族解放终将成功的信心。

1910年，泰戈尔出版了自己的长篇小说代表作《戈拉》，以印度19世纪70到80年代的民族解放运动为背景，讲述了主人公戈拉的生活。戈拉身处一个婆罗门家庭中，同时也是一个狂热的爱国青年和激进的民族主义者，为了表明自己是纯正的印度教教徒，戈拉做出了一系列过激行为：为了表明自己维护种姓制度，他在额头上粘上了自己为婆罗门种姓的印记；因为母亲的侍女是基督教徒，就拒绝和自己母亲一起用餐；甚至因为自己的爱人和好友并非纯洁的印度教徒，戈拉决定放弃自己的爱情和友情。正当他打算成为最纯粹、最彻底的婆罗门时，却得知自己根本不是真正的印度人，而是现在婆罗门的母亲的养子。他的父亲是一名被起义的印度士兵杀死的爱尔兰人，亲生母亲也在生下他之后去世了。因为根本不是印度的婆罗门，也没资格当印度教的教徒，在经历痛苦懊恼后，戈拉最终遵从了自己的内心，改变了自己的偏激思想，摒弃了狭隘的民族主义，积极投身到民族独立运动中，甚至三次面对面地同英国殖民者进行斗争，被捕入狱也决不妥协，自始至终为印度的民族解放大业不懈努力。

《戈拉》一经发表便被广泛关注和喜爱，被世人称为印度的《战争与和平》。该小说歌颂了新印度教徒反对英国殖民主义压迫、为印度民族复兴积极奔走的爱国思想，同时也批判了当时的印度教教徒维护种姓制度、遵守印度教各种腐朽传统的荒谬做法，表达了泰戈尔坚定的反封建反殖民压迫的爱国情怀。

正如印度评论家S.K.班纳吉所说："戈拉就像是渴望自由、愤怒地为反抗自己的社会和政治上处于奴隶地位而斗争的印度心灵的化身。泰戈尔通过戈拉，明确地说明了他反对帝国主义、反对复古主义和种姓制度的主张。”

奉献给神的祭品

泰戈尔曾远赴英国留学，他的思想受到印度传统宗教和西方人道主义思想的双重影响，在东西方文化融合中，1913 年，泰戈尔创作了一部被誉为“奉献给神的祭品”的宗教抒情诗集——《吉檀迦利》。该诗集风格轻快，笔调欢畅，语言清新朴素，构思天真烂漫，表达了对神的赞美，其中更是隐含泰戈尔对生命、对自然、对一切存在事物的赞美以及对祖国前途的关怀。

《吉檀迦利》一经出版便风靡全球，泰戈尔更是凭此佳作成为亚洲第一个获诺贝尔文学奖的作家。在颁奖典礼上，瑞典学院诺贝尔委员会主席哈拉德·雅恩在颁奖词中赞美道：“其特点为思想的极大深度，是呈现‘灵魂对永恒的渴望’而又‘充满诗意的思想’的清新、优美的诗歌。”

紧接着，在 1916 年，泰戈尔又出版了自己另外一部代表作——《飞鸟集》。这本诗集共囊括了三百二十五首无题诗，大多是泰戈尔对身边的事物和现象的有感而发，短小简练的诗句却道出了深刻的人生哲理，通篇文笔清新又发人深思。

《飞鸟集》一经出版便广受推崇，在世界各地迅速流传开来，对中国的诗歌创作也有着深远的影响，中国著名的女诗人冰心就曾表示自己的诗歌《繁星·春水》的创作风格，便是受到了泰戈尔的影响。

泰戈尔的中国情怀

泰戈尔与中国一直有着不解之缘。在年幼时，泰戈尔就从书本上知道，在神秘的东方有个和印度一样同为四大文明古国之一的中国。1881年，眼见着中国在经历了两次鸦片战争后签订丧权辱国条约，国力日益衰落，泰戈尔既愤慨又惋惜，于是当时年仅二十岁的他便公开发表了著名论文——《死亡的贸易》，强烈谴责了英国在中国倾销鸦片，毒害广大中国人民的丑陋罪行。

他也曾三次到访中国。第一次是在1924年4月12日，当时已经闻名遐迩的泰戈尔接受了中国学界泰斗梁启超、蔡元培等人的邀请访问中国，并在上海慕尔鸣路32号发表演说，随后又相继到访杭州、南京、济南、北京等地，并发表演说。此次访华给泰戈尔留下了深刻的印象。临别

之际，作为随身翻译的徐志摩问他有没有什么东西落下，泰戈尔满怀深情地说："我什么都没有落下，唯独把心落在了中国。"回国后，泰戈尔将在华期间发表的多次演说编辑成册，以《在中国的演说》为题出版。泰戈尔第二次到访中国是在 1929 年 3 月，私访了新婚的徐志摩夫妇，并留下一幅自画像作为纪念。泰戈尔第三次到访中国则是在 1929 年 6 月，泰戈尔访欧归来，顺路到中国探望徐志摩夫妇，并拿出了一件珍爱的紫红色印度长袍送给徐志摩作为纪念。此时的泰戈尔与徐志摩已经私交甚好，泰戈尔甚至给徐志摩取了一个印度名字叫"素思玛"，徐志摩则称呼他"老戈爹"。

除了亲身到访，泰戈尔更是用作品对当时时局动荡、人民饱经战争风霜的中国身体力行地表达同情。1937 年 7 月 7 日，日本发动全面侵华战争，此时的泰戈尔已患重病，但得知了日本侵略中国的消息后愤懑不已，不久后他在回复蔡元培等人的慰问电中表态："我和我们的人民完完全全同情你们国家。"1937 年 10 月 11 日，泰戈尔公开发表文章，谴责日本侵华行径，支持印度开展抵制日货的运动。

同时为支持中国抗战，1938 年泰戈尔发表了著名的《致中国人民书》，泰戈尔在书中写道："我们唯一的安慰，就是希望这种对你们国家深思熟虑的暴力进攻，会在它带来的英勇的痛苦中，产生一种崇高的意义，促使一个新的民族灵魂产生。”

对于泰戈尔在中华民族危亡之际的有力声援，中国人民甚是感动。在泰戈尔创建的加尔各答国际大学，还曾有一位伟人发表过一篇公开演讲，表达了中国人民对泰戈尔的感激之情。他说，泰戈尔不仅对世界文学做出了卓越贡献，是一位天才诗人，还是憎恨黑暗、争取光明的伟大印度人民的杰出代表。他还说，中国人民永远不能忘记泰戈尔对他们的热爱，也不能忘记泰戈尔对他们的艰苦的民族独立斗争所给予的支持。

1941 年 8 月 7 日，八十一岁高龄的泰戈尔在加尔各答祖宅内，也就是在他出生的地方，平静地离开了人世。

纵观他波澜壮阔的一生，泰戈尔一共完成六十六部诗集、八十多部剧本、十二部中长篇小说、一百多部中短篇小说及其他各种文体计一千六百万余字。他的诗歌对后世产生了深远的影响，世人将他与黎巴嫩诗人纪·哈·纪伯伦并称为“站在东西方文化桥梁的两位巨人”。

中国著名作家茅盾曾这样评价他：“我们敬重他是一个怜悯弱者，同情被压迫人民的诗人；我们更敬重他是一个实行帮助农民的诗人；我们尤其敬重他是一个鼓励爱国精神、激起印度青年反抗英帝国主义的诗人。”

人物评价

泰戈尔是一位心怀大爱的诗人，无论是对印度，还是对中国，他都积极启发人民觉醒，鼓励对抗强权，争取自由。他从来都不是安静飘落的秋叶，而一直是绚烂热情的夏花。

矛盾与苦闷交织的托尔斯泰

没落贵族的文学天赋

美国俄裔作家纳博科夫曾这样比喻过托尔斯泰的文坛地位——有一次纳博科夫在大学给学生们上俄罗斯文学翻译课时，他让大家把教室的窗帘拉起来，再把所有的电灯都关掉，顿时，教室陷入了黑暗。随后纳博科夫打开左边一盏灯，说道“这是俄国文学史上的普希金”；接着又打开右边的灯，说道“这是俄国文学史上的果戈理”；最后，纳博科夫打开中间的灯，说道“这是俄国文学史上的契诃夫”。正当大家仍窃窃私语之时，纳博科夫跑到窗边将窗帘打开，教室顿时十分亮堂，纳博科夫看着学生们笑道：“而这是俄国文学史上的托尔斯泰。”作为全世界公认的文学泰斗、现实主义的顶峰作家之一，托尔斯泰对俄国乃至整个世界的文学影响深远。

1828 年 9 月 9 日，托尔斯泰出生于沙皇俄国的一个贵族家庭，他的父亲尼古拉·伊里奇伯爵参加过1812年卫国战争，以中校衔退役；母亲玛丽亚·尼古拉耶夫娜也是一位公爵的女儿。虽然出身优越，但非常不幸的是，在托尔斯泰不到两岁时，其母亲因病离世，九岁时，他的父亲也去世了。就这样，年幼的托尔斯泰失去了双亲，最终由姑妈抚养长大。

1844年，十七岁的托尔斯泰考入喀山大学东方语言系，原本他立志当一名外交官，所以选择主修土耳其语、阿拉伯语，但由于考试不及格，后转学法律。比起学业，托尔斯泰更加感兴趣的是社交娱乐以及哲学，他根本没有花费太多的精力在学业上，以至于经常挂科，对此，托尔斯泰后来也非常惭愧。托尔斯泰十九岁时退学，回到属于自己的雅斯纳亚·波里亚纳庄园。

虽然在学业上不上心，但作为一名热血青年，托尔斯泰随后选择和自己的兄长尼古拉一起前往捷列克河边的哥萨克村，在高加索服役近两年半。托尔斯泰一边经历着残酷的战争，一边开始显现他的文学天赋。1852年，他在《现代人》杂志上发表了自传体三部曲的第一部《童年》。《现代人》编辑尼古拉·涅克拉索夫在写给另一位作家伊万·屠格涅夫的信中评价托尔斯泰道：“这是一位新的天才，而且未来可期。”

1853 年克里米亚战争爆发，1854 年托尔斯泰被调往多瑙河战线，参与了塞瓦斯托波尔围城战。由于在战斗中表现英勇，托尔斯泰被授予四级安娜勋章和“保卫塞瓦斯托波尔”及“纪念 1853—1856 年战争”奖章。随后，托尔斯泰相继创作了《少年》《青年》和《塞瓦斯托波尔故事集》。1855 年 11 月，托尔斯泰结束了自己的军旅生涯，以中尉衔退役，离开军队回到圣彼得堡。

多年的军旅生活使他看到上流社会的腐化堕落，也让他越发同情广大被剥削受压迫的俄国农奴，他在 1856 年返回庄园后便起草方案，试图以代役租等方法解放农奴，并在自己庄园试行。而多年的战争经历，也为他后续在创作《战争与和平》时描写战争的残酷打下坚实的基础。

文学道路上的三座里程碑

回顾托尔斯泰六十多年的写作生涯，不得不提及三部著名的长篇小说：1863—1869 年创作的长篇历史小说《战争与和平》，1873—1877 年创作的里程碑式巨著《安娜·卡列尼娜》以及 1889—1899 年创作的被誉为“俄国批判现实主义发展的高峰”的长篇小说《复活》。

《战争与和平》主要讲述了1812年拿破仑侵俄战争时期，库拉金、包尔康斯基、劳斯托夫、别祖霍夫四大家族在那个战争与和平交替出现的年代里生存的故事。托尔斯泰以四大家族中安德烈、皮埃尔、娜塔莎等多人视角，生动地描写了国家的动荡对各个阶级人民的影响，在经历战争的洗礼以及生活的磨难后，他们终于悟出人生真谛，最后，年轻勇敢的安德烈战死沙场，好友皮埃尔和娜塔莎在和平年代到来后回归平静生活，结为夫妻。

托尔斯泰前后共花费近六年时间创作这部雄浑气魄的著名小说，该小说一经发表便震惊世界文坛，成为一部举世公认的百科全书式的壮阔史诗，被称为“世界上最伟大的小说之一”。

《安娜·卡列尼娜》中美丽端庄又聪慧善良的已婚贵族妇女安娜·卡列尼娜一边被贵族青年渥伦斯基强烈追求，一边逐渐对自己的丈夫卡列宁失望透顶甚至产生憎恶，而后选择离开家庭，同渥伦斯基一起出游。但出游归来后，她受到社会舆论压力，甚至在晚宴上受到卡尔塔索夫夫人的公开羞辱。最终，安娜·卡列尼娜终于看清了丈夫卡列宁的虚伪以及情人渥伦斯基的自私，心灰意冷之下最终选

择卧轨结束了自己的生命。小说中的另一对青年男女列文和基蒂，则在经历岁月的洗礼后放下心中的芥蒂，最终结为夫妻，过上了充实而幸福的日子。

除了主人公安娜·卡列尼娜追求爱情的悲剧故事，托尔斯泰还讲述了列文在农村面临危机时，通过制订“不流血的革命”方案等方式不断探索新出路的故事，体现了在19世纪后半期，即守旧的封建社会向新兴的资本主义社会急剧转变的沙皇俄国农奴制改革时期，俄国社会各阶层的真实状态。后世甚至把《安娜·卡列尼娜》当作俄国19世纪现实的教科书。伟大的作家陀思妥耶夫斯基兴奋地评论道：“这是一部尽善尽美的艺术杰作，现代欧洲文学中没有一部同类的东西可以和它相比！”

而作为托尔斯泰最后一部长篇小说，《复活》主要讲述了年轻贵族少年聂赫留朵夫引诱姑妈家天真善良的女仆玛丝洛娃，使她怀孕并被赶出家门。后来玛丝洛娃被迫沦为妓女，过上了喝酒抽烟的堕落生活，最终被人诬告谋财害命而被接受审判。刚巧聂赫留朵夫以陪审员的身份出庭，当他见到从前被他引诱的善良少女变成这般模样时，内心非常震惊，深受良心谴责，于是为玛丝洛娃积极奔走申冤，并向玛丝洛娃求婚以赎自己之前犯下的罪过。但玛丝洛娃最终仍被昏庸的法官判处四年苦役，流放西伯利亚。聂赫留朵夫甘愿陪她流放西伯利亚。玛丝洛娃在聂赫留朵夫的真诚忏悔和关怀下，逐渐消除前怨，在内心深处重新接纳了聂赫留朵夫，但为了不损害他的名誉和地位，她最终没有答应聂赫留朵夫的求婚，而是同另一位她心爱的犯人西蒙斯结为伉俪。聂赫留朵夫的内心也得到了救赎，他放弃了自己的贵族生活，把土地分给农民，同虚伪的上流社会断绝来往，最终从《圣经》中得到“人不但不可恨仇敌，而要爱仇敌”的启示，走向了自己人生的“新生”。

托尔斯泰六十岁开始写《复活》，直到七十岁才最终定稿。在这十年时间里，他六次改稿，反复删减，可见这部作品在托尔斯泰的文学创作生涯中的重要性。

《复活》体现了俄国批判现实主义发展的高峰。托尔斯泰通过对聂赫留朵夫不同时期的心理活动的描写，对贵族地主的虚伪黑暗进行了无情的揭露和批判，严厉抨击了官僚机关的腐败黑暗。翻译家力冈曾评论道：“《复活》是托尔斯泰世界观发生剧变后，呕心沥血写出的最后一部长篇巨著，被公认为托尔斯泰创作的顶峰，是他一生思想和艺术的总结。”

不被理解的妻子

提及托尔斯泰的成功，就不得不提及他的妻子——索菲亚·安德列耶芙娜·托尔斯塔娅（简称“索菲亚”，下同）。1862 年，三十四岁的托尔斯泰与十七岁的索菲亚结婚，此时的托尔斯泰已经是名震一时的作家，而索菲亚则是沙皇御医的女儿，索菲亚前后共为托尔斯泰生下了十三个子女，但最终只有八个孩子长大成人。

雅斯纳亚·波里亚纳庄园的事务繁杂，为了让托尔斯泰能够全心全意地写作，索菲亚在生儿育女的同时，还要管理庄园的大小事务。并且由于托尔斯泰一心写作，性格较为孤僻，不喜欢与陌生人接触，作为妻子的索菲亚不得不成为托尔斯泰的写作助手，帮他誊清和保存文稿。

托尔斯泰对作品的要求是出了名的严格，习惯对自己的文稿反复修改精雕细琢，而且他的字迹非常潦草难以辨认，这无疑大大增加了索菲亚的工作量，她不得不一边誊写一边仔细辨认字迹，据说光一部百万字的《战争与和平》，她就前后誊写了七遍之多，手稿可以装满一辆马车。与此同时，她始终处在不停地怀孕、生育阶段，以至于每次她都是在照顾孩子们睡下后，才能开始熬夜誊抄。

然而索菲亚辛苦的付出并没有获得自己丈夫的理解和肯定。在托尔斯泰的晚年，两人性格脾气仍多有不和，在世界观上又出现了巨大的分歧，所以双方关系日益紧张。1910年10月28日，八十二岁高龄的托尔斯泰给索菲亚留下一封信后，在医生和女儿亚力山特拉的陪同下，乘坐一辆马车离家出走了。然而在出走途中，托尔斯泰不幸感染上急性肺炎，于当年11月20日在阿斯塔波沃车站逝世。

一代文豪托尔斯泰的一生似乎都在矛盾和苦闷的交织中度过：作为一个富有正义感的贵族知识分子，他对俄国沙皇昏庸腐朽的统治无比失望，对悲惨的俄国农奴又怀有极大的同情，然而更对自己作为一名贵族无法改变现状而内疚不安。晚年的他开始厌倦自己的贵族生活，甚至决心和所在的阶层决裂，却遭到家人和朋友的极力反对。这些思想上的挣扎与矛盾，在他的作品中得到了充分的体现。伟大的无产阶级革命家列宁曾这样评价道："托尔斯泰富于独创性的全部观点，恰恰表现了俄国革命是农民资产阶级革命的特点。他观点中的矛盾，的确是一面反映俄国革命所处的各种矛盾状况的镜子。"

托尔斯泰一生都在文学创作领域辛勤耕耘，被公认为世界上最伟大的作家之一。他首创了史诗体小说模式，将虚构的艺术同沉重的历史融合在一起，结合自己特有的细腻笔触，创作了一部部文坛巨作，为世界人民留下了宝贵的精神财富。社会主义现实主义文学的奠基人高尔基曾评价他道：“不认识托尔斯泰者，不可能认识俄罗斯。”

人物评价

托尔斯泰身体力行，证明了艺术来源于生活。多年的战旅生涯锻炼了他的心志，更给予了他异于常人的观察力。大文豪苦苦挣扎于令人疲惫的贵族生活中，一生耕耘不断，将历史与艺术相融，为穷困阶层的人民发声。

（全书完）

附录：

本书中所涉及的所有文学作品（按出现顺序）

李白

《望庐山瀑布》

《渡荆门送别》

《赠孟浩然》

《大猎赋》

《蜀道难》

《乌栖曲》

《行路难·其二》

《清平调》

《古风·大车扬飞尘》

《沙丘城下寄杜甫》

《鲁郡东石门送杜二甫》

《早发白帝城》

苏轼

《水调歌头·明月几时有》

《湖州谢表》

《猪肉赋》

《赤壁赋》

《后赤壁赋》

《定风波·莫听穿林打叶声》

《题西林壁》

《饮湖上初晴后雨二首·其二》

《惠州一绝 》

《减字木兰花·立春》

《六月二十日夜渡海》

《定风波·南海归赠王定国侍人寓娘》

李清照

《如梦令·常记溪亭日暮》

《如梦令·昨夜雨疏风骤》

《点绛唇·蹴罢秋千》

《词论》

《一剪梅·红藕香残玉簟秋》

《醉花阴·薄雾浓云愁永昼》

《夏日绝句》

《南歌子·天上星河转》

《声声慢·寻寻觅觅》

《鹧鸪天·桂花》

蒲松龄

《除日祭穷神文》

《聊斋志异》

曹雪芹

《风月宝鉴》

《红楼梦》

鲁迅

《呐喊（自序）》

《狂人日记》

《孔乙己》

《阿 Q 正传》

《祝福》

《三闲集》

《二心集》

《故事新编》

威廉·莎士比亚

《罗密欧与朱丽叶》

《威尼斯商人》

《约翰王》

《仲夏夜之梦》

《哈姆雷特》

《奥赛罗》

《李尔王》

《麦克白》

《亨利八世》

《冬天的故事》

《暴风雨》

夏洛蒂·勃朗特

《教师》

《简·爱》

《谢利》

《维莱特》

马克·吐温

《哈克贝利·费恩历险记》

《令拓殖者大吃一惊的花花公子》

《卡拉韦拉斯县驰名的跳蛙》

《镀金时代》

《汤姆·索亚历险记》

拉宾德拉纳特·泰戈尔

《野花》

《诗人的故事》

《摩诃摩耶》

《金帆船》

《微思集》

《故事诗集》

《戈拉》

《吉檀迦利》

《飞鸟集》

《死亡的贸易》

《在中国的演说》

《致中国人民书》

列夫·尼古拉耶维奇·托尔斯泰

《童年》

《少年》

《青年》

《塞瓦斯托波尔故事集》

《战争与和平》

《安娜·卡列尼娜》

《复活》

塑造文明的大师们 文学家的奇想

主编 _ 果麦　撰文 _ 四喜

产品经理 _ 方舟　装帧设计 _ 朱大锤　插画绘制 _ 王俊宇
产品总监 _ 熊悦妍　技术编辑 _ 白咏明
责任印制 _ 杨景依　出品人 _ 王誉

鸣谢

李爽

果麦
www.guomai.cn

以 微 小 的 力 量 推 动 文 明

图书在版编目（CIP）数据

文学家的奇想 / 果麦编；四喜撰文 . -- 南京：江苏凤凰文艺出版社，2024.1
（塑造文明的大师们）
ISBN 978-7-5594-8085-9

Ⅰ . ①文… Ⅱ . ①果… ②四… Ⅲ . ①文学家 －生平事迹 －世界 Ⅳ . ① K815.6

中国国家版本馆 CIP 数据核字（2023）第 215191 号

文学家的奇想

果麦 编　　四喜 撰文

责任编辑　白　涵
特约编辑　方　舟
装帧设计　朱凤婷
出版发行　江苏凤凰文艺出版社
　　　　　南京市中央路 165 号，邮编：210009
网　　址　http://www.jswenyi.com
印　　刷　北京世纪恒宇印刷有限公司
开　　本　880 毫米 ×1230 毫米　1/32
印　　张　3.75
字　　数　60 千字
版　　次　2024 年 1 月第 1 版
印　　次　2024 年 1 月第 1 次印刷
印　　数　1–5,000
标准书号　ISBN 978-7-5594-8085-9
定　　价　158.00 元（全五册）

江苏凤凰文艺版图书凡印刷、装订错误，可向出版社调换，联系电话：025-83280257

塑造文明的大师们

演说家的力量

果麦 编　四喜 撰文

江苏凤凰文艺出版社
JIANGSU PHOENIX LITERATURE AND ART PUBLISHING

果麦文化 出品

前言

提到“演说”，很多小读者可能会觉得很遥远，但其实，演说是我们生活中相当常见的沟通方式——国旗下的演讲，班会上老师的讲话，获奖感言，学习经验分享等，凡是在公开场合对一个问题表达自己的见解或讲述一个道理的发言，都可以是一段精彩的演说。

在人类历史长河中，演说也是很多精英和仁人志士的必备技能，他们通常也被称为“演说家”，善于通过扣人心弦的演说来表达思想、传播观点，他们的话语和声音充满着巨大的力量，唤醒了无数人的心灵。

《演说家的力量》按照时间顺序，用生动的语言和插图，介绍了十三位演说家的生平故事和著名演讲。

在书中，你会看到很多熟悉的名字，比如革命导师列宁、《少年中国说》的作者梁启超、爱国诗人闻一多等；有些人物还会出现在你的历史课本上，例如蔡元培、林肯、甘地、丘吉尔、曼德拉、马丁·路德·金等；你还会读到索杰纳·特鲁斯、苏珊·安东尼、戴尔·卡耐基和拿破仑·希尔的人生故事，他们的伟大贡献和真挚演说值得永远铭记。

书中还分析了许多经典的演说辞：有的论证严谨，观点鲜明；有的感情充沛，鼓舞人心；有的娓娓道来，通俗易懂……在阅读人物故事的同时，你还会学到不同的演说风格和方法。

作为《塑造文明的大师们》系列中的一本，《演说家的力量》希望可以让小读者们更加熟悉语文和历史课堂上会出现的人物，培养对演说的兴趣和热情，感受演说家们的美好品格与人性光辉。

目录

求索真理的索杰纳·特鲁斯

黑奴出身的悲惨命运

美国著名作家、思想家爱默生曾说过：“一个伟大的灵魂，会强化思想和生命。”我们每个人都没有办法选择自己的出身，可是我们可以自己选择过怎样的人生。当出生在一个非常糟糕的环境中时，我们可以选择默默忍受，也可以选择通过自身不屈不挠的精神，绝地翻盘——这种与命运抗争、顽强拼搏的精神，势必让人肃然起敬。而索杰纳·特鲁斯正是这样一个令人肃然起敬的人。

回顾美国的百年发展，我们不难看出，通过剥削和压榨黑奴获得的巨大利益是其资本主义发展历史上不可磨灭的一笔。甚至可以说，美国的发家史就是一部黑奴的血泪史。

第一次工业革命后，纺织业迅速崛起，纺织机械化的形成以及大型纺织机的出现极大提高了工作效率，棉花作为纺织品主要原料之一，其价格也随之水涨船高。美国南部农场主看到了棉花背后的巨大利益，他们积极开垦园地种植棉花，但当时美国的人力根本无法满足大规模种植园的人力需求。为了解决这个问题，美洲大陆上的黑奴贸易悄然开始并愈演愈烈。

在非洲掠夺的大量黑人奴隶，解决了美国种植园的人力需求问题，美国种植业迅速发展，农场主们积累了财富。而又有谁在乎，那些从非洲被掠夺而来的黑人，由于长时间被羁押在狭小昏暗的船舱，得不到友善的对待，暴力、饥饿、病痛不断夺走他们的生命，真正能踏上美洲大陆的黑人仅为被掠夺人数的一半。即使来到美国进入种植园，他们悲惨的遭遇只增不减，繁重的劳动以及农场主暴力的管理，导致黑人奴隶在美国的生活仍旧十分凄惨。

就在这种环境中，1797 年，特鲁斯出生在美国纽约州的一个奴隶家庭，原名为伊莎贝拉·范瓦格纳。黑人奴隶父母的命运让特鲁斯注定出生就是一名黑奴。身为奴隶期间，特鲁斯同大多数黑奴一样，不但要从事繁重的工作，还要经受奴隶主的无理谩骂和残酷对待。她前后生育了五名子女，但孩子们也都成了奴隶，可以如同商品般被奴隶主随意贩卖。面对奴隶主的惨无人道，特鲁斯痛苦又无助，但当时的社会环境又让她根本无法反抗，只能默默忍受。

直到19世纪20年代，由于工业的不断发展，美国北方陆陆续续建立起工厂，工厂需要工人的加入，而落后的奴隶制严重阻碍了工业的发展。为此，美国北方多州陆续颁布了废奴法律，而特鲁斯所在的纽约州也顺势在1827年颁布了相关废奴法律，特鲁斯终于获得了名义上的自由之身。

坚定投身女权斗争

获得自由之身的特鲁斯，只能带着自己刚出生不久的小女儿索菲亚离开主人家——她的其他几个子女因为奴隶身份没有到期，只得被迫留下继续为奴。

许多年后，再想起自己离开的时刻，特鲁斯仍感慨道："我没有逃跑，因为我觉得那是不光彩的。我镇定地离开了，因为我相信那才是正确的。"所以面对突然获得的自由，特鲁斯并没有迷茫，她无比坚定地投身到帮助黑奴的工作中，为彼时大多数刚刚获得自由的黑奴提供了精神支持。她结合当时美国实际社会形势，在演说内容中融合了废奴主义和女权主义的思想，逐步形成了自己特有的"The Truth Calls Me"（真理呼唤我）的主张。她周游全国，积极宣扬自己的主张，社会影响力逐渐提高。

美国多数北部城市的废奴行为，目的其实是解放南方种植园的劳动力，以发展北方工业，降低生产成本。离开种植园或者农村的黑人虽然获得了名义上的自由，但因为长时间受到奴隶主的剥削和压榨，他们中的绝大部分人都没有很高的知识文化水平和可以傍身的工作技能，为了生存下去，也只能进入工厂从事最辛苦的体力劳动。在美国，种族歧视也并没有因为一纸法令而改变，黑人的命运仍然坎坷艰辛。

即便困难重重，特鲁斯也并没有改变她积极为废奴和女权奔走呼号的决心。相反，面对彼时黑人艰难的处境，她越挫越勇，团结其他支持平权的人一起参与社会活动，不断提高社会影响力。

当时，特鲁斯与积极支持平权的威廉·劳埃德·加里森、弗雷德里·道格拉斯、比彻·斯托夫人和卢克丽霞·莫特夫人等保持着密切的联系。她在 1851 年出席了在俄亥俄州阿克伦举行的妇女权利大会。在大会上，特鲁斯发表了自己人生中最为著名的一篇演讲——《难道我不是一个女人？》。

“难道我不是一个女人？”

要知道在妇女权利大会的开始，部分贵妇了解了特鲁斯的主张，担心她将废奴与女权结合起来会引起其他大会成员的不满，于是一度想阻止她上台发表演说。但面对难得的一次发声机会，特鲁斯没有选择放弃。

作为一名曾经受压迫、受奴役的黑人奴隶，特鲁斯并没有什么高深的学识，却有坚忍的勇气、清晰的思维和不卑不亢的品性。上台后，面对台下人的议论，她清了清喉咙，说道：“孩子们，这里那么吵闹，一定是有什么不对劲的地方。南方的黑奴和北方的妇女，没有一个不在谈论权利。再这样下去，男性的白种人可要有难了。但是，我们这样喋喋不休，到底在争论些什么？”全场安静了下来，人们被特鲁斯激昂的语调震撼，开始专注地聆听。

演讲中，面对台下反对女权的一个声音，特鲁斯并没有选择回避或者视而不见，相反她直面矛盾，道：“这位男士刚才说，女人上马车、过沟渠，都要男人扶，处处都要求最好的座位，但从来没人扶过我。难道我不是女人？”她提高声量继续说，“看看我，瞧瞧我的手臂！”说着，她卷起衣袖，露出结实的双臂。

“我耕种、收割，没有一个男人能胜过我。难道我不是女人？”

“我和男人吃得一样多，也和他们一样卖力干活，还挨过鞭呢！难道我不是女人？”

“我生过孩子，眼巴巴看着他们一个个被卖作奴隶。当我为此痛不欲生的时候，没有人听到我的哭泣。难道我不是女人？”

在演说的最后，特鲁斯总结道：“如果上帝创造的第一个女人能独个儿把世界搞得天翻地覆，那么，在座这么多的女人也应该能把它转过来。现在，女人既然要求这么做，男人最好成全她们！”

特鲁斯激扬澎湃的演说将妇女权利大会推向了高潮，场内掌声热烈，不少在场妇女都被她打动，眼含热泪。

关于特鲁斯的这场演说，从演说词上看其实并没有太多的演讲技巧，更多的是她的亲身体会和真切感受。作为一个曾经的黑人奴隶，她敢于站在台前，用她的遭遇和演说一一反驳台下的质疑，用充满情感的语言引起在场女性的强烈共鸣。

为了能更好地争取自由和平等，特鲁斯并没有停下她的脚步，在那次女权大会后，她开始到处奔波进行演说，宣传自己的平权主张。

特鲁斯在平权道路上积极奔走，受到社会人士的广泛支持，她的社会影响力越来越大。1864年，在美国南北战争即将结束时，当时的美国总统林肯在白宫接见了她。随后在1870年，特鲁斯再次受到美国总统尤里西斯·辛普森·格兰特的接见。这足以展现她在美国平权运动中的突出贡献和广泛的社会影响力。

最终，与命运斗争了一辈子的特鲁斯在八十多岁高龄时，于巴特尔克里克辞世。她的去世，令无数美国妇女感到惋惜，全国哀恸。

特鲁斯作为美国非洲裔废奴主义者和妇女权利的倡导者，用自己的亲身经历向世人阐述了作为一位黑人女性的不屈和坚强，用自己的切实行动为女性权利的斗争贡献了一生的力量。她坚忍、顽强的精神，值得如今的我们敬仰和学习。

人物评价

索杰纳·特鲁斯曾是一名黑奴，饱受折磨虐待，却仍保持着独立坚毅的人格。她一生为黑人和女性平权奔走，用热情且铿锵的演说带领人们探索自由之路。

黑人奴隶的解放者林肯

平凡人生的不凡经历

在美国南达科他州的拉什莫尔山国家纪念公园，矗立着一座世界著名的四巨头山，也叫“总统山”，这座山上雕刻了美国四位总统的巨大头像，以表达美国人对他们的缅怀和尊敬，亚伯拉罕·林肯便是其中之一。

1809 年 2 月 12 日，林肯出生在美国肯塔基州哈丁县，他父亲托马斯·林肯和母亲南茜·汉克斯·林肯都是英国移民的后裔。正所谓“穷人的孩子早当家”，由于从小家庭贫寒，林肯儿时就非常懂事，经常得空就帮家里干农活，减轻父母的负担。

不幸的是，命运并没有眷顾这个可怜的孩子。在他九岁那年，他的母亲离世，不久后父亲另娶了一个名叫莎莉·布什的女人。这位继母并没有让林肯感觉不适应。相反，继母生性乐观开朗，对待林肯和他姐姐莎拉更是视如己出，充满关怀和仁慈。继母让幼小的林肯能继续感受到母爱以及家庭的关怀，这也为他后来执政时表现出的仁慈和善打下了基础。

虽然家庭和睦幸福，但仍旧改变不了贫穷的经济状况。林肯仅仅上了四个月的小学便因为没钱支付学费而被迫辍学。但辍学后他并没有消磨意志，相反，在父母的鼓励下，林肯开始自学：没有钱买课本，他就向其他同学借；没有钱买练习本，他就以墙为纸，在墙上书写练习……他总能找到各种方法学习。自学虽然是非常艰辛的过程，但林肯甘之若饴，他如同海绵般不断地吸收各种知识，增加自己的知识储备，并从中获得乐趣。

十八岁那年，林肯离开家出去工作。为了养家糊口，他先后做过船员、摆渡工、工人、石匠等普通劳工，但繁重的体力工作并没有让林肯放弃学习，他坚持自学几何学，熟练掌握了测量和计算，不久便成为一个土地测绘员。当时，没有人能想到，这位踏实上进的小伙子竟成为未来的美国总统。

历史的发展就是如此奇妙。由于为人勤劳和善，外加专业技术过硬，作为土地测绘员的林肯经常被人请去解决地界纠纷，逐步得到大家的认可，在当地产生了一定的影

响力。1834 年，二十五岁的林肯在一场政治集会上第一次公开发表了自己的政治演说。

初入政坛

1836 年，勤奋好学的林肯又通过自身努力，从土地测绘员转行成为一名律师，并在斯普林菲尔德与朋友合伙开办了一家律师事务所。成为律师的林肯，保持一贯友善谦虚的态度，他的业务能力很强，还充满正义感，经常会免费为当地贫困的人争取正当权益，为他们进行辩护，这让他在当地很有名望。不久后林肯凭借自己的政治影响力，成为州议会辉格党领袖。

1847 年，林肯以辉格党员身份竞选国会众议员，对手是民主党人彼得·卡特赖特，结果林肯以 6340 票对 4829 票击败对手获得大胜。当年 12 月，他便携带妻儿前往华盛顿上任，这让他与美国权力巅峰更加靠近。

彼时的美国，正通过《印第安人遣散法》和美墨战争等一系列手段不断扩张领土，而这些都直接加速了美国资本主义的发展。美国北方各地工厂相继开建，更是需要大量的劳动力来参与；而美国南方正因为第一次工业革命导致棉花需求量大增，南方种植园的奴隶主们不断扩大种植园面积，从非洲贩入并圈禁了大量黑人奴隶从事种植业。美国南北经济发展的差异，必然导致南北两种经济制度的矛盾愈演愈烈。

作为廉价劳动力的黑人奴隶生活在水深火热之中，经常被奴隶主无故歧视打骂，随意买卖甚至杀害，处境非常凄惨。出于对北方经济发展的考虑以及对黑人奴隶的同情，林肯逐渐成为反对蓄奴主义者。这也让他受到代表南方奴隶主利益的蓄奴主义者的疯狂反对和打压。不久后，政治上的派系斗争让林肯被迫放弃国会议员的身份，重新做回律师。1856 年，林肯极力反对扩大奴隶制，并因此退出辉格党，加入新成立的共和党，并很快成为该党主要领导人。

1860 年 11 月 6 日，通过激烈的竞争，林肯最终当选美国总统。这对南方种植业奴隶主而言根本无法接受，对此奴隶主宣布南部共十一个奴隶制州全部退出联邦，成立“美利坚联盟国”，他们制定了新的宪法，自己选举新总统，公然分裂国家。1861 年 4 月 12 日，南方同盟军凭借充分的准备，炮轰位于南卡罗来纳州查尔斯顿港的联邦军据点萨姆特要塞，揭开了美国南北战争的序幕。

南方同盟军公然分裂国家，这是林肯不能接受的，他坚决维护国家统一。为了取得战争胜利，他积极应战。1861 年 4 月 15 日，林肯下令征召志愿军为维护联邦统一而战，美国南北战争爆发。由于南方准备充分，因此在战争初期，北方连连失利。为扭转战争的局面，林肯亲自起草了《解放黑人奴隶宣言（草案）》，并于 1863 年 1 月 1 日正式颁布《解放黑人奴隶宣言》，该宣言宣布即日起废除叛乱各州的奴隶制，解放的黑奴可以应召参加联邦军队。此举大大提升了北方军队的作战实力，为北方获得最终胜利奠定基础。

1863 年 11 月 19 日，正当南北战争胶着之时，林肯参加了宾夕法尼亚州葛底斯堡国家公墓的揭幕式，并在揭幕式上发表了著名的《葛底斯堡演说》，这也是林肯一生中最著名的一次演说。

振奋人心的《葛底斯堡演说》

1863 年 7 月 1 日至 3 日发生的葛底斯堡战役，是美国南北战争中最著名也是最为惨烈的一次战斗，该战役也被后世一致认为是美国南北战争的转折点——通过葛底斯堡战役的胜利，北方军队开始由防守转为进攻。据统计，双方在这场战役中阵亡、受伤、失踪、被俘的兵员共五万余名，其中战场上留下的阵亡战士遗骸就超过七千具，与此同时现场还留有数千具战马尸骨。彼时的美国正值酷热时节，尸体腐烂的恶臭持续一周，使许多小镇居民恶心作呕，可见当时战争的惨烈。

此次战役结束之后，宾夕法尼亚州政府为纪念这次战役中英勇牺牲的战士，特意购下十七英亩的土地，为牺牲的战士建造一座墓园让他们安息。林肯为墓园揭幕式发表了《葛底斯堡演说》，发自内心地表达对将士的缅怀之情。

在演说中，林肯以十句话简述这场内战，重点提出葛底斯堡战役对美国南北战争起到的至关重要的作用，表达了对在该次战役中牺牲战士的沉痛惋惜和深刻哀悼。在演说中，他表示："从更高的意义上说，我们是不能奉献，不能圣化，也不能神化这片土地的，因为那些曾经在这里战斗过的人，活着的和死去的人，已经圣化了这片土地，他们所做的远非我们的微薄之力所能扬抑。这个世界不大会注意也不会长久记得我们今天在这里所说的话，但是，它永远不会忘记勇士们在这里所做的事。"

《葛底斯堡演说》极大地振奋了当时北方军队的军心，为美国南北战争中北方的战士们注入了一剂强心剂。北方军队乘胜追击，1865 年 4 月 9 日，随着南方军队残余势力的投降，历时四年的美国南北战争最终以北方的胜利而告终。

作为总统的林肯正沉浸在胜利的喜悦中，1865 年 4 月 14 日晚，也就是美国南北战争结束的第五天，林肯在华盛顿福特剧院总统包厢看戏时，被南部联邦的极端支持者刺杀，经过抢救最终不治身亡，年仅五十六岁。

林肯的离世，对美国甚至世界的发展而言都是不可估量的损失。作为美国政治家、战略家以及第十六任总统，林肯通过极大的努力，废除了奴隶制度，维护了美国的统一，为美国资本主义发展扫清了障碍，对后世的影响极为深远。

正如全世界无产阶级和劳动人民的革命导师马克思对他的评价所言：“林肯是一个不会被困难吓倒、不会为成功所迷惑的人，他不屈不挠地迈向自己的伟大目标，从不轻举妄动，他稳步向前，从不倒退……总之，他是一位达到了伟大境界而仍然保持自己优良品质的罕有的人物。这位出类拔萃和道德高尚的人竟是那样谦虚，以致只有在他成为殉道者倒下去之后，全世界才发现他是一位英雄。”

人物评价

林肯领导美国南北战争，废除黑人奴隶制度，为推动种族平等立下显著功勋。他为人谦逊宽容，拥有独特的人格魅力，备受尊重和崇拜。林肯的演说语言清晰易懂，措辞生动，情感真挚，具有非凡的影响力。

为女性呐喊的苏珊·安东尼

传奇的人生

2020 年 8 月 18 日，时任美国总统特朗普宣布赦免妇女选举权运动领导人苏珊·安东尼，引起国内外一片哗然，这个苏珊·安东尼是何许人也，在离世百年后，仍得到美国总统的特赦？至今在美国首都华盛顿仍然耸立着一座五女士纪念碑，这位苏珊·安东尼赫然在列。

苏珊·安东尼全名为苏珊·布朗奈尔·安东尼，1820 年 2 月 15 日在美国的马萨诸塞州亚当斯镇的西格鲁夫诞生。她的父亲丹尼尔·安东尼是一名棉纺织商人，同时也积极投身废奴运动。她的母亲露西·里德是父亲的校友，是一位积极的女权主义者，曾参与过 1848 年 8 月在罗切斯特举行的女权大会。父母对废奴和女权的积极态度，深深影响了幼小的苏珊·安东尼。

苏珊·安东尼的父母有七个子女。父母对他们要求严格，但教育观念十分开明，愿意花费大量精力去培养和引导他们树立正确的价值观念。在有着良好教学氛围的家庭中，苏珊·安东尼的聪慧渐渐凸显出来：她三岁就可以读书写字，六岁就被送到乡村学校读书学习。

当地的老师存在很强烈的性别歧视，觉得对女生而言，读书无关紧要，因此苏珊·安东尼在学校学到的知识非常有限，老师甚至连基本的乘除法都不愿意教给女孩子。这件事情引起她父母的强烈不满，为了满足女儿学习的需求，父亲丹尼尔·安东尼同其他不满的家长一起合办了一所家庭学校，家长们自己担任老师教育子女。而在家庭学校中有个叫玛丽·帕金斯的老师，对苏珊·安东尼的影响非常大。她倾其所有教育孩子，同时将自己奉行的男女平等的理念也灌输给他们，这让苏珊·安东尼对独立进步的现代女性形象有了清晰的认识。

由于父亲是一名虔诚的贵格会（基督教的一个宗教运动团体）成员，1837年，苏珊被送到美国费城的一所贵格会寄宿学校——黛博拉·摩尔森女校继续学业，但因为无法适应呆板封闭的寄宿生活，没多久她便退学了。两年后，苏珊·安东尼跟随父母亲人搬到了纽约州的哈德斯科莱宝，开始以教书为生，偿还家中的债务。

在卡纳卓里学院当老师期间，苏珊·安东尼因为工作努力负责，很快便升职成为学校女生分部的校长。但是作为女生分部的校长，她很快发现学校对待女教职工有着严重的歧视，无论女老师再怎么努力负责地工作，也只能拿到同等职位男老师工资的四分之一，这也致使男老师在工作中有着天然的优越感。

难以想象，在教书育人的学校里都存在这么不公平的现象，更不必说其他体力工作中女性受到的不公待遇了。这些深深触动了苏珊·安东尼，于是她开始为女性教职工争取与男性教职工同等的福利待遇。

在那个认为女性在公众场合大声讲话是一种羞愧可耻表现的时代，苏珊·安东尼并没有畏惧众人的眼光，她为女性教职工的利益积极奔走，甚至在一次教工联席会上勇敢发言，主张男女同工同酬。

平权战士，斗争到底

苏珊·安东尼不畏强权的反抗精神早在其十六岁时就初露端倪。1836 年，当时的美国政府综合考量各方利益，拒绝取消奴隶制，并下令禁止任何公民发表对取消奴隶制的请愿。就在众人都畏惧当权者的压力时，年仅十六岁的苏珊·安东尼却顶住压力，秘密收集了两箱反对奴隶制的请愿书送往政府，以此抗议政府的不公。

1849年，正当禁酒运动在美国如火如荼地开展之际，苏珊·安东尼发觉妇女在禁酒运动中发挥了重要作用，这对于男女平权有着非常重要的意义，于是她辞去老师的职位，搬到了纽约州的罗切斯特市，开始参与禁酒运动，同时加入当地一个禁酒组织——“禁酒之女”，并且担任该组织的重要职务。

苏珊·安东尼将禁酒运动和女权运动紧密结合起来，通过多次在公开场合发表言论，来呼吁更多的妇女在参加女权运动的同时，也积极参加禁酒运动。这一系列的举动也使得她走进大众视野，开始被公众熟知。

1852年9月，苏珊·安东尼出席在纽约举行的美国第三届国家妇女权益年度会议，并在此次会议上讲话。在此后六年中，她从未缺席任何一次妇女权益会议，并且在六年之后成为这个组织的主席。

在积极发展妇女权益运动的同时，苏珊·安东尼试图将废奴运动和女权运动结合起来。1856年，苏珊受到邀请，成为威廉·劳埃德·加里森美国反奴隶制协会在纽约支部

的一个代理人。1859 年 5 月 12 日，在美国第九届全国妇女权利大会上，苏珊·安东尼问：“在我们的《独立宣言》下，撒克逊人怎么能剥夺妇女和黑人的不可剥夺的权利？”

但是原本为废奴和女权共同奋斗的美国权利平等联盟在美国宪法第十五修正案一次投票中，给予黑人男性投票权，而没有同时给予女性投票权，这让苏珊·安东尼大失所望，不久之后她便同废奴运动分道扬镳，专心开展女性维权运动。

为妇女权利摇旗呐喊

苏珊·安东尼为争取妇女的平等权利而不断斗争。1872 年 11 月 18 日，苏珊·安东尼因为自己在两周前的美国总统大选中的投票行为而被逮捕，她的审判在美国最高法院大法官沃德·亨特的监督中进行。

亨特大法官想尽办法，让苏珊·安东尼无法为自己辩护，只允许把她被捕时做出的陈述当作“证词”。对此不公举动，苏珊·安东尼并没有畏惧，而是开展了人生中非常著名的争取女性选举权的演说——《在法庭上的辩护》。

在演说中，苏珊·安东尼态度不卑不亢，语言简洁有力，逻辑严密，论证清晰，表现出了非凡的大无畏精神和顽强坚忍的意志。在演说的前半段，她引用宪法来解释自己投票的合理合法性："今天晚上，我有责任向你们证明，在这次投票中，我不但没有罪，恰恰相反，我是在履行我的公民权，这是国家宪法赋予全体美国公民的权利，是任何一州都无权否定的权利。联邦宪法的序言写着'我们，合众国的人民，为了组织一个更完善的联邦，树立正义，保障国内的安宁，建立共同的国防，增进全民福利和确保我们自己及我们后代能安享自由带来的幸福，乃为美利坚合众国制定和确立这一部宪法'。宪法中说的是我们人民，不是说我们白人男性公民，也不是说我们男性公民，而是说我们，组成联邦的全体人民。"

随后她又抛出了一个问题：如果宪法承认人权，那么，女人是人吗？正当在场一片哗然的时候，她解释道："女人究竟是不是人？我不相信有哪个对手敢狂妄地说她们不是。那么妇女既然是人，也就是公民。不论哪个州都没有权力制定任何法律，或实施任何旧法律，去剥夺妇女的特权或豁免权。因此，某些州宪法和法律中任何歧视妇女的内容今天全部无效，就像任何歧视黑人的法律全部无效一样。"

虽然法庭最终判决苏珊·安东尼缴付一百美元罚金，但是面对法庭的不公允，苏珊·安东尼并没有屈服，她拒绝交付罚款，正如她所言：“我决不会为你们不公正的处罚付一美元！”

在此之后，苏珊·安东尼并没有停下自己争取女性权益的脚步，她的影响力越来越大，不但在美国本土进行演说，还于1883年开始在欧洲进行巡回讲演。在这个过程中，苏珊·安东尼访问了许多慈善组织，进一步扩大了自己的影响力。

在为女性权益奋斗三十多年后，1906年3月13日，苏珊·安东尼由于严重的心脏病和肺炎病逝。虽然她生命已经终结，但她的精神一直持续下去，通过继任者不断地努力，直到苏珊·安东尼死后十四年的1920年8月26日，美利坚合众国宪法第十九修正案终于给予了女性投票权。

苏珊·安东尼一生为女性权利奋斗，却从未担任过任何政治职务，她的反抗精神和坚强毅力不断启发着后人，也被后世认为是美国首位伟大的女性政治家。

正如美国前总统吉米·卡特所言：“让我尤其感到快慰的是，新的一美元硬币会在历史上第一次承载一位美国伟大女性的形象。苏珊·安东尼的一生正是我们国家所代表的理念的例证。‘安东尼一美元’将成为所有美国女性落实她们不可剥夺的投票权的象征。它还会成为持续存在的提醒，提醒大家继续为所有美国人的平等奋斗。”

人物评价

苏珊·安东尼是一位勇敢抗争的革新者，她一生都致力于为妇女权利而斗争的事业，堪称女辈豪杰。“失败是不可能的”是她留给世界的箴言，鼓励着人们在每一次挫折和斗争中无惧无畏，一往无前。

“圣雄”甘地

殖民统治的阴影

人一生会经历很多事，有值得人称赞的地方，就一定会留下被世人诟病的部分，那么人的一生该如何度过，每个人的选择都不相同。我们要学会尊重他人，尊重历史，辩证地看待世间万物以及这位颇具争议的原印度民族解放运动的领导人、印度国民大会党领袖莫罕达斯·卡拉姆昌德·甘地。

17 世纪末，随着印度莫卧儿帝国陷入四分五裂的境地，各地封建王公纷纷割据自治。1757 年，当时的世界强国英国趁印度内乱时发动了普拉西之战并取得了最终的胜利，从此英国便开始了在印度长达一百九十多年的殖民统治，而印度作为英国最大的一块海外殖民地，一直为英国源源不断地输送着人力、物力、财力。

甘地正是诞生在这个时期的印度。1869 年 10 月 2 日，甘地出生在印度一个富裕的土邦首相家中。由于从小身体瘦弱，甘地一直腼腆害羞，从来不敢违抗长辈的意愿，十三岁时便依父母之命与一个出生于富商家庭的文盲女孩结婚。

1888年，十九岁的甘地受到当时革新之风的影响，立志要振兴民族，他想前往英国学习和深造。当时他所信奉的毗湿奴教派有着“不能漂洋过海远行”的戒律，但为了习得更为先进的知识以实现理想，他不惜被开除出吠舍种姓坚持前往英国伦敦大学法学院攻读法律。

当他历经千辛万苦远赴重洋，来到伦敦学习法律时，西方文明的先进性和优越性深深地震撼了殖民地来的甘地，也让他发现了自己的祖国和当时西方国家之间的差距。在短暂的迷惘和崇拜后，甘地还是坚持了自己的内心，放弃了对西方文明的盲目模仿和推崇。在取得法学学位后，经过努力，甘地获得了律师资格，随后便返回了印度。

可是在当时处于殖民地状态的印度，律师的工作根本不受重视，对于各种纠纷，请宗族帮派出面解决似乎更能被当时的印度人接受。面对这种社会状态，甘地觉得非常苦闷又无可奈何，所以当有一个南非印度人的案子出现后，他便义无反顾地接受委托，选择前往南非工作。

非暴力不合作运动

那个时期的南非也是英国殖民地之一，而且当地种族歧视盛行，有着很严格的“白人”“黑人”“有色人”的人种区分。居住在南非的印度人并不比在印度本土的国人幸福，甚至可以说更为困苦。

彼时，在南非的印度人不但要从事长时间高负荷的劳作，甚至还会受到南非白人的无礼歧视甚至虐待，比如，印度人在南非的选举权被变相剥夺，印度人不被允许和基督徒一起走在人行道上，印度人在南非乘坐火车时必须与白人区分开等。有一次，甘地就是因为坚持要坐在白人座位区，直接被人从车上扔了下去。这些不平等的对待让他大为羞愤，于是他很快就联合当地印度人成立了一个组织，领导当地印度人为争取平等权利而进行斗争。

直至后来，南非的种族歧视更加严重，甚至出台政策要求八岁以上的印度人，不管什么时候都必须携带通行证才能出入。这项政策立刻引起了南非印度人的激烈反对，他们一些人因为当众烧掉通行证而被捕入狱，还有一些人在游行时被警察杀害。面对南非当局的暴力执法，南非印度人并没有屈服。相反，由于他们的不断抵抗，南非当局不得不做出让步，其中包括：南非政府承认印度仪式的婚姻制度合法，允许持有指纹登记证的印度人进入南非等。而这也是甘地第一次赢得了非暴力不合作的胜利。

这场反对种族歧视的斗争的胜利，让甘地对曾经无比推崇的西方文明产生了怀疑，同时他也克服了自己性格上怯懦的特点，在活动中培养和锻炼了自己沟通交流的能力。可以说，南非的斗争为他日后引导印度人民反抗殖民统治打下了基础。

在南非的斗争也让甘地不断实践和完善了自己的非暴力不合作的思想，由于有多国学习的经历，甘地把不同文化中仁爱的思想融会贯通，逐渐形成了自己独树一帜的非暴力不合作理论。

甘地于 1915 年返回印度，因为南非斗争的胜利，他被视作反对种族歧视的英雄。回国第一年，为了深入了解印度的情况，他坚持坐三等车游历印度各地，这让他越发了解殖民统治带给印度的桎梏，看到处在水深火热中的同胞，他心痛不已。

一年后，甘地开始四处奔走发表演讲，宣传自己的非暴力不合作的主张，彼时的甘地已经不再是当初那个怯懦瘦小的年轻人。经过斗争的洗礼，他的演说才能已经非常出色，面对众人，他依然能条理清晰、逻辑缜密，他的语言也坚定有力，展现出无穷的生命力和顽强的意志力。

甘地在贝拿勒斯梵文大学成立典礼上的演说留下了浓墨重彩的一笔。1916年2月4日，已经在印度颇有名气的甘地受邀前往印度贝拿勒斯梵文大学，并在成立典礼上发表演说，当时台下听众名流如云。身为印度的“上层阶级”，他们衣着华丽，对待民众有着无比的优越感，这让甘地非常气愤，于是在演说中他表示：“除非你们摘去身上的珠宝，由你们的国人同胞代为保管，否则印度无法获得拯救。”

他的此次演说如同撕毁了“上层阶级”虚伪的面孔，这个举动无疑激怒了他们。然而，此次演说是印度独立斗争中的重要讲话，对甘地个人而言也意义非凡——甘地一战成名，成为独立运动的精神领袖。

面对印度该如何独立的问题，甘地认为走暴力革命的道路艰难且难以实现，这也是印度国情所决定的——印度偏居印度半岛，三面环海一面靠山，国家常年由几十个城邦分而治之，凝聚力和向心力并不强，再加上多个派系纷繁复杂，想要勠力同心发动革命一起对抗强大的英国殖民统治几乎是以卵击石。思来想去，他认为只有通过强大的精神领导和不激怒统治阶级的相对温和的反抗斗争，才能

走向最终胜利，所以在借鉴南非反歧视运动的成功经验后，作为国大党实际领袖的甘地开始领导印度的非暴力不合作运动。

1919年3月，英印当局颁布了《罗拉特法》法令，旨在镇压印度民族解放运动，该法令规定英印当局有权任意搜查、逮捕和判决任何一个印度人。这一法令剥夺了印度人民最基本的宪法权利，因此也被称为“黑色《罗拉特法》”。为抗议统治阶级颁布的《罗拉特法》，甘地发起全国性的非暴力抵抗运动，但是英印当局仍然态度强硬。4月13日，英军制造了著名的阿姆利则惨案，残忍杀害一千多名手无寸铁的民众。由于殖民当局的血腥镇压彻底激怒了人民，他们拿起武器开始了暴动，甘地的非暴力不合作运动的可行性也一度受到质疑。

正当国内矛盾越来越激化之时，1920年，甘地在五万多听众面前，发表了人生中最为著名的演说——《论不合作》。

在演说中，他详细向世人阐述了不合作的合理性与合法性。正如他演说中所说：“请问，我对不列颠政府说‘我拒绝为你服务’，难道这违反宪法？难道我们受人尊敬的主席先生恭敬地辞去所有政府授予的官衔也违反宪法？难道家长从公立学校或政府资助的学校领回自己的孩子违反宪法？难道一个律师说‘只要法律非但没有提高反而降低我的地位，我就不再拥护法律’违反宪法？……我确信并敢于指出，这没有违反宪法，根本没有！况且，我一生就是这样干的，并没有人提出过异议。”

甘地在演讲中通过平直的论述、反复的自问自答，强化自己的论点，自己以一个弱者的姿态却做出最强者的行动，最终体现出自己要将不合作进行到底的决心。通过本次演讲，甘地得到了国人的理解与支持，这对他的非暴力不合作运动的发展起到了助推之势。

一代“圣雄”

在随后三十多年的岁月里，甘地一直为印度独立而斗争。他拒绝购买英国布匹，鼓励印度人自己生产棉布；为了抵抗英印当局垄断食盐，鼓励全国人民自己进行生产……可以说，甘地的非暴力不合作运动的胜利在一定程度上促进了印度独立，也为独立以后的发展做出了贡献。

但由于他描绘的理想国家蓝图与其他势力相冲突，1948 年 1 月 30 日，甘地在德里遭到敌对派的刺杀。

世人对甘地的评价褒贬不一。不可否认，甘地的非暴力不合作运动中存在对当时统治阶级的妥协性，而其自身代表的印度中产阶级的利益也决定了其运动的局限性。但从另一方面来看，正是因为甘地为印度独立而展现出的强大精神力量，让英印当局有了忌惮，被迫做出了一系列让步。

美国科学家爱因斯坦对他的评价是："我认为甘地的观点是我们这个时期所有政治家中最高明的。我们应该朝着他的精神方向努力：不是通过暴力达到我们的目的，而是不同你认为邪恶的势力结盟。"

人物评价

甘地出身望族，却富有平民主义思想，为印度民族解放运动贡献极大，被称为"圣雄"。他经历曲折，思想深邃，让人看到了生命的深度和广度，他瘦弱的身影是世界历史上不可磨灭的一笔。

伟大的革命导师列宁

沙俄时期的流放岁月

历史的车轮滚滚向前，时代的脚步永不停歇。遥想在百年前，有这么一个革命导师，他出身贵族，却带领俄国人民发动十月革命，建立了世界上第一个社会主义国家。他就是著名的无产阶级革命家、政治家、理论家、思想家列宁。

列宁的原名是弗拉基米尔·伊里奇·乌里扬诺夫，列宁是他参加革命后的笔名。1870 年 4 月 22 日，列宁出生在沙皇俄国伏尔加河畔的辛比尔斯克的一个贵族家庭中。他的父亲伊利亚·乌里扬诺夫，是辛比尔斯克省公办学校的督学，因多年从事国民教育，晚年晋升为省国民教育总监，并获得贵族称号。他的母亲玛丽亚·亚历山大罗夫娜勤奋好学，获得小学教师的职称。

彼时的俄国，正经历着沙皇亚历山大三世的血腥统治，人民生活在水深火热之中，列宁的哥哥亚历山大·乌里扬诺夫作为有志青年加入了民意党人青年小组，并参与谋刺沙皇亚历山大三世，但不久便被捕并被残忍处死。而他的大姐也受到牵连，被逮捕入狱。

哥哥的牺牲和姐姐的被捕对列宁的内心有着极大的震撼，这也让他清醒地看到沙俄统治的残暴，对沙皇专制制度越发憎恶，从此推翻沙俄残暴统治的决定在他心中生根发芽。

随着哥哥的离世，列宁全家也离开了辛比尔斯克，移居喀山。由于学业成绩优异，列宁中学毕业后进入喀山大学法律系学习，可哥哥的经历让列宁一直想要推翻沙俄统治，在大学一年级时，他就参与了反对专制制度的学生运动。他在运动中起草和散发传单，组织各种集会，并上台发表演说揭露沙皇的暴虐罪行。不久后他便被捕并遭到放逐，学校也开除了他的学籍。

虽然流放的岁月艰辛困苦，但在此期间列宁坚持自学了大学法律系课程以及马克思主义著作，特别是《共产党宣言》《资本论》《英国工人阶级状况》等著作。废寝忘食的学习为列宁日后践行马克思主义，从事共产国际事业打下了坚实的基础。后来列宁回忆这段艰苦岁月时仍旧感慨：“后来在我的一生中，即使在彼得堡的监狱里，在西伯利亚，也从来没有像从喀山放逐到乡下的那一年读那么多的书。”

1891 年，经过刻苦的学习，二十一岁的列宁以彼得堡大学法律系校外旁听生身份赴彼得堡参加大学毕业国家考试，最终以优异的成绩获得了金质毕业奖章与大学毕业证书。

列宁随即进入彼得堡一家律师事务所做见习律师，但他并没有忘记践行马克思主义的想法。1892 年，他组织成立了当地第一个马克思主义小组。三年后，列宁统一彼得堡所有马克思主义工人小组，创立工人阶级解放斗争协会。当时的沙俄政府绝对不允许有协会的存在，于是就在 1895 年年底，他再次被捕入狱，经历了十四个月的牢狱生活后，列宁于 1897 年被流放到东西伯利亚地区。

在流放的岁月里，虽然环境恶劣，并且身边时刻有人监视，但列宁并没有因此退缩。流放期间，他撰写了《俄国资本主义的发展》等三十多篇理论著作，对俄国马克思主义的发展产生了深远的影响。

1900 年 2 月，列宁结束了流放，从西伯利亚回到彼得堡，不久去往西欧，后又赴瑞士日内瓦大学留学，并开始在欧洲多地从事反政府地下活动。同时，列宁在德国慕尼黑与马尔托夫合作创办了《火星报》，这是第一份俄国社

会民主工党的报纸。经过多年的斗争，1903 年 7 月 30 日，俄国社会民主工党在布鲁塞尔召开代表大会，会上形成了以列宁为核心的布尔什维克，这标志着列宁主义的形成。

革命的浪潮来袭

第一次世界大战期间，原本政局已经动荡不定的俄国沙皇仍然选择参加“一战”，将整个俄国拖入战争的泥沼，可随着战争形势愈演愈烈，暗藏在俄国社会中的各种矛盾被再次激化，整个国家陷入了困顿。

不堪的战局直接导致了 1917 年爆发的二月革命，俄国沙皇尼古拉二世逊位，至此统治俄国三百多年的罗曼诺夫王朝被彻底推翻。

俄国在推翻沙皇统治后，成立了以社会革命党和立宪民主党为主的各党派联盟——俄国临时政府。临时政府代表着资产阶级的利益，列宁深知这和他心中对俄国政府的设想是大相径庭的，于是尚在国外的列宁立刻秘密回国，于1917年4月16日乘坐火车到达彼得格勒。一天后，在塔夫利达宫布尔什维克会议上，他发表了著名的《四月提纲》演讲。在演讲中列宁提出，俄国革命必须由资产阶级民主革命向无产阶级社会主义革命过渡，反对所谓的“资产阶级临时政府”，抗议其故意拖延立宪会议选举，并提出“一切权力归苏维埃”的口号。

正当布尔什维克党继续推进革命，不断对广大群众进行宣传教育的时候，临时政府却于1917年7月1日派兵前往“一战”战场，企图转嫁社会矛盾，消灭国内革命势力。但这遭到了国内民众的坚决反对，彼得格勒工人和士兵举行游行示威，要求“一切权力归苏维埃”。临时政府镇压示威群众，造成了俄国历史上的“七月流血事件”。

一直等待时机成熟的列宁终于抓住了机会。1917年11月7日（俄历10月25日），列宁带领着布尔什维克党武装力量向临时政府所在地——圣彼得堡冬宫发起总攻，发动了震惊世界的十月革命。

经过列宁等领导人的不懈努力，1918年3月，俄国社会民主工党第七次代表大会召开，布尔什维克党正式更名为俄国共产党，随后颁布的宪法将国家的正式名称定为“俄罗斯苏维埃联邦社会主义共和国”，简称“苏维埃俄国”。至此，世界上第一个社会主义国家由理想变成了现实。在这艰难的建国道路上，列宁一直为苏联的发展壮大呕心沥血。他把自己的思想同马克思主义相结合，形成了富有自己特色的列宁思想，并一直指导着苏俄的发展。

与此同时，他领导全国人民击退十四个资本主义国家的武装干涉，并积极应对国内反动阶级的叛乱。在国内战争结束后他并没有一味地进行阶级斗争，而是把工作重点转移到组织社会主义建设方面。

《死亡不属于工人阶级！》

1918年8月30日，列宁在莫斯科郊外米黑耳索那工厂对工人做了一个著名的演讲——《死亡不属于工人阶级！》。此时正值苏联刚刚成立，国家百废待兴，国内各阶级各政党矛盾仍旧激烈。这次演讲时，列宁被工人团团围在中间，看着那一双双疑惑又渴望的眼睛，列宁激扬澎湃地发表着演说。在演说一开头，他便提出："同志们，要维持一个政权比夺取它还要难。我们的革命正在前进，正在发展成长。"在演说中，他分析了国内环境的严峻，但也鼓励着大家不要畏惧资本主义等敌对势力的侵蚀，要坚守岗位，保护来之不易的革命胜利果实。在演说的最后，列宁说："同志们，你们必须记住：我们只有一条出路，那就是胜利。还有另外一条路——死亡。死亡不属于工人阶级。”话音刚落，现场响起了热烈的掌声，在场的工人无不热血沸腾，深受鼓舞。

可不幸的是，在演说结束后，列宁便被一名乔装上前攀谈的女性连开三枪，击中两枪。虽然这次袭击并没有夺走列宁的生命，但他的健康状况迅速恶化。在与病魔斗争了多年后，列宁于1924年1月21日在戈尔基村逝世，享年五十三岁。他的去世对当时的苏联甚至全世界都产生了巨大的影响，九十余万人专程出席追悼大会，并为这位伟大的导师默哀。

毫无疑问，列宁是一个时代的伟人，是他缔造了世界上第一个社会主义国家，也是他创建了世界上第一个无产阶级执政党，他终其一生都在为俄国社会主义发展而不懈奋斗。他是毫无争议的“国际无产阶级革命的伟大导师和精神领袖”，也是20世纪最有影响力的人物之一。

人物评价

列宁在生活上严于律己，工作一丝不苟，面对苦难坚毅不屈，关注集体的智慧和力量，凭借自己深邃的思想和勇敢的实践建立了世界上第一个社会主义国家。他的演讲也充满实干风格，讲求实事求是，清晰明确。

人世楷模蔡元培

爱国的天子门生

对大多数中国学子而言，十年寒窗苦读，只为有朝一日能考入心中理想大学，而在中国所有著名大学中，北京大学一直处于象牙塔的顶端，俨然成为莘莘学子心中的向往之地。而北京大学有此成就，与其历任校长的努力是分不开的。如果把学校比喻成一艘船，那么校长则是那掌舵的船长，驾驶着学校这艘大船在时代的浪潮中劈波斩浪。北京大学经历百年风雨仍屹立不倒，其中不得不提一位重要的校长——蔡元培。在他任职北京大学校长期间，北京大学一跃成为中国一流高等学府，而他本人也受世人尊敬，被称为“学界泰斗、人世楷模”。

清朝末年，西方列强资本主义兴起，通过不断对外扩张和掠夺完成原始资本积累，其科技、军事实力等已然在清王朝之上。因此，他们贪婪地盯上东方这头沉睡中的雄狮，借机侵略中国以获得可观的资源和利益。而彼时的中国刚刚经历了“太平天国运动”，虽然太平天国运动最终被镇压，但清王朝已经是风雨飘摇，岌岌可危。

就在清王朝内忧外患之际，1868 年 1 月 11 日，蔡元培在浙江省绍兴府的山阴县出生了。他的家庭在当地还算富裕，但无奈时局动荡，家道中落，特别是在他十一岁时父亲蔡光普因病去世，家庭重担都落在其母亲周氏一人肩上，一家人生活越发拮据。

虽然家庭负担沉重，但是蔡元培的母亲仍旧克服困难，非常细心地照料孩子们。同中国千万母亲一样，为母则刚的她通过缝补衣裳或做一些零星手工活维持生计，拉扯孩子们长大。面对孩子们，她也极其耐心和爱护，从不无故打骂、呵斥，即使孩子们真的犯了错，她也会讲道理，告诉他们哪里做错了，需要怎样改正。虽然自己没有受过正规教育，但她深知知识的重要性，非常支持孩子们的学习，鼓励他们通过学识改变命运。正是母亲对蔡元培的悉心照料和耐心教育，让他养成了温厚的性情和刻苦钻研的品格。

为了接受更好的教育，十二岁的蔡元培被母亲寄养到姨母家读书。他聪明好学，在 1884 年，十七岁的蔡元培便考取了秀才，一时之间乡里对他交口称赞。为了缓解家庭负担，一年后，蔡元培便设馆开始教书育人。在一家人盼望着日子越过越好的时候，母亲却积劳成疾，胃病久治不愈，经过一年多的治疗后仍不得好转，最终病逝。父母的相继离世让年少的蔡元培迅速成长起来，在学习和教育事业上越发上进努力。

1889 年，年仅二十二岁的蔡元培考中举人，这在当时是非常罕见的。又过了几年，蔡元培进京会试得中，成为贡士，后又因殿试策论成绩为二甲三十四名中进士，被点为翰林院庶吉士，负责起草文书，讲解经籍。到此时，蔡元培鱼跃龙门，成为人人羡慕的天子门生。

1894 年，中日甲午战争爆发。那时，二十七岁的蔡元培被授职翰林院编修，负责文献修撰工作。甲午战争的失败如同一记响亮的耳光抽打在封建清王朝脸上，也使得在朝中为官的蔡元培重新认识了当时腐朽的清政府，他开始接触西学，同情维新派，支持改变清政府的腐朽现状，为中国的救亡图存而奔走。

改变国人就要从改变其思想着手，而改变思想又要靠革新教育。蔡元培认为要改变当时闭目塞听的国人，就要有专门输出开明民主思想的机构。通过不断的努力，1902 年 4 月，蔡元培同乌目山僧等有志之士在上海创办中国教育会并担任会长。同年秋，南洋公学因无理开除学生激起退学风潮。11 月 26 日，中国教育会为接纳离校学生，创建爱国学社。爱国学社表面上是一所新式学堂，但实际上其成立的宗旨是培养革命人才，暗中支持反清革命。

担任北京大学校长

1912 年 1 月 1 日，孙中山在南京宣誓就职临时大总统，标志着中国几千年的封建君主专制制度的灭亡和资产阶级民主共和国的诞生。由于蔡元培在革命中的贡献，南京临时政府任命他为教育总长。

在任职短短六个月时间内，蔡元培结合多年教育工作经验，主张建立中西结合的教育体系，废止祀孔读经，实行男女同校等改革措施，同时他还进一步提出了“五育并举”的教育方针，第一次将美育写入中国的教育方针政策。

1916 年 12 月 26 日，蔡元培受命担任北京大学校长。彼时的北京大学正因学风腐败而被人诟病，他的亲朋好友都劝他三思，担心他赴任会有损自己的名望，蔡元培也是犹豫了三个月。但是孙中山劝他说：“北方当有革命思想的传播，像蔡元培这样的老同志，应当去那历代帝王和官僚气氛笼罩下的北京，主持全国教育。”思考再三，蔡元培本着教书育人、报效国家的心情也表示：“吾人苟切实从教育着手，未尝不可使吾国转危为安。”说罢便下定决心，欣然前往。

1917 年 1 月 3 日，北京大学贴出告示：“蔡新校长定于本月四日上午十时到校视事，此示。”两天后，蔡元培呈大总统文：“北京大学校长蔡元培呈为报明就职日期事。民国五年[1]十二月二十六日奉令，任命蔡为北京大学校长，此令。”至此，蔡元培正式被任命为北京大学第十四任校长。随后在当年北京大学举行的开学典礼上，蔡元培当着全体师生的面，发表了精彩的演说——《就任北京大学校长之演说》。

作为著名的教育家、政治家，蔡元培深谙演说技巧，但他的演说并没有过多花哨的言语，更多的是就时事抒发自身的见解和感想。其演讲特点就是观点鲜明，情感真挚。本次就职演说虽然通篇仅有一千五百多个字，但却称得上短小精悍，语言平实有力，情感发自肺腑。他面对台下师生，始终保持思路清晰，演说理论透辟，层次分明。

在演说现场，蔡元培结合当时北京大学的现状，指出

1　公元 1916 年。

北大目前存在的弊端，即“以求学于此者，皆有做官发财思想……对于教员，则不问其学问之浅深，唯问其官阶之大小”。随后他语重心长地告诫青年学生应当珍惜时光，努力学习。在演说中蔡元培提出：“予今长斯校，请更以三事为诸君告”，“一曰抱定宗旨”，即明确求学的目的当是研学，为今后人生发展打下坚实基础；“二曰砥砺德行”，即学子要着眼于自己的品行，改变自身的不良风气，以身作则，以天下为己任，担当起匡正流俗的责任；“三曰敬爱师友”，即学子们能尊师敬长，同学之间要团结友爱，共同砥砺前行，通过实际行动来共同维护北大的荣誉。

在分别做出要求后，蔡元培又提出今后将计划重点做的两件事，即“一曰改良讲义”，“二曰添购书籍”。这两件事也正是一所优秀大学应该具备的。

本次言简意赅的演说，体现了蔡元培对北京大学莘莘学子的殷切期许以及对于教育改革的坚定决心。

海纳百川，有容乃大

事实上，蔡元培也确实是按照自己就职演说所说的那样做的。在就任北京大学校长期间，蔡元培凭借自己多年的教育经验，对北京大学做了大刀阔斧的改革：他先后改革了北京大学领导体制和学科、学制设置，创办科研机构，倡导平民教育，首行男女同校。

为了海纳百家之言，开校园百花齐放、百家争鸣盛况，蔡元培不惜“三顾茅庐”，邀请当时各领域的杰出代表人物来北京大学任教，其先后邀请了中国共产党主要创始人之一的陈独秀为文科学长，邀请新闻界名人徐宝璜任北京大学新闻学研究会副会长、新闻学导师，邀请“北京大学落榜生”梁漱溟来学校讲印度哲学，邀请国内第一个介绍爱因斯坦相对论的夏元瑮做理科学长，邀请地质学家李四光出任北京大学地质系教授，邀请文豪鲁迅为北京大学讲师，等等。

在招聘教师方面，他向来不把学历、立场作为限制，而是招贤纳士，寻找真正有学识、有能力的人担任教师。此举为的就是“兼容并包”，创立一座思想自由、学术风气浓厚的象牙塔。正如他自己所言：“大学为纯粹研究学问之机关，不可视为养成资格之所，亦不可视为贩卖知识之所。学者当有研究学问之兴趣，尤当养成学问家之人格。”

1919 年五四运动爆发后，很多人奋起抗议政府逮捕学生，蔡元培也参与其中，并于 5 月 8 日提交了辞呈。不久后，他对外发布了一篇《不愿再任北京大学校长的宣言》，在宣言中蔡元培表示："我绝对不能再做不自由的大学校长：思想自由，是世界大学的通例。"但最后，他在北京大学众师生的极力挽留之下继续任职，由此也可见蔡元培在师生心中极高的认可度。

实际上，蔡元培在任职北京大学校长十年期间，共辞职八次，不难看出他为了坚持自己内心纯粹的大学理念，同当时的政府不断博弈的艰难历程。

而正是通过蔡元培不断的抗争和坚持，在时局动荡的年代，北京大学仍保留了一片知识的净土，到 1927 年蔡元培正式从北京大学离职时，他已经奠定了北京大学的基调，把为国家读书的理想种子播种到了每一个学生的心中。

1938 年 5 月 20 日，已经在香港深居简出的蔡元培为支援抗战，应宋庆龄的邀约出席了一次美术展。在美术展上，蔡元培发表了自己人生中最后一次公开演说。

在演说中他首先强调了美育的重要性，坚持"军国民教育、实利主义教育、公民道德教育、世界观教育、美感教育皆近日之教育所不可偏废"的教育理念。面对当时国内抗日战争带来的悲观和迷茫气息，蔡元培更是鼓励众人坚定信念积极抗战，在演说中他提出："抗战时期所最需要的，是人人有宁静的头脑，又有强毅的意志。”其情感真挚的演说令在场听众无不为之振奋，使众人坚定了中国抗战终将胜利的信念，激发出强烈的爱国主义情怀。

1940 年，七十二岁的蔡元培因病离世。在去世前，他留下两句遗言：“科学救国，美育救国。”简短的两句话道出了他一生追求的初心，他通过自身的不断努力，将自己奉献给了中国的教育事业，为中华民族救亡图存贡献了自己的一份力量。正如周恩来写挽联云：“从排满到抗日战争，先生之志在民族革命；从五四到人权同盟，先生之行在民主自由。”

人物评价

蔡元培是一位旗帜鲜明的爱国者，也是一位贡献卓越的教育家，他既有中国传统先贤的本色，又有西方自由博爱的理想，兼容并包，勇于探索，无愧“学界泰斗，人世楷模”的称赞。

觉醒年代的先驱梁启超

岭南奇才的诞生

在中华五千年的历史长河中，能人异士多如恒河沙数，但能被称为“百科全书式”的人物却凤毛麟角，终其一生为了中华民族救亡图存而四处奔走、摇旗呐喊的梁启超就是这样一位奇人。

1873 年的中国，注定是不平凡的：那一年，中国北方发生了特大旱灾和饥荒；那一年，抬棺出征的左宗棠收复新疆，并在嘉峪关上提笔写下“天下第一雄关”的巨匾；那一年，近代思想家、政治家、教育家、史学家、文学家、戊戌变法领袖之一梁启超诞生了。

1873 年 2 月 23 日，梁启超出生于广东省新会县茶坑村一个士绅家族，他的祖父梁镜泉、父亲梁莲涧都是当地的有名的乡绅秀才。梁家虽不是大富大贵的人家，但家族一直以教书育人谋生，在当地颇有名望。由于家庭因素，梁启超从小跟随祖父开始了启蒙教育，祖父经常给他讲述中国历史上豪杰壮士的故事，而中华传统故事中的“二十四忠臣”和“二十四孝子”的故事更是从小伴随着他长大。这些故事所表现的心怀天下、精忠报国的情怀，更是对他今后走上救国救民的道路产生了深远的影响。

稍长大一些后，梁启超的天资就展露了出来。据说他八岁开始写文章，九岁《千字文》倒背如流，到了十岁更是直接就去广州参加童子应试，虽然此次应试失败，但是他并没有灰心，而是进入素有“省城专治经学之所”的广州学海堂潜心读书。通过刻苦的努力，1889 年，十六岁的梁启超在广州参加乡试，他的文章立意新颖，且文笔流畅，在乡试中名列第八，一时轰动广州，被当时的人们称为“岭南奇才”。也正因梁启超文笔出众，当时主考官李端棻十分赏识他，还把自己的堂妹李蕙仙许配给他，这在当时成为一段佳话。

此时的中国已闭关锁国多年，但是西方的思想、文化等已经随着来往的西方商人和传教士渐渐渗透到当时相对落后的中国，特别是在沿海港口众多的广东、上海等地，西学东渐悄然开始。

1890 年，梁启超进京参加会试却名落孙山，返程途中路经当时西学相对盛行的上海，在书摊上看到了上海制造局翻译的一些西方书籍，他对此十分震惊，这些西方书籍不仅令他开阔了眼界，更让他了解到很多西方的文化知识和政治制度。

就在此时，梁启超在好友陈千秋的介绍下，认识了康有为。彼时的康有为正因为大胆上书光绪帝，积极提倡变法维新而颇有名气。特别是他变法图存——“变成法，通下情，慎左右”的主张深得梁启超钦佩，以至“一见大服，遂执业为弟子”，梁启超随即拜入康有为门下，成了他的得力助手，并在康有为的带领下逐步走上了改良维新、救亡图存的道路。

立志改良，宣传变法

1895 年春，已准备多年的梁启超和康有为相约一起入京参加会试，此时的清朝在甲午中日战争中惨败，李鸿章被迫代表清王朝前往日本，签署了丧权辱国的《马关条约》。签订消息一经传出，国内有志之士群情愤慨。随后，康有为率梁启超等数千名举人联名上书光绪帝，发动了历史上著名的“公车上书”运动，要求清政府拒绝和谈、变法图

强，从而揭开了维新运动的序幕，维新派登上了历史舞台。梁启超在这个过程中积极奔走，协助康有为组织活动，誊录文书，在“公车上书”运动中发挥了关键作用。

1895年8月，康有为在北京创办《万国公报》，梁启超不断为该报撰稿，在文章中积极宣传西学，鼓吹变法图强，为百日维新运动的开展提供了积极的指导，为大众所熟知。

但百日维新运动触犯了清政府顽固派的利益，受到了百般阻挠。1895年9月21日慈禧太后发动政变，囚禁光绪帝，新政全部取消，逮捕维新派。康有为、梁启超收到消息后逃亡日本，谭嗣同、康广仁等“六君子”被杀害。至此百日维新落幕。梁启超也同康有为一起开始了在日本的流亡生活。

直至1912年中华民国成立，梁启超才结束流亡生活返回中国。在此之后他先后出任当时政府的司法总长、币制局总裁与财政总长等职务。但民国成立后军阀混战，百姓并没有因为推翻清王朝而过上幸福的生活，这与他当时变法救国的初心相违背，令他十分痛心。他先后参与“倒袁运动”，反对“张勋复辟”，誓要将救亡图存进行到底。

1918年，梁启超终于看清了军阀的黑暗统治，他心灰意冷，决心彻底离开政界，至此结束了自己的政治生涯。

弃政从教，思想育人

虽然梁启超通过变法救亡图存的理想最终没有实现，但是作为一名教育家，他十分成功，特别是在教育子女和广大民众方面，对当时国民思想的产生和发展有着极其深远的影响。

梁启超共有九个孩子，在教育子女方面，与当时普遍的严肃、严格的教育风格不同，他坚持言传身教，注重培养子女性情，建立良好的人格，对不同性格的孩子因材施教，并不拘泥于单一呆板的教学方法，这些思想在当时可谓是非常先进的家庭教育观念。这个观念最后被证实是非常成功的，梁启超的这九个孩子长大后个个都是国之栋梁，他们从美国或中国的高等学府顺利毕业，在各领域都有所建树。他们不但学业杰出，思想也非常积极正派，一直为建设国家贡献着自己的一份力量，著名爱国人士梁思成便是他众多子女之一。

在教育民众方面，梁启超也有自己的深刻认识，正如后世的鲁迅为救世人“弃医从文”、周恩来所言“为中华崛起而读书”一样，在中国经历了两次鸦片战争、百日维新失败、军阀混战等一系列剧变后，梁启超已经清楚地认识到当时的政府昏庸无能，根本没有为民众的安居乐业考虑，统治者的权力不断更迭，归根到底都是在为自己谋取私利。

当时的统治者如此行事，导致世间学子读书不以保家卫国、发愤图强为目的，转而一心想着谋取功名利禄，这在梁启超眼中有失做人的标准。为此，梁启超将唤醒国民意识为己任，积极奔走，到处演讲宣传，企图改变当时腐化堕落的社会风气。他不但是一名出色的作家，更是一名出色的演说家，在当时他的演讲几乎场场爆满，可见其影响力之大、震撼力之广。

1922 年，梁启超在苏州时，贡献了人生中最为经典的一次演说——《成为一个不惑、不忧、不惧的人》。在本次演说中，面对满堂的有志青年，梁启超先是给大家抛出一个问题："为什么进学校？"而后开始阐述自己对于为什么进学校的理解——进学校不是简单地为了求学问，而是要学做人。梁启超一边引经据典，借用孔子语录"知者不惑，仁者不忧，勇者不惧"来表示做人要有智趣、德趣、体趣，三者缺一不可，随后他通过旁征博引来阐述自己的观点；另一边运用反问等一系列演说技巧，将在场听众一同带入他的演说主题中。

梁启超的演说语言平实质朴，阐述道理循序渐进，他真挚地告诫青年切勿一味追求学问知识而不提升自身品性修养，否则就很容易迷失人生的方向，在社会上随波逐流，腐化堕落。正如他演说中所言：“我老实不客气告诉你罢，你如果做成一个人，知识自然是越多越好；你如果做不成一个人，知识却是越多越坏。”演讲最终，梁启超反复呼吁：“诸君啊，醒醒吧！”句句振聋发聩，引发在场青年的共鸣。

《成为一个不惑、不忧、不惧的人》在当时军阀混战、民不聊生的年代，无疑是一次意义非常深远的演说，启发着青年们将志向从只追求功名利禄转变到成为一个对国对民对己有用的人。这篇演说极大地激励了当时的青年，并告诉他们，生而为人该做什么、不该做什么，要树立为国家崛起而奋斗的理想信念。

梁启超波澜壮阔的一生，是他积极为国为民的一生，也是一个经历了“自我变法”的一生，他的身上有着太多时代烙印。可以说，梁启超是中国近现代史中有志青年救亡图存的一个缩影，甚至连他自己都表明自己是“新旧两界线之中心”的“过渡时代之人物”。虽然在他身上围绕变法图存等问题一直争议颇多，但值得肯定的是，梁启超劳碌奔走一生，为国图强、为民开智，一辈子为中华崛起而奋斗，不断贡献着自己的力量，是一位非常值得我们中华儿女敬佩的先驱。

人物评价

在政治舞台以外，梁启超还是一位优秀的学者，他一生勤勉研究，涉猎广泛，著述恢宏，是中国历史上“百科全书式的人物”。梁启超的演说也因其渊博的学识而独具特色，他旁征博引，深入浅出，听者往往感觉内容浅显易懂，但感受却十分深刻。

至暗时刻的勇士丘吉尔

贵族出身，志向远大

1874 年 11 月 30 日，丘吉尔出生在英格兰牛津郡伍德斯托克，全名为温斯顿 · 伦纳德 · 斯宾塞 · 丘吉尔。彼时的英国是世界强国之首，世界各地殖民地众多，有着“日不落帝国”的称号，丘吉尔正是出生在“日不落帝国”的古老贵族世家。他的祖父是英国历史上著名的军事将领马尔巴罗公爵，曾任爱尔兰总督，为英国发展做出巨大贡献，名噪一时。他的父亲名叫伦道夫·丘吉尔，曾掌管英国财政，他的母亲名叫詹妮·杰罗姆，是美国百万富翁“华尔街之王”的女儿。和当时众多英国贵族少年一样，丘吉尔跟随父母亲度过了无忧无虑的童年时光。

青年时期的丘吉尔对学习并不感兴趣，家人经常为他的学业头痛不已，无奈转学数次。丘吉尔虽然学业不顺，但在其他方面显示出了出众的才能：他在学校非常热衷于体育和军事训练，与其待在沉闷的教室里看书，他更愿意接受体能和射击训练，同时积极参加对抗性的演习和战术拉练。凭借自己的爱好和天赋，丘吉尔青年时期在骑术、游泳和击剑等运动方面就表现得非常出众，特别是击剑项目，在一次比赛中，他凭自己的实力赢得了银质奖章。

他不仅热衷于体育运动，对于文学，年轻的丘吉尔也表现出了极大的兴趣。虽然大部分课程他都表现得不尽如人意，但文学课是他的强项，他熟知英国历史上各种文学著作，同时还能大段地背诵莎士比亚戏剧中的台词，良好的文学底蕴也为他日后的写作和精彩演说打下了坚实基础。

1893 年，十九岁的丘吉尔经过努力考入英格兰桑赫斯特皇家军事学院。本来就对军事有极大的兴趣的丘吉尔简直是如鱼得水。1894 年 12 月，丘吉尔在 150 名毕业学生中以第八名的优异成绩毕业。1895 年 2 月 20 日，他被任命为第四女王私人轻骑兵队的少尉。年轻的丘吉尔跟随军队去过南非布隆方丹和古巴等地，戎马生涯磨炼了他坚毅的性格，这也是他能够在政治生涯中取得非凡成就的原因之一。

临危受命的铁腕首相

1918 年 11 月 11 日，随着德国签署停战协定，第一次世界大战至此结束。作为战胜国的英国仍位于世界强国之列，可战争对英国社会发展造成了重大打击，全国上下都非常厌恶战争，向往和平，反战情绪高涨。这种反战情绪一直持续到 1937 年第二次世界大战前夕，当时的英国首相张伯伦选择奉行中立的绥靖政策。

张伯伦上台后，为了恢复国内经济，提出裁军和削弱军备的举措，希望军队给经济发展让道。但有着敏锐政治洞察力的丘吉尔对国内呼声日高的裁军政策表示坚决反对，并提出政府要认清德国等“一战”战败国的真面目，必须对德国日益扩充军备、企图撕毁《凡尔赛条约》的行为保持高度警惕。

对此丘吉尔曾预测，法西斯的独裁统治将给整个欧洲带来毁灭性打击，如不提前阻止后果会不堪设想，同时还鼓励英国以及盟友法国加强军备，以抵抗日益扩张的德国法西斯极端势力的侵蚀。

但为了满足英国民众想要休养生息与社会安定的渴望，张伯伦政府仍然对丘吉尔的建议置若罔闻。从 1936 年法西斯狂徒希特勒率领德国军队重新占领了莱茵兰非军事区，公开撕毁《凡尔赛条约》，到1938年德国兼并奥地利，英法等国都对法西斯表现出了极大的忍耐，在1938年的慕尼黑会议后，仍一直幻想能够以牺牲他国利益为前提来稳住德国的野心，避免再次战争。

慕尼黑会议后不到一年，1939年9月1日，德国开始闪击波兰，从此拉开了第二次世界大战的序幕。面对德国法西斯在欧洲大陆上肆虐的态势，英国民众爆发了前所未有的危机感。为此，他们将矛头指向了首相张伯伦以及他的绥靖政策。1940年5月8日，张伯伦向国王递交辞呈，并推荐丘吉尔担任首相。

就这样，在“二战”初期的艰难时刻，丘吉尔临危受命，1940年5月13日，丘吉尔作为英国首相发表了著名的任职演说。在演说中，面对当时民众提出的战争是否能胜利的疑虑，他饱含热情、掷地有声地表示：“我没有别的，只有热血、辛劳、眼泪和汗水献给大家。你们问：我们的目的是什么？我可以用一个词来答复：胜利，不惜一切代价去争取胜利，无论多么恐怖也要争取胜利，无论道路多么遥远艰难也要争取胜利，因为没有胜利就无法生存。”他的话语，如同一颗定心丸鼓励着当时被笼罩在战争阴云中的英国人民。

丘吉尔不单是言语上坚定抗战，同时也将战斗的决心付诸实际行动，日夜辛劳指挥作战。此时欧洲战场上的形势已极其严峻，就在他上任不到七周的时间里，德国在降服北欧后，将锋芒指向了西线，袭击了法国、比利时、荷兰。同时通过打破马其诺防线，德国法西斯的烽火向法国蔓延，法国已经危在旦夕。

就在德国彻底控制了欧陆大西洋沿岸地区之际，1940年5月26日18时57分，随着丘吉尔一声令下，代号“发电机行动”的大撤退开始了，大批英国海军甚至民用船只直奔敦刻尔克港口，短短一周时间内，33.6万名英法联军奇迹般成功从敦刻尔克大撤退。敦刻尔克大撤退的成功，保留了反法西斯的“火种”，为日后英国和法国的反攻保留了战斗力量。

1940年6月4日，丘吉尔通报了敦刻尔克大撤退成功，随后发表了他在“二战”中最鼓舞人心的《我们将战斗到底》演说：“我们将在法国作战，我们将在海洋中作战，我们将以越来越大的信心和越来越强的力量在空中作战，我们将不惜一切代价保卫本土，我们将在海滩作战，我们将在敌人的登陆点作战，我们将在田野和街头作战，我们将在山区作战。我们绝不投降，即使我们这座岛屿或这座岛屿的大部分被征服并陷于饥饿之中……我从来不相信会发生这种情况……我们在海外的帝国臣民，在英国舰队的武装和保护下也会继续战斗，直到新世界在上帝认为适当的时候，拿出它所有一切的力量来拯救和解放这个旧世界。”

在本次演说中，丘吉尔怒怼当时的英国投降派，用慷慨激昂的语言激励英国全民抗战，本次演说也成功激起英国全国上下团结一心抗击法西斯的决心。

钢铁意志，顽强不屈

不久，英国进入了“二战”中最为艰难也是最为黑暗的时刻，德国法西斯空军疯狂轰炸着英国的城市，企图用武力摧毁英国的反抗力量。而丘吉尔仍积极鼓励民众顽强抵抗，他一方面指挥英军在本土作战，另一方面在国际上斡旋国际关系：他一边通过与彼时的美国总统罗斯福的紧密沟通，为英国在最关键的时刻争取到了美国大量的支援物资；另一边又与苏联保持联系，强化与苏联的合作抗敌。在美国宣布加入反法西斯阵营后，丘吉尔又积极地将美国、苏联、中国等国家联合在了一起，共同抵御法西斯阵营。

经过反法西斯联盟多年的艰苦奋战，1945 年 5 月 8 日，也就是德国无条件投降的第二天，丘吉尔向英国人民宣告，英国赢得了胜利。

“二战”的胜利来之不易，丘吉尔在世界反法西斯的艰难时刻力挽狂澜，他的功劳不可磨灭。2002 年，BBC 进行了一次名为“最伟大的 100 名英国人”的调查，丘吉尔力压皇室和大文豪莎士比亚，获选为有史以来最伟大的英国人。

丘吉尔的演说对其政治生涯的成功起到了重要作用。美国杂志《人物》将丘吉尔列为“近百年来世界最有说服力的八大演说家之一”，他一生发表了许多著名的演说，但毫无疑问他在“二战”艰难时期的演说最具影响力。

丘吉尔作为一国首相，他的演说通常会结合当时英国的历史阶段与时代特征，总是观点鲜明、言语简洁。他善于运用大量的陈述句、复合句和排比句来修饰演说内容，从而达到陈述事实的同时又激励民众的目的。1953 年，瑞典文学院在授予丘吉尔诺贝尔文学奖时，曾这样评价：“丘吉尔成熟的演说，目的敏捷准确，内容壮观动人。犹如一股铸造历史环节的力量……丘吉尔在自由和人性尊严的关键时刻的滔滔不绝的演说，另有一番动人心魄的魔力……”正如在著名的《我们将战斗到底》演说中，他慷慨激昂地接连用了多个“我们将……”，这使得他在演讲的同时不断强化演说重点，达到振聋发聩、鼓舞人心的效果。

人物评价

丘吉尔是一位卓越的政治家、谋略家。丘吉尔的演说善用排比和比喻，语言充满气势，画面感很强，表达真诚动人，具有鲜明的个人风格。

心灵导师戴尔·卡耐基

自卑怯懦的前半生

中国有句俗话，叫“人生不如意事十之八九”，一个人在漫长的生命旅途中，不会一直走在康庄大道上，前行的道路上总是充满泥泞和坎坷。当你万事顺遂时，请保持自信开朗；当你受到挫折迷惘时，也要沉淀积累，让智慧和坚毅伴你走过低谷，走向辉煌。

激励他人不断努力走向成功，正是美国著名人际关系学大师、美国现代成人教育之父、西方现代人际关系教育的奠基人、被誉为“20 世纪最伟大的心灵导师”和“成功学大师”的戴尔·卡耐基所奋斗一生的事业。

善于鼓舞人心、激励他人的心灵导师卡耐基，并非生来就是乐观自信的人。相反，幼年的卡耐基自卑又内向。

1888 年 11 月 24 日，卡耐基在美国密苏里州玛丽维尔附近的一个小市镇降生了。他的父亲是当地一个勤恳劳作的农夫，经营着一个小农场，维持全家人的生计，母亲则是一个乐观又虔诚的基督教徒。因为土地贫瘠，即使父母勤恳劳作，卡耐基一家的生活仍旧非常贫困，贫穷的生活导致卡耐基从小就营养不良，身形在同龄人中显得非常瘦小，并且由于长了一对和小脑袋不相符的大耳朵，卡耐基一直被同龄小孩嘲笑，这更加剧了他内心的自卑感。以至于许多年后，当卡耐基回忆起童年生活的艰辛时，他仍感慨道："童年受过的苦，让我格外珍惜今天的幸福。"

因为家庭的贫穷，父母对卡耐基的人生寄予厚望，他们不希望儿子继续做一个农夫、过穷苦的日子，母亲更是想让他以后从事教师或者教父的工作。所以父母一直鼓励他努力学习，并且在他高中毕业后便把他送到密苏里州瓦伦斯堡州立师范学院读书。

为了支付高昂的学费，卡耐基更加卖力地做着一份农场的工作，父母也卖掉了原来的农场，举家搬迁到离学校更近的地方生活以支持他的学业。虽然后来卡耐基通过努力学习得到了全额奖学金，但家里实在是拿不出更多的钱了，他必须四处打工勉强支撑自己的学习生活。

因为付不起在校住宿的费用，卡耐基每天早上做完农活就骑马进城上学，放学后又匆匆忙忙骑马回家继续干活，卡耐基在学校里并没有多少朋友，因为不善言辞还受到了不少同学的排挤。

可即使生活如此艰难，卡耐基仍努力读书，试图通过知识改变命运，而他多年后的成功也证实了这个想法是正确的。

努力付出终有回报

卡耐基所在的州立师范学院有一项传统，就是非常重视学生的辩论及公众演说能力，因为作为一名未来的老师，上台讲话是必备技能之一。学院为了锻炼学生的演说技能，每年都会举办校园演讲比赛，在比赛中赢得冠军以证明自己的实力是每个学生梦寐以求的目标，其中也包括当时毫不起眼的卡耐基。

希望总是美好的，现实却是残酷的，卡耐基陆续参加了十二次演讲比赛，都没有取得什么成绩。如果是一般人，早就受不了打击放弃参赛了。但卡耐基不一样，他从不会轻易放弃，而是发自内心地相信自己总有一天会成功。于是他迅速调整心态，重新振作起来，对每次失败的原因进行分析并逐步改善，他不再拘泥于演讲的形式，而是着眼于演讲内容的丰富性，通过一次又一次的练习，不断强化演说中节奏的带动作用和情绪的渲染效果，卡耐基的演说能力得到飞速提升。

终于，功夫不负有心人。1906年卡耐基以一篇名为《童年的记忆》的演说击败强劲的对手，获得了“勒伯第青年演说家奖”，而这份演讲稿后来被收藏在瓦伦斯堡州立师范学院的校志里，保存至今。日后回忆起自己这段发奋振作、挑战自我的经历，他表示：“我那时虽然很差劲，但后来我发现至少自己可以站着，并说出比一般演说者更具活力的演说。”

这次演讲的成功让卡耐基受到了巨大的鼓舞，努力拼搏最终获胜的经历让他彻底摆脱了原来自卑的心理，同时也让他发现，拥有不屈不挠、勇往直前的心态对一个人的成功来说是多么重要，正是这一股努力拼搏的劲头改变了他的人生，帮助他走向了巅峰。

从此，卡耐基成了学院的风云人物，并且开始在各大场合公开演讲，让师长和同学都刮目相看，这极大地增强了他的自尊心和自信心。这段经历也启发着他探索日后努力的方向，他说：“我虽然经历了十二次失败，但最后终于赢得了演讲比赛。更为激励我的是，我训练出来的男学

生赢了公众演说赛，女学生也获得了朗读比赛的冠军。从那一天起，我就知道我该走怎样的路了……”

勇往直前，永不放弃

根据卡耐基的人生规划，大学毕业后他会完成母亲的心愿——回家乡做一名老师教书育人。但计划赶不上变化，毕业那年，卡耐基看到自己的同学利用暑假为国际函授学校推销函授课而获得丰厚的报酬后，便改变了自己的规划。他只身前往国际函授学校总部所在地的美国科罗拉多州丹佛市，成为一名函授课推销员。随后又为阿摩尔公司贩卖过一段时间火腿、肥皂和猪油等商品。

虽然工作让他生活无忧，但是卡耐基仍希望追求心中的梦想，斟酌之后，他辞去了薪酬优渥的推销员工作，带上行囊前往纽约市美国戏剧艺术学院学习自己喜爱的表演，但经过尝试后他发现自己根本不适合表演，便又开始探索其他职业方向。

人生总是充满了不确定性。在各种工作间兜兜转转一圈后，他决定从事一份自己擅长的工作——写作。因为毕业于师范学院，他的文字功底一直很不错，而且写作也是他热爱的事业之一，于是他白天就在家写书，晚间去夜校教书，以赚取生活费。

大学时期的演讲比赛经历一直让他备受鼓舞，于是他竭尽全力说服了纽约一个青年组织的会长，会长最终特许他晚间开设一个公开演讲班，专门为商业界人士进行演讲培训。

从此，卡耐基开始了成人教育的事业。他丰富的人生经历对他开班授课起了很大的帮助：推销员工作使他懂得了如何与人沟通交流，如何掌握人际交往的心理变化；公开表演的经历让他在众人面前毫不怯场，能够表现出大方自信的一面；写作则是锻炼了他的语言逻辑能力和文字表达能力；而在学校期间的演讲则更让他熟知口才技巧的运用。于是，卡耐基开始在成人教育事业上大展拳脚。

俗话说："时代的一粒尘埃落在凡人头上就是一座大山。"1929 年美国开始经济大萧条，华尔街的股价暴跌，大量银行破产，成片的工厂倒闭，工人失去工作成了无业游民，社会上弥漫着绝望的气息。

尽管社会环境打击了许多人，但卡耐基却坚定了自己帮助他人战胜挫折的信念，他不畏艰难继续开办自己的成人教育事业并将规模做得越来越大。对大多数受到经济大萧条冲击的人而言，卡耐基的鼓励和激励让他们在人生最艰难的时光中看到了希望，他也成为人们走出迷茫和困顿的精神支柱。

毫无疑问，卡耐基在道德、精神和行为方面给成千上万的人带来了启发和改变，美国《纽约时报》曾公开表示："除了自由女神，卡耐基精神就是美国的象征。"可见他的精神理念影响之大。此外，他首次开创了成人教育的先河，他的教学方式和原则，成为绝大部分培训机构效仿的典范，并被沿用至今。

卡耐基一生著作非常多，而他所著的《人性的光辉》《语言的突破》《美好的人生》《人性的优点》等，曾被译成二十八种文字在全球流通，其中《人性的弱点》一书，更是世界出版史上的畅销书。著名发明家爱迪生、著名物理学家爱因斯坦、圣雄甘地、创造了"米老鼠和唐老鸭"等经典动画片的著名制片人华特·迪士尼、旅馆业巨头希尔顿等，都深受卡耐基思想的影响，成了他的忠实粉丝。

1955 年 11 月 1 日，这位 20 世纪最伟大的成功学大师溘然长逝。虽然卡耐基已经离我们远去，但是他的思想并没有消失，也没有被世人抛弃，相反，在今天这个竞争激烈的社会，青年人遇见了挫折与困惑，仍能在他的书中得到帮助和解答，他创造的卡耐基成人教育体系仍指导着许多年轻人在生活和工作中改变思想、调整心态、坚定信念、勇往直前。

人物评价

戴尔·卡耐基儿时家境贫寒，他曾饱受奚落与嘲笑，内心充满自卑和挫败，但他经受住了生活的磨砺，在绝望中提升自己，在坎坷中洞察人性，最终在演说、写作、成人教育领域找到了自己的舞台。

寻找成功法则的拿破仑·希尔

用手枪换打字机

在这个世界上，人人都想成功，但不是所有人都能走向成功，成功除了要有必胜的自信心，方式和方法也非常重要。美国历史上曾有一位“百万富翁的创造者”，也是世界上伟大的励志成功大师之一——拿破仑·希尔。可是他的人生也并非一帆风顺，在成功之前也经历了许多坎坷和挫折。

1883年，世界著名发明家托马斯·爱迪生设置了世界上第一座使用露天电线的电照明系统。正是在这一年，希尔出生在美国弗吉尼亚州怀斯县的偏远山区。生母在他十岁时就去世了，一年后父亲另娶了一位年轻的寡妇做妻子，也就是希尔的继母玛莎，她的到来可谓改变了希尔的一生。

要知道幼小的希尔由于家境贫寒，在偏远的小村镇也没有受到什么良好的教育，整天游手好闲、无所事事，甚至跟随镇上的其他年轻人拿着枪支到处游荡，如果没有继母玛莎，等待他的很可能就是牢狱生活。继母玛莎是一个受过良好教育的女性，面对这个令人头疼的“不良少年”，她表现出了极大的包容心和爱心。

通过日常接触，玛莎发现希尔在写作上有着极高的天赋，便鼓励和引导他接受正规的教育，远离打架斗殴和到处游荡的日子。

玛莎曾和希尔打赌说：“你相信我，如果你使用打字机和你的左轮手枪一样好的话，你会变得非常富有，非常有名气，全世界的人都会知道你。”

在她的影响下，十三岁的希尔用一支手枪换回了一台打字机，而这也意味着他与游手好闲的生活彻底决裂。这件事令希尔受益终身。后来，他回忆起继母的时候，仍旧非常感激，他说：“我所成就的一切都要归功于她。”

凭借过人的天赋和后天的努力，不久希尔的写作水平突飞猛进，他十五岁的时候，就已经开始给当地的报纸写稿子，以此来赚取微薄的薪水补贴家用。

伯乐相马开启新思路

在高中顺利毕业后，希尔通过努力考取了一所商学院。

为减轻家庭负担，他一直半工半读赚取生活费用，他吃苦耐劳，很快就积累了一定的社会经验。他毕业后，如愿为弗吉尼亚州首席检察官、大名鼎鼎的资本家鲁弗斯·艾尔斯工作了一段时间。

为取得这份工作，希尔毛遂自荐，可谓是十分大胆且富有勇气。希尔首先给艾尔斯写了一封信，在信中他大胆地表明想在艾尔斯这里讨要一份工作，他不仅不要薪水，反而要给艾尔斯付钱。

希尔表示在自己工作的前三个月，艾尔斯可以向他索要一笔钱，但三个月试用后，如果觉得他很不错，那么艾尔斯就要按照同样的数目支付薪水给他。这封信让艾尔斯觉得很新奇，对写信的希尔也充满了兴趣，于是他给了希尔这个难得的工作机会。最终，艾尔斯被希尔的工作能力与踏实肯干、真诚可靠的品性打动，正式地雇用了他。

这是希尔第一次接触成功人士，他很受鼓舞，立志也要在自己的领域取得成功。在努力为艾尔斯工作期间，他对法律产生了浓厚的兴趣，并且说服弟弟同他一起去乔治敦法学院读书。由于家境并不宽裕，父母一时间无法负担两个儿子的学费，希尔便用自己的稿费和平时积攒的薪水来支付两人的学费。

最终弟弟顺利从学院毕业，希尔却中途退学，退学后他在一家杂志社工作。杂志社的老板罗伯特·泰勒是一名出生于田纳西州的参议员，作为当地政坛人物，他的人脉非常广。希尔文采斐然，做人热情正派，很快便受到了老板泰勒的赏识，不久后便被安排采访各界成功人士，撰写关于他们成功经历的故事，这也成为杂志的一大卖点。

机缘巧合下，希尔遇见了他人生中的伯乐——钢铁大王安德鲁·卡内基。希尔顺利完成了对安德鲁的采访工作，就在快结束时，安德鲁突然问他，是否愿意接受一份特殊的工作——用自己人生的二十年时间来研究世界上的成功人士，不过这份工作没有报酬。

“你愿意接受吗？”安德鲁看着希尔问。希尔垂下头，有些犹豫，毕竟他的生活已经很拮据，家庭也不富裕，他需要工作赚钱养家，但是如果以后二十年都能和世界成功人士接触，向他们学习，研究成功之道，这对他的诱惑力实在是太大了。希尔思考片刻，坚定地回答：“我愿意。”

安德鲁脸上随即露出了满意的笑容，他举起手中紧握的怀表说：“年轻人，如果你的犹豫超过一分钟，将得不到这次机会。实话告诉你，在你之前我已经考察了近两百个年轻人，但是没有一个人能在一分钟内给出答案，说明

他们都优柔寡断，这也说明你非常机智果断，我非常欣赏你。年轻人，恭喜你得到了这份工作。”

第二天，安德鲁就带希尔采访了当时最著名的发明家托马斯·爱迪生。再之后，希尔陆续接触到了福特汽车建立者亨利·福特、柯达公司创始人乔治·伊斯曼、世界石油大王约翰·洛克菲勒等著名人物，经过安德鲁的引荐，希尔结识了多达五百多位各领域的成功人士。

而正是因为希尔勤于思考、善于总结他们的成功经验，最终写成了他的著作《成功定律》。《成功定律》一经上市就被抢购一空，一度打破销售纪录，成为当时最受欢迎的成功励志书籍，激励千百万人不断努力，追求成功。

毫无疑问，《成功定律》成就了希尔，正如他的伯乐安德鲁所说：“我一生的最大成就之一，是帮助拿破仑·希尔完成他的‘成功学’。这比我的财富更重要。他的成功学，是一个‘经济的哲学’”。

鼓舞民心，影响深远

如果仅仅以成功学大师来定义希尔是非常狭隘的，因为希尔的影响力不仅限于成功学的范畴，他在国家面临危机时所做的贡献，更是值得大家尊敬。

当时已经声名大噪的希尔收获了一批粉丝，其中就包括第二十八任美国总统威尔逊。当第一次世界大战爆发时，美国出于自身国家利益的考虑，由最初的保持中立到后来选择公开加入协约国参战，虽然宣布参战，但受国内反战情绪影响，军队士气仍然比较低迷，国民参战意愿不强。对此，威尔逊总统想出了一个办法，他搬出了希尔，用他的经典的励志方法训练和鼓舞士兵，从而大大提升了军队的士气。

紧接着，在美国 1929 年开始的经济大萧条中，国家经济实力的衰退导致国民悲观情绪急速蔓延。1933 年第三十二任美国总统罗斯福再一次想到了希尔，他把希尔请进白宫做自己的“军师”，请他主持著名的“炉边谈话”节目。虽然当时国情不容乐观，但他仍坚持通过自己富有激情的演说，将积极乐观的心态和不屈不挠的奋斗精神通过无线电传递给每一个坐在收音机前的美国民众，借此唤起当时美国民众的信心。

希尔本人也出身贫寒，因此对当时被大萧条打压到生活信念崩塌的美国民众有着很强的同理心，对社会稳定发展也有着很强的责任心。对此，希尔一边通过自己激情乐观的演讲鼓励人们，另一边又凭借自己多年积累的人脉，为罗斯福总统组建了美国有史以来最为庞大的智囊团，间接为美国彻底走出经济大萧条甚至是赢取“二战”的胜利贡献了一份力量。而更值得尊敬的是，希尔为国家做了这么多工作，却不收取一分钱的报酬，全都是他发自内心的爱国之举。

随着希尔的影响力越来越大，在 1940 年至 1965 年的二十五年间，他开始陆续在欧美各国开展巡回演说。此时的欧洲在饱受了战争的摧残后百废待兴，人民普遍情绪低落，社会被笼罩在一种悲观情绪中。在演说中，希尔通过“遭遇逆境，可以使你变成强者”“机会是突破困境的跳板”“先要专注做好一件事，不要一下做太多的事”等多个主题，教给人们走出困境的方法，同时不断提升人们的信心，让他们重拾理想和希望，积极投入生活和工作。

可以说希尔的演说正是照进人们黑暗生活中的一束亮光，也正因为如此，希尔巡回演说所到之处都受到当地人民的热烈欢迎。美国著名杂志《时代周刊》也对巡回演说给予高度的评价，称赞希尔的演说足以给人们提供一种“震撼人心的力量”。

第一代成功学大师戴尔·卡耐基强调“人际关系”和“处

世技巧”对于成功的重要性，而希尔更注重通过高效的、具体可操作的方法走向成功，他也被誉为“第二代成功学大师”。他的《成功定律》《思考致富》《人人都能成功》等著作被译成多种文字,在全世界出版发行,受到世人追捧。

希尔曾经将自己的毕生心血总结归纳成了十七条成功原则，也被世人称为“十七条黄金定律”，正如轮船大亨罗伯特·达拉所言：“我如果五十年前学到这十七条黄金定律，可能只需要一半的时间就能取得成就。”

“十七条黄金定律”与君共勉：

1. 积极的心态；

2. 明确的目标；

3. 多走些路；

4. 正确的思考方法；

5. 高度的自制能力；

6. 培育领导才能；

7. 建立自信心；

8. 迷人的个性；

9. 创新制胜；

10. 充满热忱；

11. 专心致志；

12. 富有合作精神；

13. 正确面对失败；

14. 永葆进取心；

15. 保持身心健康；

16. 合理安排时间和金钱；

17. 养成良好的习惯。

人物评价

拿破仑·希尔的成功，离不开艾尔斯、安德鲁·卡内基等伯乐的培养，更重要的是他敢于积极争取机会，并能够把握机遇证明自己。拿破仑·希尔曾帮助美国两位总统带领群众渡过难关，且不求回报，他的热情和奉献赢得了国家和社会的一致尊敬。

伟大的民主战士闻一多

“五四家书”见真情

“你可知‘Macau’，不是我真姓，我离开你太久了，母亲……”这首中国澳门的回归主题曲——《七子之歌》想必大家都耳熟能详，却鲜少有人知道这首歌歌词的由来。这首歌的歌词改编自我国伟大的爱国主义者、中国知识分子的骄傲和楷模闻一多在1925年3月创作的《七子之歌·澳门》。

1899 年的中国还处在清王朝封建制度统治之下，11 月 24 日这一天，闻一多在湖北省黄冈市蕲水县巴河镇出生了。闻家在当地是有名的书香门第，闻一多的父母更是当时为数不多的思想开明的人，他们对儿子的未来有着长远的打算和深切的期盼。

而闻一多也不负父母期望，他自幼聪明好学，五岁入私塾读书，十岁开始就读于两湖师范附属高等小学，十三岁时就考入清华大学的前身——北京清华留美预备学校，且是当年复试的鄂籍第一名。

1919年巴黎和会上中国外交的失败，极大伤害了中国人民的民族自尊心，中国国内矛盾迅速激化，以中国青年学生为主体的五四运动爆发了。而彼时正在清华大学读高等科二年级的闻一多也加入运动，他把对中国外交失败的愤慨融汇在自己手写的一纸《满江红》中，第二天一早便张贴在学校的食堂门口，得到广大学生的关注和响应。

正当五四运动开展得如火如荼之际，远在千里之外的父母也听说了北京发生的大事，出于对儿子人生安危的考虑，父母要求闻一多尽快离开北京返乡度假，虽然往年一到暑假闻一多都会回家，但那一年他没有选择返乡，并且在不久之后给父母写了一封家书明志，希望得到父母的理解和支持。

在家书中，闻一多先是宽慰父母不用为自己的安全担心，同时也向父母表明了自己愿意留在北京为国家奔走呼号的强烈意愿。在家书中他写道："国家至此地步，神人交怨，有强权，无公理，全国瞢然如梦，或则敢怨而不敢言。独一般学生敢冒不韪，起而抗之。虽于事无大济，然而其心可悲，其志可嘉，其勇可佩。"

随后，闻一多又表示："男在此为国作事，非谓有男国即不亡，乃国家育养学生，岁糜巨万，一旦有事，学生尚不出力，更待谁人？忠孝二途，本非相悖，尽忠即所以尽孝也。且男在校中，颇称明大义，仅遇此事，犹不能牺牲，岂足以谈爱国？"

通过"五四家书"的字字真心，可见当时年仅二十岁的闻一多，在国家和民族利益与个人安危的冲突面前，他毫不犹豫地选择了前者，如此炽热的家国情怀十分难能可贵。

红烛照耀的爱国诗人

1922 年 7 月，闻一多受导师建议前往美国留学，因为导师觉得他艺术天赋高于文学，便推荐他学习艺术，因此他先后在美国芝加哥美术学院、科罗拉多大学和纽约艺术学院进行学习。虽然正如其导师所言，闻一多的艺术天赋极高，在美国留学进修后其艺术造诣更上一层楼，但令导师没有预料到的是，此时的闻一多除了艺术外，对文学创作同样表现出了极大的兴趣。

在美国留学期间，闻一多完成了大量的新型诗歌创作，

1922 年年底，他与好友梁实秋合著《冬夜草儿评论》。1923 年 9 月，闻一多出版了他的第一部诗集《红烛》，收入其诗作六十二首，内容涉及题材广泛，构思精巧，想象奇新。诗集一经出版便引起轰动。随后在 1928 年年初，闻一多便出版了自己的第二部诗集《死水》，在本部诗集中闻一多选择一个不同寻常的角度，用颓废悲伤的词语表述自己的爱国主义情怀。

《死水》出版时，闻一多已经回国任教。作为中国新诗的代表人物，闻一多同时对中国古典文学产生了浓厚的兴趣，开始深入研学，从《周易》到唐诗，从古代神话到史前文学……其涉猎之广、研究之深，令人惊叹。

闻一多的诗歌创作带有浓郁的个人色彩，他的诗歌中有着李白的洒脱浪漫，又兼顾杜甫诗的沉郁伤感；有高适的雄浑惊奇，又兼顾范仲淹的沧桑悲壮……可谓是将千古诗魂糅合到一处，便成就了闻一多特有的诗歌风格，其大胆的想象、悲怆的言语，浓墨重彩如同一幅幅色彩绚丽的油彩画，让人内心受到极大震撼，过目不忘。

不畏强权的革命烈士

彼时的国内形势已经越发严峻，1937年七七事变后，中国抗日战争全面爆发。为保护中国教育火种，清华大学一路南下至昆明，与北京大学、南开大学组成西南联合大学，闻一多作为学校教授也跟随学校迁往昆明。就在南迁的过程中，他目睹了国家动荡造成的民不聊生，看到敬爱的祖国处于水深火热的境地，他心中悲痛万分，同时也发现光靠文学无法拯救积贫积弱的国家，于是他毅然决然地投身到抗日救亡的斗争中。

但是抗日战争胜利后，面对中国的百废待兴，国民党政府无视中国人民过上稳定生活的愿望，挑起内战。1946年6月，“双十协定”被撕毁，反动派对中原解放区发动疯狂进攻，全国解放战争由此正式开始。面对反动政府这种倒行逆施的举措，全国人民强烈反对。

为了打压国内的爱国人士，国民党反动派在他们暂时统治的区域内制造白色恐怖，大肆逮捕、严刑拷打和残酷屠杀革命人民。为了反抗这种残酷的镇压，1946年6月29日，民盟云南支部举行社会各界招待会，闻一多在会上宣布民盟决心响应中国共产党的号召，坚持“民主团结、和平建国”的立场，号召：“各界朋友们亲密地携起手来，共同为反内战、争民主，坚持到底！”这无疑是对国民党反动派的勇敢反抗，因此民盟成了反动派主要打压的目标。

1946年7月11日，当时的民盟负责人、著名社会教育家、救国会七君子之一李公朴，在昆明被反动派的特务暗杀。闻一多听到消息后悲痛万分，他当即通电全国，控诉反动派的罪行，同时还在《学生报》的李公朴先生死难专号上题词：“反动派！你看见一个倒下去，可也看得见千百个继起来！”以此表达自己对暴行的强烈不满，而他这一举动也引起了国民党反动派的高度关注，以至于在李公朴被刺当天晚上，便有人偷偷敲开闻一多的家门，告诉他传言国民党反动派的黑名单上第二个就是他，劝告他近期不要出门。

可是面对国民党反动派的死亡威胁，闻一多并不惧怕，1946年7月15日，他毅然地参加了云南大学举行的李公朴追悼大会，原本大会为了他的安全考虑，并没有安排他发言。但面对特务分子在李公朴夫人血泪控诉过程中的故意破坏，闻一多忍无可忍。在李公朴夫人结束发言后，他毫无畏惧，义愤填膺，发表了著名的演说——《最后一次演讲》。

在演讲的开头，闻一多便横眉冷对在场特务分子，抛

不自由毋寧死

出反问:“李先生究竟犯了什么罪,竟遭此毒手?他所写的,所说的,都无非是一个没有失掉良心的中国人的话!”在痛斥国民党反动派种种罄竹难书的罪行后,闻一多继续号召大家坚决斗争到底,他在演说的最后,握拳鼓励大家要不畏艰难险阻,积极争取民主和平:“我们不怕死,我们有牺牲精神,我们随时准备像李先生一样,前脚跨出大门,后脚就不准备再跨进大门!”

全篇演说的篇幅虽然不长,但可谓是一次经典的即兴演说。本次演说体现了闻一多在语言表达和逻辑思维上的深厚功力,特别是全文多个反差强烈的对比句,体现了闻一多对国民党反动派的愤怒和憎恶之情。如在演讲中,他连说了几个“无耻”,且一次比一次言语激烈,从对国民党反动派的斥责到强烈控诉,表达对他们恶毒手段和阴谋的蔑视与仇恨,同时也用敌人的“无耻”反衬李公朴为民主和自由而死的“光荣”。

演说中的反复对比可以产生强烈的情绪,给在场听众带来极大的鼓舞,坚定了革命必将胜利的决心。在场听众情绪被高度调动,大家多次的鼓掌声甚至打断了演说。毛泽东同志对闻一多先生的此举曾给予高度评价,他在《别了,司徒雷登》一文中写道:“闻一多拍案而起,横眉怒对国民党的手枪，宁可倒下去，不愿屈服……表现了我们民族的英雄气概。”

但他越是得到支持就越令国民党反动派怀恨在心。就在当天下午，闻一多在与儿子闻立鹤一同回家的途中，被两名宪兵狙击，身中十余枪不幸罹难，终年四十七岁。

闻一多罹难的消息引起社会巨大的反响，学者陈永发表示：“闻一多遭暗杀事件，是国共内战转折点之一。当时国民党处理不当，被批为法西斯独裁，让红色政权赢得知识分子、学生支持，甚至连国际舆论、支持也开始转向。”可见闻一多之死的影响深远。

虽然闻一多早已离开我们，但他不畏强权的精神仍激励着无数爱国志士，指引着我们在人生道路上奋力拼搏。

人物评价

闻一多是一位严谨求实的学者，热情真挚的诗人，勇敢无谓的爱国者。他有难得的赤子之心，执着救国，笃行务实，勇敢无私，用一行行诗句和一句句激昂的演说唤醒当时的中国人。

和平斗士曼德拉

从王子到战士

每个国家都有自己独特的地域代表：谈及法国，我们会想起浪漫的埃菲尔铁塔；谈及埃及，我们会想起雄伟的狮身人面像；谈及南非，大多数人则会想起一个人物，一个为了南非反对种族隔离制度的和平斗士，他正是南非第一位黑人总统——纳尔逊·罗利赫拉赫拉·曼德拉。

曼德拉是一个土生土长的南非人，于 1918 年 7 月 18 日出生于南非特兰斯凯首府阿姆塔塔一带的小村庄，他的家族正是当地的腾布王朝，该王朝一直统治着南非开普省的特兰斯凯地区，可以说，曼德拉出生即是当地王朝的一名王子。

从葡萄牙著名的航海家迪亚士发现好望角开始，西方列强对南非的掠夺就没有停止过，特别是后续人们勘探发现这里有丰富的钻石和黄金，它更是引来了无数侵略者的疯狂争抢。直到19世纪初，当时拥有“日不落帝国”之称的英国入侵荷属南非，占领了荷兰的南非殖民地。至此，南非又成了英国最重要的殖民地之一，为英国源源不断地提供着各种资源。

曼德拉便是在这个大环境中成长，他的父亲作为牡韦佐城镇的部落酋长，十分厌恶殖民者的入侵，这使得殖民当局与曼德拉家族关系紧张，最终殖民当局强行将曼德拉家族移至库努，逐步削弱他的家族势力。

作为贵族，命运还是给予了他和别人不一样的恩惠，比如，衣食无忧和读书学习的机会。要知道，在当时作为土著黑人，读书是一件非常难得的事。更令人欣慰的是，曼德拉天资聪颖、热情好学，通过自己的努力取得南非大学文学学士学位，毕业后又获得威特沃特斯兰德大学律师资格。

就在曼德拉在威特沃特斯兰德大学攻读律师之际，家人要求他回去继承部落酋长的位置。一边是家族酋长优渥的生活，一边是黑人受到歧视、处在水深火热之中的情况，曼德拉经过思考，最终还是拒绝了家人的建议，他表示：“我决不以一个酋长的身份统治一个受压迫的部落，而要以一个战士的名义，投身于民族解放事业。”

曼德拉之所以这么说，是因为彼时的南非，种族隔离非常严重，黑人及其他有色人种受到了殖民白人的区别对待：当地所有的公共设施，甚至是学校、医院都按肤色进行区分，黑人进入白人的公共场所被认为是违法行为。此外，黑人不能在政府中任职，不能与白人结婚，甚至连最基本的公民选举的权利都被无情剥夺。

为此曼德拉立志要打破种族隔离，为祖国的黑人争取到应得的平等权利。

1944 年，曼德拉参加主张非暴力斗争的南非非洲人国民大会（简称“非国大”）。由于他的声望和对反种族隔离的积极贡献，1952 年，曼德拉先后任非国大执委、德兰士瓦省主席、全国副主席。同年年底，殖民当局对黑人和其他有色人种的歧视愈演愈烈，甚至企图将种族歧视法律化、制度化。这令非国大极为愤慨，为此曼德拉同非国大其他领导人一起举行了“蔑视不公正法令运动”，经过这场运动，曼德拉也逐步走进国际大众的视野，受到黑人的尊敬。

“蔑视不公正法令运动”一方面让曼德拉赢得外界尊敬，另一方面也让南非的殖民当局开始对他特别关注，为此殖民当局曾两度发出禁令，不准他参加公众集会。

漫长的监禁生涯

面对黑人的反抗运动，殖民当局并未退步甚至将种族歧视进一步扩大。1958 年 9 月 2 日，殖民当局出台了臭名昭著的歧视政策——《班图斯坦法》，该法企图通过建立多个所谓的“班图斯坦”黑人家园，将一千余万非洲黑人限制在 12.5% 的南非国土中，该法案的真正目的是变相地削弱和压榨黑人。

此举受到了南非黑人的反对。1961 年，曼德拉逐渐意识到以前的非暴力运动并不能解决黑人的困境，唯有积极反抗才能走出一条革命新路。于是他经过努力创建了非国大的军事组织“民族之矛”，并挺身而出担任该组织的总司令，企图用武装斗争方式对抗暴力镇压。

但是，最终曼德拉还是被南非当局以“煽动罪”和“非法越境罪”抓获，并判处他五年监禁。

1962 年 10 月 15 日，他被关押在比勒陀利亚地方监狱中，受到了非人的折磨。试想如果把一个人一直囚禁在一间仅有 4.5 平方米的单人小房间，房间内没有自然光线，没有与其他人的交流，甚至连书本都没有，那种滋味，别说是一个月，短短几天就能轻松击垮一个人的心理防线。

而曼德拉靠着顽强的意志力一直坚持了近两年之久，直到1964年6月南非殖民当局以“企图以暴力推翻政府罪”判处正在服刑的曼德拉终身监禁，随后将他转移到环境更加恶劣的罗本岛，曼德拉在罗本岛上被监禁了二十年，直到1982年被再次转移到波尔斯摩尔监狱。

监狱的艰苦岁月并没有消磨他的意志，相反，困难的生存环境反而锤炼了他坚韧不拔的意志。对待生活，他乐观、积极，在被转到开普敦的波尔斯摩尔监狱后，他争取到在监狱内开辟一个小菜园的权利，他的菜园里总是种满了新鲜蔬菜，一片生机勃勃。就这样，曼德拉在监狱中度过了漫长的二十七年。

直到1990年2月10日，在外界多方力量的干预下，南非殖民当局不得不宣布无条件释放曼德拉。

出狱演说轰动世界

被无罪释放后，曼德拉立即在众人拥护下前往约堡的索维托足球场，面向十二万人发表了著名的出狱演说——《为理想我愿献出生命》。

在演讲中曼德拉条理清晰、语言激昂地表达了自己对

南非反种族歧视而努力的个人及团体的敬意，同时也向世人宣告了自己对反种族歧视的坚定信念。在演说中，曼德拉将二十七年前面临宣判、临危不惧时说过的话又重复了一遍，他对着广大黑人同胞说道：“我一直希望能够建立一个真正民主、真正自由的社会，这一直是我的理想，我希望所有人都能够和谐地生活在一起，永远没有争端和冲突，这是我人生的目标。我活着的目的，就是亲眼看到这个理想的实现。如果达到这个目标需要我献身，我将毫不犹豫地舍弃我自己，对我来说这个理想高于一切。”说完，在场人民激动地振臂高呼，现场气氛热烈非常。

出狱后的曼德拉并没有对当时关押他的人怀恨在心，相反，他宽容大度，甚至邀请当年负责看押他的三名狱警参加自己的总统就职典礼。在就职仪式上，曼德拉热情地同他们拥抱，并解释道：“今天邀请你们来，是希望告诉你们，在我走出囚室经过通往自由的监狱大门那一刻，我已经清楚，如果自己不能把悲伤和怨恨留在身后，那么我其实仍在狱中。我现在已经放下了，请你们也放下！”听了曼德拉的话，狱警们无不动容并对他产生了深深的敬意。

1994 年 4 月，在南非首次不分种族大选结果揭晓后，曼德拉依靠强大的个人魅力以绝对优势成为南非历史上首位黑人总统，通过努力，他终于领导南非人民推翻了种族歧视，最终开创了民族平等的新局面。

为表彰他为废除南非种族歧视政策所做出的贡献，1993 年 10 月，诺贝尔和平委员会授予他诺贝尔和平奖。2009 年 11 月，联合国大会为表彰他对和平文化与自由的贡献，宣告 7 月 18 日为“纳尔逊·曼德拉国际日”。

回顾曼德拉的一生，他经历过太多的苦痛与折磨，也见证了太多的黑暗与不公。但这一切都没有压垮他，他依靠顽强坚忍的精神、宽容平和的品质，艰难地走过了人生的黑暗时刻，为南非乃至世界的和平与发展积极奔走，贡献自己全部的力量。

毫无疑问，曼德拉是 20 世纪 90 年代非洲乃至世界上的一名和平主义者。中国香港著名歌手黄家驹被曼德拉的精神感动，创作了一首脍炙人口的歌曲——《光辉岁月》，这首歌中唱道：“风雨中抱紧自由，一生经过彷徨的挣扎，自信可改变未来，问谁又能做到。”在曼德拉的身上，我们可以看到人性的光辉，看到那不屈的力量和包容大度的气魄，看到人类对自由平等的渴望与追求。

人物评价

曼德拉出身贵族，接受过良好的教育，但他并没有安居于优渥的身份，而是为废除南非种族隔离不懈斗争。他凭借坚毅的人格在狱中度过漫长的二十七年，出狱后依旧奋斗不止，迸发出超乎常人的生命力。他的包容大度、顽强不屈和对自由平等的渴望，永远闪烁着人性美好的光辉。

不朽的马丁·路德·金

残酷的成长环境

1502年，第一艘载满黑人奴隶的船只由西班牙驶入西印度群岛，黑人长达数百年的被奴役的悲惨历史就此拉开序幕。那时，黑人被肆意地买卖、殴打甚至杀害，直到1863年美国南北战争之际，当时的美国总统林肯主导签署了《解放黑奴宣言》，才宣告了美国奴隶制度的废除，至此美国黑人终于在法律上获得解放，成为自由人。

但由于种族歧视观念根深蒂固，直到《解放黑奴宣言》签署一百年之后的20世纪60年代，美国的种族歧视和种族压迫仍未消除，甚至有愈演愈烈之势。生活在美国的黑人不仅穷困潦倒，还经常受到不公正的对待。在当时，黑人不得同白人享受一样的教育资源，黑人必须在人行道上给白人让路，不能进入白人聚集的地方用餐，甚至不能和白人共用一个公共厕所……诸如此类的歧视现象比比皆是。

在这种残酷的环境中，1929年1月15日，马丁·路德·金出生于美国佐治亚州亚特兰大的一个黑人家庭。他的外祖父亚当·丹尼尔·威廉姆斯是一位牧师，也致力于为有色人种争取公平利益。他的父亲也叫马丁·路德·金，继承了岳父威廉姆斯的衣钵，也是一名牧师，而他的母亲则致力于教书育人，是一名教师。

虽然彼时美国黑人仍生活在水深火热之中，但是马丁·路德·金的父母给了他充满关爱的家庭氛围。就这样马丁·路德·金在父母的庇护和关怀中一天天茁壮成长，直到六岁时的一天，他第一次遭遇了人生的重大挫折：从小和他亲密无间的白人小伙伴决定与他“绝交”。而“绝交”的理由仅仅是因为马丁·路德·金的皮肤是黑色的。在那个年代，黑人作为社会的“二等公民”，是不允许和“一等公民”的白人做朋友的。

父母得知此事后，除了耐心安慰幼小的马丁·路德·金之外也无能为力。从此，关于种族偏见的疑问种子在他心中扎下了根：为什么人与人之间的友谊，要因为肤色的不同而有所区别？为什么说白人天生就比黑人优越？评判一个人的标准为什么不是品行，而是肤色？

带着内心的疑问，马丁·路德·金逐渐长大。可是随

着阅历的增加，他的疑问越来越沉重，因为他亲眼看到了太多针对黑人的歧视和暴力行为，比如，他不能进入白人所在的学校，不能去白人所在的俱乐部，甚至必须在长途公交车上把座位让给白人。警察对黑人暴力执法，暴力团伙把无辜的黑人吊起来辱骂和殴打——这些竟都成了家常便饭。严重的种族歧视和暴力行为像一根刺狠狠地扎在他的心中，而为黑人争取公平公正的社会地位，成了他心中的一个奋斗目标，这也为他日后投身于黑人民权运动埋下了伏笔。

一战成名的优秀牧师

马丁·路德·金虽然被隔离在黑人学校上学，但这并不影响他对知识的热爱，相反更加激发了他想要改变命运的斗志。通过努力，他以高分进入莫尔豪斯学院攻读社会学，毕业后又进入宾夕法尼亚州的克鲁泽神学院攻读神学。在学习期间，马丁·路德·金接触并深入研究了圣雄甘地在社会改革方面的非暴力不合作策略，这对他后来领导的民权运动产生了深远的影响。受父亲的影响，1954 年将要取得神学博士学位的马丁·路德·金与妻子南下，成为一名牧师。

在校期间，不善言辞的马丁·路德·金选择参加学校的辩论队，通过经常参加辩论比赛，他的演说与口才技巧得到很大程度的提升；辩论中的即兴发挥，锻炼了他敏捷的思维能力；在他成为牧师后，每周都会面对群众进行宣讲与分享，在这个过程中，马丁·路德·金掌握了与听众建立情感共鸣的方法，从而进一步提升了其语言的表达能力和氛围渲染能力，这些都为他在民权运动中的精彩演说打下了坚实的基础。

马丁·路德·金本以为自己将会同他父亲一样成为一名优秀的牧师。然而，一系列的社会事件改变了他的选择。1955 年 12 月，四十二岁的黑人妇女在蒙哥马利市乘坐公交车时，因拒绝给白人男子让座，被警察以“擅占白人专座”的罪名拘捕，并判处监禁十四天或罚款十四美元。

面对越发严重的种族歧视，美国黑人早已备受煎熬，正如鲁迅先生所言：“不在沉默中爆发，就在沉默中灭亡。”而黑人妇女因拒绝让座被捕事件，终于成为压死骆驼的最后一根稻草，消息一出，立刻点燃了全美黑人的怒火。

马丁·路德·金也愤懑不已，在他参与组织的蒙哥马利改进协会的号召和领导下，当地近五万名黑人拒绝乘坐公交车，宁可早起走很长一段路上班，要知道在当时的蒙哥马利市区乘坐公交车的黑人占据了75%。通过黑人持续381天的抵制公交活动，无数公交公司破产，严重影响当地经济发展和社会稳定。直到1956年12月，美国最高法院不得不宣布亚拉巴马州的种族隔离法律违反宪法，蒙哥马利市公交车上的种族隔离规定也被废除。这是南部黑人第一次以自己的力量取得了斗争的胜利。马丁·路德·金因此次运动而声名大噪。

民权战士愈战愈勇

1963年4月12日，在种族隔离和种族歧视严重的亚拉巴马州伯明翰市，马丁·路德·金在开展一场非暴力和消极抵抗运动时不幸被捕。为了鼓励黑人继续积极抵抗，他在狱中发表了《从伯明翰市监狱发出的信》。他在信中谈及自己对于美国黑人民权运动的构想和期待，极大地振奋了当时参与示威的人群。马丁·路德·金在黑人民权运动中的领导地位逐渐确立起来。

参与民权运动的同时，马丁·路德·金也渐渐成为美国最负盛名的演说家，即兴演讲成为他鼓舞士气、推动运动发展强有力的手段。而在他的数千次演讲中，《我有一个梦想》最为经典。

1963 年 8 月 28 日 ，为纪念《解放黑奴宣言》一百周年，有超过二十五万的美国人聚集在华盛顿特区，参加“华盛顿工作与自由游行”的运动。就在华盛顿林肯纪念馆的台阶上，马丁·路德·金发表了历史上著名的演说——《我有一个梦想》。

《我有一个梦想》可谓是马丁·路德·金演说生涯的集大成之作，在美国甚至全世界都引起了极大的反响。在这次公开演说中，马丁·路德·金将自己对人权独到的见解与人的尊严和价值、仁爱、甘地的“非暴力不合作”精神融会贯通，通过精彩的修辞、慷慨激昂的情感以及高超的演说技巧，向世人传达了他追求世界和平、人人平等的理念，从而深深影响了世界各国人民，将美国民权运动推向了高潮。

1964 年，马丁·路德·金获得了诺贝尔和平奖。通过他和所在组织的不懈努力，1964 年和 1965 年，美国接连通过《民权法案》和《选举权法》，在全国范围内消除了种族隔离，保障了黑人的投票权。

一颗巨星的陨落

作为和平的使者以及非暴力不合作的倡导者，马丁·路德·金除了积极对抗种族歧视外，也参与解决其他突出的社会矛盾问题，比如，他曾经公开反对越南战争，也曾尝试改善国内经济问题。

越南战争是第二次世界大战后美国参战人数最多、影响最大的战争，为此美国消耗了巨大的人力、物力、财力。马丁·路德·金认为，越南战争本就是暴力横飞的不义之战，而投入战争的巨额经费，本应该被用来提升国内公民生活水平，被用于家园建设和人类发展，而不应成为侵略其他国家的工具。

马丁·路德·金甚至在1967年针对越战发表的演讲中说道："当我走到绝望、被拒绝和愤怒的年轻人中间时，我告诉他们莫洛托夫鸡尾酒和步枪不能解决他们的问题。我一直努力为他们提供我最深切的同情，同时坚信只有非暴力行动才能使社会变革最具有意义。但他们问——那越南呢？他们问我们自己的国家是不是用大量的暴力来解决问题……在我为被压迫者遭遇的暴力发声前，我必须明确地对当今世界最大的暴力提供者——我自己的政府表态：为了这些男孩，为了这个政府，为了成千上万在我们的暴力下颤抖的人，我不能保持沉默。”与此同时他将反越战运动与反种族压迫相结合，坚决反对战争，积极争取世界和平。

为了进一步推动民权运动的发展，1967 年年底，马丁·路德·金发起了“穷人运动”，试图通过让政府向最贫穷的社区提供紧急援助来解决美国贫富不均的问题。1968 年 4 月 3 日，在孟菲斯清洁工人罢工运动中，马丁·路德·金发表了演讲《我已到达顶峰》。

正当他全力以赴推动美国民权运动时，1968 年 4 月 4 日下午，在田纳西州孟菲斯市的一家停车场旅馆，马丁·路德·金被极端种族主义分子詹姆斯·厄尔·雷枪杀，终年三十九岁。

作为伟大的美国黑人民权运动领袖，马丁·路德·金对民权运动产生了深远的影响，推动了美国甚至全世界的民主进程。1986 年，美国联邦政府宣布每年 1 月的第三个星期一被定为“马丁·路德·金纪念日”。这也使得他成为继美国首任总统乔治·华盛顿之后第二位享有这一崇高荣誉的人。

人物评价

伟大的梦想需要无畏艰难、矢志不渝的推动者，马丁·路德·金就是这样一位卓越的领袖。他的演说观点鲜明，层次丰富，在表达上有气贯长虹之势，具有极强的感染力，充满着对自由的渴望与信心。《我有一个梦想》在人类历史长河中熠熠生辉，这篇演说不仅仅是在讲述一个梦想，它更代表着一场运动、一个时代以及一种精神。

（全书完）

附录：
本书中涉及的重要演讲和作品（按出现顺序）

索杰纳·特鲁斯

1851 年《难道我不是一个女人？》

亚伯拉罕·林肯

1863 年《葛底斯堡演说》

苏珊·安东尼

1872 年《在法庭上的辩护》

莫罕达斯·卡拉姆昌德·甘地

1920 年《论不合作》

列宁

1917 年《四月提纲》

1918 年《死亡不属于工人阶级！》

蔡元培

1917 年《就任北京大学校长之演说》

梁启超

1922 年《成为一个不惑、不忧、不惧的人》

温斯顿·伦纳德·斯宾塞·丘吉尔

1940 年《我们将战斗到底》

戴尔·卡耐基

1936 年《人性的弱点》

拿破仑·希尔

1928 年《成功定律》

闻一多

1925 年《七子之歌·澳门》

1923 年《红烛》

1946 年《最后一次演讲》

纳尔逊·罗利赫拉赫拉·曼德拉

1990 年《为理想我愿献出生命》

马丁·路德·金

1963 年《我有一个梦想》

1968 年《我已到达顶峰》

塑造文明的大师们 演说家的力量

主编 _ 果麦　　撰文 _ 四喜

产品经理 _ 王宇晴　　装帧设计 _ 朱大锤　　插画绘制 _ 王俊宇
产品总监 _ 熊悦妍　　技术编辑 _ 白咏明
责任印制 _ 杨景依　　出品人 _ 王誉

果麦
www.guomai.cn

以 微 小 的 力 量 推 动 文 明

图书在版编目（CIP）数据

演说家的力量 / 果麦编；四喜撰文 . -- 南京：江苏凤凰文艺出版社，2024.1
（塑造文明的大师们）
ISBN 978-7-5594-8085-9

Ⅰ . ①演… Ⅱ . ①果… ②四… Ⅲ . ①演讲 - 名人 - 生平事迹 - 世界 Ⅳ . ① K815.55

中国国家版本馆 CIP 数据核字（2023）第 216710 号

演说家的力量

果麦 编　四喜 撰文

责任编辑　白　涵
特约编辑　王宇晴
装帧设计　朱凤婷
出版发行　江苏凤凰文艺出版社
　　　　　南京市中央路 165 号，邮编：210009
网　　址　http://www.jswenyi.com
印　　刷　北京世纪恒宇印刷有限公司
开　　本　880 毫米 ×1230 毫米　1/32
印　　张　4
字　　数　64 千字
版　　次　2024 年 1 月第 1 版
印　　次　2024 年 1 月第 1 次印刷
印　　数　1–5,000
标准书号　ISBN 978–7–5594–8085–9
定　　价　158.00 元（全五册）

塑造文明的大师们

音乐家的心弦

果麦 编　莫敏妮 撰文

江苏凤凰文艺出版社
JIANGSU PHOENIX LITERATURE AND ART PUBLISHING

果麦文化 出品

前言

几乎每个人在童年时都听过这样一段旋律：“一闪一闪亮晶晶 / 满天都是小星星……”但鲜有人知，这首流传了两个多世纪的曲子选自莫扎特的《小星星变奏曲》。是不是有些惊讶？原来大名鼎鼎的作曲家和他们的作品并不如想象中那样遥不可及。

其实，古典音乐家的生平还有许多励志、有趣的小故事。比如，巴赫小时候竟是一个“十万个为什么”小孩，肖邦幼时曾因为痴迷弹琴而半夜在客厅里演奏，小约翰·施特劳斯为了坚持音乐梦想还惹恼过父亲……

在这本《音乐家的心弦》中，读者不仅能读到以上这些少年音乐家们的故事，还能体会巴赫的深沉与包容、海顿的坚持与努力、舒伯特的青春活力、贝多芬的浪漫不渝，等等。并非每一位作曲名家都是天才，即使是天才，也不是一日练就的。相信这些特征和品德都会给予成长道路上的读者鼓励和启发。

每一篇故事还提到了若干曲子，其中蕴含着作曲家对伴侣的爱意、对故国的思念、对大自然的热爱等。聆听古典乐、想象其背后的情景和情感，这能在一定程度上弥补阅读不能呈现的音乐魅力，还能陶冶情操。

书中的音乐家皆为古典音乐史上赫赫有名的人物。也许有一部分读者曾经或正在学习西式乐器，那么或多或少都会接触到这些音乐家及其作品，相信了解了他们的故事后，这些读者会对古典乐更有兴趣；如果有读者并未听说过这些音乐家，那可以通过这本书，和音乐家们一起成长，成为和音乐家们一样优雅、坚定的人。

作为《塑造文明的大师们》中的一本，《音乐家的心弦》能让你收获耳目一新的故事、美好优秀的榜样力量，以及古典音乐的启蒙。

目录

如大海般深沉而包容的巴赫

音乐世家

在德国中部图林根地区埃森纳赫曾有一位面包师，他是个音乐迷，即使去磨坊碾玉米，也要随身带上心爱的齐特拉琴[1]，随兴之所至弹奏。兴趣的确能使人生活快乐，也是因为这一兴趣，一个音乐世家竟在不经意间诞生了——这位面包师名叫法伊特·巴赫，在17至18世纪的两百多年间，他的后代里涌现了五十多位音乐家，而1685年3月21日出生的约翰·塞巴斯蒂安·巴赫是这个家族中最具有天分的一位，他的创作使得巴洛克音乐达到了最繁荣的时刻。

1　齐特拉琴是一种在德国和奥地利流行的多弦弹拨乐器。

失去双亲，长兄如父

巴赫的父亲约翰·安布罗修斯·巴赫是一位小提琴手，母亲伊丽莎白出生在一个牧羊人家庭，夫妇俩一共生下八个孩子，巴赫是最小的那一个。他从小就受到音乐的耳濡目染，自然地对音乐表现出浓厚的兴趣，四岁就会唱歌，六岁就会演奏提琴。但巴赫还不到十岁时，母亲和父亲就先后离世，于是长兄约翰·克里斯托弗带着他和小哥哥雅各布来到附近的小镇奥尔得鲁夫生活。克里斯托弗在镇上担任管风琴师，他是德国音乐大师帕赫贝尔的弟子。帕赫贝尔，就是那位闻名遐迩的《D大调卡农》的作者。小巴赫与雅各布一起入读当地学校，长兄则指导他们学音乐。

小巴赫特别喜欢音乐课，在提琴演奏方面更显示出非凡的天赋才能。过不了多久，教学中规中矩的大哥就拿小巴赫没办法了——他的弟弟思维灵动，总没完没了地问“为什么”。天才总有一些异于常人之处，巴赫受到了很好的人文教育，熟悉拉丁文、希腊文、修辞学和历史，而音乐，他是自学成才。

巴赫有一个著名的关于抄谱的故事。大哥珍藏了一些键盘音乐手抄谱，其中还包括德国音乐大师弗罗贝格尔、克尔和帕赫贝尔等人的作品。当时，印刷或雕刻的乐谱很少，因此相当珍贵，买不起乐谱的音乐家只好自己费时费力地抄乐谱。巴赫一心求知，数次恳求大哥给他瞧瞧，但大哥说他年龄还小，欣赏不了那么深奥的作品，反手就把手抄乐谱藏起来。越是被禁止，就越想去打破它，巴赫顾不得什么了，把手伸进装着门的壁橱，从夹缝中取出曲谱，好奇地翻阅。乐谱顿时如磁铁一样吸引着他，他灵机一动，要在月光下抄谱。这本排列着密匝匝音符的乐谱，他偷偷地抄了六个月才完成。可是当他第一次试着弹奏乐谱时，就被大哥发现了，精美的抄本就这样被冷酷地没收了。

巴赫的乐谱稿子一向以书写优美流畅著称，那些音符与休止符，那些线与间，如同他的音乐一样，都像语言一样清晰从容、如大海一般起伏有致。巴赫的视力非常糟糕，估计跟年轻时经常在暗光中抄谱有关，一抄就是一个通宵，累坏了眼睛也未可知。晚年巴赫的双目几乎失明，又被庸医两次不成功的手术所累，栽倒在没有抗菌药物的年代。

少年求学

在奥尔得鲁夫的生活一晃就过去了五年，到了 1700 年，当长兄的第五个孩子出世之后，巴赫为了减轻哥哥的负担，决定自谋出路。这位十五岁的德国少年，凭借着清亮迷人的歌喉，获得了去吕纳堡的圣米歇尔修道院学校免费读书的机会。

吕纳堡是一个有着田园风光的宁静小镇，那里的石楠荒原长满了美丽的石楠花，狂野又望不到尽头的紫色花海使人流连忘返。吕纳堡还是闻名遐迩的优质蜂蜜产地。人们在这里悠闲地用餐，在河畔晒太阳。吕纳堡有一个重要特征——它是德国北部宗教音乐的中心。新环境让朝气蓬勃的少年充满期待，但没多久，巴赫就发育变声了，面临唱诗班合唱团的淘汰。所幸他还有很好的小提琴技艺，足以胜任乐团的小提琴手一职，因此留了下来。

在吕纳堡的两三年里，巴赫不断学习、探索。这所教会中学的音乐文库相当丰富，馆藏有各个时期意大利和德国作曲家的作品，这使得巴赫如鱼得水，一头扎进音乐中去，全心钻研大师的音乐。他还有很多机会聆听大师的现场演奏，并得到有效的指导。按今天的说法，这就是早期的“大师班”了。

巴赫是狂热的“音乐粉丝”与“徒步者”，除了参与本城的音乐活动，与管风琴大师伯姆打得熟络，他还不止一次徒步三十多英里[1]，北上汉堡聆听著名管风琴家赖因根的演奏。管风琴气势磅礴的音效与庄重优美的音调，使得他深深陶醉。他也喜欢观赏意大利歌剧，坊间还流传这样的故事：有一次，巴赫听完歌剧，从汉堡走回吕纳堡，又饿又累地站在一个小客栈门前，他的钱早已花光了。正不知如何是好时，楼上窗户突然打开，扔出几个鲱鱼头，巴赫跑过去捡起来，好家伙，每个鱼头里居然还藏有一枚杜卡特（丹麦货币），简直太神奇了！巴赫也曾徒步南下策勒，设法进入宫廷聆听法国音乐，因为宫廷聘请的几乎全是从法国来的音乐家。

工作初期的“惹是生非”

1703年，十八岁的巴赫来到中部城市阿恩斯塔特，在新教堂担任风琴师。在阿恩斯塔特的三年锻炼，为他成为一名管风琴大师打下坚实基础。他潜心研究、抄写和改编

1 “英里”是一种英制长度单位。1英里约为1.6千米。

前辈大师的作品，包括文艺复兴时期的帕莱斯特里纳，以及巴洛克时期科雷利、维瓦尔第和帕赫贝尔的作品。

巴赫对音乐的专注和热忱，远超过对其他事情的关注。1705 年 10 月，巴赫请了长达四周的假期，徒步二百英里去吕贝克听管风琴大师布克斯特胡德的演奏。巴赫渴望成为这位大师的助理，却未料，条件是要娶大师的女儿安娜·玛格丽特为妻。据说，另一位巴罗的大师亨德尔也碰到过此事，不过他扭头就走。巴赫考虑再三也打了退堂鼓。布克斯特胡德精湛的技巧不传外人，这完全可以理解。当然，如今考究起来，这估计是人们茶余饭后的笑谈，毕竟大师的女儿比亨德尔和巴赫年龄都大上一大轮，不大可信。

管风琴与大师的魅力都太大，好不容易来一趟，巴赫索性潇洒一回，即使假期过了，他也任性地乐不思归。那他去做什么了？他在吕贝克参与了 1705 年 12 月 2 日利奥波德一世逝世的纪念演出，过圣诞，又过新年，一直到1706年2月中旬才返回阿恩斯塔特。这不就是擅离职守吗？为此，他摊上了麻烦事，被传唤至宗教法庭。总之，由于巴赫的一些行为，包括随意给学员起难听的绰号、当街拔剑打架、给陌生女性陪练，他没法留在阿恩斯塔特了。

魏玛宫廷的管风琴演奏家

在巴赫二十三岁那年，他凭借才华获得了第一个重要职位：在魏玛宫廷当管风琴师。宗教是德国音乐的土壤，而管风琴又是最能体现教堂建筑的空间感和音乐塑造力的乐器。人们从管风琴宏大的共鸣声效中捕捉到微妙的絮语，真真切切地感受到教堂的灵魂。巴赫在魏玛宫廷任职期间，成为德国最有名望的管风琴演奏家之一，他的即兴演奏成为传奇。更重要的是，他创作了一百多首键盘赋格曲，其中三分之一是为管风琴而作，比如，《g 小调管风琴赋格曲》等。巴赫在魏玛宫廷工作了九年，其间，与青梅竹马的堂妹玛莉亚结婚，并生了四个孩子。

在科腾宫廷创作管弦乐作品

巴赫是个温情的丈夫和慈爱的父亲，为了改善一家的生活，1717 年，他跑去科腾宫廷应聘。科腾亲王热衷艺术，对音乐有浓厚的兴趣，他用了四分之一的国库发展自己的爱好，搜集各式乐器，以优厚待遇聘请优秀的音乐家为宫廷服务。但是魏玛公爵对巴赫的“跳槽”背叛很不满，强加干涉，先关押他一个月再说。那时的音乐家没有地位，只不过是有合同制约的仆人而已，未经雇主的同意不能解约。在巴赫用尽办法争取到自由之后，他才入职科腾宫廷。巴赫在具有人文主义气质的科腾宫廷一共待了六年，这算得上是巴赫音乐生涯中最为惬意的时光。为了适应时势，他的注意力从为教堂而作的管风琴音乐，转移到了为宫廷而作的器乐曲上。他写了大量的管弦乐作品，包括十多首独奏协奏曲，《勃兰登堡协奏曲》就是这个时期的优秀作品。

1720 年，时年三十五岁的巴赫陪科腾亲王去著名的温泉胜地卡尔斯巴德度假。卡尔斯巴德在科腾以南，如今叫卡罗维发利，在捷克境内布拉格以西一百二十五千米处，即使在今天也是路途遥远。当他回到科腾后才知妻子玛莉亚突然撒手离去，已经下葬快一个月了。真是生死两茫茫，无处话凄凉！这个时期他创作的《无伴奏小提琴奏鸣曲与组曲》中的《恰空舞曲》就被认为隐藏着特殊的旋律线，是对亡妻的悼念。艺术的感染力，源于尘世的痛苦、家庭的牵绊以及温馨的相望。

音乐、宗教、妻儿支撑着巴赫一生孜孜不倦地创作。生活清贫，变故诸多，人世艰难，以为迈过了这个山头便

是海，却依旧是望不尽的层峦叠嶂。生活仍然要继续，一年后，巴赫迎娶安娜·玛格德莱娜。安娜比巴赫小十六岁，是宫廷小号手的女儿，据说长得很美且歌喉动人，是一位女高音歌唱家。巴赫尽己所能地挖掘妻子的艺术才华，在他题献给妻子安娜的作品中，现存有一部含有二十四首简易键盘小曲的曲集，和一部囊括了序曲、组曲、众赞歌、宗教歌曲及世俗歌曲的钢琴小曲集。这两部作品至今仍是有趣且迷人的教材，尤其是二十四首简易键盘小曲，是琴童必弹作品。巴赫还教安娜古钢琴演奏技法，传授她演奏通奏低音的技巧。

安娜与巴赫婚姻幸福，生活却相当艰辛，她为巴赫抄写乐谱，经年不辍，日积月累，她的抄写已然与巴赫的手迹浑然一体，后人难以甄别。除了玛莉亚生的七个孩子，安娜还生了十三个孩子，但这二十个孩子中仅有九个长大成人。这个音乐之家后来出了四位极负盛名的小巴赫，包括海顿、莫扎特、贝多芬在内的古典时期大师都对巴赫和小巴赫无比尊崇，并从学习他们的作品中得益。

莱比锡圣托马斯教堂的二十七年

为了孩子们能免费入读莱比锡的一所好大学，三十八岁的巴赫继续“跳槽”，来到莱比锡担任令人垂涎的圣托马斯教堂和唱诗班学校的乐监一职。这个职位工作繁忙，要负责莱比锡四座主要教堂的仪式音乐。他要演奏管风琴，有时还要教唱诗班的孩子们拉丁文，最重要的工作则是为每个礼拜日和宗教节日谱写音乐。

路德派教会当时统治着德语国家人民的精神生活，康塔塔成为这种宗教的礼拜仪式中的音乐核心——巴赫和他的同时代人创造了宗教康塔塔这种形式，它是一种多乐章的宗教作品，包括咏叹调、咏叙调和宣叙调，有独唱、合唱和小型乐队伴奏。相比当时的清唱剧，宗教康塔塔篇幅较小，戏剧性弱很多。巴赫的《醒来吧，一个声音在召唤》以一首众赞歌为基础，是路德教会的一种神圣的旋律或宗教民歌。巴赫共有二百九十五部宗教康塔塔，另外还有一些世俗康塔塔。而这些，仅仅是他作品的一小部分。巴赫还有一部大型宗教音乐《马太受难曲》，需要管弦乐团、合唱团、声乐和独唱总共近四百人，接近三小时才能把这部作品演奏完。推荐聆听其中一段著名的小提琴和女高音的二重奏选段，叫作《主啊，请怜悯我！》。

西方音乐之父

巴赫一生的活动范围没有超过方圆五百千米，虽未能远游，但他把意大利的欢愉、法兰西的浪漫、西班牙的缠绵、德意志的理性与逻辑神奇地融合在一起，从而创立德意志混合风格的音乐。在生命的最后十年，他逐渐从外部世界隐退到自己内心的音乐世界中，创作的《平均律钢琴曲集》和《赋格的艺术》构建了整个西方音乐的方向。毫无疑问，被称为“西方音乐之父”的巴赫如同大海一般包容而深沉。

人物评价

巴赫的管风琴即兴演奏是一段传奇，但在其背后是十年如一日的专注、努力和热忱。他一生清贫，变故不断，却仍以包容的心态对待世界，用虔诚的态度对待音乐，这些也成就了这位“西方音乐之父”。

大器晚成的“海顿老爹”

维也纳与古典乐派

18世纪的德意志由众多邦国组成，政治上分裂、经济上落后，但是在音乐上人才辈出，涌现出巴赫、亨德尔、海顿、莫扎特与贝多芬等音乐大家，他们创作了大量优秀的器乐与宗教合唱作品，德意志也逐渐成为欧洲音乐的中心。当时音乐流派涌现，著名的乐派有柏林乐派、曼海姆乐派与维也纳乐派，尤其是以海顿、莫扎特与贝多芬为代表的维也纳古典乐派，他们的音乐达到了古典样式的巅峰，被认为是完美音乐的标准，体现出当时欧洲音乐的最高水平。

维也纳是一座有两千年历史的城市，多个国家曾在此建都。维也纳曾是古老的神圣罗马帝国[1]的首都。海顿是第

1 神圣罗马帝国的历史有点复杂，它从中世纪起就分为七大诸侯国，是封建大皇室为了子孙后代稳坐王位而拉拢大贵族而想出的办法。这个帝国从962年持续至1806年。现代概念的德国和奥地利前身就是神圣罗马帝国。

一个在维也纳取得崇高声望的大音乐家，他从一个小村镇工匠家的孩子，经历漫长的宫廷“音乐仆人”生活，最终成为维也纳古典乐派的奠基人，并获得牛津大学的名誉音乐博士学位，他的一生讲述了一个“从贫穷到富有”的故事。维也纳有着良好的音乐氛围，此处人才济济，如蜜蜂汇聚于蜜糖之上。

工匠的孩子与音乐为伴

1732 年 4 月 1 日，在维也纳以东大约四十千米一个叫罗劳的村镇，一个男婴呱呱落地，他就是约瑟夫·海顿，未来的古典主义作曲大师。他的父亲马蒂亚斯是一个年轻有为的车轮工匠，母亲是位勤勉的厨娘。虽然出生于农民工匠家庭，但家族里的不少人都拥有出色的政治头脑，他的祖父曾入选海茵堡地方议会，他的父亲马蒂亚斯也因好名声赢得了一份官差，这种能力在海顿以后漫长的宫廷服务生涯中也得以展现。

父亲不识谱却会弹竖琴，经常自弹自唱一些奥地利民歌。孩子们耳濡目染，心中种下了音乐种子。小海顿很喜欢听父亲唱歌，他有时也会一展歌喉，对音乐的喜爱逐渐显露。当他看到当地一位文化人拉小提琴时，就向家人吵着要学乐器演奏，但罗劳是个小地方，没办法满足孩子的学习愿望。

机会总会有的，海顿的一位姑父约翰·弗兰克是一所学校的校长，还是海茵堡当地教堂合唱团和乐队的指挥，他发现五岁的小海顿身上有一股神秘的音乐力量。音乐启蒙教育，当然是愈早愈好。小海顿在六岁的时候，被送到弗兰克家开始学习音乐。他在合唱队里唱歌，学习键盘、小提琴以及定音鼓。弗兰克是一位非常严格的老师，小海顿免不了被惩罚。但出于对音乐的热爱，小海顿并不感觉有多糟糕，反而是十分感激，成名后的他回忆弗兰克时说："我直到死都要感激这个人，他教会我这么多东西。尽管在此过程中，鞭打多于食物。"

维也纳歌童与早年的飘荡

1740年，维也纳圣斯蒂芬大教堂唱诗班的指挥家来海茵堡搜寻歌手，被八岁的海顿的歌声与音乐天赋所打动，就把他带回维也纳，海顿得以在大教堂度过将近十年的歌童学习生活。唱诗班里没有随随便便的成功，教育是想象得到的严苛。从童年到少年，海顿得到最正统的音乐教育，学习到顶尖的音乐精髓，他不断提升小提琴与键盘演奏技巧，系统而深入地学习作曲。一个人蜕变的过程是痛苦的，当少年长大，他不得不经历一番裂变。在青春期发育变声后，海顿就被唱诗班抛弃了。

从唱诗班出来，拥有音乐天赋的人会做什么？海顿当然不会回家乡去做祖传的车轮工匠，几乎整个 18 世纪 50 年代，海顿在维也纳过着勉强维持生计的生活，以授琴、为歌手伴奏以及在三座教堂之间奔波为生。他不得不赶场子，从一座教堂赶到另外一座教堂去唱歌、演奏小提琴或者管风琴。尽管生活贫困，用他自己的话来说，是一种“悲惨的生活”，但他有一种坚持的毅力，就是对音乐的无限投入。他又研习了许多音乐理论著作，包括当时的对位法教科书《艺术津梁》。海顿受到了居住在柏林的 C. P. E. 巴赫的很大影响，这位巴赫能在所有键盘乐器上娴熟运用各种调式。而莫扎特受到了居住在伦敦的 J. C. 巴赫的影响，这两位巴赫都是巴洛克大师 J. S. 巴赫的儿子。

就这样，又一个十年过去了。在此期间，他曾去一个小宫廷担任乐队队长兼作曲家，创作了第一批交响乐作品。当然，他那时的交响乐相当简短，不像后来的贝多芬、勃拉姆斯、马勒创作的那些具有思辨精神的交响曲那么复杂。

服务于埃斯特哈奇宫廷

海顿真正抓住机会是在他二十九岁那年，也就是1761年，他获得埃斯特哈奇宫廷音乐指导的职位。埃斯特哈奇家族是匈牙利说德语的贵族中最富有和最有影响力的家族，在维也纳东南部拥有广袤的土地。1762年，这个家族的亲王由更热衷艺术的尼古拉·埃斯特哈奇亲王继任。新亲王在领地埃斯特哈扎的一个湖畔，仿照凡尔赛宫样式建造了一座宫殿。这不难理解，在17世纪与18世纪，法国宫廷文化席卷整个欧洲，成为各个国家争相模仿的对象。在那里他拥有一支管弦乐队、一座演唱宗教音乐的小教堂和一座歌剧院。

海顿被雇用为宫廷的音乐仆人，在一个严格约束的环境里，他恪守一切规定去工作。如今，我们看到的海顿的肖像都是一个样式：穿宫廷的蓝色仆人制服，露出白色的袖口，戴假发，涂发粉。这表明了作曲家的屈从地位。1766年，海顿正式担任乐队队长一职，在繁重的工作当中，也获得绝好的发展良机，他沉浸在音乐实践中，甚至对巴洛克的三重奏鸣曲做了创新和改变，形成新的弦乐四重奏，因此他也被称为“弦乐四重奏之父”。他晚期创作的《“皇帝”四重奏》就是一部优秀的弦乐四重奏作品。海顿一生在音乐中游走，绝大部分时光都在宫廷中做音乐仆人，似乎一直在为晚期的音乐突破而蓄力。他的一些最优秀的个人作品多是晚期所创作，盛名也在晚期达到顶峰，是名副其实的大器晚成的作曲家。

1779 年是一个转折，海顿与尼古拉亲王签订新的合同，根据合同条款，他的作品不再被限制使用，而且他可以为其他人创作。海顿开始向出版商出售自己的作品，甚至有时同时向几家出版商出售同一部作品。由此，海顿的经济状况得到改善，他的作品经常在维也纳上演，知名度也随之飙升。岁月悠悠，海顿进入埃斯特哈奇宫廷一干就差不多三十年，先后历经三位亲王。久居宫廷以音乐陪侍，勤奋的他创作了大量的音乐作品。对同样在宫廷工作的其他音乐家来说，他易于相处又幽默，是一位和颜悦色的上司，所以“海顿老爹”的称呼就传开了。海顿对人生的热爱与豁达，还体现在闲暇之时去钓鱼和狩猎。一个人的长处也是他的短处，海顿对 18 世纪社会给予他的卑微地位并无多少反抗意识。“音乐仆人”真正被提升到天才地位，是始于贝多芬的抗争与力挽狂澜。

为维也纳古典乐派赢得国际声誉

1790年，尼古拉亲王去世，继任的亲王对音乐不感兴趣，乐队规模缩小了，只保留了一支很小的军乐队。海顿因他的音乐为埃斯特哈奇宫廷带来荣耀，且其声名远播，得以保留宫廷作曲家的头衔以及他的全薪。

早在1784年，海顿就与比他小二十四岁的莫扎特在维也纳相识，海顿在听了莫扎特的演奏之后，对莫扎特的父亲利奥波德说：“你的儿子是我认识的最伟大的作曲家。”那时，海顿被认为是在世的最伟大的作曲家。他如此自谦与赏识，让莫扎特一家感激不已。海顿与莫扎特亦师亦友，经常在一起玩音乐。后来莫扎特创作了很多作品献给这位“亲爱的朋友”，有重点突出钢琴的交响曲，还有八首弦乐四重奏。

海顿晚期曾两次访问伦敦，再攀高峰的成功似乎就是水到渠成的事了。他在伦敦创作了十二首伦敦交响曲以及清唱剧《创世记》等作品，获得的收入比他在埃斯特哈奇宫

廷的近三十年薪水还多。海顿交响曲在伦敦和巴黎的盛行，标志着德意志器乐音乐的影响力扩大，在此基础上，逐渐确立维也纳古典乐派的权威地位。古典主义强调形式的清晰、秩序和均衡，古典主义的音乐风格具有宁静的优雅和高贵的单纯。作为“交响乐之父”，海顿无疑具有过人的音乐才能和创造性，他是曲式天才，能自然娴熟地运用三部曲式、奏鸣曲快板、回旋曲式、主题与变奏，而当时几乎全部的音乐艺术都体现了这几种曲式。他在《G 大调第 94“惊愕”交响曲》第二乐章的平静段落中突然奏响雷鸣般的和弦，据说是为了捉弄附庸风雅的贵妇，想把她们从音乐会包厢的睡梦中惊醒——醒醒啦，看发生了什么事儿。海顿老爹在创作中灵感突袭，有趣的神来之笔赋予了作品惊人的表现力，此时他是一个亦庄亦谐的老顽童呀！

莫扎特在 1791 年冬天突然离世，震惊了整个音乐界，海顿也因此失去一位挚友，他为之怆然涕下。

当年轻的贝多芬从德国来到维也纳谋求发展时，作为赫赫有名的大师，他给予后辈专业的指导，分享亲切的友情。但贝多芬试图在一个由老一代大师精神统治的世界里，寻找一种个人的声音，因此，他们对音乐的理解有分歧也是可以预见的。

海顿、莫扎特与贝多芬的风格成了那个时期维也纳人情绪和情感的完美体现和结晶。在古典音乐最永恒的旋律中，有自然和人性最好的一面。海顿说："艺术的真正意义在于使人幸福，使人得到鼓舞和力量。"

人物评价

海顿没有显赫的出身，在年少时也没有太多大放光彩的作品，于是，他只能默默无闻地当"音乐仆人"。但在此过程中，他却坚持磨炼自己的演奏技巧，潜心钻研，为晚年的突破蓄力多年。最终，灵感突袭，攀至高峰。

自由的莫扎特

罕见的天才现象

试图用平常人的思维去解释天才现象，往往是徒劳的，尤其是对音乐史上最为全能的作曲家沃尔夫冈·阿玛迪乌斯·莫扎特来说。莫扎特这个名字等同于天才，他惊人的天分使他能凌驾于其他艺术大师之上。莫扎特现象是18世纪永远无法理解的谜，现代无数影视作品使用了他的音乐，试图一窥天才的奥秘。奥斯卡影片《走出非洲》的开头就这样介绍了男主角的特立独行："他连狩猎旅行都带着留声机，三支步枪，一个月的给养及莫扎特。"莫扎特的音乐成了一种精神寄托、一种艺术时尚。

1756年1月27日，莫扎特出生于萨尔茨堡。18世纪中叶，萨尔茨堡是神圣罗马帝国的独立大主教区。莫扎特三岁弹琴，五岁作曲，六岁就能开音乐会演奏钢琴、小提琴和管风琴，他非凡的即兴演奏才能让人惊叹不已，因为掌握即兴演奏在18世纪被视为演奏名家和作曲家的标志。

莫扎特的音乐天赋最早是被他的父亲利奥波德·莫扎特发现的。身为萨尔茨堡大主教的管弦乐队中的一名小提琴手，利奥波德著有小提琴演奏畅销书，是一位出色的小提琴家、作曲家和音乐教育家。他对一切充满好奇，像那个时代最具逻辑思维，善于思考的人那样，他拥有一套显微镜和一架天文望远镜。当幼小的莫扎特展现出超强的创造力、想象力和认知力时，利奥波德相信奇迹降临，并惊喜地记下文字："向世界宣告一个奇迹，宣告一个上帝使之在萨尔茨堡降生的奇迹。"为了见证天才的神迹，利奥波德决定亲自给孩子授课，教音乐和其他所有课程。在父亲的精心培养下，小莫扎特和姐姐南奈尔学会了阅读、写作、算术、历史和地理。当然，小莫扎特是一个超级小学霸，他学什么都轻而易举，对于模仿更是信手拈来。

六岁初见世面

莫扎特几乎在他那个时代的所有重要人物面前表演过，无论是作为演奏家还是作曲家，他所到之处皆是一片赞誉声。

六岁的莫扎特，要去维也纳见世面。当时的维也纳已成为继伦敦、巴黎和那不勒斯之后的欧洲第四大城市。维也纳宫廷以聆听音乐为风尚，对传闻中的神童无比好奇。由此，莫扎特一家如愿地被宫廷邀请。小莫扎特穿上丁香色的礼服，上面有宽宽的镶金绲边，与家人一起来到辉煌的香布伦宫。第一次觐见玛丽亚·特蕾莎女王，他便展示了非凡的才艺，看一眼复杂的五线谱就能弹出乐曲。一名拉小提琴的大公拉错音，他像大师班上授课的音乐家那样，指出演奏的问题所在，众人无不啧啧称奇。

这次会面，莫扎特还留下一个笑话。当他走过打蜡的地板时，不小心滑倒了，七岁的公主玛莉·安托瓦内特出手相助，将他扶起。小莫扎特感激地对公主说："我长大以后要娶你。"众人笑得不行。随后女王微笑着问他："为什么想娶公主？"小莫扎特认真地回答："公主很漂亮，对我很好，我要报答她。"众人哄堂大笑。这位公主一早就是政治筹码，长大后，她不得不远嫁法国，当了路易十六的王后，最后不幸在大革命的血雨腥风中走上断头台。

整整两个月，维也纳街头巷尾都在谈论这个萨尔茨堡来的小天才。秋天时分，莫扎特患上了猩红热，于是在为贵族演奏的音乐会上，由姐姐代替出场，但是姐姐再光彩夺目，也抓不住观众的眼球。显然，人们就是奔着看神童而来的。莫扎特病愈的同时发生了一件奇事，他独自谱写了一首《G大调小步舞曲》，这首标号第1的作品从容自如，并非小学生式的练习曲，也不是无聊的小品，而是从单一乐句发展出来的真正创作。莫扎特的创作很快，这段日子，他还写了几首小步舞曲，而他自己最喜欢的则是《降B大调快板》，由变奏所组成的快板叮叮咚咚。莫扎特的名声大振，但也挡不住质疑的声音："六岁小屁孩所写的曲子，父亲才是真正的作曲者吧？可怜的孩子，被当成卖艺的猴子，总有一天他长大，便再也吸引不了好奇的目光。"种种非议，使得人们不禁同情起这个孩子，觉得他以后会遭逢残酷命运的打击。

年复一年的欧洲巡演

维也纳之行让父亲看得更远，他的一儿一女绝非寻常之辈，萨尔茨堡只是座小山城，无法发挥孩子的天赋，他决定辞职带孩子们去巡演。1763年，欧洲七年战争结束，利奥波德宣布："我们要去征服欧洲。"他们带上防风寒和防喉疾的良药，坐上马车，迎着风霜与晨曦辗转于一城

又一城。从1762年至1781年，他们去往慕尼黑、维也纳、曼海姆、布鲁塞尔、阿姆斯特丹、巴黎、伦敦以及米兰等地，不间断地巡演。旅行是莫扎特音乐教育的重要组成部分，他以自己特别的音乐天赋，积极汲取各种音乐养分——法国的巴洛克音乐、英国的合唱、德国的复调和意大利的声乐。

1763年11月，秋冬气候恶劣，道路难行，莫扎特一家终于抵达巴黎。巴黎人以反复无常且挑剔难取悦著称，尤其是宫廷与知识分子，他们更喜爱哲学、文学、建筑、装饰以及艺术品。父亲认为，只要能在凡尔赛宫演出，他们将扬名天下。真的是这样吗？现实困难重重，这纯粹是一场赌博。所幸的是，天才总会有机会证明自己。很快，能左右巴黎审美潮流的一位男爵发表专栏，评价莫扎特是真正的天才。文章引起巨大反响，法国王室在1764年1月1日，邀请莫扎特一家来表演。在宫廷礼拜堂里，八岁的莫扎特让管风琴响起最美妙的声音。随后这个远道而来的小家庭受邀参加宫廷宴会，在极尽奢华的餐宴上，法国路易十五的王后还以德语和小神童交谈呢！

巴黎之后，莫扎特一家来到了伦敦，英国国王乔治三世与王后夏绿蒂于1764年4月27日晚间接见了莫扎特一家。国王深爱管风琴，王后则钟情歌唱，这对热爱音乐又平易近人的夫妇热情接待了莫扎特。在当时伦敦的音乐圈，J. C. 巴赫很有影响力，他是“西方音乐之父”J. S. 巴赫非常宠爱的小儿子，由父亲亲自教育到十五岁，还得到了父亲赠予的三架品质极好的羽管键琴。他与莫扎特一见如故，莫扎特还坐在时年三十岁的 J. C. 巴赫的膝盖上即兴演奏赋格曲。每当谈起音乐，莫扎特一点儿也不像孩子，倒像是成年人。

从 1769 年到 1773 年，莫扎特父子去了三次意大利。音乐学家认为，莫扎特最主要的作品体现在歌剧方面，这离不开他的父亲的指引——利奥波德认为莫扎特应该以歌剧作曲家的身份登场。以文艺复兴傲世的意大利，最伟大的音乐创举，当推歌剧的诞生。歌剧在 18 世纪非常流行，许多大城市都建有歌剧院。这些歌剧院庄严宏大，座椅包着天鹅绒，水晶吊灯璀璨夺目。1770 年，莫扎特父子来到罗马，在米开朗琪罗画《创世记》和《最后的审判》的西斯廷小教堂，听了一首文艺复兴时期阿莱格里的经文歌《求主垂怜》。万万没想到，莫扎特凭着记忆，把经文歌完整地默写了出来。作品的演唱长度大约有两分钟，并且有好几个声部，是一首非常特殊且神圣的音乐，乐谱从没发表过，能默写下来的人无疑是天才。在莫扎特的一生中，人们一直对他的音乐领悟和记忆能力震惊不已。教皇克雷芒十四世在1770年7月8日为褒奖莫扎特的音乐天才，授予他“金马刺骑士”的称号。对笃信天主教的莫扎特来说，这是多么高的荣誉啊！

任职萨尔茨堡宫廷期间的悲伤之旅

1772年，十六岁的少年莫扎特成为萨尔茨堡宫廷管风琴师、小提琴手和作曲家。18世纪70年代的大部分时间里，莫扎特住在萨尔茨堡。大主教科洛雷多严厉而节俭，他给莫扎特提供食宿和一笔并不高的薪酬。就像海顿在匈牙利公爵埃斯特哈奇的宫廷时那样，音乐家没有地位，平时是和厨子及男仆在一起吃饭的。如此待遇使得这位“金马刺骑士”不痛快，但除了偷偷地把大主教叫作“蠢材”外，再无其他办法。

真正的不幸开始于1777年至1779年那次同母亲一起到巴黎的游历。途经曼海姆，莫扎特与一位叫阿洛伊西娅·韦伯的音乐家相爱，初恋感情浓烈之际，两人本想结婚，但被莫扎特的父亲制止了。利奥波德认为过早结婚会耽误儿子的事业发展，应该去巴黎实现“名利双收”。迫于父亲施加的压力，莫扎特爱情遭遇挫折，不得不离开他所爱的姑娘。但在巴黎，贵族圈对莫扎特冷眼相待，演出未获得预想的成功。昔日的“天才神童”长大之后，人们已经不感兴趣了。高物价和低收入使得莫扎特在教课之外，还要不停地作曲，但即使创作了一些优美的曲子献给贵族，也起不到多少效果。

他的母亲身体不好，巴黎的寒冷加重了她的病情，1778 年 7 月，莫扎特五十八岁的母亲撒手人寰。利奥波德在远方听闻噩耗，悲痛至极，怪罪于儿子的疏忽。而莫扎特则靠拼命作曲来减轻自己的悲痛。

由于从小巡演，自然之景在莫扎特心底形成了不可磨灭的印记，在深不可测的天穹下，小星星一有机会就一闪一闪地眨眼睛，成了最神秘的自然现象，那么令人向往，又那么遥不可及。如何才能触摸到你呢，小星星！“一闪一闪亮晶晶……”这是每一个人都熟悉的旋律。你可知道《小星星变奏曲》一共变奏了几次？1778 年，莫扎特在巴黎停留期间，听到法国歌曲《妈妈请听我说》，他对这首曲子很感兴趣，并在此基础上，巧妙地运用了十二次变奏，围绕质朴的主题进行歌唱。在这段旋律中，我们似乎也看见莫扎特一家，为了天才的奇迹不被泯灭，披星戴月地奔赴在颠簸的巡演路上。

音乐史上第一个自由的大音乐家

1781 年春天，在得到了“两记耳光”和“屁股上一脚”（引自莫扎特给父亲的信）之后，莫扎特与科洛雷多大主教公开决裂。二十五岁的莫扎特到维也纳自寻出路，成为音乐史上第一位自由的艺术家。在维也纳的早年，由于没有稳定的工作，他不得不各种忙碌。他的时间大都被创作、演出和教学所占据，生活不规律，经常饱一顿饿一顿，这快速地消耗着他的健康。一直以来，贵族的制度让音乐家处于“音乐仆人”的地位，自由谋生的音乐家能否生存还真是一个问题。

维也纳这个时期的宫廷音乐由 18 世纪歌剧改革的重要人物格鲁克把持，格鲁克通过歌剧《奥菲欧与尤丽迪茜》传达了如何“根据唱词含意谱曲，从而限定音乐必须符合诗歌语境”的创作理念。莫扎特在 1778 年于巴黎首次与格鲁克相遇，当格鲁克返回维也纳定居后不久，莫扎特便前往拜会了这位伟大的作曲家。格鲁克对莫扎特的歌剧《后宫诱逃》赞不绝口，他对莫扎特作品的竭力推崇，引起维也纳民众的关注，尤其是维也纳宫廷的重视。但莫扎特时运不济，十分欣赏他的格鲁克没多久就去世了，格鲁克职位的继任是意大利人萨列里，也就是传说中莫扎特的对手。

一生创作的巅峰

在维也纳的这些年是莫扎特创作的巅峰期，也是他短暂的一生中最快乐的时光。1782 年，他与康丝坦斯·韦伯结婚，两年后，大儿子卡尔·托马斯出生。这段时期，他与“海顿老爹”结识。海顿这样评价莫扎特：“朋友们经常夸我有天才，但是他的天才远在我之上。”事实上海顿是莫扎特的老师，也是莫扎特认识的所有的音乐家中唯一的真朋友。

1787 年年末，他得到了渴望已久的“皇家室内乐作曲家”身份，这种荣耀地位使得他灵感不绝。德语歌剧《魔笛》被认为是莫扎特最伟大的一部歌剧，写于 1791 年，是由埃马努埃尔·席卡内德尔写的剧本。从剧名来看，《魔笛》就像黑森林里的童话故事：有邪恶的夜女王、漂亮的公主、英俊的王子、野兽、钟声、金笛子。剧中王子遭遇很多危险，最后战胜困难赢得了公主的芳心。

莫扎特在 1790 年写下了“如今我正站在自己人生时来运转的大门之前”，但一年后，他的突然离世震惊了整个音乐界，引起至今不息的争论。死因是什么？没人知道，扑朔迷离。

莫扎特经历了奥地利历史上一段经济萧条、政治动荡且前途未卜的时期。但即使在严酷的环境中，莫扎特依然创作出了熠熠生辉的作品，流传至今。他的音乐在理性与秩序的规则之下呈现天然之趣，纯真又动人，那种充满人性的喜悦与形式上的至臻至美，使人心醉神迷。我们从中能听到整个18世纪，又不止于18世纪，他的音乐指向永恒。

人物评价

毫无疑问，年少成名的莫扎特是音乐天才。他短暂又灿烂的一生经历了太多苦难：爱情受挫，母亲离世，与大主教公开决裂……他却能跳出苛刻的外部环境，寻求内心的自给自足和自由，这才是他最令人钦佩的地方。

通往浪漫主义的桥梁贝多芬

音乐世家

路德维希·范·贝多芬，1770 年 12 月 17 日出生于德国莱茵河畔波恩市的一个音乐家庭。他的祖父和父亲都是这座城市的宫廷音乐家。18 世纪的波恩，隶属于神圣罗马帝国的科隆选帝侯国，音乐在这座城市无处不在，市民们都热爱音乐，连士兵和劳动者也几乎都懂音乐。当时的人们走进被烟熏得黑黝黝的破旧农舍时，不经意间就会听到男女主人在羽管键琴上演奏；赶集的时候，也能看见乐手们在城镇广场边的市政厅阳台上演奏。这浓郁的音乐氛围与下莱茵地区数百年的音乐文化传统有关。

贝多芬奔放独立的天性跟祖父最像。祖孙俩同名，都叫路德维希·范·贝多芬。祖父也是自幼学习音乐，二十岁时来到波恩，担任宫廷低音独唱歌手，后成为宫廷乐长；父亲约翰·范·贝多芬是宫廷高音歌手和音乐教习，不过才能平平，并没有祖父那样的音乐天赋；母亲玛丽亚·玛格达莱娜是一位选侯厨役长的女儿，与约翰一共有七个孩子。但贝多芬的哥哥出生仅六天便夭折，后面仅有一个弟弟、一个妹妹活了下来。

贝多芬不是随和之人，所有流传下来反映他本色的画像与塑像，无不表现出他紧张、狂躁、坚忍、深刻的一面。他特殊又矛盾的个性，形成于波恩阴郁的童年和坎坷的青少年时期。

悲惨的小小琴童

对孩子来说，世界本应像童话般散发着神奇的魅力，然而，对贝多芬而言，人生从一开始就是一场残酷的斗争。贝多芬快满三岁时，他挚爱的祖父中风去世，家中失去了大部分经济支持。但祖父一直是贝多芬的精神榜样，贝多芬渴望像担任宫廷乐长的祖父一样有本事。他对祖父无比崇敬，以至于晚年写信给律师说："我完全相信，总有一天我会得中风，像我正直的祖父，我跟他有相似之处。"这当然是玩笑话，但贝多芬连生病都想和祖父一样，这足见祖父在他心中的地位。

贝多芬从小就表现出对音乐的浓厚兴趣，他隐藏着的音乐天赋也被父亲觉察到了。约翰闪过的第一个念头便是又有一个莫扎特将诞生；第二个念头则是打算从孩子身上赚钱。他开始亲自教儿子音乐，强迫儿子每天从早到晚练琴。但他只凭自己的意志来逼迫小贝多芬，却从不管贝多芬心里的恐惧与痛苦。约翰还告诉周围人，自己矮小的儿子比实际年龄要小两岁，为的是强调小贝多芬具有神童特质。

一天又一天过去，小贝多芬勤奋又自律，但也承受着身体和精神上的痛苦和压力。父亲有时会邀请一些音乐爱好者与同事到家中听儿子演奏，以此达到收入场费的目的。贝多芬八岁时，父亲在科隆的一次音乐会上向听众们推荐新人贝多芬。但接下来，贝多芬公开登台演出的信息就很少了，估计与他并没有莫扎特那样耀眼的神童光环有关。1779 年夏天，父亲平庸的音乐才能无法再教儿子了，便请来一名古怪的演员，住到家里来当贝多芬的家庭教师。实际上，约翰和这位老师都是酒徒。那位教师并不管学生练得怎样。

少年与良师

由于自小缺乏照顾与关爱，贝多芬有着与其他人不一样的古怪脾气，身上脏兮兮，尤以不整洁、不爱收拾而出名。1780 年，十岁的贝多芬还不懂得跟别人相处，他总显得闷闷不乐，独来独往。大家也不待见他，甚至不喜欢他。再加上没怎么在学校里上过学，贝多芬非常缺乏自信。父亲专横地直接让儿子辍学——神童莫扎特也不曾进入学校接受过系统的教育，他要贝多芬效仿莫扎特。终于，机会来了，贝多芬开始跟宫廷管风琴师内弗学习。内弗眼光独到，很快就发现贝多芬拥有罕见的音乐天赋，他决心尽最大能力去指导。内弗向贝多芬介绍巴赫的作品，让贝多芬弹奏巴赫的《平均律钢琴曲集》。那时候的巴赫仍寂寂无闻，但是内弗凭借自己独到的音乐眼光，明白这部用各种大小调式写成的前奏曲和赋格曲集子有多么不同寻常。

贝多芬的天赋最初显露在钢琴和提琴的即兴演奏能力上。他时而让旋律如歌地行进，时而分解和弦突袭，整整几小时，音乐在他的头脑中被幻想出来，从手指间不断地流淌。在内弗的精心指导下，贝多芬的音乐水平得到极大的发展。十一岁的贝多芬开始加入戏院乐队，十二岁便获得重要

的音乐职位。一次，贝多芬对老师说："我想写写钢琴奏鸣曲。"内弗鼓励说："那就写吧。"于是，就有了贝多芬最初的三首钢琴奏鸣曲。这一年，贝多芬才十三岁。

贝多芬本质上是钢琴作曲家，后来贝多芬以无与伦比的三十二首钢琴奏鸣曲屹立于钢琴音乐之巅峰。为什么这三十二首钢琴奏鸣曲有那么大的魔力，尤其是人们耳熟能详的"悲怆""月光""暴风雨""黎明"和"热情"？因为这些作品是现代钢琴艺术的基础，蕴含着各种音乐要素与经验探索，充满了德国狂飙突进运动[1]的全部感情色彩——狂热、幻想、英雄主义、崇高的信念和戏剧性的激情。它们色泽美丽，像珍珠一样，穿起贝多芬非凡的一生。

内弗既是音乐家，又是一名有经验的教育家，他鼓励贝多芬，并给予充分信任，有时让贝多芬代替他演奏，在公众面前献艺。1783年，内弗在一份音乐杂志中撰文，为贝多芬谋求各种发展机会，他如此介绍自己这位杰出的弟子："这个天才理应得到资助，以便能够游历四方。他肯定会成为第二个沃尔夫冈·阿玛迪乌斯·莫扎特，如果他一如既往地进步。"

1　狂飙突进运动：18世纪70年代至80年代初，发生于德国的一场声势浩大的文学运动。

不知不觉，贝多芬十四岁了，他被正式任命为领薪俸的宫廷管风琴师。看到儿子的进步，父亲也与贝多芬暂时和解了。每当贝多芬跟父亲一起登上宫廷教堂唱诗班的楼厢时，他都穿上挺拔帅气的宫廷乐师礼服——海绿色燕尾服，按等级在左侧挎上佩剑。贝多芬充满信心，满怀希望寻找着属于自己的音乐位置。

贝多芬师从内弗学习音乐的时期，正值启蒙运动席卷欧洲，随后，德国掀起狂飙突进运动，这一时期的每一部杰作都渗透了当时整个德国的反叛精神。歌德的《少年维特之烦恼》、席勒的《强盗》等，并非无病呻吟，而是根植于现实社会生活。内弗也紧跟时代潮流，他拥有坚定的意志，是与生俱来的革新者，他坚信人类能够创造更美好的社会。老师的言行影响了年轻的贝多芬，这在后来创作的《c小调第五交响曲》（“命运”）第二乐章中有所体现。在贝多芬的晚期，他仍积极探索人声，《第九交响曲》包括了人类所有积极的东西，最后的合唱，是人类最高贵的声音，它预言所有的人将成为兄弟，这使交响乐达到前所未有的高度。

最后的波恩岁月

1787年春天，作为宫廷乐师和教习，贝多芬被派到维也纳。据推测，是为了让音乐之都的维也纳人认识与评价一位初露锋芒的波恩青年的音乐才能。但由于收到父亲发来的快信，说母亲肺病恶化，贝多芬不得不匆匆返回波恩。这年7月，四十一岁的母亲去世。年少失母，贝多芬深感痛苦。他想起自己十一岁那年，母亲带着他一起去鹿特丹旅行，船上太冷，母亲让他把脚搁在自己的怀抱里，护着他的双脚不被冻着。然而，家庭的灾难接踵而来，到了11月，他的小妹妹也去世了。

父亲也越来越萎靡不振，到了1789年，他由于挥霍养老金，无法抚养家庭。十九岁的贝多芬不得不羞愧地走上法庭，通过法律的手段，使自己成为一家之主，早早承担起赡养者的责任。1792年，长期沉溺于酒精的父亲去世。

尽管饱尝生活的苦难，但贝多芬对自己的故乡永远保存着温柔而凄凉的回忆。18世纪80年代，波恩是科布伦茨与科隆之间最大和最美的城市，莱茵河蜿蜒舒展流过，一路风光旖旎，沿途一半是古堡童话，一半是诗歌艺术。莱茵河沿岸城堡之多，与中世纪小封建主竞相向莱茵河上航行的船只征税有关。你听到过海涅的诗歌《罗蕾莱》[1]的传说吗？你听过瓦格纳四联剧《尼伯龙人的指环》中前夜剧“莱茵河的黄金”吗？这些都跟莱茵河有关。贝多芬后来深情地说：“我的家乡，我出生的美丽地方，在我眼前始终是那样美，那样明亮，和我离开它时毫无二致。”

维也纳的广阔天地

1792年冬，天寒地冻，二十二岁的贝多芬与同伴乘马车，走在颠簸崎岖的道路上。一位经济赞助人瓦尔德施泰因伯爵在贝多芬临行前说：“你将要去维也纳实现多年未能如愿的希望——你将从海顿手中获得莫扎特的精神。”

就这样，贝多芬从莱茵河畔出发，一路往东南前行，途经科布伦茨、法兰克福、海德堡、雷根斯堡、林茨等地。所到之处有破落，也有如风景画般优美的古老村镇，但他无暇顾及，因为还是战争期间。行程约八百八十千米，走了四十多天，终于到达维也纳。此后的三十多年，贝多芬

1 《罗蕾莱》：海涅在1824年创作的一首诗歌，描写的是莱茵河上的一个传说，相传莱茵河神的女儿们常常坐在礁石上，用她们销魂的歌声引诱过往船只上的水手们迷乱而投入水中。

再也没有回过故乡。

在维也纳的岁月，生活之于贝多芬有甘苦也有起伏。贝多芬在维也纳向约瑟夫·海顿学作曲，直到亦师亦友的情谊因音乐审美不同而分道扬镳。贝多芬也曾因耳聋经历严重的心理危机，痛苦地写下《海利根斯塔特遗嘱》[1]诉说自己的不幸。

贝多芬忘情于音乐的创作，无暇顾及生活小节，邋遢的形象贯穿他的一生。1809年，一位贵族拜访了贝多芬在维也纳的寓所，留下一则逸事："形容不出贝多芬的住所有多脏，钢琴上尽是灰尘和乱纸，钢琴下还放着一只尿壶。"维也纳森林中有一条"贝多芬小径"，他经常在这条小路上散步，时不时停下来，在笔记本上记录那些稍纵即逝的乐思。1821年，贝多芬在散步时还曾被误认为是流浪汉而遭到逮捕。

维也纳北郊这片宁静的天空与大地，激发了贝多芬的创作灵感。贝多芬在1821年宣告："我最忠实地履行人类、上帝和自然赋予我的使命。"《F大调第六交响曲》（"田园"）是第一部"有关大自然的作品"，在这部作品中，

---

1 《海利根斯塔特遗嘱》：1802年10月6日至10日，贝多芬意识到他最终会完全丧失听力。绝望中，他在维也纳郊区的住所写下了他的遗嘱。

贝多芬试图去探究大自然的宁静、美丽和它毁灭性的狂暴，他用和声来暗示和描绘，用旋律去回忆和想象，他那暗藏在心底的德国少年时代记忆变成抒情牧歌。

贝多芬超越了一切，创造出具有伟大精神力量的杰出作品。贝多芬那些脍炙人口的作品，在某种程度上依然遵循古典范式，但更加狂暴，更加具有进攻性，呈现势不可当的英雄气概。在贝多芬的晚年，音乐已经成为一门崇高的艺术，音乐家的地位由宫廷的仆人大大提升到备受保护和供养的天才位置。

贝多芬二十六岁开始失聪，晚年全聋，却以一己之力，把音乐从古典主义风格带入浪漫主义风格。我们需要贝多芬这样宏大的精神，把自己的心灵变成一个广袤无垠的地方，那儿树林环绕，汹涌的河水奔流不息。

人物评价

贝多芬天性奔放独立，性格算不上友好，却有着最难得的勤奋又自律的品质。即使晚年失聪，内心痛苦，他依然可以无视一切磨难，创造出振奋人心的作品。

永恒的青春少年舒伯特

音乐的浪漫主义时代

浪漫主义很大程度上是在体验自己的痛苦、爱和不幸。许多浪漫主义艺术家逐渐将老旧的古典主义风格的形式丢在了一边。

而浪漫主义时代的最重要的特征之一是扩大了对文学，尤其是对诗歌的兴趣与关注。浪漫主义者把爱情、绝望、天堂般的狂喜和强烈的直觉都表现在了音乐和诗歌中。在诗歌的花园里，玫瑰和郁金香、雀鸟和蓝天、喷泉和暴风雨、溪流和精灵都在歌唱。在童话里，花朵相互亲吻，发出优美的声音。在这些浪漫主义早期文学中，月光、香气，乃至万物都有它的音乐。

舒伯特正是早期浪漫主义的代表人物之一。

音乐之家

弗朗茨·舒伯特1797年1月3日生于维也纳近郊，家庭属于市民阶层，父亲是一位老实本分的教师。回顾音乐史，海顿、莫扎特代表维也纳古典乐派，而以贝多芬为桥梁，音乐时代开始转入早期浪漫主义。1803年到1813年，可以说是西方音乐史上最为繁荣的十年，相继诞生了作曲家柏辽兹、门德尔松、舒曼、肖邦、李斯特、威尔第和瓦格纳。我们称他们为浪漫主义者，因为他们是音乐浪漫主义运动的一部分。早期浪漫主义音乐群星闪耀，天才成群结队而来，他们的人生代表了浪漫主义精神的一切：表现自我、无限激情、热爱自然和文学、多愁善感，甚至有不顾一切的疯狂。他们不但创造了伟大的艺术，而且，他们的生活，以及他们如何生活，本身就形成一种独特的艺术。

清贫的教员家庭，加上子女众多，物质上无法一一满足，所幸舒伯特一家还有音乐。父亲和两位哥哥教会了小舒伯特演奏小提琴与钢琴，使他在很小的时候就得到了良好的音乐教育，并且接触到维也纳古典乐派的作品和德奥民间音乐传统。家里经常有一群音乐爱好者来聚集，他们独奏、合奏，切磋琴艺并谈论诗歌与文学。舒伯特如鱼得水，在音乐与文学中感受着人文魅力，进步神速。与其他著名音乐家一样，舒伯特小小年纪就显露出突出的音乐天赋——他敏锐的听力加之音乐素养，让他能够时不时指正父兄演奏中的错误。由此可见，艺术门类讲究先天因素，音乐天赋基本上是与生俱来的，若有合适的土壤，就如野草一样恣意生长。

唱诗班的岁月

1808 年，舒伯特十一岁，家里经济并不宽裕的他考入宫廷乐团寄宿学校，成为皇家小教堂唱诗班的一名歌童。凭借出色的音乐才能，舒伯特很快就担任了管弦乐队的首席小提琴手，有时还参与指挥。

寄宿学校在教学与歌唱方面非常严格，能让歌童接受最正统的音乐教育，生活方面条件也极为苛刻，即使寒冬凛冽，大雪纷飞，室内也不能生火取暖，并且食物匮乏。舒伯特在这样艰苦的环境中仍顽强学习，他从德奥音乐中汲取养分，寻找巴赫伟大的键盘作品和众赞歌中的奥秘，探究贝多芬的奏鸣曲、弦乐重奏、弥撒曲和交响曲，从中得到极大提升。难能可贵的是，舒伯特坚持创作，有时买谱纸的钱，还是朋友与同学慷慨相助赠予的。皇家小教堂与皇家宫殿仅一墙之隔，因此舒伯特有机会与安东尼奥·萨列里接触。从1810年开始，舒伯特向萨列里学习作曲，很快，他就以惊人的速度创作出了自己的音乐作品。

安东尼奥·萨列里是何许人也？拍摄于1984年的电影《莫扎特传》，正是以莫扎特与安东尼奥·萨列里的矛盾为线索，戏说莫扎特的生平。但这部电影把莫扎特刻画得疯疯癫癫，又把萨列里表现得阴险善妒，使得不少莫扎特迷看完既伤心又愤怒。不过电影终归是艺术虚构，音乐史上的萨列里并非如此，可怜的他蒙受了不白之冤。实际上，这位意大利人成就非凡，是一位德高望重的大音乐家，虽然曾经是莫扎特的强劲对手，但两位大师私交甚好。萨列里从莫扎特时代走来，教导过贝多芬，到了浪漫主义初期，他仍然是帝国宫廷作曲家。在萨列里的指导下，十三岁的舒伯特写出了《G大调狂想曲》，这是舒伯特第一首标有明确日期的作品。从此，他心田流过的乐思源源不断，创作欲望一发不可收拾。

去作曲，还是当老师？

1812 年，舒伯特年满十五岁了，当清亮的嗓音变声后，他不得不离开宫廷小教堂。歌童变声后，会去向何方？让我们回到从前，听听过去的音乐故事。16 世纪初，天主教会的圣乐和中世纪时一模一样，但有一个人的出现永远地改变了音乐——他的名字叫帕莱斯特里纳。当他还是一个男孩的时候，帕莱斯特里纳拥有纯净优美的歌声。少年变声后，帕莱斯特里纳走向了最具创作力的道路——作曲。后来的巴赫、海顿也都是歌童出身，变声后开始作曲的。舒伯特也跟这些伟大的前辈一样，只是生命更为悲怆。他没有主教的青睐有加，也没有宫廷贵族的资助，他选择进了一所教师学院，为成为一名教师而继续学习。

彼时欧洲烽火连天，拿破仑大军在 1812 年之前还所向披靡，此后在俄罗斯节节败退，从莫斯科撤退后，又在雪原上遭遇严寒，兵败如山倒。而维也纳真是个神奇的地方，在纷乱的战争背景之中，它珍贵的音乐传统却没有受到多少损伤。舒伯特在乱世中陆续有作品发表，包括艺术歌曲、大合唱、奏鸣曲和奥地利民间舞曲，作品形式多样，已显露出舒伯特抒情性和歌唱性的创作风貌。十六岁那年，他写出了《D 大调第一交响曲》，作品颇具维也纳古典风格的特征，又不失自己独有的气质，简直令人无法相信这是一个刚褪去稚气的小小少年的作品。

1815 年，舒伯特在他父亲的小学里当了一名代课教师，他被免除了服兵役的强制义务，也获得了一份微薄的工资收入。舒伯特身材很矮，据说身高不足五英尺[1]，而且视力很差，他戴上了我们今天在他的肖像画中熟悉的那副眼镜。这位不起眼的老师耐着性子为小学生一遍又一遍地讲解拼音、文法和修辞，内心却惆怅不已。时代赋予浪漫主义者不羁的个性，以及某种自我中心——他终有一天会追随内心的直觉而去。

自由又成熟的音乐家

1818 年，舒伯特毅然放弃了学校的工作，开始了作为一名自由音乐家的生涯。但这样草率行事，使得父亲愤怒地与他断绝关系，因为父亲显然知道以演奏和创作为生，对于从社会底层走出的音乐家，意味着根本没有任何经济保障。的确，命运之残酷往往超出想象，年轻的舒伯特尚

1 “英尺”是一种英制长度单位。1 英尺约为 0.3 米。

不知，他选择的这条路上的艰辛才刚刚开始。

那时正值欧洲封建势力复辟后最黑暗的时期，自从神圣同盟[1]成立以来，一种巨大的、系统的反动就笼罩着德意志国家。在政权高压政策下，拥有诗人气质的舒伯特，作品多以自由放纵的姿态抒发爱情的痛苦、内心的彷徨，深刻地表达了社会变迁给劳动人民带来的伤害与痛苦。他的音乐有一种“永恒的青春”气质，这是当时维也纳的森林和清新的空气所造就的，也是浪漫主义时代艺术的必然性。

当舒伯特在音乐上达到成熟时，伟大的贵族沙龙时代已日暮西山。沙龙曾是启蒙思想产生的摇篮和成长的温床，来到19世纪上叶，它作为探讨思想、艺术、阅读和讨论艺术潮流的主要场所的角色，正被中产阶级的客厅所代替。在舒伯特的周围，有一群热爱音乐、诗歌、文学和戏剧的青年，他们形成一个进步的艺术家小团体。朋友们将有舒伯特在场的、只演奏他的作品的聚会叫作“舒伯特小圈子”。这是一种小型的、只有诗人和艺术家们的聚会，舒伯特大部分最好的艺术歌曲，都是在这个小圈子首演的。宫廷歌剧院歌手佛格尔成为第一位“舒伯特歌手”，不断地演唱

1　神圣同盟：俄罗斯帝国、普鲁士和奥地利打败法国拿破仑一世后，在1815年缔结的同盟。目的是维护君主政体，反对法国大革命在欧洲所传播的革命理想。

和推介舒伯特的艺术歌曲。在舒伯特的一生中，他重视朋友之间的感情，到了一个至诚的境界。他的真挚，他音乐中的德意志灵魂，将美与感动抒写得精细浪漫，温暖着每一位走进他内心的人。从这个时期开始，舒伯特的作品才慢慢有人愿意出版，但所得的稿酬甚微，甚至无法拥有一架作曲家所必需的、属于自己的钢琴。

在这一时期，诗人们更关注其诗歌的音响，而作曲家们则着意去模仿这一音响。于是，一些新的音乐体裁自然而然地出现。一种叫作艺术歌曲的音乐体裁流行起来，这是一种为独唱和钢琴伴奏而作的具有很强的艺术灵感的歌曲。从古典时期到浪漫主义时期，都有高雅的艺术歌曲存世，但没有谁能像舒伯特一样，在这一音乐体裁上取得空前的成就。在舒伯特所处的那个时代，他几乎只被看作一位艺术歌曲的作者，因而有“艺术歌曲之王”的美誉。

玫瑰花一样幽香迷人的静夜，繁星倒映于心无法描摹，舒伯特的艺术歌曲给我们带来了唯美的享受。《小夜曲》有如夜莺般不倦地歌唱；《水上吟》无忧无虑的旋律，仿佛天边的晚霞染红了水流，细碎流金般的伴奏随波荡漾。舒伯特将一些歌词组成一个系列，这样便创作出了一种被称为声乐套曲的形式。由二十首歌曲组成的《美丽的磨坊女》刻画了一个少年青涩懵懂的初恋，他满腹愁绪地在水边徘徊；《冬之旅》则是德国艺术歌曲文献中最重要的连篇套曲，它围绕浪漫主义主题展开，通过二十四首歌，描述一位失恋青年在寒冷的冬日里漫无目的地四处漂泊。天涯孤旅，暮色苍茫，浪漫主义者毕生都在寻找理想的家园。

然而，舒伯特的成就绝不仅限于艺术歌曲，他创作了八部交响曲，十五部弦乐四重奏，二十一首钢琴奏鸣曲，七部为合唱和乐队所创作的弥撒曲，以及四部歌剧——从任何标准来看都是可观的创作数量。就拿舒伯特的室内乐来说，弦乐五重奏被认为是艺术成就最高的。流传甚广的《鳟鱼》五重奏中，明亮的溪流无拘无束地流淌，水中鳟鱼忘情嬉戏，诗人静静地观望着大自然的一切。自由主题是永恒的创作母题，舒伯特这首散发纯真之情的作品，在理性的框架下显示出真浪漫。难得的是，创作这部作品时，他只有二十二岁。

悲剧降临

1822 年，灾难降临到舒伯特身上，年仅二十五岁的他身患重病，在没有抗生素的年代，这就相当于被宣判了死刑。

在家人与朋友的调解下，父亲与他言归于好。舒伯特以惊人的毅力，每天早上充满激情地创作，中午去咖啡厅与众人谈论文学和社会政治，到了晚上，又常为朋友们和崇拜者们演奏他的作品。

在生命最后几年，疾病的折磨与贫困的摧残，使得他陷入深深的痛苦之中。在给友人的书信中，他写出了自己的心境："我觉得自己是世界上最不幸、最可怜的人……每晚上床，我都希望从此长眠不起；而每个早晨，只能使我记起昨日的悲痛。"

有些美好，我们会怕它戛然而止。但，它就发生了。创作《b小调第八交响曲》时，舒伯特年仅二十五岁。这首乐曲是西方音乐史上最著名的未完成之作之一——它只写了前面两个乐章，却因缺憾而伟大到极致。

《十九世纪西方音乐文化史》中有一段写舒伯特的文字，似乎概括了浪漫主义音乐家的人生本质："这音乐就是青春本身，只有青春才能那么美丽，自由无羁，充满纯真的、理想主义的、自然的庄严性。这样的人为了给人间遗留下青春的化身，他们必然死于青春时期。"

舒伯特终究没能走出笼罩在浪漫主义音乐家身上的神

秘魔咒——早逝。他如流星一般划过天空，进入永恒的范畴。李斯特称他为“前所未有的、最富诗意的音乐家”。舒伯特海量的作品与他三十一年的短暂人生极不相称。他把大量清澈美好的音乐留于人世间，每当我们聆听，音乐中的爱意如绽放的玫瑰，并永不凋零。

人物评价

舒伯特是音乐史上的一颗流星，停留的时间虽然短暂，却璀璨夺目。他有着无与伦比的天赋和源源不断的创作灵感，但最为人称道的，是他对待事业的认真和对待朋友的诚挚。他永远保持着青春活力，将他的爱和诗意留在人间。

涌动着爱与理想的舒曼

被文学与音乐滋养的童年

罗伯特·舒曼（1810—1856）在西方音乐史上具有重要的地位，不仅因为他是一个伟大的作曲家，还因为他深厚的文学造诣与其所从事的音乐出版事业，促进了早期浪漫主义音乐的发展。

舒曼出生于德国东部小城茨维考，他的父亲奥古斯特·舒曼是一位颇具文化素养的小说家，也是书商兼出版商，向舒曼介绍了许多浪漫主义诗歌和古代经典作品。舒曼自小耳濡目染，隐藏在心底的某些基因，文化的、情绪的，都与此有关，他是为文学而生的。

舒曼接受专门的音乐教育稍微晚些，直到七八岁才开始学钢琴演奏，但不久便崭露出即兴创作的天赋。当时，听音乐会是人们生活中的日常，伊格纳兹·莫谢莱斯是一位天才的即兴演奏家，他的音乐会备受追捧，并有不少音乐作品出版，还是音乐神童门德尔松的启蒙老师。舒曼九岁时，跟随父亲去听了莫谢莱斯的钢琴演奏，对音乐表现出了浓厚的兴趣。在家乡茨维考念中学时期，舒曼学习之余经常组织管弦乐队演出，并自己作曲。热爱文学的舒曼，作为一位少年音乐家的气质已表露无遗。

为理想而斗争的青年

1826年，舒曼正值花季，父亲却骤然辞世。父爱如山，他是愿意舒曼走音乐之路的，但无奈命运那只翻云覆雨之手——中学毕业后，母亲为了儿子的前途，执意要送舒曼去读法律。十八岁的舒曼不情不愿地来到莱比锡，进入大学学习法律，但这个年轻人很有个性，他把时间挥洒在诗歌和音乐上，认为这是值得为之努力的美好事物。他在潜意识里相信，诗歌与音乐相遇，有一天会长出鲜艳的花朵。

1828年至1832年间，帕格尼尼[1]先后在奥地利、捷克、德国、法国和英国等欧洲国家巡回演出，所到之处万人空巷。帕格尼尼至今仍是一个不可思议的现象，他的艺术成

1　尼科罗·帕格尼尼（Niccolò Paganini，1782—1840）：意大利小提琴家，历史上最著名的小提琴大师之一。

就，完全出自他那不受任何人羁绊的自由天性，只要他出现，必定超出听众的热切期望，小提琴一响，众声顿歇。他在小提琴上能拉出纯洁的、人类不曾拉出的声音。当年轻的舒曼听到帕格尼尼那神奇的魔鬼演奏后，更坚定了放弃法律专业而专攻音乐的决心。

1830 年，在母亲的勉强同意后，舒曼跟随著名钢琴家弗里德里希·维克[1]学习钢琴，立志要当一名钢琴演奏家。这个学习机会来之不易，是通过曲折的斗争才获得的。成为一名钢琴演奏大师，需要经过漫长的道路，大多得从琴童开始苦练，可自己已经二十岁了，为时已晚，怎么办？

时不待人啊！舒曼想，只能通过勤学苦练，让手指灵活起来，跑得快快的。他开始了异常刻苦的自我训练，真的是行也思钢琴，坐也思钢琴，甚至借助机械装置进行练琴。可事与愿违，不过两年光景，因为急于求成、违反规律，他右手的一只手指完全麻痹了——舒曼梦想有朝一日成为钢琴演奏家的希望彻底破灭。伤心没有任何作用，慢慢地，他把心思转向作曲。后来的历史证明，舒曼当时的这一决定是多么正确！

---

1 弗里德里希·维克（Friedrich Wieck，1785—1873），德国音乐家和音乐教育家，天才钢琴家克拉拉·舒曼的父亲。

1833年，对二十三岁的舒曼来说，是至关重要的一年。其一，他发现自己患有恐惧症：舒曼从母亲身上承袭了热诚而敏感的个性，同时也遗传了如今被精神科医生所描述的“双极性精神紊乱症”。这种病会导致人精神失常，使他备受折磨。其二，舒曼发现自己对弗里德里希·维克教授的女儿克拉拉，产生了一种说不清道不明的情愫。

克拉拉天真活泼、聪明伶俐，犹如一朵阿尔卑斯山上的雪绒花，亭亭玉立，洁白如雪。跃过玫瑰花丛的她，在花园的树荫下与舒曼相遇，两人自由探讨文学、音乐与法律，热烈讨论萌芽中的早期浪漫主义。被称为“天才女孩”的克拉拉其实早就名满欧洲，她是钢琴演奏神童，歌德、帕格尼尼为她热忱鼓掌；她也是肖邦、李斯特、门德尔松、瓦格纳这些天才都钦佩的女性。

创办《新音乐杂志》

1834年，舒曼创办了一份重量级的音乐刊物：《新音乐杂志》。这份极具前瞻性的音乐杂志，内容相当于大学讲坛。舒曼发挥笔杆子的作用，在这本杂志上发表了大量文章，他以精妙的文笔，揭示那些平庸的音乐作品，抨击不良的音乐情趣和低俗的音乐品位，同时向人们推介有史以来最优秀的音乐作品。由于他具有敏锐的音乐眼光，风格又是一贯的热情，他也抓住机会极力宣传那些新生力量，不遗余力地推荐那些冉冉升起的音乐天才，包括门德尔松、肖邦、柏辽兹、李斯特和勃拉姆斯。

他评论柏辽兹的交响乐："开始时我非常惊讶，然后恐惧，最后是惊叹和敬慕。"提到新星舒伯特，他说："曾经有一段时间我不愿谈论舒伯特，只有在夜深人静之际，当着星光树影梦想到他……我为这个新出现的奇才赞叹不已，我觉得他的精神财富不可限量，浩瀚无垠，无与伦比……"文字是一种有力的武器，舒曼从此成为德国浪漫主义新音乐的倡导者，捍卫早期浪漫主义那些"激进的"年轻作曲家的作品。舒曼的文学与音乐才情，他的胸襟格局，充满人文主义的温暖，使得他站在浪漫主义时期音乐家的中心位置。这份刊物，至今还在出版发行中。

音乐伉俪

1835年夏日，舒曼结束了一段不合适的感情，与克拉拉之间的关系变得愈加亲密。在《莱比锡日记本之二》中，舒曼写道："成天与克拉拉在一起。"但舒曼与克拉拉的交往遭到了维克教授的反对。维克教授非常理智，他有着父亲的预见与远见，曾经，他无比疼爱地说："克拉拉出生的那天天空在飘雪，一片雪花出乎意料地落入我的怀中，我接住了——那就是你，克拉拉。"作为当时著名的音乐教育家，维克教授必定熟知自己学生的一切优缺点，因而预感到女儿与这位学生难有长久的幸福。他曾经试图以剥夺女儿的继承权、没收她的收入为警告，只为达到断绝这对情侣的关系的目的。双方甚至还闹上了法庭。

但感情往往是越反对越不能被压制下来，尤其是对于在两个天才人物之间产生的爱情。没什么能阻止爱情的力量，在一个金秋时节的日子，1840 年 9 月 12 日，舒曼迎来了他的新娘。阳光透过桃金娘层次丰富的色彩，映照在他亲爱的克拉拉的粉脸上。每个黯淡的岁月从此之后都有了镶着金边月晕的皎月，朦胧又绝美。所有这一切，深深触动着富有诗人气质的舒曼，他以二十六首艺术歌曲连缀成一本曲集——《桃金娘》，献给他与克拉拉的婚礼。

最具神秘气质的作曲家

舒曼与克拉拉十年相识相知，十六年花与诗的生活，诞下了七个爱情结晶，也启发了无数音乐名作。舒曼对诗歌、哲学以及艺术的融会贯通，大大丰富了他作品的表达力，让浪漫主义艺术歌曲在舒伯特之后，更具有无可比拟的感染力。但他是个相当情绪化的作曲家，甚至可以说“变化多端”——这体现在不同时期所创作的作品体裁上。

19 世纪 30 年代，舒曼几乎只写独奏的钢琴曲——奏鸣曲、变奏曲和特性小品，尤其以钢琴小品出彩，代表作有钢琴套曲《童年情景》。当在欧洲巡演的克拉拉收到舒曼寄来的第一版乐谱时，她被深深打动，回信道：“真是太高兴了……这首作品的确是属于我们的，不是吗？它萦绕在我脑中挥之不去，如此简约纯朴，如此暖人心房。”李斯特也对《童年情景》表现出无以复加的欣喜之情。当时，舒曼一直与李斯特频繁通信，李斯特也收到了第一版乐谱，李斯特从法国回信：“《童年情景》为我带来毕生最大的欢愉。我有一个三岁大的女儿，大伙都说她简直就是个天使。每星期都有那么两三个晚上，我要把《童年情景》弹给她听。我把头一段弹给她听，反复了二十遍而不往下弹，

她真是陶醉其间，和她相比我自己对这套作品的喜爱更是有过之而无不及。毫无虚言。你如果在此亲眼得见此景的话，一定会乐坏的。”这是该作品广受好评的一个例证。

《童年情景》到底是写给孩子还是大人的？我们很多人都痴迷于其中的《梦幻曲》，当钢琴大师霍洛维茨以八十三岁高龄重返阔别六十年的俄罗斯时，他弹起了《梦幻曲》，临末，他那一滴晶莹的泪花感动了全世界。

到了19世纪40年代，舒曼与克拉拉结婚后的1840年，他热衷于写艺术歌曲，其他几乎什么都不写。随后在1841年前后，他创作了四部交响曲中的两部，这些交响曲作带有舒曼的探索与思考。其中，《降B大调第一交响曲（春天）》是在结婚的喜悦鼓动下的创作，第二年初春就完成了。克拉拉在日记中写下对这部交响曲的听感：“但是关于那些花蕾、紫罗兰的芳香、绿叶的清新、鸟语嘤嘤，我永远也说不完，人们听到的这一切在青春的力量中活跃激动。”

1842年，舒曼的注意力转向室内乐，一批优秀的室内乐精品问世，其中《降E大调钢琴五重奏》更是收获了高度评价。1845年，舒曼完成了他的杰作《a小调钢琴协奏曲》，他尝试发展一些古典的音乐形式，这在这部协奏曲第一部分中表现得最为明显。舒曼这部辉煌的作品饱含至深的感情，敏感细腻，体现了一种音乐的深度，纯粹是个人情绪式的。此后，他的创作力便开始衰退。

舒曼担任的第一份工作是在刚刚由门德尔松建立的莱比锡音乐学院教授钢琴和作曲，那是在 1843 年。但他更希望能担任莱比锡格万豪斯管弦乐团的指挥。那时，莫扎特之后最完美的曲式大师门德尔松刚离开这个乐团，可惜舒曼没有如愿以偿。这份教职也不甚长久，次年舒曼便跟随克拉拉去了俄罗斯巡演，回国后转向音乐创作。舒曼的另一份正式工作是在 1850 年，他担任杜塞尔多夫的管弦乐团和合唱团的指挥，但由于精神疾病急剧恶化，到了 1853 年不得不辞职。

莱茵河畔的悲歌

舒曼饱受精神疾病的折磨，在神经质般的愉悦与自杀性的抑郁之间摇摆。在一些年里，他精神好时，尚能创作大量的音乐，而另一些年里则颗粒无收。他的身体每况愈下，在出现的幻听之中，既有天堂的声音，也有地狱的低吟。他无法控制自己，为了解脱，他一头扎进冰冷的莱茵河水中，幸被附近的渔民救起。但疾病缠身，他于 1856 年在疯人院中早早离世。

克拉拉独自活了四十年。她本身是一个极有才华的作曲家，自舒曼去世后，再也没有作曲了。中年以后，克拉拉·舒曼以这样的形象出现在音乐史上：身穿黑色的丧服，在欧洲四处巡回演出。

面对舒曼的艺术追求与建树，我们无法不对他悲惨又真实的人生发出叹息。舒曼是最具神秘气质的作曲家之一，他的音乐直抵人的灵魂深处，就像欧洲文艺复兴之前东方诗人的诗作一样。他的作品中，感人的精神深度与无休无止的愁绪并存。如果要感同身受他饱受苦难的心灵，必须重拾那个时代的浪漫主义。我们更希望他还是与克拉拉初相识时的那个大哥哥，我们会时不时阅读他的文选，聆听他的音乐，感受他心中涌动着的爱与理想。

人物评价

和其他许多从小在音乐世界里耳濡目染的大师不同，舒曼七八岁时才开始接触钢琴，但是出于热爱，他勤奋刻苦，用惊人的毅力坚持练习。后面他将重心放在了作曲上，也是凭借着坚持不懈的努力，谱写出一段段流传至今的旋律。

钢琴诗人肖邦

出生及早年岁月

1810 年 3 月 1 日，在宁静而美丽的波兰华沙近郊，一间二层木屋里，传来一个婴儿娇弱的啼哭声，一个将会影响世界的音乐家——“钢琴诗人”弗里德里克·肖邦降生了。接生的神父叮嘱：“这孩子先天不足，体质很弱，要精心照顾他。”父母默默点头，表示会小心翼翼地呵护这个小生命。

肖邦的父亲尼古拉是法国人，早年因躲避战乱离开法国来到波兰闯荡。肖邦出生之前，父亲在一所波兰贵族子弟学校任教，教授法语和法国文学，深受学生们喜爱。肖邦的母亲朱斯蒂娜是一位有教养的波兰女子，细心照顾着四个可爱的孩子。肖邦的父母都喜爱音乐，平时家里长笛、钢琴、小提琴这些乐器都能玩玩，这个家庭和谐、美好又充满艺术趣味。

在肖邦出生之前，波兰早就落入侵略者的铁蹄之下。沙俄、普鲁士和奥匈帝国把波兰视为一块让人垂涎欲滴的肥肉。经历了三次瓜分，波兰从欧洲版图上消失长达一百二十三年之久。

肖邦出生时，这个地方叫华沙大公国，是由法国拿破仑一手扶植建立的波兰人国家。1814 年 3 月 31 日，沙皇亚历山大一世带兵追杀到巴黎，拿破仑被反法联盟彻底击败。当人们目睹哥萨克骑兵在香榭丽舍大街上驻扎时，拿破仑已经由英国政府解押踏上大西洋上的圣赫勒拿岛流放之路。随着拿破仑帝国的土崩瓦解，华沙大公国也在 1815 年解体，仅存续八年。苦难并没有结束，很快，波兰再次被瓜分，西部受普鲁士管辖，主要地区由沙俄统治。

即使在如此严酷的环境中，温暖的家庭氛围还是为肖邦的音乐天赋提供了优质的土壤。肖邦有一个姐姐，两个妹妹。他是个异常早熟的孩子，一出生就听母亲和姐姐弹琴。他喜欢静静地看别人弹琴，常常用小手抚摸那些能发出声音的黑白琴键。他一边玩，一边听音，当听到不协调音或某种特殊音色时，会跑到钢琴前看个究竟。渐渐地，肖邦凭借着音乐记忆，竟能在脑海中想象出声音的旋律、节奏、音色等，有时候会自己在膝盖上模仿弹琴，一玩就是好几个小时。长大一些后，当他可以在钢琴上玩出不同音色时，便缠着姐姐教他。大三岁的小姐姐，俨然成了肖邦的第一位钢琴老师。

小肖邦兴趣广泛，很早就能写诗；绘画也颇有天分，寥寥数笔，便勾勒出姐姐的轮廓，至今华沙还留存着他画的一些树、花和杯子的素描；他还是一个出色的模仿者，惟妙惟肖的模仿让人忍俊不禁。后来的巴黎岁月，在名流云集的沙龙中，肖邦曾模仿炫技狂人李斯特弹钢琴，那样子，简直神了！

肖邦六岁时，发生了很多让大人难以置信的事。一天，妈妈在教姐姐弹一首舞曲，一旁自顾自玩耍的肖邦，不知什么时候走来安静地看着，泪流满面。姐姐最先发现弟弟神情特别，赶忙告诉妈妈。妈妈温柔地问："宝宝，怎么啦？"小肖邦答："妈妈，我不是伤心，是因为钢琴曲很好听呢。"他的话让妈妈哭笑不得。还有一次，爸爸回家吃饭，没看到儿子，家人这才想起，已经好几个小时没见他了。正当大家急得如热锅上的蚂蚁时，小肖邦从钢琴下伸出小脑袋，稚气地说："我在这里呀！"原来他藏在钢琴下，听得入迷了，忘记了时间。

琴音使小肖邦如痴如醉的一个原因是，在 19 世纪初，钢琴在体积和表现力上已有了很大发展，与18世纪莫扎特时代的钢琴大不一样。用毛毡包裹的琴锤使这一乐器可以用柔美的声音来“歌唱”，钢琴不仅能够演奏很强的声音，还可以演奏很弱的声音。

又有一次，在一个电闪雷鸣的雨夜，保姆听到大厅有个奇怪的人在弹钢琴，吓得直喊救命。父亲赶忙拿起蜡烛去看发生了什么，他原以为琴盖没盖上，是猫在琴上走动呢，却看见一个小男孩正坐在钢琴前弹琴！呀，这不是弗里德里克吗？他瘦小的身子俯在钢琴上，一双小手弹得正欢。他弹奏的是白天姐姐教给他的那支曲子。

被父亲发现了，小肖邦怯怯地说：“爸爸，您别生气！晚饭后这首曲子实在太好听了，它一直在我脑子里回响，所以我趁着雷雨声来弹弹，以为不会吵着你们呢。”父亲哭笑不得。

肖邦对音乐兴趣盎然，他央求父亲，让姐姐带着他一起去跟老师学习。看见儿子表现出超凡的音乐天赋，父母心中自然是欢喜。

终于，六岁的肖邦如愿以偿，跟一位叫阿达伯特·齐夫尼的老师学音乐，这位老师是小提琴家、钢琴家和作曲家。肖邦一边学习，一边思考，小小年纪就很有自己的见

解。一次父亲在夜间看见弗里德里克不睡觉，还踢开被子，两只手露在外面，一只手握着一个鸡蛋。爸爸面带愠怒，问："怎么回事？"肖邦解释："爸爸，我的手指头挨得太紧了，弹起琴来很不舒服，我发现只有手握着鸡蛋的形状，和弹琴时手的形状才是一模一样的。我想多握握鸡蛋，对我弹琴是很有帮助的。"爸爸听了认为在理，提醒他小心不要把鸡蛋握破。

肖邦为保持手形而握鸡蛋的办法持续了很久。直到现在，当我们开始学钢琴时，还会有老师告诉我们这个秘诀：双手自然垂下，保持手掌形状，拿到钢琴琴键上，像握着一个鸡蛋一样，这个手形就是最自然的。

天才光芒展现

许多人相信肖邦的音乐天赋足以与莫扎特媲美，他所作的《降 B 大调波罗涅兹舞曲》便是这种能力的佐证。1817 年，统治波兰的沙俄康斯坦丁大公的军乐队就演出了肖邦创作的一首进行曲。不过，这首作品已失传。而在同一年，肖邦献给维克多瓦·斯卡贝克伯爵夫人的《g 小调波罗涅兹舞曲》正式出版了，这是肖邦发表的第一首作品，其节奏、旋律与和声皆美，被视为天才之作。而那时的肖邦还只是一个七岁的孩子呀！任何事物都不能遮挡天才的光芒，人们奔走相告，波兰的贵族沙龙也对这位小天才敞开了大门。

八岁时，“肖邦先生”在华沙举行了他人生第一次公开演奏，这是一个慈善机构举办的音乐会，他演奏吉罗维茨的一首钢琴协奏曲。成功的公开演奏，不仅要有出色的表现力，不怯场不慌乱，还要有超强的记忆能力进行背谱演奏。背谱比背诗词难多了，谁背谁知道！

在此之后，肖邦没有骄傲自满，一步一步踏踏实实，继续刻苦学习。两年后，在意大利女高音歌唱家安杰里卡·卡塔拉尼的音乐会上，肖邦被特邀为歌唱家做钢琴伴奏。音乐会圆满成功，女歌唱家非常欣赏小肖邦，并赠送了一块带签名的金表给这位小天才，上面刻着：“献给十周岁的弗里德里克·肖邦，卡塔拉尼夫人赠，1820 年 1 月 3 日于华沙。”肖邦内心非常激动，更坚定了要学好音乐的决心。

1821 年，在沙俄的侵略与掠夺下，波兰陆续有人被流放到西伯利亚。肖邦看在眼里，痛在心里，愤慨地说：“又是一批波兰囚犯，沙皇要把他们送到西伯利亚去。”他的声音有些哽咽。忧国忧民的他，后来在音乐中的情感与表达注定了他不仅是伟大的浪漫主义时期作曲家，还是一位民族主义音乐家。因其感情力量，音乐自然地吐露出民族的和语言的区别——这一过程被称为音乐的民族主义。

齐夫尼老师以最正确的音乐教育方法，引导肖邦真正地进入了音乐殿堂。在他的系统指导下，肖邦广泛地了解了许多音乐著作，发现了巴赫的丰富，分析了维也纳古典乐派的作品风格，诸如海顿的幽默、莫扎特的优雅以及贝多芬的英雄气概。十一二岁的肖邦，天才闪烁，他的老师已经不能满足他对音乐的渴求了。齐夫尼老师也明白，自己没有更多新东西来教这位弟子了，再怎么不舍，还是要放手。

肖邦热爱自己的祖国，对他而言，波兰的时时刻刻，都有着动人的气息。开始读中学了，他来到华沙音乐学院院长约瑟夫·埃尔斯纳门下学习音乐。这一系统学习的第一个成果是灵动又充满感情的《c小调回旋曲》，于1825年6月出版，肖邦时年十五岁。

因为出色的钢琴技艺以及即兴演奏能力，肖邦被带到一位大人物面前表演。这位人物就是当时在华沙巡视的沙皇亚历山大一世。肖邦不卑不亢，以自己的才华展示了音乐的自然之美。这位曾打败过拿破仑的沙皇，在艺术鉴赏方面也是相当有水准的。表演完毕，沙皇赐给肖邦一枚宝石戒指。

在肖邦的少年时代，他没有因为成功就举行一场接着一场的音乐会。一家人时不时会到波兰乡间度假，在那里，他接触到新鲜事物。肖邦与妹妹艾米莉娅一起玩闹一起疯，两人写一些书信，记录乡间生活，张贴排列起来成为一份份报纸。这种很文艺的玩法，不经意地就整出了一份有趣的报刊——《沙德尼亚信使报》。兄妹变身为编辑，乐在其中。

这些游戏性质的信件也藏有秘密，它们记录了肖邦对波兰民间音乐的浓厚兴趣，他从农民那儿直接听到了玛祖卡和波罗涅兹这样的传统波兰舞曲。这些民族的声音，如乡间溪流潺潺，流进肖邦心里。波兰人民最爱跳玛祖卡，在欢快而深情的舞蹈中，人们沉浸在艺术与生命铸成的神奇与欢乐之中，忘记了战争的痛苦，忘记了生活的困厄。肖邦一些最好的玛祖卡手稿就出自这个时期，它们在温柔、暗淡的色调里透出一片朦胧美感，是波兰人民的灵魂。

肖邦十六岁时进入音乐学院学习，这三年的学习是详细而全面的：两年学习理论、和声和对位，最后一年进行作曲练习。作曲是极具挑战性的，要有扎实的基本功以及源源不断的灵感。在各种细分的科目中，肖邦真正热爱的是钢琴，因此他集中精力研究钢琴和进行创作。他根据莫扎特歌剧《唐·乔万尼》中的二重唱，想出了为钢琴与乐队而作的变奏曲。1828年年初，波西米亚音乐家胡梅尔访问华沙，引起音乐旋风。肖邦也仿效了胡梅尔的优雅风格。音乐家的最终目的，都是创作出有自己风格的作品。毕业时，院长留下这样的评语："音乐作曲课：弗里德里克·肖邦，三年级学生，具有令人惊异的能力，是一个音乐天才。"

开阔眼界，追寻理想

意大利小提琴大师帕格尼尼在1829年访问华沙，展示了许多肖邦还达不到的成就。不久肖邦跟一位教授去柏林，这次访问见到了德国作曲家门德尔松，但不敢接近他。帕格尼尼和门德尔松都是早期浪漫主义音乐大师。肖邦眼界开阔了，听到了在华沙没机会听到的德奥音乐，包括巴洛克时期亨德尔写的一些题材取自神话或历史故事的正歌剧，以及清唱剧，即指宗教题材的歌剧。而华沙当时主要上演意大利歌剧。肖邦意识到，自己要走出华沙，走出波兰，去见识更广阔的音乐世界。

华沙时期，是肖邦一生中最惬意幸福的时期，如当时的波兰年轻人一样，他沉溺于荣耀、欢乐、舞蹈与爱情中，尽管他在一些信中也会表露出拜伦式的伤感主义与失望。实际上，肖邦已经创作了不少有影响力的杰作了，如《降D大调圆舞曲》等作品，就是这时期写成的。这些音乐曲调，隐约散发着波兰田野和森林里的声音，好像是波兰民族和声的愉快回响。

听肖邦的音乐，会听出什么？肖邦作为钢琴诗人，在钢琴上表现出一个诗人应有的直觉、灵感与特质。19世纪浪漫主义时期的诗人，内心充满铺天盖地的直觉，心中藏有绵延无尽的秘密，情感起伏不定。他们喜欢沉迷于大自然中，看玫瑰、夜莺、百合、蝴蝶、星辰、月光、日出日落，以及水面的波纹和晚间的雾霭。

“钢琴之王”李斯特说，从一支玛祖卡舞曲里，听到散发出薄荷与马约兰花的气味——原来在肖邦玛祖卡舞曲的题材里，竟隐藏着为人所不知的诗意。波兰钢琴家阿图尔·鲁宾斯坦在《我的青年时代》里深情写道：“我个人偏爱波兰的秋季，还有它温柔、忧郁的黄昏，此时大自然浓淡相间地涂着金色、棕色和黄色，成为肖邦一些最动人的夜曲的天然背景。”

很多波兰人在肖邦的波兰舞曲中，听到穿戴甲胄奋勇抗敌的波兰铁骑声。而肖邦的协奏曲则传达出不朽的情感，我们似乎闻到波兰低地与平原的气息，混合了林木与泥土的芳香在柔美的弦乐音色中飘荡。当然，还有斯拉夫的音型与德奥的结构在肖邦作品中自然流露，这才是真正的波兰音乐。

上天如果爱一个人，就叫他流浪，东跑西奔，溪流、田野、高山和林莽，苍穹下随处可以安身。1830 年冬天，朋友们唱着一首康塔塔祝福歌送别肖邦，在临行前送给他一个装满了波兰泥土的杯子。二十岁的肖邦登上马车，依依不舍，挥手作别。此去征途是星辰大海，他有一种莫名的愁绪，一种与故乡和亲人永别的预感。

从德累斯顿到布拉格，从慕尼黑到斯图加特，一座又一座欧洲历史名城，当他辗转来到音乐之都维也纳，即传来祖国爆发了气壮山河的华沙起义的消息。风尘仆仆的路上，崎岖泥泞，或洒满月光，肖邦在劳顿之中也陆续创作出一些优秀的作品。时局动荡，他的意大利之行未能实现，次年 9 月中旬，他到达巴黎。从此，波兰在他的心中梦中萦绕。多少个夜晚，肖邦浸着泪痕在心底默念故乡，用自己最熟悉的钢琴诠释思念的痛苦。

人物评价

除了是一位伟大的作曲家，肖邦还是一位民族主义音乐家。他将自己对国家的热爱都倾注在作品中，他的旋律让人民可以短暂地忘记战争带来的苦难和困厄。即使后来多年在外漂泊，他也时时刻刻将故土放在心上。

最具争议的音乐家瓦格纳

很有文艺气息的家庭氛围

在19世纪，音乐舞台戏剧达到了巅峰，这离不开德国人理查德·瓦格纳的重要贡献，他是西方文化史上一个重要人物，继承了格鲁克、莫扎特、贝多芬和韦伯的歌剧传统，开启了后浪漫主义歌剧潮流。对瓦格纳来说，歌剧是艺术表现的完美形式，歌剧作曲家能揭示音乐世界的奇迹。他不把他的作品叫作歌剧，而是叫作“乐剧”。瓦格纳在一定程度上复兴了希腊悲剧，同时，因为他在政治、宗教方面思想的复杂性，他成为欧洲音乐史上最具争议的人物。

1813年5月22日，瓦格纳出生在莱比锡古老的布吕尔大街上“红白狮楼”的三层楼上，是父母的第九个孩子。当时正值拿破仑战争之火炽烈燃烧德国，瓦格纳出生后几天，一家人为躲避战乱不得不去台普利茨，投靠家里多年的朋友路德维希·盖耶尔。不幸的是，瓦格纳出生不到半年，他的父亲弗里德里希·瓦格纳因伤寒病去世。父亲生前担任警察局文书，虽然职业需要面对一摞又一摞枯燥严谨的司法公文，却天生浪漫，尤其酷爱诗歌与戏剧，常常利用假日参加业余演出。

瓦格纳的父亲去世后，母亲大概也无力抚养众多儿女，很快就嫁给朋友路德维希·盖耶尔，全家迁居德累斯顿。据瓦格纳回忆，他的继父盖耶尔在剧院工作，写过一部喜剧，受到歌德的表扬。为了一大家子的生活，继父在业余时间还要当肖像画家。盖耶尔的家很有文艺气息，经常有德累斯顿的艺术家来欢聚，其中一位是德累斯顿歌剧院的音乐总监韦伯。韦伯是浪漫主义歌剧的开创者，他的《魔弹射手》运用浪漫主义手法，以音乐上闻所未闻的方式描绘诡谲怪诞的声效，把人们带到神话般的魔力世界。在瓦格纳心里，韦伯的音乐才华熠熠生辉，影响了他的整个人生。当瓦格纳成为德累斯顿宫廷管弦乐队指挥之后，他用自己的影响力为韦伯立碑，并谱写音乐传颂。他为这位敬仰的前辈写了一篇悼词，其中的一句表达了他的最高尊崇：“只有你作为一位德国的音乐家曾经活过。”

在瓦格纳七岁时，他失去了他挚爱的继父盖耶尔。缺少父爱的瓦格纳很难体会到家庭的稳定和温暖，甚至变得不自信。瓦格纳认为自己几乎没有被妈妈温柔对待或重视过。但事实并非如此，最起码，他还有哥哥姐姐的陪伴与照顾。兄姐每个人身上都遗传了父母对戏剧和音乐的热爱，哥哥阿尔伯特日后成了一位歌剧演员和戏剧导演，三位姐姐的家庭与工作都跟歌唱、戏剧和出版有关。尤其是当演员的姐姐罗莎莉，她用自己的收入来帮助全家渡过经济难关。瓦格纳与生俱来的文化基因种子，在家庭浓厚的文化氛围中生根发芽，最终结出丰盛的果实。

作家和戏剧家的初心

由于家庭经济困难，瓦格纳接受的学校教育很不完整，更多靠自学。天才大多不受世俗的规则所限制，他们勇于探索，其中，自己的天赋起关键作用，他人只是起辅助作用。瓦格纳整天沉浸在文学与戏剧情景中，生活在自己的世界里。瓦格纳天生是一个幻想家，知道自己注定是要当作家和戏剧家的，因而他选择的书籍离不开戏剧的标准——古希腊神话和悲剧。他对日耳曼民族史诗和中世纪骑士传说非常入迷，这些传说为他日后创作《尼伯龙根的指环》《罗恩格林》《唐豪瑟》等作品做了必不可少的准备。

自童年起，瓦格纳就对莎士比亚戏剧着迷，无论什么时候，对他而言，莎士比亚都是文学史上最璀璨的星辰。总而言之，神话的、古代的东西成了他头脑中的风暴。在十三岁那年，瓦格纳就模仿歌德和莎士比亚的创作手法，开始写具有骑士剧特色的《洛伊巴尔特》，两年后完成。

与大部分作曲家不同，瓦格纳不仅谱写音乐，还为自己的歌剧写脚本、写评论。十七岁的瓦格纳第一次尝试创作歌剧：一部牧歌歌剧。但后世并没有找到任何有关这部作品的文字和声音资料，不能确定他是否真正创作了这部歌剧。这段时期，瓦格纳还根据席勒的悲剧《墨西拿的新娘》创作了一首序曲，但也不幸流失了。这首序曲还有这样一个故事：一天，萨克森宫廷剧院准备上演《墨西拿的新娘》，姐姐罗莎莉扮演戏中的主角——墨西拿公爵的女儿。瓦格纳与姐姐一起排练，一起讨论表演中存在的问题。姐姐演出大获成功，而瓦格纳大言不惭地称，自己创作的序曲比戏剧更成功。这无疑继承了老瓦格纳的秉性，充满激情而又狂妄自大。

十八岁时，瓦格纳入读莱比锡大学音乐学院，同时，又跟莱比锡托马斯教堂管风琴师台奥多·魏恩里希学习了半年音乐。托马斯教堂在德国乃至世界上都是神一样的存在，它有着优良的音乐传统，是巴洛克大师 J. S. 巴赫供职二十七年且终老的教堂，瓦格纳出生后也是在这里受洗的。这座教堂将两大音乐大师联系起来。在老师的悉心指导下，经历了一系列探索后，他创作出一批不甚知名的早期作品。

漫长的逃亡生涯

瓦格纳在二十岁时正式步入职业音乐家生涯，在各个乐团辗转奔波。瓦格纳在时代巨变中积极追寻自己的艺术理想，他的人生充满变数，生活充满挑战。整个 19 世纪 30 年代，瓦格纳贫困潦倒、孤苦伶仃且寂寂无闻，但年轻的他思想前卫，拥有革命理想，并积极投身其中。

1839 年因在里加的指挥职位被夺，加上之前剧院破产导致债台高筑，瓦格纳与妻子敏娜·普拉纳不得不一起秘密逃亡。他们穿越北部危险的水域前往英格兰，在疾风巨浪的海上冒险，一再面临死亡的威胁。瓦格纳后来在巴黎，根据这次经历创作了《漂泊的荷兰人》（1843）。作品的和声音乐来自瓦格纳在斯卡格拉克海峡遭遇的暴风雨和穿越挪威岛礁时隐约听到海员呼喊的沙哑回声，背景素材与这次经历中听到的恐怖的水手传说有关。这也反映了作曲家当时的处境：想念那始终浮现的却从未抵达的家乡。

在巴黎两年半的逃亡生活中，消沉与迷醉反复交替出现，这是瓦格纳人生中最痛苦悲惨的时期。他饥肠辘辘地守在破旧小屋里创作《黎恩济》，此时的他已经极度贫困，盼望着可以从哪儿弄到五个法郎。与德国诗人海涅的相识，无疑是瓦格纳在巴黎最重要的会面。两个逃亡者惺惺相惜，彼此从对方的作品中汲取艺术灵感。

二十九岁时，瓦格纳时来运转，得以回到德国。1842年，他的歌剧《黎恩济》在德累斯顿举行首演，这是他第一部真正意义上成功的作品。很快，他就被任命为德累斯顿歌剧院的指挥，他致力于复兴格鲁克的歌剧传统，弘扬德国音乐大师的优秀作品，在此基础上，把自己的艺术审美融于歌剧的创新与改革之中。

1849年，瓦格纳作为自由运动的狂热拥护者，参与德累斯顿起义，被当局通缉，开始了长达十余年的逃亡生涯。在瑞士苏黎世，他不断耕耘，虽然不被允许回到德国，但在李斯特的帮助下，童话歌剧《罗恩格林》在魏玛得以全本演出，瓦格纳也进入创作丰产期，开始着手构思与创作《尼伯龙根的指环》。他还创作了关于中世纪骑士爱情悲剧的《特里斯坦与伊索尔德》。这是他最伟大的作品，呈现了全然迷恋与献身的爱情。

1860 年，有限的特赦使瓦格纳得以回到德国（萨克森除外），结束了这段长达十一年的逃亡。

年轻国王的痴迷

1861 年 2 月初，一位十五岁的王子在宫廷剧院看了瓦格纳的童话歌剧《罗恩格林》，被剧中美轮美奂的场景深深地打动：天水之间，一只天鹅拖曳着小舟缓缓而来，上面迎风伫立着一位身穿金铠甲的骑士。这位王子坠入了自己就是天鹅骑士的幻想之中，还对瓦格纳产生了一种胜似信仰的神圣感情。此后，瓦格纳艺术生活的一切，强烈地吸引着这位对艺术狂热的王子。瓦格纳的命运在 1864 年发生转折。这一年，痴迷瓦格纳的王子登上王位，他就是巴伐利亚国王路德维希二世。年轻的国王替陷于贫困的瓦格纳还清了债务，还赠予其一笔丰厚的年金，鼓励他完成《尼伯龙根的指环》四联剧的创作。瓦格纳历时二十六年创作的《尼伯龙根的指环》，可谓鸿篇巨制，他在里面探讨了深藏于 19 世纪德国社会中的权力、贪婪、荣誉、勇气和种族等问题。在国王强有力的支持下，瓦格纳在拜罗伊特建起了节日剧院，专门用来上演他自己的乐剧。这座位于巴伐利亚的小城市拜罗伊特，现在成为无数瓦格纳粉丝的朝圣之地。

当代音乐狂热的开端

艺术像蒙着面纱的精灵一样神秘，悄然存在于人们的生活中。一些人为瓦格纳疯狂，被他的作品震撼，认为无人能与之争锋。由此，一个新的医学名词“瓦格纳综合征”出现，指听觉、视觉神经受到瓦格纳作品及言论的刺激后，一种常见的中枢神经系统突变心理性疾病，又被称作“音响震颤麻痹”。瓦格纳开创了多联剧，在乐剧中发展“主导动机”的技巧，并让乐队来演奏这些主导动机，进而告诉观众这一角色正在思考着什么或者未来会发生什么事情，这被很多好莱坞电影音乐的作曲家所借鉴。约翰·威廉姆斯导演的《星球大战》《帝国反击战》和《绝地大反攻》，以及约翰·罗纳德·瑞尔·托尔金的《指环王》中，都有瓦格纳的痕迹。

瓦格纳具有强烈的德意志民族概念，为发扬德国的音乐传统而竭尽所能。音乐在当代跃居于其他的艺术形式之上，充当着重要的媒介角色。我们生活在一个“音乐狂热”的时代，而瓦格纳的作品正是此类音乐的开端。

人物评价

瓦格纳从未被世俗的条条框框所限制，他敢于探索、乐于创新。他的人生充满挑战，他却在辗转奔波中始终坚持理想，积极追寻着心中的音乐梦。

圆舞曲之王小约翰·施特劳斯

他是哪一位“施特劳斯”

音乐史上叫“施特劳斯”（Strauss）的作曲家有好几个，但其实不难区分，一是局外人理查德·施特劳斯，德国晚期浪漫主义作曲家，写了歌剧《玫瑰骑士》；二是奥地利维也纳圆舞曲施特劳斯家族成员。这个音乐家族，父亲叫约翰·施特劳斯，他给自己的大儿子也取了同样的名字。父子俩都是维也纳圆舞曲的标杆人物，人们为了区分，把父亲叫作老约翰·施特劳斯，大儿子叫作小约翰·施特劳斯。老约翰还有次子约瑟夫和幼子爱德华，后来也都成为作曲家。

这里介绍的是被誉为“圆舞曲之王”的小约翰·施特劳斯。1825 年，他出生于一个强大的帝国，即哈布斯堡王朝帝国。可是如今的任何一张地图上都找不到这个帝国，它无声无息地被历史冲刷掉了。一座泱泱大城，一条蜿蜒不息的大河，一支支无尽旋转的圆舞曲，这就是 19 世纪多民族聚居的维也纳给人的印象。从巍峨壮观的古堡到浪漫的森林，从静静流淌的多瑙河到无数的城间故事，每一眼景色、每一段传说，都染上了古老又浪漫的色彩。进入 19 世纪后，维也纳人的兴趣从严肃音乐转向流行音乐，这个时期的音乐以轻松、甜腻和热闹来奉迎这座城市的宫廷与市民，在这样的背景下，圆舞曲开始流行。

爸爸不想让儿子学音乐

小约翰在维也纳长大，在他很小的时候，当时也不过二十来岁的老约翰已经是远近闻名的圆舞曲作曲家，并拥有庞大的乐队。

小约翰最初跟随父亲的管弦乐队的首席小提琴手弗朗茨·阿蒙学习小提琴，并表现出了非凡的音乐领悟力。六岁的时候，他就能在钢琴上弹奏出他自己构思的圆舞曲了，还表示长大后也要成为像父亲一样的音乐家。儿子喜爱音乐，老约翰却因此心有不安，他年轻时曾被迫放弃学音乐，可能是因为这段经历，又或是因为音乐家常常东奔西走，过于辛苦，所以他对儿子学音乐这件事情非常反对。某天，小约翰又开始玩音乐，老约翰不由得恼火起来，感觉自己的威严受到挑战，随手就是一顿教训。后来，人们纷纷推测：老约翰不就是担心儿子有朝一日夺走他头上的音乐光环吗！而母亲安娜则为孩子拥有音乐天赋而骄傲，她隐瞒着老约翰，让儿子继续学音乐。

父亲不愿儿子们将来靠音乐谋生，便请了一位奥地利高级会计师来教孩子金融知识。小约翰中学毕业后，学了商业，成了银行职员，他的弟弟约瑟夫成了律师，另一位弟弟爱德华成了拉丁文的研究者。然而，一切都未能阻挡小约翰发展音乐事业的决心。他踌躇满志地筹划音乐之路，虚心求教，深入学习作曲技法。教过他的老师包括音乐教育家约阿希姆·霍夫曼、指挥家约瑟夫·德雷施勒和维也纳宫廷剧院的芭蕾舞教师安东·科尔曼，老师们对这位才华横溢的学生都给予了极高的评价。其实，小约翰和他的父亲一样“倔”，都对音乐无比执着。

在父亲的阻挠下成名

功夫不负有心人，1844 年，十九岁的小约翰组建了自己的管弦乐队，而且迅速获得了成功，风头甚至盖过他父亲的乐队。人们奔走相告，维也纳正升起一颗音乐之星。但演出的阻力随之出现了——几乎没有任何剧院愿意为小约翰的乐队演出提供场地。原来是早几年就抛弃了家庭、忙于演出和创作的老约翰出面横加干涉。最终，维也纳一个一流饭店给予了小约翰亮相的机会。媒体不失时机地添油加醋，争相报道这场“施特劳斯父子间的内战”。老约翰一怒之下决定，有生之年再不踏足这个饭店，哪怕这里是他早年演出取得辉煌成功的场所。小约翰演出的这一晚，老约翰派自己的得力助手去搅场，企图阻止儿子成名。但是，被派去的音乐家听到小约翰的音乐后，被深深地吸引住了，虽然他也忠诚于老约翰，但他首先忠诚的是艺术，所以并没有执行老约翰的指令。演出获得巨大的成功，小约翰一夜成名，成为维也纳音乐的新标杆。老约翰心里肯定不好受。但小约翰一再向父亲示好，并经常上演父亲的作品，父子俩终于尽释前嫌，言归于好。

小约翰早期的创作基本遵循维也纳圆舞曲模式，有自己的风格和灵魂，增强了音乐的表现力，但作品真正达到成熟是在1863年以后了。1848年，维也纳爆发了革命，年轻的小约翰同情革命，满腔热血地投入其中，不但指挥《马赛曲》鼓舞人心，还创作了一些革命进行曲和革命圆舞曲，包括《维也纳的年轻人》和《塞尔维亚进行曲》。虽然革命失败，但他因此声名鹊起，红遍欧洲。同时代的德国浪漫主义作曲家瓦格纳一向自傲，难得欣赏别人，却承认过自己喜欢小约翰的《醇酒美女歌声圆舞曲》，这估计和他们都曾是革命者有关，因此惺惺相惜。

把圆舞曲推向巅峰

从 1853 年起，小约翰担任奥匈帝国皇室宫廷音乐舞会指挥，历时七年。与父亲不同的是，小约翰把目光转向年轻人和民族主义。在 19 世纪的欧洲，许多民族不甘于外国的统治，开始追求自由。1870 年，意大利完成领土统一。1871 年，在俾斯麦的铁腕领导下，北德意志联邦统一，德意志帝国建立。一些更小的国家，像捷克、匈牙利、波兰、芬兰，也在寻求自由。

此时，帝国的中心维也纳，还有着缤纷的色彩、欢快的气氛和洪亮的声音，人们狂热崇尚艺术，尤其是绘画、音乐和戏剧，文化名流汇聚。1862 年，德国作曲家勃拉姆斯第一次来到维也纳，此后他大部分时间居住在这里。著名音乐评论家爱德华·汉斯利克此时也在维也纳。三人不

知不觉成了好友，经常聚在一起谈论音乐。汉斯利克有着犀利的文笔，对小约翰的作品却十分友好。

在如此浓厚的音乐氛围中，小约翰创作了形式多样的舞曲和进行曲，我们所熟知的《蓝色多瑙河》（1866）、《维也纳森林的故事》（1868）等很多知名圆舞曲就是这一时期的作品。多瑙河的沿岸诞生了很多艺术家，他们受到这条欧洲第二大河的启发，创作了无数美丽的诗篇与画作。最早的西方哲学家泰勒斯说：水是最好的。没错，水借着河流养育了生命，几乎所有的人类文明都是在河流的滋养下才茁壮成长、发展，所以人们不得不对河流报以母亲般深沉的眷恋。这条河流还是作曲家的母亲河，1866 年，小约翰创作的管弦乐作品《蓝色多瑙河》横空出世，他用音乐赋予自己的母亲河别样的色彩。从此，多瑙河因小约翰音乐中的优雅静谧而波光粼粼，音乐在河流中流动，蜿蜒不息，就像梦还没有结束。小约翰曾说过："假如我真是天才，我首先将它归功于我心爱的城市维也纳，我全部的力量都扎根于维也纳的土壤。"维也纳郊区有一片美丽的森林，古老的磨坊、城堡掩映在森林故事里。几个世纪以来，许多诗人、音乐家和画家徜徉在这片艺术的森林里，一边散步，一边构思作品。1868 年，小约翰完成了《维也纳森林的故事》的创作，它是小约翰献给自己家乡的赞歌。家乡，是每个人的根。家乡给了小约翰最隐秘又皎洁的感情，这些情感藏在他的气质里，更藏在他作品中。

转身创作维也纳轻歌剧

在小约翰·施特劳斯的创作晚期，虽然仍有《南国玫瑰圆舞曲》（1880）、《春之声圆舞曲》（1883）和《皇帝圆舞曲》（1889）等圆舞曲相继问世，但他的音乐重心其实转向了轻歌剧。早在1863年小约翰在巴黎游历期间，就接触到法国轻歌剧的奠基人和杰出代表奥芬巴赫的轻歌剧作品，并沉醉其中。从1871年起，小约翰在近三十年时间里写了十六部轻歌剧。他的轻歌剧成就与圆舞曲相比，并不算突出，但也有精品。其中一部《蝙蝠》是维也纳轻歌剧的代表作，反映了当时贵族的社会生活，里面一首带有浓郁匈牙利音乐色彩的咏叹调《故乡的声音》，由抒情花腔女高音唱出，令人赞叹。

青出于蓝而胜于蓝

小约翰“青出于蓝而胜于蓝”，创作的华尔兹、波尔卡和轻歌剧等作品达到五百多首。华尔兹原本属于农民舞曲形式，小约翰将其提升为帝国宫廷的一项高级娱乐形式。维也纳圆舞曲也在他的推动下登峰造极。小约翰艺术成就超过了他的父亲，也更为人所熟知。

人物评价

小约翰·施特劳斯是出了名的执着。他不顾父亲的反对，始终追逐音乐理想，达成非凡的艺术成就，用实力证明“青出于蓝而胜于蓝”。

俄罗斯之魂柴科夫斯基

童年与音乐

广袤的俄罗斯大地有一种有别于其他国度的神秘与瑰丽，它的村庄和原野孕育了俄罗斯的历史、性格和音乐。仿佛走进白桦林，俄罗斯诗人就能自然而然地创作出一些抒情诗。宁静的池塘，就像俄罗斯画家笔下的风景画，清澈见底。远处，从正做饭的农舍，旋升起一缕蓝色的炊烟。人们祈祷风调雨顺，撒下种子，让它顽强生长，民歌就如种子滋长于土地上。彼得·伊里奇·柴科夫斯基是俄罗斯最伟大的浪漫主义作曲家，他的创作深深植根于俄罗斯的土壤，通过极具个人特点的旋律，显示出极强的抒情风格。

1840 年，柴科夫斯基生于俄罗斯省会城市沃特金斯克的一个中产家庭，父亲是一位矿长兼工程师，母亲拥有法兰西血统，是法国大革命时逃往俄国的法国贵族后裔。母亲是孩子的一生所依，她最先给孩子讲故事、唱歌谣，等孩子稍大一点，就教他一些音乐知识。小柴科夫斯基很小就显示出对音乐不同寻常的感受力，不得不说，艺术才能往往是与生俱来的。柴科夫斯基有两个哥哥、一个姐姐、一个妹妹和两个弟弟，还有一大堆玩具。那时候，流行一种玩具钟，可以发出简单又美妙的音乐，五岁的柴科夫斯基非常着迷这个神奇的玩具，很快就能把听到的音调全部在钢琴上弹出来。

和其他俄罗斯的新兴资产阶级一样，柴科夫斯基的家里从法国请来家庭教师，让孩子们接受严格而优雅的法式教育。柴科夫斯基从四岁到八岁，跟随着一位名叫芳妮的法国家庭教师学习钢琴。芳妮老师尽心尽力地照料好每一个孩子，但小柴科夫斯基总是最需要照顾的那一个。他非常聪明，脑袋里充满奇思异想，做任何事情都努力，在听故事时更是全神贯注，时不时提出自己的问题。不过，他也极其敏感和脆弱，一些在别人看来微不足道的小事，却会让柴科夫斯基感到伤心。大家常搞不清他为何突然就掉起眼泪来。有一天，家里来了许多客人，整个晚上大家都在弹琴、唱歌和鉴赏音乐。小柴科夫斯基跟大伙玩得很开心，然而他的情绪如五月的天，说变就变。晚会快结束时，芳妮老师发现小家伙不见了，连忙寻找。当她跑到儿童间去查看时，发现他正安静又孤独地躺在儿童室的床上，眼

里泪花闪动。芳妮柔声问道：“发生了什么事？”小柴科夫斯基哭着说：“啊，这音乐，这音乐……快把这音乐赶走，它总是在我这里，它就在这里！”他指着自己的头对老师哭诉，“它让我静不下来！”实际上他是被音乐旋律缠住了。特别敏感的人，头脑中有时会有挥之不去的旋律。

到了六岁，除了母语，柴科夫斯基还能说流利的法语和德语。音乐天赋与语言能力经常是相伴而生的。家里为了更好地开发他的音乐天赋，也请过几位老师来教钢琴，老师们都对这位琴童出色的听觉、记忆和即兴演奏能力感到惊奇。柴科夫斯基从小接触莫扎特、海顿、罗西尼等著名音乐家的音乐，其中，莫扎特的歌剧《唐璜》给他留下了深刻的印象。后来，他饶有兴趣地创作了一首《唐璜小夜曲》，显然是致敬莫扎特之作。家乡的空气、母亲悦耳的声音、家庭教师耐心的呵护、孩子们热闹的交谈，童年所有的美好时光都留在柴科夫斯基的记忆之中。

青少年时期学习法律

由于父母认为法律可以提供通往成功的捷径，年少的柴科夫斯基不得不离开家，前往寄宿学校。他在圣彼得堡的法律学校度过了七年的漫长时光。然而法律方面的学习，在柴科夫斯基的人生中似乎没有留下什么痕迹。从十二岁至十九岁，他在学习之余，一直跟随老师学习钢琴，并创作出自己的第一批作品。弹琴已经是他的生活中不可分离的一部分了。1854年，他的母亲死于霍乱。十四岁少年丧母，乃人生之不幸。这一年，家庭教师芳妮也离开了俄国，多年后，他在法国逗留期间，还专程去探望过这位热情善良的家庭教师，两人回忆起昔日那些美好时光，泪流满面。

转入音乐生涯

安东·鲁宾斯坦和尼古拉·鲁宾斯坦两兄弟对俄罗斯音乐的发展做出了巨大贡献。他们怀着振兴俄罗斯音乐教育的抱负，远赴西欧学习音乐，广泛接触音乐各式流派与风格。学成归国后，作为李斯特弟子的哥哥安东·鲁宾斯坦于1862年创立俄罗斯第一所音乐学院——圣彼得堡音乐学院。弟弟尼古拉·鲁宾斯坦于1866年创办了莫斯科音乐学院。兄弟俩是俄罗斯学院派的创立者，强调西欧扎实的音乐训练，在俄罗斯有着崇高的威望，也是柴科夫斯基音乐之路上的伯乐。

1859年，柴科夫斯基毕业后在司法部担任顾问，一干就是四年。在此期间，他并没有停止音乐学习。1861年秋，他参加安东·鲁宾斯坦在俄罗斯音乐协会开办的音乐学习班。如果他坚持做一名法务，世间就会失去一个伟大又感性的浪漫主义音乐家，他的那些伟大的作品就不可能存在。出于对音乐的热忱，他做出了重要抉择——1862年，他进入圣彼得堡音乐学院学习（次年辞去法务职位），师从M.扎列姆与安东·鲁宾斯坦，并在1865年毕业时拿到了银质奖章。

莫斯科时期的生活与创作

1866年，在尼古拉·鲁宾斯坦的盛情邀请下，柴科夫斯基到新成立的莫斯科音乐学院任教。柴科夫斯基后来在1881年创作了一首《a小调钢琴三重奏》，以纪念亦师亦友的尼古拉·鲁宾斯坦。这首三重奏是一个伟大艺术家的回忆，涌动着无尽的深情与眷念，被誉为柴科夫斯基室内乐巅峰。在莫斯科音乐学院，除了教学，柴科夫斯基潜心作曲，还时不时写些评论文章——俄罗斯音乐史上一颗耀眼的星星正冉冉升起。

一首大众耳熟能详的《如歌的行板》似乎成了柴科夫

斯基的代名词。“如歌的行板”本身是一个音乐速度术语，它优美的音乐线条蜿蜒前行，表达了俄罗斯特有的民族特色。这首作品使大文豪托尔斯泰怆然涕下，说他“接触到忍受苦难的人民的灵魂深处”。这首曲子是1869年夏天，柴科夫斯基到乌克兰基辅妹妹的家中度假时创作的。柴科夫斯基把妹妹的家视为自己真正的精神家园。在那儿，到处散发着大自然的清新气息，他会放下手中的创作，安静地在乡间散步，听听农夫的歌唱，和泥瓦匠、仆人等聊天，或者与家人讨论音乐与文学。他甚至长期与妹妹卡明卡庄园的胖厨娘通信，在信里厨娘会把他妹妹家中的大小事一一分享。一向不愿与外人接触、敏感的柴科夫斯基对厨娘的唠叨从来不觉得无聊。在妹妹家时，有一天他听见窗外工匠唱起一支民歌，他向来有搜集民歌的习惯，于是忍不住记下了这优美的曲调。从这支歌的旋律中，他感受到丰富的内涵。两年后，当他写弦乐四重奏时，用这首民歌的主旋律写成了《如歌的行板》。

在19世纪，钢琴是协奏曲中最受欢迎的独奏乐器，因为它和管弦乐队中的各种乐器都结合得很好，但又不会融入任何乐器之中。柴科夫斯基是从一首钢琴协奏曲才真正开始他的音乐事业的，即他在1875年写的《第一钢琴协奏曲》。这首曲子可被称为俄罗斯民族之魂，第一乐章尤其精彩，将俄罗斯人的粗犷质朴、俄罗斯自然风光的宽广辽阔表露无遗，曲子中的那份倔强正是俄罗斯的独调。

柴科夫斯基的《四季》深受乐迷喜爱，它包括十二首季节性描写的钢琴小品。俄罗斯的四季有着截然不同的色彩，无数诗人为之动情。大自然与诗歌，成为《四季》的核心素材。其中，《六月船歌》尤其令人沉醉，开始时是一段模拟波浪声，让人有置身于柔波之中的晕眩感，中间一段舞曲，像浸了伏特加酒那样的烈性，表现出俄罗斯人的火爆秉性，却又具有一种自发的、单纯的热情。《四季》情景交融，描绘了独一无二的俄罗斯音乐风景，在起起伏伏的线条中流转出俄罗斯的大自然色彩。

音乐史上最浪漫的笔友

在柴科夫斯基创作成熟时期的大部分时间里，他并非依靠莫斯科音乐学院的教学收入生活，而是靠一份赞助人的协定。1877 年，一位痴迷音乐的寡妇梅克夫人，提供给柴科夫斯基每年六千卢布的收入。梅克夫人善解人意又能顾及作曲家的颜面与尊严，更有不俗的音乐鉴赏能力。两人做了长达十四年的笔友，书信往来多达一千一百多封。有了相对稳定的经济支助，1878 年，柴科夫斯基辞去莫斯科音乐学院的教职，专心投入写作和他本人作品的演出。从 1879 年起，柴科夫斯基开始频繁的创作旅行，他的足迹几乎遍及欧洲和美国。游历是一个作曲家成长的必经之路，这些使得他的作品具有了更多的世界性元素。

芭蕾舞的巅峰

在 19 世纪的最后几十年间，管弦乐逐渐成为欧洲音乐界的霸主。乐器数量和种类的持续增长，使得管弦乐队的演奏给了当时的人们最为享受的体验。而柴科夫斯基的大型管弦乐作品最能经受时间的检验。

柴科夫斯基是最伟大的芭蕾舞剧作曲家和改革家，他在芭蕾舞曲中增加了管弦交响乐的部分，这样一来，音乐已经不仅仅是舞蹈的伴奏，还是剧情进一步发展的基础。当然，我们最直接的聆听感受就是，他那些深情优美的旋律散发着浪漫主义气息，美到极致。有了好的芭蕾音乐，编舞随之展开，就这样，他在俄罗斯把源于意大利、兴盛于法国的芭蕾舞推上巅峰，三部芭蕾舞剧《天鹅湖》《睡美人》和《胡桃夹子》中的音乐是芭蕾音乐史上的里程碑。芭蕾的神奇之处是身体通过足尖暂时摆脱地心引力，舞者追求一种身心的自由，这种自由超越了对身体的束缚，向着更高更远的空间延伸。

永不褪色的俄罗斯之魂

柴科夫斯基曾无比自豪地告白：“我是一个地地道道的俄罗斯人。”他是由肖邦所开启的民族主义音乐浪潮中的代表人物，对其后几代俄罗斯以及苏联的作曲家都产生了巨大的影响。在他的作品中，民间旋律自由地穿行，管弦乐队将故事娓娓道来。在19世纪俄罗斯社会的激烈变革中，几乎每个人都有不可言说的苦痛，柴科夫斯基使之汇成无数纵横交错、变幻莫测的旋律线，在和声、节奏、织体的编配下，谱写永不褪色的俄罗斯之魂。

人物评价

柴科夫斯基性格敏感，却对一切事物都充满好奇心，做事也一向非常努力。他有着清晰的目标，最终凭借着过人的才华和浓烈的情感证明了自己。

印象主义音乐大师德彪西

走上音乐道路

德彪西 1862 年出生于巴黎郊外小镇上的一户中产家庭，父母都不是音乐家，家族里也没什么音乐人才。他的父亲曾在海军部队服役七年，后来经营一家瓷器店。按照规划，德彪西长大后是要去当水手的。但是德彪西很小的时候就迷上音乐，并且展现出一定的天赋。

八岁时，他在戛纳跟随一位意大利钢琴家学习，开启音乐之路。不过，老师并不觉得德彪西有多少特别的潜力，因而这段早年的学习很快中断。

不久，他跟随莫蒂夫人学习音乐，据说夫人是肖邦极具才华的弟子，又与象征派诗人保罗·魏尔伦是亲属。她意识到德彪西将是一位不可估量的音乐人才，于是亲自执教。由于老师的精心培育，加上诗歌的熏陶，德彪西对音乐和文学的兴趣与日俱增。德彪西感激知遇之恩，铭记于心，1915 年，德彪西还在给出版商的书信中提到他的启蒙老师莫蒂夫人："我非常尊重圣·桑这位长辈，但他对肖邦作品中运用踏板的意见并不完全正确。我记得很清楚，莫蒂老师曾经跟我讲过，肖邦希望我们在练习时不要用踏板，只在极为罕见的例外情况下才保留踏板。"

德彪西十岁时，在莫蒂夫人的资助下，到巴黎音乐学院学习钢琴、作曲和音乐理论。法国音乐类专业人才的培养是从小开始的，音乐学院招收学生的年龄从青少年到成年人都有，德彪西在作曲家安托万·马蒙泰尔的班上学习钢琴。马蒙泰尔是当时知名的钢琴教育家，又是一位重要的音乐传记作家，其著作《著名钢琴家》等被视为钢琴演奏史研究的原始资料。他曾与肖邦毗邻而居，聆听肖邦的演奏，并一起探讨音乐。他的学生乔治·比才、加布里埃尔·皮埃内等都是音乐名家。值得一提的是，马蒙泰尔授课的琴房挂着法国浪漫派画家欧仁·德拉克鲁瓦绘制的那幅著名的肖邦像，这样的学习环境无疑给德彪西带来巨大影响，使他未来的钢琴演奏与创作有一种肖邦风格。

在巴黎的学习

在巴黎音乐学院，德彪西掌握了扎实的音乐基本功，但他思想前卫，对传统的审美并不感兴趣，对未来艺术的某些发展趋势表现出惊人的直觉。

德彪西的演奏才能一定很不错，才会被马蒙泰尔教授推荐，接受一位富有的夫人邀请，做她的家庭钢琴教师。雇主不是别人，正是音乐史上赫赫有名的冯·梅克夫人，也是柴科夫斯基的赞助人。

1880 年 7 月 10 日，冯·梅克夫人在给柴科夫斯基的信件中透露出她对德彪西的评价："两天前，一个年轻的钢琴家从巴黎来到我这里。他刚刚在巴黎音乐学院马蒙泰尔先生的钢琴班上拿到了第一名。我聘用了他一个夏天，让他给孩子们上课，做我女儿朱莉娅的声乐伴奏，以及陪我弹四手联弹。这个年轻人弹得很好，技术非常精湛，但缺乏情感。"

不久，梅克夫人在信件中又提及德彪西："虽然我的搭档弹得一般，但其读谱能力非常强。这个很重要，不过，这也可能是他唯一的优点。他可以随手视奏任何乐谱，甚至包括你的作品。"冯·梅克夫人有着灵敏的音乐感悟能力，她对德彪西的才华是相当欣赏的。在与冯·梅克夫人一家的交往中，德彪西对俄罗斯音乐的民族性进行了深入的探究，他对俄国激进的作曲家穆索尔斯基充满敬意。他认为穆索尔斯基的音乐是一种充满好奇的、未经雕琢的艺术，这种艺术真实记录下情感的每个脚印。德彪西利用两个暑假做家庭教师，还随梅克夫人一家先后到过意大利、俄国和奥地利游历。

获得罗马大奖

1881 年，德彪西认识了女高音瓦尼耶夫人，这位夫人比他年长十四岁，是艺术家圈子中的名人，印象派画家卡米耶·毕沙罗曾给她画过肖像。在瓦尼耶夫人的艺术趣味影响下，德彪西接触到马拉美的诗歌，并被当时颇为流行的印象派绘画所打动。印象派的光影与色彩，成为他日后音乐创作的重要灵感。

1882 年，德彪西结束了在巴黎音乐学院的学习。1884 年，在瓦尼耶夫人的鼓励下，德彪西参加罗马音乐比赛，二十二岁的他拔得头筹，凭借一曲《浪子》音乐赢得罗马大奖。这个奖项是由法国政府创立的，获奖者可以去罗马学习三年音乐。1885 年至 1887 年，德彪西身在罗马，心却时常飞回巴黎。罗马作为艺术之都，有悠久的历史文化，是最有魅力的城市之一，但奔放不羁的他总觉得自己是异乡人，无法适应循规蹈矩的学院派生活，他过得孤独而郁闷。德彪西思念故乡，巴黎有他深爱的一切：巴黎的时尚文化，巴黎的艺术灵感，巴黎的音乐传统，巴黎的酒馆、咖啡馆和那浪漫又不拘小节的氛围。

印象主义之风吹拂

1887 年，德彪西终于回到了日夜思念的巴黎，继续学习作曲。多年的音乐创作与生活积累，使得他在 1890 年找到突破口。他加入以象征主义诗人马拉美为首的巴黎文艺沙龙，开始为诗歌谱曲，创作出与时代紧密联系的音乐作品。德彪西整日与艺术家为伍，他创作的音乐大都也带上了印象主义色彩，这逐渐发展成为他最终的艺术风格。

让我的笛声弥漫丛林，
只有风儿把声音散入淅沥的霖雨之前，
从玲珑的笛管中喷出，
在不被涟漪搅扰的天边，
那充满灵感的嘹亮而恬静的笛声，

响遏行云。

——马拉美的诗歌《牧神午后》

当德彪西遇见马拉美，林泽仙女在牧神午后的梦境中留下的影，成为音乐史上的永恒。1894 年，德彪西创作了《牧神午后前奏曲》，这是他最不朽的管弦乐作品，根据马拉美的诗歌《牧神午后》而谱曲，描绘西方古老的田园牧歌主题。开始的时候，评论家听不甚明白，纷纷抱怨作品少了些什么，说他的作品缺乏形式、旋律和向前的运动。但时间的神奇之处就在于，它的流逝能证明很多东西，不知不觉这部作品竟大热起来。马拉美对这部前奏曲也有精辟的评论："我从没有期待过像这样的音乐。它延伸了我诗歌中的情感，它比色彩更有激情地画出了诗歌中的景色。"而今天的音乐评论家们已经看到，德彪西的这些作品恰恰是现代主义的开端。

进入成熟期的过渡性作品《月光》（1890）和变幻的交响诗《大海》（1905）皆取材于大自然永恒之物。《月光》之迷离延续着德彪西的音乐理念，融东方奇异的元素于歌唱性乐句与琶音的配合之上，散发出月色倾城的印象主义光影。德彪西对大海充满了向往与眷恋，如果不是对音乐

的热爱，他也许会成为一名勇敢的水手。“自由的人，你将永远歌唱大海”，德彪西曾这样评价诗人波德莱尔。他从灌木深处嗅到了大海的气息，在交响诗《大海》中，德彪西用自己独特的音乐语言，让音乐重构出一幅壮丽的海景图。他音乐中的大海深不可测，狂野不羁。

德彪西还以精辟的文笔，出现在各大主流刊物上，他主张重拾法国的音乐传统，为印象派音乐擂鼓助威。他对时代音乐有独到见解，写有系列评论文章和媒体访谈文稿。在评论音乐的发展趋势时，他总结法国音乐的基本特征是：清晰明了、表现力丰富和曲式简单。这是相当精准的。他说艺术是最美的谎言，就如蒙娜丽莎的微笑实际上也许从来就不存在，但她的魅力是永恒的。所以不要用过分的真实打断人们的欢喜，只要能够表现出永恒的美，就应当满足了。

历史上很少有哪个时期能像印象主义时期那样，从诗歌到绘画和音乐，法国艺术的里里外外都充满大自然的气息，蕴藏着原始的生命力，到处都是光线，一切都在闪烁。印象主义画家以身试法窥探艺术的未来，田野、鸢尾花、星空、大自然都是无穷无尽的题材。印象主义音乐家，也从视觉艺术中找到灵感。相对幸运的是，他们能用一种不断变化的表现手段进行创作，而不是用那种抓住瞬间并将它固定在画布上的表现手段。

德彪西的作品一贯展示了音乐中的印象主义风格，他的音乐就像一个梦，大胡子的他有时像个耽于睡梦之间的牧神，有时像个满怀不可言说之惊讶的小童，他说：“是音符间的间隙造就了音乐。”终其一生，他不认可外界的权威，也不接受多余的束缚，他的多面性展现了艺术的超前性。

人物评价

德彪西有着与众不同的前卫思想，他在创作音乐时回归自然，探寻最原始的生命力，不畏权贵，不受限制，一切创作都听从内心的指引。他的作品呈现出永恒之美，正如他在音乐史上留下了永恒的、专属于他的独特的音乐语言。

（全书完）

附录：
本书中涉及的所有音乐作品（按出现顺序）

约翰·塞巴斯蒂安·巴赫

《g 小调管风琴赋格曲》（Fantasia and Fugue in G minor）

《勃兰登堡协奏曲》（*Brandenburg Concertos*）

《恰空舞曲》（*Chaconne*）

《醒来吧，一个声音在召唤》（*Awake, a Voice Is Calling Us*）

《马太受难曲》（*St. Matthew Passion*）

《主啊，请怜悯我！》（*Have mercy on me, Lord My God*）

《平均律钢琴曲集》（*The Well-Tempered Clavier*）

《赋格的艺术》（*The Art of Fugue*）

约瑟夫·海顿

《“皇帝”四重奏》（String Quartet in C Major）

《创世记》（*The Creation*）

《G 大调第 94“惊愕”交响曲》（Symphony no. 94 in G Major）

沃尔夫冈·阿玛迪乌斯·莫扎特

《G 大调小步舞曲》（Minuet in G Major）

《降 B 大调快板》（Allegro in B-flat Major）

《小星星变奏曲》（Twelve Variations on ‘Ah, Vous Dirai-Je Maman’,

Twinkle Twinkle Little Star）

《后宫诱逃》（*Die Entführung aus dem Serail*）

《魔笛》（*The Magic Flute*）

路德维希·范·贝多芬

《c 小调第五交响曲》（Symphony no. 5 in C minor）

《第九交响曲》（Symphony no. 9 in D minor）

《F 大调第六交响曲》（Symphony no. 6 in F Major）

弗朗茨·舒伯特

《G 大调狂想曲》（Fantasie in G Major）

《D 大调第一交响曲》（Symphony no.1 in D Major）

《小夜曲》（*Serenade*）

《水上吟》（*To Be Sung on the Water*）

《美丽的磨坊女》（*The Fair Maid of the Mill*）

《冬之旅》（*Winter Journey*）

《鳟鱼》（*The Trout*）

《b 小调第八交响曲》（Symphony no. 8 in B minor）

罗伯特·舒曼

《桃金娘》（*Myrthen*）

《童年情景》（*Scenes from Childhood*）

《降 B 大调第一交响曲（春天）》（Symphony no. 1 in B-flat Major,

Spring）

《降 E 大调钢琴五重奏》（Piano Quintet in E-flat Major）

《a 小调钢琴协奏曲》（Piano Concerto in A minor）

弗里德里克·肖邦

《降 B 大调波罗涅兹舞曲》（Polonaise in B-flat Major）

《g 小调波罗涅兹舞曲》（Polonaise in G minor）

《c 小调回旋曲》（Rondo in C minor）

《降 D 大调圆舞曲》（Waltz in D-flat Major）

理查德·瓦格纳

《尼伯龙根的指环》（*Der Ring des Nibelungen*）

《罗恩格林》（*Lohengrin*）

《唐豪瑟》（*Tannhauser*）

《漂泊的荷兰人》（*Der fliegende Holländer*）

《黎恩济》（*Rienzi*）

《特里斯坦与伊索尔德》（*Trustan und Isolde*）

小约翰·施特劳斯

《维也纳的年轻人》（*Die Jungen Weiner Walzer*）

《塞尔维亚进行曲》（*Serbia March*）

《醇酒美女歌声圆舞曲》（*Wein, Weib und Gesang*）

《蓝色多瑙河》（*The Blue Danube*）

《维也纳森林的故事》（*Tales from the Vienna Woods*）

《南国玫瑰圆舞曲》（*Rosen aus dem Sueden, Walzer*）

《春之声圆舞曲》（*Frühlingsstimmen Walzer*）

《皇帝圆舞曲》（*Kaiser-Walzer*）

《蝙蝠》（*Die Fledermaus*）

彼得·伊里奇·柴科夫斯基

《唐璜小夜曲》（*Serenade aus Don Juan*）

《a 小调钢琴三重奏》（Piano Trio in A minor）

《如歌的行板》（*Andante Cantabile*）

《第一钢琴协奏曲》（First Piano Concerto）

《四季》（*The Seasons*）

《六月船歌》（*June-Barcarolle*）

阿希尔 - 克劳德·德彪西

《浪子》（*L' enfant prodigue*）

《牧神午后前奏曲》（*Prélude à l 'apres-midi d' un Faune*）

《月光》（*Clair de Lune*）

《大海》（*La Mer*）

塑造文明的大师们 音乐家的心弦

主编 _ 果麦　撰文 _ 莫敏妮

产品经理 _ 方舟　装帧设计 _ 朱大锤　插画绘制 _ 王俊宇
产品总监 _ 熊悦妍　技术编辑 _ 白咏明
责任印制 _ 杨景依　出品人 _ 王誉

果麦
www.guomai.cn

以 微 小 的 力 量 推 动 文 明

图书在版编目（CIP）数据

音乐家的心弦 / 果麦编；莫敏妮撰文 . -- 南京：江苏凤凰文艺出版社，2024.1
（塑造文明的大师们）
ISBN 978-7-5594-8085-9

Ⅰ . ①音… Ⅱ . ①果… ②莫… Ⅲ . ①音乐家 －列传 －世界 Ⅳ . ① K815.76

中国国家版本馆 CIP 数据核字（2023）第 216712 号

音乐家的心弦

果麦 编　莫敏妮 撰文

责任编辑	白　涵
特约编辑	方　舟
装帧设计	朱凤婷
出版发行	江苏凤凰文艺出版社
	南京市中央路 165 号，邮编：210009
网　　址	http://www.jswenyi.com
印　　刷	北京世纪恒宇印刷有限公司
开　　本	880 毫米 ×1230 毫米　1/32
印　　张	4.25
字　　数	68 千字
版　　次	2024 年 1 月第 1 版
印　　次	2024 年 1 月第 1 次印刷
印　　数	1–5,000
标准书号	ISBN 978–7–5594–8085–9
定　　价	158.00 元（全五册）

塑造文明的大师们

画家的觉察

果麦 编　王凯 撰文

江苏凤凰文艺出版社
JIANGSU PHOENIX LITERATURE AND ART PUBLISHING

果麦文化 出品

前言

在人类历史的长河中，艺术一直是文明的重要组成部分，而美术更是艺术中的重要分支。无数画家以独特的视角、深邃的思考和灵动的画笔，为我们留下了人类文明的璀璨瑰宝。

在《塑造文明的大师们》系列图书中，《画家的觉察》将带你走进十二位深刻影响了人类美术史的画家的世界，和你一同领略他们的精彩人生与卓越才华，并通过对这些画家的了解和学习，领悟他们深刻的思想和智慧。

这十二位画家分别处于不同时期、不同国度、不同流派，却都为人类美术史留下了浓墨重彩的一笔：

达·芬奇、米开朗基罗和拉斐尔被誉为文艺复兴时期的三大巨匠，他们的作品以精湛的技艺和深刻的内涵，展现了那个时代的智慧和勇气。通过他们的故事，我们可以看到他们如何在困难与挫折面前，坚持自己的信念，追求艺术的极致。

丢勒、鲁本斯和伦勃朗，他们是在欧洲不同时期、不同地域的杰出画家。他们的作品既体现了个人的才华和风格，也反映了所处时代的背景和文化特征。他们的故事告诉我们，融入自己的情感和理解，才能创作出触动人心的作品。

雅克-路易·大卫、德拉克洛瓦和克劳德·莫奈用自己的独特视角和表现手法，成为新古典主义画派、印象派、浪漫主义画派的代表人物。他们的绘画理念和技艺，对后来的艺术家产生了深远的影响。他们的故事启示我们，我们需要敢于挑战传统，勇敢地追求自己的梦想。

最后，我们来到了现代艺术家文森特·凡·高、巴勃罗·毕加索和安迪·沃霍尔。他们的作品不仅具有极高的艺术价值，也反映了现代社会。他们的故事告诉我们，艺术不仅仅是关于过去，更是关于现在和未来。艺术家需要敏锐地捕捉到时代的变迁，以创新的方式表达自己的观点和理解。

通过深入了解这些画家的内心世界和成长经历，你可以发现他们身上的许多优秀品质和特点，例如坚韧不拔的毅力、敏锐的观察力、独特的创新思维等。在这个快速发展的时代，我们不仅仅需要掌握知识和技能，更需要具有创新精神和实践能力，而绘画正是一种需要发挥想象力和创造力的艺术形式，可以帮助我们提高观察能力、审美能力、创造能力等多方面的素质。通过学习这些伟大画家的作品和故事，我们可以更好地发掘自己的潜力、拓展自己的思维，成为更加全面、健康、快乐的人才。

无论你是否未来会走上艺术之路，希望你都能从这些伟大画家的故事和画作中获得启示，学会以新的视角看待世界，以艺术的思维理解生活。希望《画家的觉察》能为你打开一扇窗，让你看到世界的多彩与美丽，让你更加热爱生活，更加珍视我们的世界。

目录

集大成者，“宇宙天才”达·芬奇

来自芬奇镇的小李子

1452年4月15日，伟大的画家莱昂纳多·达·芬奇（Leonardo da Vinci）出生在佛罗伦萨郊区的芬奇小镇。在意大利语中，“da”是介词，表示“来自”，他的名字也可以被翻译成“来自芬奇镇的小李子（莱昂纳多）”。

达·芬奇的父亲皮耶罗·达·芬奇是佛罗伦萨的一名法律公证员，母亲卡特琳娜是一名女佣。对达·芬奇的童年，我们知之甚少，他小时候可能跟祖父和叔叔或是“来自芬奇镇的某某”亲戚生活在一起，喜欢观察自然，喜欢探索，有一个快乐的童年。

十七岁时，达·芬奇随父亲来到佛罗伦萨，父亲将他带到了朋友韦罗基奥[1]的工作室。韦罗基奥在达·芬奇的画

1 安德烈·德尔·韦罗基奥（Andrea del Verrocchio，1435—1488），意大利雕刻家、画家、金首饰匠和雕塑家，达·芬奇和波提切利都是他的学生。

作中看出他的过人天赋，毫不犹豫地收下了这个学生。

达·芬奇在韦罗基奥的工作室一待就是七年，他在那里接受了系统的理论培训和技能训练。当时意大利艺术工作室的教学范围极其广泛，包括制图、化学、冶金、金属加工、石膏铸造、皮革加工、机械制造、绘画、雕刻等。

达·芬奇还与老师共同创作了一幅作品，据说，达·芬奇对绘画的理解和惟妙惟肖的描绘，让老师自觉惭愧，从此放弃了绘画。这一年，达·芬奇二十岁。

1481 年，达·芬奇受佛罗伦萨圣多纳托修道院的委托，开始创作一幅祭坛画《三博士来拜》，这标志着达·芬奇开始独立于韦罗基奥的工作室，成为一名相对自由的艺术家。他在接受委托后的第二年，便启程去了米兰。

最后的晚餐

1482 年，达·芬奇作为佛罗伦萨统治者洛伦佐·美第奇的使者被派往米兰，去拜会后来成为米兰王国统治者的卢多维科·斯福尔扎公爵。当时的米兰是欧洲为数不多的人口超过十万的城市，聚集了大量财富，具备非凡的活力。

1495 年，斯福尔扎公爵计划翻修米兰圣玛利亚感恩修道院，他想在修道院餐厅院墙上绘制一面壁画。四十三岁的达·芬奇接受了委托，经过思考，决定绘制《圣经》中最著名的场景之一——最后的晚餐。

达·芬奇《最后的晚餐》460 cm×880 cm
湿壁画 1495—1498 意大利米兰圣玛利亚感恩修道院

当时描绘这一题材的作品有很多，但达·芬奇并没有采用上百年来画师们常用的构图方式与壁画技术，而是另辟蹊径，将场景描绘在一间空旷的长方形房屋中，并利用透视关系和人物位置，将所有的视线都聚焦在位于餐桌中心位置的耶稣身上，画面两端的墙面被大幅度地延伸了出去，房屋的面积扩大了很多。十二位各不相同的门徒，每个人物迥异的内心活动，都被生动地刻画在他们脸上，最为突出的则是耶稣的安详与犹大的紧张。

这面壁画尺幅巨大，高四百六十厘米，宽八百八十厘米，是达·芬奇流传下来的作品中面积最大的一件。意大利的湿壁画历史悠久，有着非常成熟的技术。但达·芬奇在绘制这幅画时，却尝试了新的墙体制作技术和颜料调配方法。为了完成这幅作品，达·芬奇花了四年时间。

1499 年，在《最后的晚餐》创作完成后不久，法国国王路易十二还曾考虑将这幅画从墙上取下，带到法国，但苦于当时的技术无法实现，他打消了念头；1652 年，修道院餐厅需要开一条通道，于是修道士们在基督脚下的位置开了一扇小门，这也是现在为什么壁画下方有一处奇怪的门形补丁；1800 年，一场大雨过后，餐厅被六十厘米深的雨水淹没；1948 年正值二战，米兰遭盟军轰炸，修道院和餐厅基本被炸毁，但奇迹的是，唯独这面绘有图画的墙，孤独而坚强地竖立在那里。

蒙娜丽莎

在米兰期间，达·芬奇还曾为斯福尔扎公爵的情人，同时也是意大利贵族和女诗人的塞西莉亚，绘制了一幅肖像画——《抱银鼠的贵妇》。

达·芬奇《抱银鼠的贵妇》54cm×39cm
木板油画 1489—1491 波兰克拉科夫国家美术馆

在这幅画中，气质高贵、沉静典雅的塞西莉亚环抱着一只毛色光润、机灵警觉的银鼠。达·芬奇对明暗的处理是这幅画最引人注目的地方。这幅作品现在被收藏于波兰克拉科夫国家美术馆。

1499 年，法国国王路易十二率军队进攻米兰。第二年斯福尔扎公爵所代表的政权被推翻，达·芬奇在学生萨莱和朋友的陪同下逃离米兰，前往威尼斯共和国。

到了威尼斯之后，达·芬奇又陆续在罗马、切塞纳、曼图亚等地工作和生活，并进行科学研究。这期间，他主要担任工程师、绘图师和军事建筑师，绘制了多张具有当代视角的地图，并设计了很多浩大的城市防御和水利工程，虽然后来并没有实施。

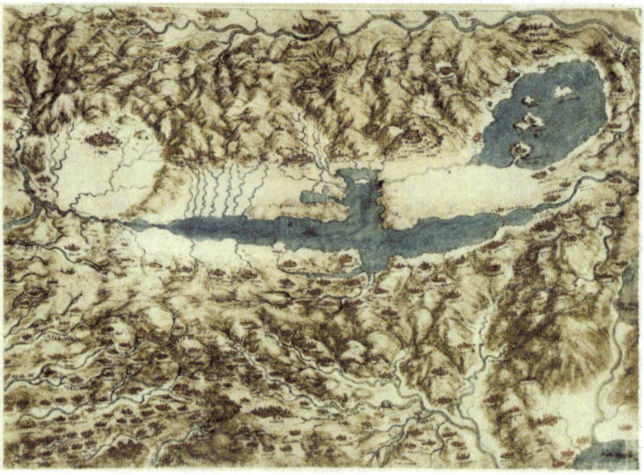

达·芬奇《瓦尔迪基亚纳地图》34cm×49cm
纸本 1503—1509 英国温莎城堡皇家图书馆

1503年初，五十岁的达·芬奇回到阔别了二十年的家乡佛罗伦萨，和多年未见的父亲、兄妹、朋友团聚后，他又开始了工作，并且遇到了影响整个艺术史的委托人——意大利贵族和商人佛朗西斯科·德尔·乔孔多——正是他委托达·芬奇为自己的妻子丽莎·盖拉迪尼绘制肖像，才有了这幅世界著名的画作《蒙娜丽莎》。达·芬奇将用毕生精力创作这幅作品，直到生命结束的那一刻。

《蒙娜丽莎》的尺寸并不是很大，高七十七厘米，宽五十三厘米，画中描绘了身着深色衣裙、鬈发过肩的丽莎夫人，她的左臂倚靠在椅子扶手上，右手自然搭放在左手腕上的半身坐像，丽莎头上戴有精致的黑色头纱，眼睛望向前方，嘴角微微翘起，人物背后是模糊起伏的远山小路、潺潺的流水、清幽的湖面，使人感到既舒展又宁静。在这幅作品中，达·芬奇成功地使用了“渐隐法”的绘画技巧，并不把人物和五官的轮廓描绘得十分清晰，而是让嘴角与眼角融入柔和的阴影之中，打造出恬静深邃的艺术效果。

这幅作品自诞生之初的五百多年来，不断被赋予各种含义，最终形成了《蒙娜丽莎》令人难以捉摸的神秘性，产生了让人趋之若鹜的吸引力。

现在这幅作品被收藏于法国巴黎卢浮宫，一座世界上参观人数最多的博物馆，高峰时每年有上千万游客前去参观，这些游客，几乎全都是冲着《蒙娜丽莎》去的。从某种意义上讲，它已经成为西方绘画的标志。

为什么《蒙娜丽莎》会如此出名呢？这在很大程度上取决于绘画以外的因素。1516年，法国国王弗朗西斯一世买下了《蒙娜丽莎》，并在达·芬奇去世后开始展出这幅画。

后来，《蒙娜丽莎》成为法国皇家收藏中最重要的作品之一，辗转被保存在法国枫丹白露宫和凡尔赛宫。法国大革命后，《蒙娜丽莎》被移出卢浮宫，在拿破仑杜乐丽宫的卧室里度过了一段短暂的时光。1797年，它开始在卢浮宫永久公开展出。

但到此时，《蒙娜丽莎》还不是一件家喻户晓的绘画作品，它安静地和其他文艺复兴时期的作品摆放在一起，供游客参观。

1911年8月21日拂晓，卢浮宫雇员、意大利人文森佐·佩鲁贾把《蒙娜丽莎》藏在衣服内，把它偷出了卢浮宫，这起盗窃案迅速登上了各大媒体的国际新闻头条，警察甚至还审问过当时在巴黎画画的毕加索。人们纷纷跑去卢浮宫，观看曾经挂着《蒙娜丽莎》的空白墙面。

两年来，佩鲁贾一直把这幅画放在家中带有夹层的手

达·芬奇《蒙娜丽莎》77cm×53cm

木板油画 1503—1516 法国巴黎卢浮宫

提箱里，之后又将《蒙娜丽莎》走私到意大利，并准备将其出售给佛罗伦萨的一个艺术品经销商。

佩鲁贾将自己视为忠实的爱国者，他要向自己的祖国意大利归还这幅大师的作品。但他还是被警方逮捕，被判入狱一年零十五天，最终只入狱七个月就被释放。随着谜题的解开，《蒙娜丽莎》又重新回到卢浮宫，向公众展出。各国报纸对这件珍品的失而复得大加报道，这一度成为全球的头条新闻，再加上之后《蒙娜丽莎》的国外巡展，这幅作品的影响力越来越大。

2022 年 5 月 29 日，又有一个环保主义者伪装成一位坐着轮椅的老太太进入卢浮宫，在靠近《蒙娜丽莎》后，将一块蛋糕砸在了《蒙娜丽莎》上。幸好画作有防弹玻璃的保护，没有受到损伤，但这还是让世界人民为之出了一身冷汗。

天才的遗产

如果我们以千年为周期，评出五位堪称“天才”的人物，达·芬奇一定榜上有名，并且名列前茅。

除了那些伟大的美术作品，其实最有研究意义的，是达·芬奇留下来的大量手稿和笔记——图文并茂，有一万三千页之巨，涵盖数学、解剖学、生理学、天文学、植物学、制图学、地质学、建筑学、几何学、工程学、古生物学以及机械发明等。

1490 年左右，达·芬奇绘制了一幅钢笔画——《维特鲁威人》。这幅画描绘了一个男人张开双臂和双腿，分别处于两个重叠的圆形和方形之中。

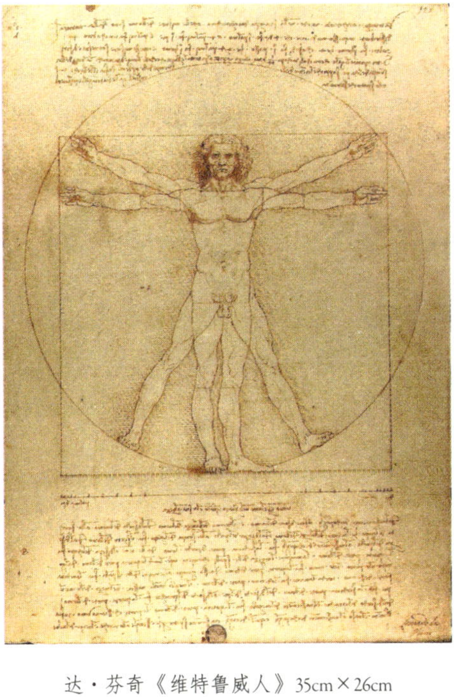

达·芬奇《维特鲁威人》35cm×26cm
纸本钢笔 1492 意大利威尼斯美术学院

达·芬奇的这幅作品受到了古罗马建筑师维特鲁威《建筑学》的启发，维特鲁威提出了两个观点：其一，人的肚脐是人体的正中心，如果把圆规的一端固定在肚脐上，以此为圆心，可以围绕人体画出一个完美的圆；其二，人张开的双臂间的距离，与人的身高近乎相等，所以人体也就能被恰好放入一个正方形中。达·芬奇借鉴了维特鲁威的想法，利用人体比例与两个图形面积间的关系，对“化圆为方”的问题提出了一个间接解法，这还与当时在意大利兴起的新柏拉图主义[1]有关。这幅画现在成了文艺复兴的标志性图案，代表了艺术与科学的繁荣。

在达·芬奇海量的手稿和笔记中，我们发现，他绘制了鸟瞰视角的地图——《伊莫拉地图》；对人体做了极其详尽的解剖学分析，从骨骼、肌肉、大脑、牙齿，到血管、神经系统，他绘制的解剖图，堪比现代医学的X光图像；达·芬奇还热衷于发明创造，在笔记中，他绘制了类似现代飞机、直升机、坦克、装甲车、降落伞、巨型弩、永动机等机械或武器。

他笔记中的大量文字，并不是当时从左至右、正向书

1　新柏拉图主义：古希腊文化末期最重要的哲学流派，以古希腊思想来建构宗教哲学的典型。

写的顺序。达·芬奇使用了一种“镜像书写”的方式：这是一种原始的密码形式，书写的顺序是从右往左，而且每个字母都要水平翻转一百八十度，如果要阅读笔记，需要使用镜子，这样从镜子中反射的文字，就符合我们正常的阅读顺序和习惯了。

由于达·芬奇缺乏拉丁语和数学方面的正规教育，所以他试图通过极其详细的描绘或描述来解释一种现象，而不是强调实验或理论解释。

这些手稿，现在分别收藏于英国温莎城堡皇家图书馆、法国卢浮宫、西班牙国家图书馆、西班牙维多利亚和阿尔伯特博物馆、米兰安布罗西亚图书馆、英国国家图书馆、美国大都会博物馆和一些私人藏家手中。

持续的影响

1513 年 3 月，洛伦佐·美第奇的儿子乔瓦尼继任教皇，即利奥十世，那年 9 月，达·芬奇去了罗马，开始为教皇服务。此时，米开朗基罗和拉斐尔也在此工作。

1516 年，受法国国王弗朗西斯一世的邀请，达·芬奇去了法国，在宫廷中为国王服务。

1518 年，达·芬奇右手瘫痪，不能执笔，这也是为什么他最终没能完成《蒙娜丽莎》。

1519 年 5 月 2 日，六十七岁的达·芬奇在位于法国卢瓦尔河谷中部的克洛斯卢西城堡去世，据说他是在法国国王弗朗西斯一世的怀抱中离去的。

8 月 12 日，达·芬奇的遗体被安葬在法国昂布瓦斯城堡圣弗洛伦丁学院教堂。五十年后，他的遗体被盗，1863 年，找回的遗骨被重新安葬在法国昂布瓦斯城堡圣休伯特小教堂。

2017 年 11 月 15 日晚间，在纽约佳士得拍卖会上，唯一可售的达·芬奇作品《救世主》以 4.5 亿美元，约合 30 亿元人民币的天价成交，成为史上最贵的艺术品。

2019 年，达·芬奇逝世五百年之际，卢浮宫举办了一次大规模的达·芬奇作品展，展览汇集了达·芬奇的一百多幅油画、素描和手稿，并创下了单一展览观看人数之最的世界纪录。

达·芬奇这位旷世天才，不仅开创了一个艺术的新时代，今天，他仍然以各种方式，影响着我们的生活、艺术与思想。

人物评价

人们称达·芬奇为“跨界奇才”。他将艺术和科学结合起来，在物理、数学、生物等学科上都有贡献。对他来说，绘画只是手段而非目的，探索世界似乎才是他真正兴趣所在，因此，他的画作里总是闪耀着理性思考的光辉。天才其实就是一个充满好奇心、持续学习和探索精神的孩子。

英雄的凝视，雕刻巨匠米开朗基罗

为石而生

米开朗基罗出生后不久，就被父亲送到佛罗伦萨旁的塞蒂尼亚诺小镇上去了，塞蒂尼亚诺是一个盛产石头与石匠的小镇，几个世纪以来，佛罗伦萨建筑中使用的石材大多是在这里开采的。喂养他的保姆，既是一名石匠的女儿，也是一名石匠的妻子，米开朗基罗成名之后，毫不避讳地说："幼年时哺育我的乳汁里，就已经蕴含了雕刻的天赋与大理石的基因，他们深深地烙印在我的血液之中。"

1475 年 3 月 6 日，米开朗基罗·迪·洛多维科·博纳罗蒂·西蒙尼（Michelangelo di Lodovico Buonarroti Simoni）出生在离佛罗伦萨一百公里的卡普莱斯小镇上，是家中五个孩子中的老二，虽然父亲洛多维科是该镇的行政官，母亲弗朗切斯卡也据说是 11 世纪意大利最有权势的卡诺莎家族后裔，但米开朗基罗出生时，家中非常拮据。

1481 年，在米开朗基罗六岁时，母亲因病去世。这年，父亲将他送到人文学者弗朗切斯卡·乌尔比诺处学习，但米开朗基罗总是提不起对学习的兴趣，而是更喜欢研究教堂的壁画和雕刻。

1488 年，父亲将米开朗基罗带到曾是达·芬奇同学的吉兰达约的工作室，让米开朗基罗在这里当学徒，第二年，父亲说服吉兰达约，让米开朗基罗正式成为工作室的员工，为期三年，报酬是二十五个金币。这对于十四岁的米开朗基罗来说，是他职业艺术生涯的正式开始。

这一年，佛罗伦萨的统治者洛伦佐·美第奇请吉兰达约派两位最优秀的学生到家族宫殿中创作雕塑。于是，米开朗基罗被选中了，这成为米开朗基罗一生中重要的转折时刻。

1490 年，米开朗基罗被洛伦佐·美第奇接纳为养子，之后，他在美第奇家族创立的人文学校——柏拉图学院就读，并结识了美第奇家族中后来成为佛罗伦萨统治者与两位未来的教皇。在柏拉图学院学习期间他接受了人文主义的洗礼，并接触到了新柏拉图主义的学说。

目前，已知米开朗基罗最早的雕刻作品——《阶梯圣母》——就是这时期创作的，这是一件在大理石上的浅浮雕，圣母坐在一块方形的石凳上，身体直立，凝视远方，左手抱着圣婴，或在哺乳或在熟睡，左侧有五级楼梯，楼梯上有三个正在玩耍的少年。这件作品有着科学的透视关系与人物远近的比例，是米开朗基罗前期重要的作品。

《阶梯圣母》之后，米开朗基罗创作了更为复杂的《半人马之战》浮雕，这是古希腊半人马座与大力神之战的神话故事。米开朗基罗在小小的一块大理石板上雕刻了二十多个人物，肌肉健硕，形态各异，这件作品米开朗基罗很明显受到古罗马石棺雕刻风格的影响。

米开朗基罗《阶梯圣母》51cm×39cm 大理石
1491—1492 佛罗伦萨卡萨博纳罗蒂博物馆

圣殇与大卫

1492 年 4 月 8 日，洛伦佐 · 美第奇去世，米开朗基罗的顺境发生了逆转。他离开了柏拉图学院，在接下来的几个月里，为佛罗伦萨圣斯皮里托教堂雕刻了一座木质的耶稣受难像。在这项工作中，他深入学习了人体造型基础。

1494 年，美第奇家族被逐出佛罗伦萨，米开朗基罗被迫在威尼斯和博洛尼亚之间游荡。第二年，佛罗伦萨的局势趋于稳定，米开朗基罗又回来了，这期间他雕刻了《施洗者圣约翰》和《沉睡的丘比特》，有人发现圣约翰雕刻的古意盎然，如果再做旧一点，简直堪比古罗马时期的雕塑，可以卖一个好价钱。于是他将这件雕塑做旧处理，做成了一件假古董，还把它卖给了罗马的里亚里奥。但不久之后，里亚里奥发现自己买来的古董是假的。不过，主教对米开朗基罗高超的雕刻技艺印象深刻，米开朗基罗反倒因祸得福，被邀请到罗马，开始为最高教廷服务。

1497 年 11 月，法国驻罗马的拉格劳拉斯找到米开朗基罗，委托他创作一尊圣母哀悼基督的雕塑。接受委托后，米开朗基罗立刻去了托斯卡纳北部的卡拉拉采石场，这是意大利盛产质量最好的大理石产区，自古罗马时代，上千年来这里都是大理石开采的重要工场。米开朗基罗在这里精挑细选了一块儿大小适中、毫无瑕疵的大理石原料，并将它运到罗马，开始了自己的创作。

米开朗雕刻了基督死后被信徒从十字架上取下，被放在在圣母怀中，玛利亚悲痛欲绝哀悼自己孩子时的场景。整件雕塑呈金字塔形，圣母的衣裙向下逐渐变宽，基督无力地躺在玛利亚的怀抱之中，无论是基督的肉体，还是玛利亚的衣饰，都雕琢得纤细柔软，毫无大理石坚硬冰冷的感觉，年轻圣洁的玛利亚面露悲伤，基督垂下的右手，还有钉子穿过的孔洞细节，让人看后不禁心生哀痛之感。

这件作品立刻引起了轰动，但有传闻说它是意大利北部另一位雕塑家的作品，于是米开朗基罗在玛利亚的肩带上刻上了“佛罗伦萨的米开朗基罗·博纳罗蒂雕刻”的字样，这成了米开朗基罗唯一一件署名的雕塑。这件作品在意大利雕塑中是史无前例的，它是文艺复兴时期古典主义与自然主义理想的完美结合。这年，米开朗基罗二十四岁。

1499 年，米开朗基罗回到佛罗伦萨，共和国正在经历美第奇统治垮台后的一系列波动，当时影响力极大的羊毛协会委托米开朗基罗一项四十年前就已开始、但一直未能完成的项目：一尊巨大的大理石雕像——《大卫》，他将和另外十一尊《圣经》中的英雄人物一起被放置在佛罗伦萨圣母百花大教堂的屋顶。

大卫是《圣经》旧约中的人物，以色列王国的第三位国王，年轻时曾是一名牧羊人。以色列人和南部非利士人之间发生了战争，强悍无比的非利士巨人歌利亚向以色列人发起了挑战，当时的大卫还只是一个年轻的孩子，在无人响应挑战的时候，他勇敢地站了出来，并且拒绝了国王提供的铠甲，面对强大的敌人，大卫仅凭自己的勇气和一个小小的投石器，就将歌利亚杀死，一时间，他成了以色列勇气盖世的英雄，声名鹊起，三十岁时，被封为以色列的国王。

佛罗伦萨共和国作为一个独立的城邦，四面受到强大敌对国家和刚被驱逐美第奇家族霸权的威胁，大卫那坚毅并带有警告的目光，紧盯着美第奇家族居住的罗马。此时的大卫，由于他所代表的无畏与勇气，在波诡云涌的佛罗伦萨有了特殊的意义，他成为捍卫公民自由的象征。

经过两年多的精心雕琢，《大卫》在 1504 年完成，但完成后，新的问题又出现了，其他的十一座雕像出于各种原因均被放弃，而将这座高达五米、重达六吨的雕像移至大教堂的屋顶，也几乎成了一件不可能完成的任务。于是佛罗伦萨公民委员会召集公民代表，城市管理者以及包括达·芬奇、波提切利在内的艺术家进行讨论，最终决定将雕塑放置在市政厅前的领主广场。

这一放就是三百七十年。1873 年，为了更好地保护雕塑原作，人们将《大卫》移至佛罗伦萨美术学院美术馆内，现在领主广场上的《大卫》是复制品。

教皇的天花板

如果去罗马旅游，我们大概率会前往世界上最小的国家梵蒂冈一游，全世界最宏伟的教堂——圣彼得大教堂就坐落在这里。在圣彼得大教堂的北侧，有一座看起来并不起眼的红砖建筑，但是他的内部，却汇集了从文艺复兴早期到高峰最著名艺术大师们的不朽之作——这里，就是著名的西斯廷教堂。

西斯廷教堂连通着教皇官邸与梵蒂冈博物馆，建成于 1481 年。教堂建成之初，波提切利、佩鲁吉诺、吉兰达约、罗塞利、拉斐尔等一众与米开朗基罗同时代的文艺复兴优秀艺术家，为教堂四壁绘制了大量精美的壁画与挂毯。

1508 年，教皇尤里乌斯二世觉得原本绘有蓝底金星的教堂屋顶不够有宗教仪式感，于是委托米开朗基罗为它创作一组宗教壁画。一开始，米开朗基罗是拒绝接受这项工作的，因为他觉得自己是一名雕刻家，而不是画家，并且他觉得自己对绘画并不熟悉，不堪此任。虽然缺乏得力的助手，但在教皇的坚持下，米开朗基罗还是决定接下这项艰巨的工作。

三十七岁的米开朗基罗历时四年，在1512年完成了这面旷世壁画的创作。他在超过五百平方米的天花板上，绘制了三百多个人物，位于天花板中央位置的是《圣经·创世纪》篇章中的九个场景，其中最为著名的是“创造亚当”，身着衣袍，满头银发，被天使簇拥的上帝，伸出自己的右手，指向刚被创造出来的亚当，亚当无力的左手努力与上帝伸出的手指触碰……这幅作品后来成为经典中的经典，被无数人模仿和复制。

米开朗基罗《西斯廷天顶画》1400cm×4100cm
湿壁画 1508—1512 梵蒂冈西斯廷教堂

1534年，美第奇家族重新拿到了统治权。米开朗基罗曾经支持反对美第奇家族的平民统治者，但来自美第奇家族的新任教皇克莱门特七世，少年时曾同米开朗基罗一起学习，欣赏他的才华，不计前嫌赦免了他，并恢复了授予他的津贴，还邀请他来到罗马，为西斯廷教堂绘制端墙上的祭坛画《最后的审判》。尽管第二年克莱门特就去世了，但继任教皇保罗三世依旧支持米开朗基罗的工作，七年后，描绘基督第二次降临人间以及对世人灵魂进行审判的巨大壁画——《最后的审判》创作完成。

米开朗基罗的性格也有调皮的一面，他在画中，将当初阻碍创作的教皇司仪描绘为长着一对驴耳朵的负面人物，还将自己的形象描绘成被圣徒剥落的整张人皮。了如指掌的人体结构，炉火纯青的绘画技巧，驾轻就熟的情绪把握，气势恢宏的色彩构图，让这幅作品成为米开朗基罗壁画的巅峰之作，并开启了文艺复兴之后样式主义的绘画风格。

英雄的凝视

1547年，七十二岁的米开朗基罗被教皇保罗三世任命

米开朗基罗《最后的审判》1370cm × 1200cm

湿壁画 1536—1541 梵蒂冈西斯廷教堂

为圣彼得大教堂的建造负责人，这座教堂是耶稣门徒首领以及第一任教皇圣彼得的墓地，是基督天主教的朝圣之地，它的建造持续了一百二十年的时间，现在它是全世界最大的教堂，凝结了一大批天才艺术家、建筑师、雕刻家智慧与心血，是文艺复兴时期最伟大的建筑作品。

米开朗基罗接手后，修改了拉斐尔的设计，回到了之前布拉曼特对大教堂的规划，米开朗基罗设计了堪与布鲁内莱斯基佛罗伦萨圣母百花大教堂相媲美的巨大穹顶，这个高达一百三十七米的穹顶成为世界上最高的穹顶建筑，四十二米的直径成为仅次于罗马万神殿与佛罗伦萨圣母百花大教堂的世界第三大穹顶，教堂的宏伟与震撼，也为之后的古典主义风格的建筑树立了榜样与标杆。

米开朗基罗一生虽有美第奇家族的慷慨赞助、多任教皇的工程委托，甚至拥有超过那个时代许多公爵与王子的资产，但他一直极为节俭，他曾对他的徒弟说：“无论我多富有，我总是像个穷人一样地生活。”他对自己的食物和衣着并不关心，甚至还经常穿着鞋子睡觉。

米开朗基罗一生写了三百多首十四行诗，表现出深厚的浪漫情怀和对宗教与艺术的炙热虔诚。他的性格古怪倔强，生来就是一个孤独而忧郁的人，一个离群索居的人。

1564年，在距他八十九岁生日还有三周的时候，米开朗基罗在罗马去世。这位大师最后的心愿，是将他安葬在心爱的佛罗伦萨。他的侄子继承了他的遗产，并将他安葬在佛罗伦萨圣十字大教堂（伽利略与马基雅维利也葬于此），生前为他立传的画家、艺术史家乔治·瓦萨里设计和建造了他的陵墓，历时十四年完成。当时的佛罗伦萨统治者美第奇家族的科西莫一世在大师学习、成长、立名的城市，为米开朗基罗举行了一场空前绝后的国葬。

米开朗基罗将他对大理石雕刻的狂热挚爱，坚持到了生命中的最后一刻！就在去世前六天，米开朗基罗还在雕刻圣母玛利亚为死去基督痛苦哀悼的雕塑，这时的他可能对死亡的意识越来越强烈。

人物评价

“世界上只有一种真正的英雄主义，那就是看清生活的真相之后，依然热爱生活。”这句话出自罗曼·罗兰的《米开朗基罗传》。米开朗基罗有一种骇人的生命力，他夜以继日地创作，即便被迫做自己不喜欢做的事情，他仍然精益求精。他是一个战士，不断接受挑战，从来没有停止过战斗。

完美的典范，“早逝的天才”拉斐尔

来自乌尔比诺

“这就是拉斐尔，在他活着的时候，大自然为他臣服，在他死后，大自然因此湮灭。”——这是威尼斯人文学者彼得罗·本博在拉斐尔死后为这位天才写下的墓志铭。

1483 年 4 月 6 日，拉斐尔·桑齐奥·达·乌尔比诺（Raffaello Sanzio da Urbino）出生在意大利中部乌尔比诺的一个艺术家庭。父亲乔瓦尼·桑蒂是乌尔比诺的宫廷画家和诗人。

八岁时，拉斐尔的母亲去世，三年后，父亲也去世了，拉斐尔成为孤儿，他唯一的叔叔成为他的监护人。乌尔比诺这座城市虽不大，却是文艺复兴的一个重要艺术中心，在这里，拉斐尔接受了最初的艺术启蒙。

父亲还在世时，拉斐尔就被送到温布里亚的佩鲁吉诺工作室，正式开启了他的艺术生涯。佩鲁吉诺是达·芬奇的同学，年轻时他们一同在韦罗基奥的工作室接受艺术训练，佩鲁吉诺作为文艺复兴时期重要的艺术家，他的绘画技术和艺术风格深刻地影响了拉斐尔，甚至在拉斐尔给他当助手期间，人们很难将他俩的作品区分开来。

1499 年，乌尔比诺附近的城堡镇暴发了严重的瘟疫，为了祈祷平安，当地的教堂委托拉斐尔创作了木板油画《三位一体》，这件作品在当时的作用，类似于游行时举着的旗帜，所以画家在木板的两面都进行了绘制。这是现在已知的拉斐尔最早的作品。

风格的形成

此时，乌尔比诺已经装不下拉斐尔的梦想与野心。1504 年，乌尔比诺公爵的妹妹为拉斐尔给佛罗伦萨市政官员写了一封推荐信：来自乌尔比诺的拉斐尔，具有超凡的绘画天赋，他不仅在艺术上天赋异禀，还是个非常懂事、很有教养的孩子，我对他很是喜欢……

就这样，二十一岁的拉斐尔，来到了当时全欧洲最为耀眼夺目的城市，在这里，他与达·芬奇、米开朗基罗、吉兰达约等前辈们产生思维碰撞，看到了大师们最为精彩的作品，这让他对艺术有了更为深刻的理解。

在佛罗伦萨逗留期间，他研究了人体结构、构图原理、色彩意义、绘画技巧、建筑形式，还观摩了马萨乔、吉兰达约、多纳泰罗的绘画和雕塑作品，近距离接触了达·芬奇和米开朗基罗的最新创作。他虽然没有受到公共艺术项目的委托，却为私人客户创作了很多重要的作品。1506 年，佛罗伦萨布料商人阿格诺洛·多尼结婚，委托拉斐尔绘制了他与妻子的单人肖像——也就是在这位多尼的委托和赞助下，米开朗基罗创作了他唯一一幅油画作品。

拉斐尔《阿格洛诺与玛达莱娜肖像》63cm×45cm
木板油画 1506 佛罗伦萨乌菲兹美术馆

这幅妻子的肖像，明显是模仿达·芬奇的《蒙娜丽莎》，无论是人物动作，还是构图形式，都有着《蒙娜丽莎》的影子。这说明在佛罗伦萨期间，拉斐尔一定去过达·芬奇的画室，并且见到过《蒙娜丽莎》。

那时候，拉斐尔还创作了一幅著名的作品《草地上的圣母》。以前同类型的绘画，画家总将人物画得庄严肃穆，在这种神格化的描绘中，画中人物显得高高在上，与观众产生很远的距离感。但这幅作品不同，它肯定了人的价值与尊严，鼓励人们追求生活中的幸福。这也让它成为文艺复兴时期最具代表性的绘画作品之一。

拉斐尔的房间

1508 年，圣彼得大教堂总设计师布拉曼特，将他的同乡拉斐尔推荐给了教皇尤里乌斯二世。

尤里乌斯二世有着雄才壮志，他打算恢复古罗马帝国时代的城市荣耀，重建罗马的辉煌繁荣。这一年，米开朗基罗接受教皇委托，开始创作西斯廷礼拜堂的天顶画，正在为一堆难题苦恼。拉斐尔到罗马之后，尤里乌斯委托他创作教皇签字厅（即现在的办公室）及私人图书馆的壁画，两位天才巨星的不期而遇，既是相互吸引的历史巧合，也注定会有一场不可避免的角逐竞争。

米开朗基罗是一个脾气古怪、性格暴躁的人，他在创作西斯廷天顶画时，是禁止他人参观的，甚至连教皇都不例外。有时候越希望隐藏，反倒越能勾起他人的好奇心与探求欲，对狂热的天才而言尤其如此。

有一次，趁米开朗基罗不在时，布拉曼特将西斯廷礼拜堂的钥匙偷偷交给了拉斐尔，拉斐尔独自进入了壁画还未完工的空间，眼前的一幕，让这位年轻的天才拍案叫绝，惊叹不已。米开朗基罗画中人物坚毅的表情、健硕的肌肉、动感的身姿，将人体结构与科学透视表现得淋漓尽致。据说，米开朗基罗得知拉斐尔曾进入礼拜堂看他的绘画后，大发雷霆，怒火中烧，说拉斐尔偷盗了他的技术，剽窃了他的创意，两人从此不再往来。不过，从拉斐尔的部分作品可以看出，拉斐尔应该确实从中汲取了不少养分。

在教皇签字厅，拉斐尔创作了著名的湿壁画——《雅典学院》。在一面半圆形墙壁上，拉斐尔以古希腊哲学家柏拉图举办雅典学院的事迹为题材，以兼容并蓄、自由开放的思想，打破了时空的界限，将不同的古典时期、不同领域代表着人类最高智慧的先知圣贤汇聚一堂，重现历史上那个黄金时代。拉斐尔描绘了三层递进的古罗马拱形屋顶背景，用精准的透视，增强了画面的空间感与立体感，前景刻画了十一组，共五十七位学者名人。

位于中心位置的是古希腊哲学家柏拉图与亚里士多德，两侧描绘了苏格拉底、马其顿国王亚历山大大帝、数学家毕达哥拉斯、阿基米德、几何之父欧几里得、哲学家伊壁鸠鲁，台阶上的是哲学家赫拉克利特和犬儒哲学家第欧根尼。

拉斐尔《雅典学院》500cm×770cm
湿壁画 1509—1511 梵蒂冈博物馆

从文艺复兴开始，画家总会将同时代的一些人描绘为历史人物，以《雅典学院》为例，在画面的最右侧，拉斐尔将自己与父亲的形象描绘进画中，他还将达·芬奇描绘为柏拉图，将布拉曼特描绘为欧几里得。另外，在拉斐尔最初的设计中，并没有坐在台阶中间偏左位置的赫拉克利特，但可能在创作过程中，他受到米开朗基罗天顶画的触动，最后决定将米开朗基罗绘制在画面中，还为他设计了一个略显忧郁烦恼的形象。

《雅典学院》作为文艺复兴时期古典精神的完美体现，同达·芬奇《最后的晚餐》和米开朗基罗《创世纪》一道，被奉为永恒的经典。

在绘制完签字厅壁画后，拉斐尔和他的工作室取代了艺术家西诺雷利和老师佩鲁吉诺，又接受了签字厅旁三个房间的壁画委托，加上每个房间的天花板，总共创作了二十幅壁画。这项巨大的工程，一直持续了十几年的时间，甚至在拉斐尔去世后，他工作室里的学生还在继续绘制。这些拉斐尔绘有壁画的屋子被形象地称为——拉斐尔房间。这些精彩绝伦的作品，与米开朗基罗的西斯廷礼拜堂壁画，共同代表了文艺复兴盛期壁画的最高水平。

巨星的陨落

1514年，拉斐尔的伯乐、圣彼得大教堂的总建筑设计师布拉曼特去世，拉斐尔接任了这个职位。同时，教皇利奥十世还交给他另一项任务——制作圣彼得与圣保罗事迹的挂毯，用来装饰西斯廷礼拜堂。

拉斐尔发现，自己的作品要直接与他老师及前辈们的绘画挂在同一空间，尤其是与米开朗基罗（这个对他不怎么友善的大师）创作的西斯廷天顶画一较高下。所以，他不得不改变自己的风格，同时还要根据挂毯纺织中色彩细节无法更精微的技术问题进行调整。

拉斐尔根据《圣经》故事总共设计了十幅挂毯，宽幅在四米左右，设计完成后，图纸被送往当时羊毛纺织业发达的欧洲北部布鲁塞尔地区进行制作，在编织时，还加入了很多黄金的贵金属丝线。现在西斯廷礼拜堂悬挂挂毯的位置，是在墙壁上描绘的挂毯式样的图画，只有举行重要宗教活动时，这些珍贵的挂毯才会被拿出来展示。

1515年，在教皇利奥十世的支持下，拉斐尔又接受了领导挖掘和保护罗马城内古代文物的任务——他可能是最早的“文物局局长”。他给教皇写信，建议停止破坏古迹的行为，并提议对城市进行文物普查工作，以档案的形式记录罗马的古代文物。拉斐尔还打算制作一张古罗马的考古地图，但出于种种原因未能完成。他还花巨资将一座埃及方尖碑运送到圣彼得广场，准备将它矗立在广场中央，可惜的是，拉斐尔没能看到它矗立在广场上的那一幕。

1520 年 4 月 6 日，在拉斐尔三十七岁生日这天，他因劳累过度、治疗不当而去世。按照拉斐尔的遗愿，他被葬在罗马万神殿。他选择这里，可能是希望自己与这座古罗马帝国时期的建筑一样永垂不朽，万世留存。

现在我们将达·芬奇、米开朗基罗、拉斐尔称为“文艺复兴三杰”，他们代表了文艺复兴时期的最高艺术水平。但在 18 世纪，拉斐尔的影响力与知名度，远远超过前面两位。

拉斐尔后期接受了很多艺术项目的委托，如此大量的工作，不可能全部由他自己独立完成，所以他很早就建立了拉斐尔工作室，一度招纳了五十多名助手。拉斐尔主要承担委托项目的前期策划和设计指导的工作，而具体的绘画工作，则由助手和学生们完成。这和当代安迪·沃霍尔艺术工作室的工作方式类似，可以说，在五百年前，这是非常具有开创性的经营模式。

拉斐尔的去世，在某种程度上，标志着文艺复兴盛期的结束。文艺复兴是一次启迪，更是一场变革，它展现了人类的巨大智慧。

人物评价

拉斐尔的学习能力让人惊奇，他踩着一位位巨人的肩膀搭建起了自己的艺术高楼。古希腊哲学家芝诺把人的知识比做一个圆圈，“圆圈里面是已知的，圆圈外面是未知的。你知道得越多，圆圈也就越大，你不知道的也就越多。”拉斐尔的成功靠的不仅仅是勤奋，更关键的是向优秀的人学习。持续学习，我们才能快速成长。

北方的天才，版画的弘扬者丢勒

北方文艺复兴

15世纪时，欧洲阿尔卑斯山以北也在进行一场文艺复兴运动，因为发生地点位于意大利以北的区域，所以它被称为“北方文艺复兴”。产生与推动文艺复兴运动的两个重要原因是基督教宗教改革与古代经典的兴盛，而恰恰这两个领域里最重要的领袖人物，都生活在意大利以北的地区：马丁·路德在德国，伊拉斯谟在荷兰。这也在一定程度上，对北方文艺复兴及其风格特点产生了重要的影响。而丢勒则是北方文艺复兴最具代表性的艺术家。

阿尔布雷特·丢勒（Albrecht Dürer）于1471年5月21日出生在纽伦堡。父亲老阿尔布雷特·丢勒（那时的人喜欢给孩子取和自己一样的名字）是1455年从匈牙利久拉移民到德国纽伦堡的。

丢勒的祖父与父亲都是从事金属雕刻和制作首饰的匠

人。丢勒是家中的第三个孩子。丢勒的一个兄弟继承了家族传统，成为一名金匠；另一个兄弟，受丢勒的影响，成为一名画家，还曾担任过波兰国王的宫廷画师。

金匠与版画

少年时，丢勒在父亲的金匠作坊里帮忙，在那里接受雕刻工艺的训练，学到了金属雕刻的技巧与绘画的方法。

纽伦堡是当时德国重要而繁荣的城市，印刷出版业发达，是出版中心，出版公司不计其数。1485 年，十四岁的丢勒进入当地最大的沃尔格穆特出版工作室当学徒，系统地学习了版画制作、印刷工艺与出版流程。

丢勒《自画像》27cm × 20cm
银点画 1484 维也纳阿尔贝蒂娜博物馆

现被收藏于维也纳艺术史博物馆、标记为 1484 年的银点画《自画像》是丢勒现存最早的作品，也是他最早的肖像画。这幅作品是他十三岁时绘制的，线条简练，造型精准，构图完整，能看出丢勒在绘画上的禀赋。这种经典的肖像造型，在丢勒未来的多幅自画像中不断出现。

1490 年，丢勒结束了在工作室的学徒生涯，前往莱茵河上游，这次的旅行细节，并没有被记录下来，但可能他去往了荷兰或莱茵河中部，在那里与一些艺术家互相交流学习。1494 年，丢勒与十九岁的艾格妮丝在纽伦堡结婚。

1498 年，二十七岁的丢勒在纽伦堡创办了自己的印刷工作室，并自主构思、创作、出版了一套重要的印刷作品——《启示录》。书中以《约翰启示录》中的十五个寓言故事为蓝本，创作了十六张大幅面的木刻版画，其中的《天启四骑士》是这部作品中最为精彩和著名的一幅，也是丢勒版画的代表作品。

在这期间，他还创作了一些父母与自己的肖像画，现被收藏于英国、意大利、西班牙、德国的美术馆。与同时期其他艺术家的肖像画相比，丢勒的自画像个性突出，令人印象深刻，无论是个人装扮、穿着服饰，还是发型手势、色彩构图，在当时都具有非常大胆的开创性。

1505 年，丢勒第二次去往意大利，开启了自己的艺术朝圣之旅。他在威尼斯逗留了两年，在这里他看到了威尼斯画派最伟大的艺术家提香、乔尔乔内、贝利尼、帕尔马的众多作品。如果说他在纽伦堡认真的学习、勤奋的临摹教会了他基本的绘画理念与真实自然的价值，那么在这里，他感受到了一种意想不到的艺术力量与色彩魅力，还学到很多有关解剖、透视和比例关系的绘画技术，这些对他之后的创作产生了持久的影响。

受一位商人的委托，丢勒为威尼斯圣托洛梅奥大教堂创作了一幅大型祭坛画《玫瑰经的盛宴》，威尼斯画派注重色彩与风景描绘的特点以及对丢勒的影响，在这幅画中显露得淋漓尽致。绚烂缤纷、艳丽饱和的色彩是这幅作品给人的第一印象，中间位置坐着的圣母与跪着的教皇与皇帝，构成了一个稳定的三角形，人群大致均衡的排列在画面两侧，背景山峰树林，田园乡村的风景，让画面上部显得更加空旷，与下半部密集的人群形成对比。丢勒还将自己的形象描绘在了画面中，右侧的树旁，卷发披肩，服饰前卫，手中拿着写有画家独有字母组合符号的纸张。

因为版画的快速传播，丢勒和其版画作品的名声也传遍了整个欧洲。他与包括拉斐尔在内的许多著名艺术家保持了长久的友谊关系与工作联系。

丢勒《玫瑰经的盛宴》162cm×192cm
木板油画 1506 捷克布拉格国家美术馆

皇帝的赞助

1512年，神圣罗马帝国皇帝马克西米利安一世成为丢勒的主要赞助人。他委托丢勒创作了巨幅木刻版画《凯旋门》，这是由一百九十五块独立的木板印制在三十六张大纸上，再拼接而成的，成品尺寸达到了356厘米 ×299厘米，是艺术史上最大的木刻版画。

“神圣罗马帝国”听起来好像很厉害，其实是一个由

丢勒《凯旋门》356cm×299cm
木刻版画 1515 纽约大都会博物馆

数百个小诸侯国所组成、徒有国家之名、松散的政治联盟。马克西米利安虽然是一国之主，但担任这个既不神圣，也不“罗马”，还不怎么帝国的联盟的皇帝，有时也会囊中羞涩，甚至无法按时付报酬给丢勒。但这不影响他成为丢勒最重要的赞助人。在他的宫廷中，艺术家与博学之士是非常受到尊重的，这在当时并不常见。

有一次，马克西米利安来到维也纳圣斯蒂芬大教堂，看见丢勒正站在梯子上绘制壁画，他注意到丢勒的梯子太矮，还不够牢固，于是叫一位贵族为丢勒扶住梯子，但贵族拒绝了，说为匠人服务不是贵族的传统。随后，马克西米利安走到梯子前，亲自为丢勒扶住梯子，并且告诉这位贵族，他随时可以把农民变成贵族，但他永远无法把贵族变成丢勒这样的艺术家。这个小故事足以显示马克西米利安对文化和艺术的尊重，以及对丢勒的珍视。2020 年，圣斯蒂芬大教堂进行修复工作时，专家发现了墙壁上丢勒留下的绘画笔迹，也印证了这则故事的真实性。

1513 年到 1514 年间，丢勒创作了他最著名的三幅版画作品《骑手、死亡和魔鬼》《书房中的圣哲罗姆》和《梅伦科利亚一世》。在这几幅版画作品中，画家倾注了很大的精力，描绘了复杂的图像、精美的细节，以及具有象征意义的符号。乔治·瓦萨里说：“这些作品如此出色，没有比它们更好的版画了。”后来这些作品被广泛复制、传播，对其他艺术家产生了很大的影响。

丢勒《母亲》42cm × 30cm
纸本炭笔 1514 柏林丢勒美术馆

1514 年，丢勒在身患绝症的母亲去世前，为她绘制了一幅炭笔画《母亲》，画中的母亲饱经风霜，因为病痛折磨而消瘦变形的脸庞甚至给人一种恐怖可怕的感觉，但这就是身患绝症的母亲的真实写照。丢勒在他的家族史中说：“这位虔诚的母亲，经常患上大病，遭受过极大的贫困、嘲笑、鄙视、轻蔑的言辞和种种苦难，但她从来没有抱怨过，她死后的样子比生前更可爱。”

纽伦堡的遗产

1519年，丢勒最重要的赞助人马克西米利安一世皇帝去世，他向艺术家许诺的赞助费用，需要继任者查理五世的确认。第二年，丢勒与他的妻子和女仆苏珊娜一起去亚琛，参加查理五世的加冕典礼。他们顺道去了法兰克福、美因茨、安特卫普和科隆，在科隆确认赞助费用后，他们又启程去了荷兰。在荷兰，丢勒受到了热烈的欢迎，王子、大使、学者、主教等都热情地接待了丢勒一行。丢勒看到了很多荷兰的艺术珍品，结识了当地杰出的艺术家，这次旅行让他印象深刻，被他记录在了自己的日记中。

1521年，他返回了纽伦堡，继续从事艺术创作，负责纽伦堡市政厅的建筑设计和装饰工作。当时欧洲最大的壁画和天顶画是由丢勒指导完成的，直到十年后，才被米开朗基罗的西斯廷天顶画超越。虽然经历了战火与动荡，很多作品已不复存在，但还是有两幅木板绘画保存了下来——《四使徒》和《霍尔茨舒赫肖像》，现在收藏于慕尼黑国家博物馆。

1526年，丢勒接受一位富商的委托，创作了《约翰·克里伯格的肖像》。他在一个圆形画框中描绘约翰四十岁时的面容，五官清晰精致，色彩柔和明亮，表现形式非常古意，就像古罗马恺撒的头部雕塑一样。这是丢勒最后的作品。

1528年4月6日，在丢勒的五十七岁生日前，他因病去世。之后被安葬在纽伦堡圣约翰公墓。十一年后，丢勒的妻子去世，他们没有子嗣。

丢勒对木刻版画和铜版画的发展做出了重要的贡献，他将木刻版画从书籍插图的配角中解放出来，赋予了它独立艺术作品的地位，通过细化线条、描绘细节，丢勒创造了更丰富的艺术表现语言，使木刻版画更接近铜版画。

就像米开朗基罗成名后说的，幼年时哺育他的乳汁里，就已经蕴含了雕刻的天赋与大理石的基因，他们深深地烙印在他的血液之中了……丢勒也是如此，他们家族世代继承的金匠手艺，也在他的艺术生涯中烙下了深深的印记，丢勒完善并彻底推进了金属版画的雕刻技术，还与提香、米开朗基罗、拉斐尔一样，发现了版画在传播艺术、提高声誉和创造收入等方面的巨大优势。丢勒之后，版画在欧

丢勒《自画像》67cm×49cm
木板油画 1500 德国慕尼黑国家博物馆

洲迅速地传播开来。

丢勒被称为“自画像之父”，他一生创作了十多幅自画像，画法包括速写、素描、版画和油画，显示了他强大的自信与多角度的自省，引领了艺术家描绘自我形象的风潮。他的作品放到现在都不过时。

丢勒还研究过数学、天文、建筑工程、印刷技术等，出版了绘画教科书、指南针和测量说明书，以及包括有关人体比例和日记在内的众多著作。

丢勒从不满足已获得的知识，极具探索精神，不管是技巧还是哲理，他都会尽全力去发现规律，这正是人生进取的重要之路。

人物评价

丢勒在艺术创作中不断尝试新的技法和表现形式，追求创新和突破，通过学习文艺复兴时期的美术，将其融汇于自己的画风中，开启了北方文艺复兴时期，并对后世产生了深刻影响。他的创新精神提醒我们，应该勇于尝试新事物，不断拓展自己的视野和能力，为未来的成长打下坚实的基础。

奇异的珍珠，巴洛克大师鲁本斯

绮丽的时代

16 世纪末期，欧洲社会的发展、科学的进步、经济的繁荣和物质的充裕，促使人们越来越追求华丽，繁复的视觉感受与感官刺激，一个奢华无比的时代诞生了——巴洛克。巴洛克艺术发展的巅峰是 17 世纪的法国，但“巴洛克”最早起源于葡萄牙语中“barroco”一词，意思是“有瑕疵的、畸形的珍珠”，之后逐步引申为“复杂、奇异、魔法甚至过度的装饰”。本文的主角就诞生于这个奢华绮丽的时代。

1577 年 6 月 28 日，彼得·保罗·鲁本斯（Peter Paul Rubens）出生于现在德国的锡根市。他的父亲扬·鲁本斯是安特卫普的一名法官，母亲玛利亚，是一个有文化的家庭主妇，从之后她用拉丁文给丈夫写的一篇墓志铭来看，她受过很好的教育，具备较高的文化修养。

在安特卫普，鲁本斯接受了文艺复兴的人文主义教育，学习了拉丁文与古典文学。十四岁时，他开始跟随当地的样式主义[1]画家维尔哈希特学习绘画，之后还临摹学习了小汉斯·霍尔拜因和拉斐尔的版画作品。

鲁本斯《自画像》86cm×62cm
布面油画 1623 英国白金汉宫

从14世纪下半叶开始，随着商品经济的发展，欧洲城市中逐渐出现了以行业划分的同业公会，公会的功能有三个：一是对从业者进行身份认定；二是保护从业者利益；三是代政府行使监管的权力。艺术行业也不例外，艺术家只有成为公会会员才能接收学徒与出售画作。1598年，鲁本斯完成了学业，正式进入圣卢克公会，成为一名职业艺术家。

1 样式主义：始于16世纪文艺复兴中后期的一个美术派系。其艺术并未形成统一风格，艺术家都各自有自己的特点，作品既有夸张的手法，又有强调细节的修饰表现，画家更加注重想象力的表达，反对理性、典雅的原则。

亚平宁岁月

1600 年，带着对文艺复兴大师的崇敬之情，鲁本斯前往意大利。他首先来到威尼斯，在这里他看到了提香、委罗内塞和丁托列托的绘画作品，他们画中绚丽的色彩、紧凑的构图、精准的造型对鲁本斯的绘画产生了深远的影响。在曼图亚公国文森佐公爵的资助下，鲁本斯先后在曼图亚、佛罗伦萨和罗马等地学习。在这里，他看到了大量古希腊古罗马时期的雕刻和绘画艺术，并刻苦地临摹学习。他还看到了以达·芬奇、米开朗基罗和拉斐尔为代表的文艺复兴盛期大师们的作品，这些都为他未来的创作打下了坚实的基础。

1603 年，鲁本斯前往西班牙，将文森佐公爵的礼物敬献给西班牙菲利普三世。在西班牙逗留期间，他研究了菲利普三世收藏的拉斐尔和提香的大量画作。这期间，他还为莱马尔公爵弗朗西斯科创作了一幅骑马的肖像。在这段旅程中，他第一次将艺术与外交相结合。从 1606 年到 1608 年，他大部分时间都在罗马。

1608 年，鲁本斯得知母亲生病，急忙从意大利回到了安特卫普。第二年，他被低地国家[1]君主，同时也是西班牙公主的伊莎贝拉任命为宫廷画家，还获得了特别许可，可以将工作室设在自己的家乡。同年，鲁本斯与安特卫普人文主义者扬·布兰特的女儿伊莎贝拉结婚。在安特卫普建立了属于自己的艺术工作室，并招募了众多的学生和助手。

这段时期，鲁本斯在出版工厂朋友的帮助下，制作了大量的版画，并开设了一家版画公司，授权公司在一定区域内，制作销售他的版画作品。他成为最早具有版权意识的艺术家。利用版画制作和印刷品高效传播的方式，鲁本斯迅速在西欧地区取得了巨大的影响力和知名度。

艺术外交官

如果你去法国卢浮宫参观，你会从黎塞留馆走进一个巨大而震撼的展厅，房间的四面墙壁上悬挂着二十一幅高四米、宽三米的组画，另有三幅高四米、宽七米的大型肖像画。整组画以顺时针方向排列，描绘了玛丽·德·美第奇从出生到登上法国王后的人生重要事件，富丽华美，气势恢宏。这个厅被称作美第奇画廊。

1 低地国家：对欧洲西北沿海地区的荷兰、比利时、卢森堡三国的统称。

玛丽·德·美第奇是文艺复兴时最伟大的赞助人。来到巴黎后，玛丽因思念故乡，命人效仿佛罗伦萨的皮蒂宫，修建了卢森堡宫（现法国参议院所在地）。1622年，参与设计卢森堡宫的鲁本斯，接受了王后的委托，创作了这些巨大的绘画。一个人如果想在三年的时间里完成这些描绘精细、总面积近四百平方米的油画，基本是不可能的，所以，这些绘画大部分应该是鲁本斯工作室里的学生和助手们描绘的，鲁本斯则只是亲自描绘了脸部和手部。

鲁本斯《交换公主》394cm×295cm
布面油画 1622—1625 法国卢浮宫

生活中，鲁本斯是一个开朗外向、和蔼可亲、超凡脱俗、极富教养而又活跃健谈的人，他精力之旺盛令人惊叹，这一点不仅体现在绘画创作之中，而且也体现在他对其他各类活动的热衷之中。

在巴黎期间，鲁本斯除了正常的艺术创作以外，还承担着外交与法国政治发展信息收集的工作。他的外交生活非常丰富，他不仅在西班牙和英国宫廷之间奔波，还试图在尼德兰与联合省份之间斡旋，多次以艺术家和外交官的身份出访各国。

他接连被西班牙与英格兰王室封为贵族，还被剑桥大学授予文学硕士学位。从 1628 年到 1629 年，鲁本斯在马德里待了八个月，除了外交谈判之外，他还为西班牙国王菲利普四世绘制了几幅重要的作品。这时候，他结识了西班牙最伟大的艺术家——宫廷画师迭戈·委拉斯开兹，两人还计划一同前往意大利。

1629 年，回到安特卫普之后，鲁本斯创作了《和平与战争的寓言》，并作为礼物送给了英国国王查理一世。这份礼物反映出，通过外交生涯，他对和平的重要性有了切身的体会。

最后的十年

鲁本斯在他人生的最后十年里，没有接受更多的外交工作，是在安特卫普平静地度过的。

1635 年，鲁本斯在安特卫普郊外购买了一处庄园，在那里度过了大部分时间。这时期他创作的风景画《清晨的风景》和《归来的农民》等，反映了他归隐田园、享受自然、不问世事的生活状态和平静的心情。在他晚年的创作中，鲁本斯吸收和借鉴了荷兰画家老彼得·勃鲁盖尔的绘画风格，从他的作品中获取了很多的灵感，比如现被收藏于法国卢浮宫的《乡村节日》。

1640 年 5 月 30 日，患有慢性痛风的鲁本斯最终死于心力衰竭。他去世后被安葬在安特卫普的圣詹姆斯教堂，之后他的第二任妻子和两个孩子也被安葬在这里，在接下来的几个世纪里，大约有八十名鲁本斯家族的后裔被安葬在这座教堂。

鲁本斯的大部分绘画都与他的宗教信仰相关，他描绘了《圣经》与古代的神话故事，将女性描绘为丰满、柔美的样子，将男性描绘为健壮、动感的样子。这与西方的宗教观念密切相关，在西方宗教观中，无论是古希腊罗马神话还是基督教《圣经》，出现的人物大多与神迹或神性相关，而他们是异于人类的，他们具备完美无瑕、不可挑剔的形象，所以需要用这种形式去展示他们的美丽与力量。

鲁本斯《清晨的风景》137cm×235cm　木板油画 1636 英国国家美术馆

鲁本斯《归来的农民》121cm×194cm　木板油画 1637 佛罗伦萨皮蒂宫

鲁本斯《乡村节日》149cm×261cm　木板油画 1635—1638 法国卢浮宫

我们现在再回头看文艺复兴时期的绘画，那时的艺术家从中世纪的宗教桎梏中解放出来，描绘人性的光辉和人文的智慧，画面宁静而优雅，追求含蓄和均衡。到了文艺复兴后期，也就是样式主义时期，艺术家开始描绘稍有变形、略微扭曲的形象，这个风格在米开朗基罗的斯廷天顶画和《最后的审判》壁画中已经初现。到了鲁本斯的巴洛克时期，这种风格进一步发展，人们追求更加动感、华丽的绘画风格，强调光线在画面中的效果，制造一种戏剧性的气氛，追求夸张、动态、透视的艺术效果。巴洛克艺术不仅出现在美术领域，还涵盖了建筑、音乐、文学、家具、服装、设计等几乎所有领域，影响巨大。在巴洛克晚期，人们又倾向在巴洛克风格的基础上，制造一种更华丽、纤细、精致、柔美、女性化的艺术风格，这就是我们常说的“洛可可”。

人物评价

鲁本斯是一位伟大的人文主义画家，正如法国美术史家丹纳所言，鲁本斯的作品之中体现了对生活的热爱，对理想生活的向往和追求。他笔下的画面洋溢着乐观与激情的性格，带给人一种富丽堂皇的感受，拥有鼓舞人心的艺术美感。

黑暗与光明，光影运用的大师伦勃朗

黄金时代

17世纪是荷兰最为辉煌的时候，那时的荷兰，在军事、贸易、金融、科学、航海、艺术等领域是欧洲甚至全球最受赞誉的国家，是当时世界上最重要的经济和海洋强国，那个年代被历史学家们称为“荷兰奇迹”或“荷兰黄金时代”。

1648年，荷兰正式从西班牙的统治中独立出来。当时正是欧洲文艺复兴的鼎盛时期，各个领域的新兴思潮在欧洲遍地开花。而宗教改革的影响，让不同于传统天主教的基督新教拥有了大批的社会底层信众，普通民众更向往摒弃教会权威与腐败、信仰和生活更加自由的基督新教地区。于是，大量的技术工人、手工艺人和新教徒迁移到了新教盛行的欧洲大陆西北部，也就是现在的荷兰、比利时一带。

这些新兴血液的注入，让这个区域拥有了非凡的活力，快速成为欧洲利率最低、识字率最高的地区。同时，技术的发展——大量廉价能源的获取、地图制作者的普及、造船航海技术的进步，使得建造庞大船队、进行全球贸易和利用军事保卫经济利益成为可能。加上在现代企业制度和金融模式上的创举，荷兰一举打败了此前由葡萄牙人和西班牙人垄断的全球贸易系统，成为世界上最强大的国家。

现在的纽约（New York），直译应叫“新约克”（约克是英国中部的一座城市），在英国占领北美之前，这里叫“新阿姆斯特丹”。

伦勃朗，就生活在这样一个欣欣向荣、思潮涌动、商业发达、社会财富和中产阶级剧增的时代。

伦勃朗·哈尔曼松·范·莱因（Rembrandt Harmenszoon van Rijn）1606 年 7 月 15 日出生于荷兰北部莱茵河畔的古老城市，欧洲最著名的科学中心之一 —— 莱顿。

他的出生，让这个家庭又平添了一份“习惯性”的快乐，因为他已经是父母的第九个孩子了。他的父亲范·瑞恩是一名磨坊主，相当于现在的面粉厂厂长，母亲科妮莉业是一个面包师的女儿。

伦勃朗的家庭富裕，条件优渥，他从小衣食无忧，除了在父亲的磨坊里躲躲藏藏，就是和哥哥姐姐们在田野牧场上嬉戏玩耍。父母床头的书引起了他的好奇，书中有趣的历史故事，开启了他童年的想象和最初对世界的认知。

莱顿岁月

伦勃朗八岁时，父母决定让他去莱顿的拉丁学校读书，当时的拉丁学校属于贵族学校，主要教授拉丁语、诗歌、文学以及哲学。伦勃朗在这里第一次接触到了绘画，这激发了他对艺术的极大兴趣。伦勃朗在这里上学上了六年，为自己今后的创作与思考打下了坚实的基础。

十四岁的伦勃朗，结束了拉丁学校的学业，在父母的支持下，进入了欧洲最古老和顶尖的大学之一 —— 莱顿大学继续深造，这里曾走出过十三位诺贝尔奖获得者。在莱顿大学，他跟随曾在意大利学习绘画的斯旺伯格，系统地学习了绘画的技术、创作的方法以及艺术的原理。

哥哥接手了父亲的磨坊工场，这给了伦勃朗自由选择职业的机会。市民阶层的崛起，财富的快速积累，商品经济的发展，让新兴的中产阶级有了旺盛的艺术品需求，艺术赞助人制度也出现了，于是，专门为雇主创作艺术品的手艺人，逐渐有了职业化的趋势。

当时大部分的绘画订单，仍以宗教故事或生活场景为主，伦勃朗早期就创作了不少这样的绘画，从现在流传下来的作品中，能看出伦勃朗展现出的天赋，以及之后“自拍小能手”的潜质！

在伦勃朗的早期绘画中，他会将自己的形象隐藏在作品中，比如这幅伦勃朗十九岁时创作的第一幅油画《圣斯蒂芬的石刑》，他将自己画在两个正举起石头行刑的刽子手之间。据考证，这是已知伦勃朗最早的自画像。

伦勃朗 《圣斯蒂芬的石刑》 89cm×123cm
1625 里昂美术博物馆

在跟随斯旺伯格学习期间，他还学会了蚀刻版画技法，蚀刻版画属于版画的一种，在一块铜或锌板上敷上一层防酸的薄蜡，再用金属尖头的笔，在蜡上作画。作画的过程中，笔尖会把划过的地方的蜡剔掉，露出下面的金属板，当作品完成后，再将这块金属板浸在酸性的溶液中，露出的金属，会被酸腐蚀出凹槽面，取出金属板，将蜡面清理掉，涂上油墨或颜料，将金属板表面擦干净，这样只有凹槽里留有油墨或颜料，再将纸敷在金属板上，用高压强的机器去按压，画面就会转印到纸面上。后来他还成立了属于自己的蚀刻版画工作室。蚀刻技术在当时并不十分普及，但人们可以通过这种技术描绘非常精微的细节，还可以进行大量的复制，是一种高效率但低成本的创作技法与传播手段。

伦勃朗在这一时期展现了他过人的绘画天赋，创作出不少无可争议的杰作。他的版画作品被传播到荷兰以外的许多地方，这让他收获了很高的声誉。可以说，是伦勃朗发扬了蚀刻版画的技术，让这种技术在欧洲广为流传。

1623 年，伦勃朗结束了在斯旺伯格工作室的学习之后，又跟随当时阿姆斯特丹最重要的画家彼得·拉斯特曼学习了六个月，并在此时结识了他人生中的第一位重要人物——康斯坦丁·惠更斯。惠更斯是奥兰治君主弗雷德里克·亨利以及威廉二世的秘书，同时也是一名诗人与作曲家。经由惠更斯的推荐，亨利亲王成为伦勃朗的艺术赞助人，并在此后购买了伦勃朗大量的绘画作品。

阿姆斯特丹

荷兰商品经济的发展，海外贸易的繁荣，让阿姆斯特丹这个昔日的港口城市迅速扩张，成为荷兰新的商业首都。

1631 年，伦勃朗抱着“心有多大，舞台就有多大”的梦想，乘着一只小船，顺莱茵河南下，到达这座繁华之都。

17 世纪欧洲艺术的中心，毫无疑问是罗马、佛罗伦萨、亚平宁半岛，这大师辈出的神圣之地，很多北方的年轻画家，梦想去那里膜拜大师，研习艺术，朝圣先贤。伦勃朗的一生，虽然从未走出过荷兰这片土地，但在跟斯旺伯格和拉斯特曼学习期间，他掌握了老师从意大利带来的古典油画技法、经典艺术理论和拉丁文化传统，这些让他充分理解了绘画艺术的真谛。

伦勃朗绘画最大的魅力和特点在于对光影的运用，犹如在黑暗的剧场之中，或一束侧光，或一束顶光，照射在舞台中演员的脸庞之上，一半面孔显现在光亮中，另一半面孔暗隐在黑暗中，有极具感染力的舞台效果，这也成为后来摄影摄像中的灯光范例。

这种绘画技法有一个专业名词，叫作明暗法，在文艺复兴前期的意大利就被使用过，而伦勃朗则是这种技法的发扬光大者。

伦勃朗在阿姆斯特丹期间，名气迅速蹿升，作品价格也水涨船高，这时他受人委托，创作了当时最大，也最昂贵的一幅作品——《尼古拉斯·杜尔博士的解剖课》，它成为伦勃朗二十六岁时的成名之作。杜尔博士不仅是当地有名的医生，还曾担任阿姆斯特丹的市长，这幅作品后来被挂在阿姆斯特丹外科医生协会的大会议室里，现在收藏于荷兰海牙莫瑞泰斯皇家美术馆。

在阿姆斯特丹，伦勃朗不仅从事绘画创作，还有一份艺术品经销商的工作。他在合伙人乌伦伯格家中，遇到了乌伦伯格的堂妹——漂亮的萨斯基亚，伦勃朗对她一见钟情。1634 年，二十二岁的萨斯基亚嫁给了二十八岁的伦勃朗，萨斯基亚成为这一阶段伦勃朗油画和版画中经常出现的女神。萨斯基亚的父亲原是弗里斯兰的市长兼法官，这桩婚姻也给伦勃朗贴上了新贵族身份的标签。

很多重要的人物，都希望能由伦勃朗来绘制他们的肖像，伦勃朗也尽力用他的才华来满足这些客户的需求。他这时期的作品极其精细，人物的每一个细节都被他精准地展现出来。他之所以能超越同时代的画家，是凭借其敏锐的洞察力和高超的绘画技巧，将人物的形象、情感、品质甚至内心，都栩栩如生地表现在画布上。

伦勃朗除了接受订单，还在工作室中招募学生，事实证明，他不光是个好画家，还是一位非常开明的老师，他将自己的绘画技巧和艺术探索都毫无保留地传授给了学生们。

处于艺术事业巅峰的伦勃朗还是一位赫赫有名的收藏家，他买了很多古罗马大理石雕塑、日本武士铠甲、名贵标本以及达·芬奇、米开朗基罗、卡拉瓦乔等大师们的作品，据说有七千幅之多。

1639 年，三十三岁的伦勃朗觉得自己的工作室太小，于是贷款 13000 荷兰盾（在当时是一笔巨款），在阿姆斯特丹高档区购买了一栋豪华房屋，而这却成为他之后一系列麻烦的源头……

夜巡

1640 年，三十四岁的伦勃朗受弗兰斯·科克上尉和他

伦勃朗 《夜巡》 380cm × 454cm
1642 阿姆斯特丹国立博物馆

的十七名公民卫队成员委托，创作了他一生中，也是荷兰黄金时代最伟大的绘画作品——《夜巡》。

当时的荷兰变成了富裕市民的社交俱乐部，有钱有闲的他们热衷于请艺术家为自己画像，以此来彰显武功与荣耀。在 16 至 17 世纪，这种公民卫队的群体肖像画成为一种独立的绘画流派，随着荷兰的绘画从精神题材转向世俗题材，艺术家们也非常乐意接受这些富有行会的作品委托。

《夜巡》高三百八十厘米，宽四百五十四厘米，描绘了科克上尉和他的副手带领公民卫队即将出征时的场景，画中的人物和真人一般大小。

伦勃朗并没有采用其他艺术家创作群体画时，将每个成员都大体平均描绘的方式，而是采用近乎剧场舞台效果的形式，将画中人物安排得错落有致，动感十足，好像是摄影师在不经意间抓拍的一张照片。

画面中间是穿着黑衣的科克上尉和身着黄色服饰的副手，上尉似乎正在下达命令，两人的左侧和身后，分别有三名正在准备火绳枪的士兵，背后的高处，有一名举着旗帜的队员，最右侧是卫队中的鼓手，正在为出征鼓舞士气。

但是，上尉左侧出现了一个身着明亮黄色衣裙、正在迈步行进的金发女孩儿，让人觉得不合常理。仔细看画面，我们发现，女孩儿的腰间倒挂着一只白色的死鸡。这其实是伦勃朗用一种符号植入的方式，展现了公民卫队的传统：女孩儿代表了光明与真理，她腰间的鸡爪代表了火绳枪手的图案，死鸡也意味着被击败的对手，而黄色通常与胜利有关。

1642 年，在伦勃朗画完之后，这幅画还引起了不小的争议。由于作品是公民卫队众筹的产物，因此科克上尉和他的十七名队员，平均每人出资 100 荷兰盾，总共付给了伦勃朗 1600 荷兰盾（除去其他费用 200 荷兰盾），这在当时可是一笔不小的数目。但伦勃朗在画中使用了有主次、有远近、有大小，并带有景深的画法，这样就不能保证每个人物都能同样清晰地被描绘在画面中，因此造成了民兵的不满，要求重画，但伦勃朗并没有答应，为此他受到许多的攻击及疏远。

这幅作品现被收藏于荷兰的阿姆斯特丹国立博物馆，是重要的镇馆之宝。

黑暗与光明

1640 年，对伦勃朗来说，是悲惨的一年，这一年他的第二个女儿出生，但仅仅活了一个多月就不幸夭折了。这一年的 9 月，伦勃朗的母亲也撒手人寰。妻子萨斯基亚和儿子提图斯重病几个月，也没有完全康复，两年后，妻子病逝。亲人的接连离去，让伦勃朗心灰意冷，没有了往日的风光与意气。

伦勃朗的艺术赞助人也不断减少，但他并不妥协，不迎合客户，也不打算向任何人让步，坚守自己作为艺术家的自由与尊严，他开始描绘代表自己内心人物与场景的图像，他要捕捉人类最细微真挚的情感。

伦勃朗冒着极大风险，将自己定义为一名独立艺术家，要知道，“独立艺术家”的概念是现代艺术中才出现的，从这个意义上讲，伦勃朗可以说是现代艺术的先驱。

但是，他的自由是要付出代价的。在客户逐渐抛弃他之后，极少有人再购买他的作品，他的收入因此骤降，因而无法偿还前些年购买房产的巨额贷款了。

五十岁的伦勃朗，失意地搬出了他那曾经门庭若市的豪华工作室。负债累累的他，还差一点儿因债务问题被送进监狱。为避免入狱，他将所有的财产，包括房屋、收藏品、自己的绘画全部变卖或拍卖，用于还债。他搬到了阿姆斯特丹郊区一条运河边的小房子里居住，并在那里度过了余生。

1662 年，伦勃朗接受委托，创作了一生中最后一幅大型作品《市政官》。这幅作品描绘了制衣行业会官员们的肖像。他艺术的成熟，在画面中发挥得淋漓尽致，这幅作品被称为“最后一幅伟大的集体肖像”，现在收藏于阿姆斯特丹国立博物馆。

伦勃朗《市政官》192cm×279cm
1662 阿姆斯特丹国立博物馆

1668年，伦勃朗唯一的儿子提图斯去世。

一年后，1669年10月4日，六十三岁的伦勃朗去世。

伦勃朗去世后，被埋葬在阿姆斯特丹市中心的韦斯特克尔克教堂。二十年后，他的遗体被带走销毁。这是当时对穷人遗体处理的惯例。现在教堂北墙上有一枚纪念伦勃朗的标识。

如今，我们可以通过伦勃朗留下的大量自画像，体悟他跌宕起伏的坎坷人生。伦勃朗虽然拥有和享受过金钱带来的愉悦、声望带来的荣耀，但终究还是失去了这一切。

可他给这个世界留下了非凡的精神财富，现在看来，只有这些才是永恒不朽的。

人物评价

伦勃朗一生痴迷于描绘自己周围的世界。荷兰皇家博物馆馆长塔科·迪比茨说：“如果没有伦勃朗，我们可能还在描绘诸神或者古老的故事。伦勃朗让不同寻常的故事变得寻常，让寻常事务变得不同寻常。”伦勃朗的作品是他的生命力的体现，是他对生活的深刻理解和热爱。

动荡的理性，新古典主义大师
雅克-路易·大卫

新古典主义时代

绘画艺术从优雅含蓄的文艺复兴，发展到华丽繁复的巴洛克，再到追求柔媚精巧的洛可可，经过了四百多年的时间。从对人价值与尊严的肯定，到人性欲望和物质生活的极速膨胀，人们可能在更关注本身物欲需求的同时，渐渐淡忘了精神上应有的纯净与高尚。

18世纪，在意大利南部，相继发现了赫库兰尼姆与庞贝这两座被维苏威火山灰掩埋了1700年之久的古罗马城市。这两座古城的发掘使整个欧洲有了收藏古代艺术品的风潮。德国考古学家和艺术史家温克尔曼对这两座城市做了详尽透彻的研究，并且出版了《古代艺术史》一书，这在欧洲掀起了一阵旋风。以温克尔曼为代表的学者认为，无限追求华丽繁缛的巴洛克、洛可可风格，是浮夸和堕落的，古希腊、古罗马追求平衡克制，只有完美简单的文化艺术，才是理智与永恒的。

这个时期又恰逢欧洲启蒙运动肇始，在多种因素的作用下，一个崇尚复兴古代经典，提倡理性内敛美学的新古典主义时代开启了。

1748 年 8 月 30 日，雅克 - 路易·大卫出生在巴黎的一个富裕家庭，父亲路易·莫里斯·大卫是一名商人，母亲出身于一个泥瓦匠家庭，是著名洛可可风格画家弗朗索瓦·布歇的堂妹。父亲在大卫九岁时去世，母亲将大卫托付给了他的建筑师叔叔，叔叔将他送到巴黎大学四国学院接受教育。大卫出生后不久，左脸长出一个肿瘤，严重影响了他的讲话功能，可能因为自卑，他不大与人交流，总是将全部精力放在写写画画上。他曾经说："我在学校时总是躲在老师的椅子后面，在上课的时候偷偷画画。"

大卫在绘画中得到了巨大的快乐，由此渴望成为一名画家，但他的叔叔和母亲则希望他成为一名建筑师，大卫不顾长辈反对，入学卢浮宫的法国皇家美术学院。这个学院每年都会授予杰出学生一项特殊的奖励——"罗马大奖"，资助他们在罗马逗留三到五年，为他们提供亲身研究古代遗迹和意大利文艺复兴大师作品的机会，这样的机会是大卫梦寐以求的。然而入学后连续两年，大卫都与大奖失之交臂，他甚至绝食以示抗议，但在老师的鼓励下，他重新拿起了画笔，最终在1774年，他凭借《安条克的病因》拿下了心驰神往的“罗马大奖”，并在第二年，与刚被任命为罗马法兰西学院院长的约瑟夫·维恩一起前往意大利。

到意大利后，大卫主要研究了17世纪大师普桑、卡拉瓦乔、卡拉奇的作品，还结识了新古典主义绘画的先驱德

大卫《安条克的病因》120cm×155cm
布面油画 1774 巴黎美术学院

国画家拉斐尔·蒙斯，蒙斯对古典主题的绘画原则和历史研究的方法论深刻影响了大卫。大卫还参观了赫库兰尼姆与庞贝古城遗址，古罗马辉煌精湛的文化艺术，更坚定了大卫的信念，即古典文化的持久与永恒是艺术创作的最高追求。在罗马、佛罗伦萨、博洛尼亚、那不勒斯游学期间，当然少不了对文艺复兴大师的膜拜，他刻苦研究了那个时期的绘画与雕刻，拉斐尔的作品给他留下了深刻印象。

大卫抵达意大利后，孜孜不倦地研究古代经典的艺术，尽可能地接近温克尔曼定义的“艺术目标”。1778 年，大卫创作了一幅大型画作《帕特罗克罗斯的葬礼》，这幅作品追求希腊绘画的纯净，但保留了一定的巴洛克风格，还带有一些法兰西的味道，作品完成后，受到学院师生的赞誉。

1780 年，大卫回到了巴黎，他给学院寄送了两幅作品，都被收入第二年的巴黎沙龙中，这在当时是一项崇高的荣誉。之后，国王特许大卫在卢浮宫中居住工作，大卫在巴黎建立了自己的独立工作室。

革命的旋涡

在 18 世纪 80 年代的法国，由于民众对教权与皇权的不满、启蒙运动思想的传播和资产阶级的迅速兴起，路易十六的帝国处于“山雨欲来风满楼”的境况。因此皇室鼓励艺术家创作忠于皇权题材的作品，大卫作为路易十六特许驻留在卢浮宫的画家，当然也不例外。

受古罗马历史学家提图斯·李维乌斯《罗马史》中一则故事的启发，大卫创作了第一幅新古典主义风格的作品——《霍拉蒂的誓言》。

公元前7世纪，古罗马城邦与阿尔贝城邦发生争战，持续多年没有结果，最后双方决定从各自城邦中选出三名勇士进行决斗，最后一名未死的战士属于哪方，哪方就获胜，吞并对方。赫拉斯是罗马具有很高声望的家族，这个重任落到了家族三个兄弟的身上，而对方则选中了居里亚斯兄弟，这是一个特别不幸的消息，虽然这两个家族分属两个城邦，但私下有很深的联姻关系。画面中，果敢而坚毅的三个兄弟举起右臂，向父亲宣誓，身着红袍的父亲授予他们决斗的利剑，而右侧的姐妹们正在哭泣，因为决斗场上，一边是自己的兄弟，一边是自己的丈夫，无论谁获胜，对她们来说都是一个悲伤的结果。

画中被淡化的背景，静态的场景，重叠的人物，清晰的轮廓和细节，多采用直线传达力量的物体，以及中心拿

大卫《霍拉蒂的誓言》275cm×203cm
布面油画 1783 法国卢浮宫

着利剑双手的视觉灭点，都区别于多用曲线和纤细笔触的巴洛克、洛可可风格绘画。作品不仅描绘了一个道德高尚的故事，也提倡公民义务高于个人利益，反映了启蒙时代和新古典理想主义的价值观。

1787 年，大卫受自由派贵族特鲁丹的委托，创作《苏格拉底之死》。

大卫 《苏格拉底之死》 130cm×196cm
布面油画 1787 美国大都会博物馆

在古希腊哲学家柏拉图的《斐多》一书中，记录了柏拉图的老师苏格拉底因政府判定他腐蚀雅典青年和引入异神，而被判死刑，他的学生觉得判他有罪是不正义的，为他打通了关系，让老师从狱中逃走，但这被苏格拉底拒绝："如果我逃走了，法律得不到遵守，就会失去权威，正义也就不复存在。"这是一个智者用生命诠释法律权威的故事，尽管有时法律可能并不公正。

但据有些学者考证，苏格拉底死前，学生问老师还有什么话要交代，苏格拉底想了想，举起手说：“我还欠邻居一只公鸡，一直没有还给他，请转告我的家人，让他们务必代我还掉……”大卫在当年的巴黎沙龙上首次展示了这幅作品，受到了很高的赞誉，甚至有评论家将它和米开朗基罗的西斯廷天顶画和拉斐尔的《雅典学院》相提并论。

因法国王室和政府没能有效地处理经济萧条、国际债务、物价高涨、人口快速增长、失业率居高不下等社会经济问题，加上高额的税制和统治精英对改革的抵触，导致大批抗议者走上街头，攻占了巴士底狱，进而导致一系列激进的政策，包括废除封建制度、扩大投票权与控制天主教会等，巴黎发生了震惊世界的——法国大革命。

起初，大卫作为法国革命的支持者，与激进的雅各宾派领导人罗伯斯庇尔建立了友谊，并成为当时具有很大政治影响力的雅各宾俱乐部成员。大卫有着善变的情绪、炙热的情感、反叛的精神和对艺术的敏感，这些让他热衷反对旧有的秩序，打破既定的规则。

1789 年，大卫开始创作饱含革命激情的画作《网球场誓言》。当年 5 月，主要由平民组成的三级会议召开，讨

大卫《网球场誓言》66cm×101cm
布面油画 1791 法国凡尔赛宫

论君主制改革问题，当6月再次召开会议时，与会人员发现他们被锁在了会议厅外，于是被迫转移到一座室内网球场召开，在会上，他们做出“永不分离的庄严宣誓”，誓词中摒弃王权与现有制度，被视为民族团结反对旧政权的象征。这个事件标志着人类历史和意识形态的新转变，进而形成了雅各宾派。这幅画记录的就是这样一个重要事件。

在大卫的计划中，这幅作品尺幅巨大，长十米，宽七米，画中将描绘几百个真人大小的人物，但耗资昂贵，为了寻求额外的资金，他们采用了众筹的方式，最终因为筹集的资金不足和政局动荡，该计划也宣告流产。

1792 年，激进的雅各宾派政府签署了处决国王路易十六的命令，大卫也在签字者行列，第二年，路易十六和王后被送上断头台。

1793 年 7 月 13 日，大卫的朋友，雅各宾派领导人，法国革命的领袖保罗·马拉被谋杀。马拉患有一种皮肤病，非常痒，只有在水中的时候才会缓解，所以在家中时，他都会泡在浴缸里办公，而刺杀就是在这时候发生的。大卫完成了这幅法国大革命期间最著名，也是大卫最被熟知的画作——《马拉之死》，它成为新古典主义的不朽之作，这幅作品被称为革命的《圣殇》——与米开朗基罗的雕塑同名。

大革命时期的法国，政治动荡，朝不保夕，很快，热月党人发动政变，推翻了雅各宾党专政，并将罗伯斯庇尔处死，这也标志着雅各宾派激进恐怖的统治宣告结束。作为雅各宾派的重要成员，大卫也两次入狱，这期间他都在巴黎的卢森堡宫服刑。

大卫《马拉之死》162cm×128cm

布面油画 1793 比利时皇家美术博物馆

帝国的画师

1799年，拿破仑发动雾月政变，成功掌握了帝国。为了纪念自己勇敢地穿越阿尔卑斯山，在马伦戈战役中成功突袭了奥地利军队并赢得胜利，他委托大卫创作一幅自己的肖像。大卫将拿破仑描绘为骑着骏马、指挥千军万马的英勇将领，威风凛凛，气宇轩昂，背景是阿尔卑斯高耸的雪山。尽管实际情况是——拿破仑骑着一头疲惫不堪的骡子，艰难地越过圣伯纳德山口。

大卫《拿破仑跨越阿尔卑斯山》261cm×221cm
布面油画 1801 法国马尔迈松城堡

这幅画

成为拿破仑的第一幅官方肖像，并通过版画的方式大量传播，成为最著名的拿破仑画像。在这之后，大卫被任命为宫廷画师，成为“帝国第一画家”。

1804 年 12 月 2 日，拿破仑的皇帝加冕典礼在巴黎圣母院举行，教皇庇护七世在这个仪式上，将象征皇权的皇冠戴在拿破仑头上，拿破仑正式称帝。为了纪念这一历史性的时刻，拿破仑又委托大卫创作了《拿破仑加冕礼》。

大卫《拿破仑加冕礼》621cm×979cm
布面油画 1805—1807 法国卢浮宫

当你走进卢浮宫的大画廊展厅后，一定会被这幅作品的气势恢宏所震惊，约高六米、宽十米的巨大尺幅，让它成为卢浮宫最大的绘画作品之一，画面中描绘了几百个人物，处于中心位置的是手持王冠的拿破仑，与跪着接受加冕的皇后约瑟芬，庇护七世与红衣主教们在拿破仑身后的祭坛中央，他们周围站立着众多贵族与礼兵，巴黎圣母院内巨大的空间，让众人显得渺小，突出君权神授的权威。《拿破仑加冕礼》总共绘制了两幅，一幅被收藏于法国卢浮宫，另一幅被收藏于巴黎凡尔赛宫，画面和尺寸稍有不同，去这两个地方都可以看到。

大卫还为拿破仑和其他皇室成员，绘制了几幅肖像和历史画，比如《拿破仑在杜伊勒宫》《波拿巴姐妹》和《分发鹰旗》等。拿破仑掌权期间，大卫被授予荣誉骑士勋章，并被晋升为荣誉军团指挥官。

放逐的岁月

政治的游戏总是云诡波谲、变幻莫测的。

1815 年，拿破仑在滑铁卢战役中惨败，在经历了两次逃亡与复位后，波旁王朝复辟，路易家族又重新掌握了帝国的权力。因为二十三年前签署过处决路易十六的文件，大卫被列入包含革命者和拿破仑追随者的黑名单。但路易十八的继位，让大卫看到了曙光，国王不光赦免了大卫，甚至为他提供了宫廷画家的职位。不过，政治的诡异、权力的跌宕、人生的起伏，让大卫认识到这一切只是过眼烟云，稍纵即逝，他不再贪恋权力与荣耀带来的享受与快乐，拒绝了国王的邀请。

1816 年 1 月，国王签署了大赦法案，大卫在将工作室托付给学生格罗斯之后，离开了法国，两个月后，他被皇家美术学院除名。大卫将自己流放到比利时布鲁塞尔。

在布鲁塞尔，大卫将所有精力用在艺术上，他看到了荷兰与佛兰德斯大师们的作品，激动不已，这也使他的色彩风格发生了变化。这期间，他画了大量和自己一样的流亡者与比利时名人的肖像，还为索马里瓦伯爵创作了《丘比特与普塞克》。

七十五岁那年，大卫创作一幅三米多高的历史画《解除武装的战神》，在一个犹如梦境般的超现实环境中，一座古罗马建筑飘浮在云端，维纳斯和丘比特，以及三位优雅的女神，正卸下画中男子的武器，战神马尔斯屈服于维纳斯的魅力，心甘情愿地解除了自己的武装。这是大卫最后一幅重要的作品，具有讽刺意味的是，这幅带有挑衅性的作品，在巴黎展出时，画家正在被流放，而古典主义的锋芒已经渐渐褪去，浪漫主义正在艺术沙龙中大行其道。

完成这幅作品后不久，大卫在路上被马车撞倒，之后又遭遇中风，双手瘫痪，不能再作画。1825 年 12 月 29 日，他在布鲁塞尔的家中去世，五个月后，妻子夏洛特也随他而去。

因为弑君，大卫被禁止葬回巴黎，他被埋葬在了异乡布鲁塞尔，墓前竖着一座简陋而破旧的方尖碑，看不出生前的风光，但据说他的心脏和妻子一起，回到了魂牵梦绕的故乡法兰西——葬在巴黎拉雪兹公墓。

人物评价

大卫记录了 18 和 19 世纪之交的一段历史，他密切关注艺术、政治与个体的联系，深沉地爱着自己的祖国，以画布为反封建的武器，他曾说：“艺术必须有益于全体民众的幸福与教化，艺术必须向广大民众揭示市民的美德和勇气。”

自由与浪漫，浪漫主义领袖
德拉克洛瓦

浪漫的开端

16 至 19 世纪的欧洲，正是经济发展迅速，社会变化飞快，观念不断更新的时期，法国大革命与启蒙运动是这一时期的重要事件。当一些人提倡理性克制的新古典主义时，另一些人却关注个人情感，追求自然，怀疑科学与工业，甚至反对启蒙运动，继而在文学、音乐、建筑、舞蹈、绘画等领域，产生了影响深远的浪漫主义运动。“浪漫主义”这个词，听起来好像与爱情和幻想有关，但它其实是个人主义对权威的批判，是与命运抗争的体现。

本章的主人公就出生在这个古典与浪漫相互影响的时代。

费迪南德·维克多·欧仁·德拉克洛瓦（Ferdinand Victor Eugène Delacroix）1798 年 4 月 26 日出生于巴黎东南郊的圣莫里斯，是家中的第四个孩子，父亲查尔斯 - 弗朗西斯·德拉克洛瓦做过律师、大使、省长，还在法国大革命时期担任过外交部长，算是个有影响力的政治人物。母亲是知名橱柜制造商欧本的女儿。他还有一个哥哥、一个姐姐，哥哥是一名军人，享有荣誉元帅的军衔，姐姐嫁给了一名瑞典外交官。父亲有地位，母亲有财富，德拉克洛瓦算是出生在一个相当不错的家庭。

父亲去世时，德拉克洛瓦只有七岁，母亲带着他离开了波尔多，前往巴黎。从 1806 年到 1815 年，德拉克洛瓦就读于巴黎一所精英学校，学习了希腊和拉丁语，并读了贺拉斯、维吉尔等人的罗马古代哲学著作，科尔内耶、伏尔泰等人的法国当代经典著作，还接受了音乐与美术训练。

1815 年，德拉克洛瓦的叔叔将他带到新古典主义画家盖兰的工作室学习绘画。在工作室里，还遇见了比他大 7 岁的西奥多·籍里柯，这位英年早逝的画家，将深刻影响德拉克洛瓦的艺术生涯。

德拉克洛瓦还跟随一名业余画家学习了水彩和水粉画技巧，并且去往英国，参与了歌德、莎士比亚的歌剧改编工作，这些与文学、历史和宗教相关的经历，也为他之后的创作打下了基础。

德拉克洛瓦的第一个目标，是要在 1822 年巴黎沙龙展上崭露头角。他选择了但丁《神曲·地狱》第八章中的一个篇章：但丁越过地狱之门后，需要乘独木舟渡过冥河，天空浓烟滚滚，河中罪魂狰狞，但丁由地狱之行的引领者——古罗马哲人维吉尔引导渡过冥河，去往地狱第二层……

德拉克洛瓦 《但丁之舟》 189cm×246cm
布面油画 1822 法国卢浮宫

左侧戴着红色头巾的就是但丁，被地狱的景象吓得手足无措。画面中心头戴月桂花冠，身着褐色长袍的是引领者维吉尔，正在安慰但丁。右侧船头裹着蓝布的船夫，用力地划着船，想尽快渡过这恐怖的冥河，船下赤身裸体的罪恶鬼魂扭动身体，丑态尽显。在沙龙展上，《但丁之舟》引起了轰动，受到官方关注，并且在展览之后，皇家博物馆还以两千法郎的价格，买下了这幅作品，德拉克洛瓦光彩照人的艺术人生从此开启了。

自由引导人民

当德拉克洛瓦正在创作《但丁之舟》的时候，在欧洲文明发源地的爱琴海，发生了一件骇人听闻的屠杀事件，奥斯曼军队对爱琴海北部的希俄斯岛发动军事袭击，造成两万名希腊岛民死亡，并把七万名幸存者绑架为奴隶。

和籍里柯创作《梅杜萨之筏》时的心情相同，德拉克洛瓦深受这次事件的震惊，在事发第二年创作了《希俄斯大屠杀》，画中土耳其士兵华丽的着装、锋利的弯刀、蔑视的目光，与岛民残破的衣裙、伤心的神情、恐惧的眼神形成鲜明对比，画面构图受到《梅杜萨之筏》的启发，画家将人物排列为左右两个人体金字塔结构，让画面更具稳定感。这幅画还入选了 1824 年的巴黎沙龙展。

可能因为法国大革命深入人心，艺术家们变得更关注各地人民的悲惨命运。那时的奥斯曼土耳其帝国已经摇摇欲坠，各地的民族起义不断，为了维持统治，奥斯曼军队不停地镇压独立运动。德拉克洛瓦紧接着创作了第二幅同类型的作品《米索隆吉废墟上的希腊》，1825 年奥斯曼军队占领了希腊西部城市米索隆吉，刚毅的希腊人宁愿选择自杀并摧毁他们的家园，也决不向土耳其人投降，这是希腊人反对奥斯曼专制统治、崇尚自由的纪念碑。德拉克洛瓦如此关注这个事件，不仅因为他同情希腊人，还因为他非常钦佩的英国浪漫主义诗人拜伦，就死在抵抗土耳其人的米索隆吉战役中。

1825 年，德拉克洛瓦去英国旅行，拜访了英国画家托马斯·劳伦斯和博宁顿，他研究了英国绘画中使用色彩以及肖像画的技法，还开始制作歌德《浮世德》书中的石版画插图。

1830 年 7 月，法国国王查理十世颁布法令，解散众议院，取缔新闻自由，将中产阶级排除在选举之外，引起了民众的强烈不满。继 1789 年法国大革命之后的另一场大规模革命运动发生了。革命的直接后果是推翻了国王查理十世，建立了君主立宪制，以人民主权原则取代世袭权利原则，波旁王朝再次覆灭，由旁系分支奥尔良家族的路易·菲利普继位。

德拉克洛瓦受革命氛围感染，为纪念推翻国王查理十世的七月革命，创作了这幅代表浪漫主义的绘画——《自由引导人民》。画面中，一位头戴弗里吉亚帽（也称自由帽）的人民妇女代表，一手拿着带有刺刀的长枪，一手举着象征法国大革命“自由、民主、博爱”理念的红白蓝三色旗带领各阶层人群，越过路障和阵亡者的尸体，冲向自由的场景。身旁的战士来自不同社会阶层，左侧戴礼帽的年轻人代表了资产阶级，戴着传统双角帽的劳动者代表了城市工人阶层，右侧拿着手枪的男孩代表了学生阶层，他们眼中流露出坚定无畏的目光，这位妇女也被视为法兰西共和国及追求自由平等的象征——“自由女神”。

作品引起了轩然大波，1831 年，法国政府以三千法郎的价格购买了这幅画，打算将其展示在卢森堡宫王座厅，以纪念革命，但这个计划没有实现，在卢森堡宫画廊里悬挂了几个月后，由于其煽动性的画面而被取下。1832 年 6 月起义后，它被归还给了艺术家。德拉克洛瓦将这幅画寄给了姨妈费利西蒂暂时保管。1848 年，法兰西第二共和国成立后，这幅画曾被短暂展出。1855 年，观众再次在巴黎沙龙上看到了这幅作品。1874 年，它被国家收藏，现在法国卢浮宫永久展出。

北非之旅

1831 年，德拉克洛瓦陪同新国王的特使莫奈伯爵出使摩洛哥，这次访问历时七个月，画家去往了西班牙安达卢西亚、北非的摩洛哥和阿尔及利亚，异域的风景、宗教与建筑，犹太人、柏柏尔人、阿拉伯人迥异的习俗与服饰，让画家进入了一个陌生但充满磁力的世界，他不知疲倦地记笔记、画素描、绘水彩，这些构成了他“北非发现之旅”的七本旅行日记，现在还保存有四本。这次旅行对德拉克洛瓦产生了深远的影响，从了解异域风情、提升绘画技术到开阔美学眼界。

从北非返回后，德拉克洛瓦受参观阿尔及尔戴伊后宫的灵感启发，创作了《在房中的阿尔及尔妇女》，画布上描绘了三位年轻的女性，身着绣花柔软的室内服装，懒散地或坐或半躺在地毯上，地板上摆着阿拉伯地区特有的水烟筒，左侧窗户透着的柔和阳光照在慵懒的女孩身上，右侧身穿蓝色短夹克的黑人女仆正准备离开，墙上挂着阿拉伯语“穆罕默德·拉苏尔·阿拉”字样的蓝白色陶板。东方宫女的妖娆，北部非洲的风情，阿拉伯式的装潢，让这幅作品成为融合东方主义与浪漫主义的典范之作，1834 年

德拉克洛瓦《在房中的阿尔及尔妇女》180cm×229cm
布面油画 1834 法国卢浮宫

在巴黎沙龙展出后，在法国刮起了一阵东方旋风。

德拉克洛瓦是一个对新鲜领域时刻好奇的艺术家，从莎士比亚、拜伦的诗歌戏剧，到贝多芬、肖邦的交响乐曲，再到米开朗基罗、拉斐尔的雕塑绘画，他从各式各样能激发他创作灵感的地方汲取情感与养分。

德拉克洛瓦也向他人输送养分，《自由引导人民》中右侧拿着手枪的男孩儿，成了法国大文豪维克多·雨果创作《悲惨世界》的灵感来源，他们在互通信件时，德拉克洛瓦称赞雨果“如果您决心当画家，将成为这个世纪最优秀的画家”，一位德拉克洛瓦的崇拜者则称他为“绘画界的维克多·雨果”。

最后的战斗

如果没有私人收藏家的购买，艺术家的职业生涯是否成功很大程度上取决于官方的委托。德拉克洛瓦的社交活动稠密，频繁地出席时尚、商界以及政界的应酬活动，当然也得益于媒体和评论家的共同支持。

但德拉克洛瓦的艺术成就，到很晚才被官方背景的学术界认可，因为那时候，新古典主义风格才是主流意识形态所重视的。1855 年在巴黎举办的世界博览会上，德拉克洛瓦与新古典主义大师安格尔一起举办了作品展，安格尔展出了四十幅作品，德拉克洛瓦展出三十五幅作品，这一年，德拉克洛瓦五十七岁，安格尔七十五岁。在博览会上，德拉克洛瓦获得了荣誉勋章，并被任命为荣誉军团指挥官。直到 1857 年，他才被选入七次申请都未成功、在学术界举足轻重的法兰西学院。

1863 年 7 月，德拉克洛瓦病重住院，在他意识到自己病情严重后，写下了遗嘱，给每个朋友留下了最后一份礼物，为陪伴自己最后岁月的保姆兼管家珍妮留了一笔可观的财产。8 月 13 日，德拉克洛瓦在珍妮的陪伴下，走完了他的一生，无妻无子，死后被安葬在埋有肖邦、籍里柯、巴尔扎克等好友的巴黎拉雪兹公墓。

由籍里柯作为先驱、被德拉克洛瓦推至巅峰的浪漫主义绘画，激发了后世许多艺术家创作的灵感。浪漫主义对个人情感的抒发，对自由平等的宣扬，对社会现实的正视，对光明理想的歌颂，深刻影响了之后的印象主义艺术家：马奈、惠斯勒、塞尚、莫奈以及凡·高……

亨利·拉图尔《向德拉克洛瓦致敬》160cm×250cm
布面油画 1864 法国奥赛美术馆

人物评价

德拉克洛瓦是一位极具正义感和人道主义精神的浪漫主义画家。他以充满激情的表现手法，传达出对正义的强烈呼喊，同时也反映出当时人们对于民族独立、民主与平等的追求。他的作品在人类绘画史上留下了极其光辉的一页。

走向现代之路，“印象派的灯塔”克劳德·莫奈

文朋画友

19 世纪中叶对艺术家来说，有两件重要的事情。

第一件事，1848 年，“拿破仑三世”——拿破仑的侄子路易 - 拿破仑·波拿巴掌握了法国的政权。他少年时流亡国外，伦敦宽阔的街道、发达的下水设施、空旷的广场和大型公园，给他留下了深刻的印象，他宣称：“巴黎是法国的心脏。要努力美化这座伟大的城市。”之后他任命豪斯曼为改造巴黎的负责人，改造巴黎的工作一直持续到了 1927 年。今天我们所看到的巴黎市中心样貌，就是拿破仑三世巴黎大改造的成果。而之前的巴黎，则是像巴尔扎克和雨果小说中描述的那样，满城狭窄蜿蜒的胡同小道，满街肮脏恶臭的排泄废水。

第二件事，1838 年的某天清晨，路易·达盖尔在自己

工作室的窗口，架起了一台笨重而奇怪的机器，机器的小孔对着窗外的圣殿大道照了十分钟后，大道两旁的房屋树木，天空中明亮的日光，街边拐角一个擦鞋匠和他的顾客，都被真实地记录在了一块银板上——伟大的摄影术诞生了！摄影技术的发明与普及，对绘画艺术有着深刻的影响，也可以说是巨大的冲击。写实绘画在当时有一个很大的作用就是用来记录现实，也就是“手绘版摄影”，而这种能在瞬间高效准确记录真实影像的技术，让画家们颇显尴尬，好像绘画的作用突然被一个奇怪的木盒子取代，这引起了他们的极度不安与忐忑。但历史总是以它的方式在继续。

1840 年 11 月 14 日，奥斯卡 - 克劳德·莫奈（Oscar-Claude Monet）生于巴黎，他是克劳德·阿道夫·莫奈和路易斯·奥布里的第二个孩子，父亲是一位商人，母亲是一名歌手。他五岁时，他们全家搬到了法国北部的海边城市勒阿弗尔，七岁时进入了勒阿弗尔艺术学校学习，十五岁时就开始为熟人画肖像赚取零花钱了。

父亲希望莫奈能继承家族船舶运输和贩卖杂货的事业，但莫奈只对绘画感兴趣，他一开始跟随法国新古典主义大师雅克 - 路易·大卫的学生奥查德学习绘画，之后，又遇到了风景画家欧仁·布丹，后者鼓励莫奈多在户外进行写生，描绘自然风光，并教授了他户外写生的绘画技巧，这影响了莫奈一生的艺术理念。

十七岁时，母亲去世，莫奈放弃了学业，与父亲和珍妮姑姑生活在一起，姑姑非常鼓励莫奈追求自己的艺术理想，她也成为莫奈早期绘画和经济支持的主要来源。十八岁时，莫奈开始尝试在户外画风景，并在同年9月，于勒阿弗尔美术展览中展出了两幅作品，能看出，这时期的莫奈，受到了布丹绘画风格的强烈影响。在展览上获得好评后，老师建议他离开勒阿弗尔，前往艺术之都巴黎开阔眼界，继续深造。

1859年，莫奈来到了繁华之城、艺术之都——巴黎，在巴黎莫奈就读于弗朗切斯·斯维思先生创办的斯维思学院，这虽是一座非公立的学校，但深受艺术家们的欢迎，德拉克洛瓦和塞尚都经常光顾这里。之后莫奈进入了瑞士画家查尔斯·格莱尔的工作室学习，在这里，他遇到了后来同为印象派重要成员的毕沙罗、雷诺阿、西斯莱、巴齐耶等人，后者成了莫奈一生的挚友。在巴黎期间，莫奈经常光顾作家、画家、音乐家聚会的咖啡馆，在那里结识新朋友，探讨文学与艺术。

在此期间，莫奈创作了两幅早期的重要作品——《花园里的女人》和《草地上的午餐》（与马奈作品同名）。前幅作品描绘了穿着当时巴黎流行华丽衣裙的女孩，在林间嬉戏的场面。后一幅则描绘了法国画家库尔贝、莫奈的好友巴齐耶与他的妻子等人一同在树林空地野餐时的情景，透过树叶照射在野餐垫上的阳光以及树荫光影，让人感受到午间的温暖和惬意。这幅作品在 1865 年的巴黎沙龙上首次亮相，就获得了广泛的赞誉。但作品之后被裁成了两块，都保存在巴黎奥赛博物馆。

莫奈《花园里的女人》256cm×208cm
布面油画 1866 巴黎奥赛美术馆

莫奈《草地上的午餐》248cm×150cm（左）248cm×217cm（右）
布面油画 1856—1866 巴黎奥赛美术馆

1867 年，莫奈与女友卡米尔生下了他们的第一个孩子——让·莫奈，两人于三年后结婚。在这期间，莫奈确定了自己是一个描绘当代资产阶级生活的人物画家，并着力于将户外写生的绘画风格融入自己的作品中。

在与卡米尔结婚的这年，法国与普鲁士爆发了普法战争，为了避免被征兵，莫奈带家人去了英国与荷兰。在伦敦期间，他遇到了老朋友毕沙罗、美国画家惠斯勒，还认识了今后对莫奈的艺术品市场起着决定性作用的艺术品经销商保罗·杜兰德-鲁尔——资产阶级与中产阶层成为社会主流后，政府、学院或教会对艺术家的作品委托成为他们次要的收入来源，民间、社会、收藏家的购买，成为艺术家主要的收入来源。这样，作为中间环节的艺术品经销商或艺术品经纪人的作用就至关重要。

也是这一年，曾经无私帮助莫奈很多次、他最好的朋友，也是重要的印象派画家巴齐耶，在普法战争的一场战斗中，因为保护妇女与儿童，手臂和腹部中弹，不幸去世，年仅二十八岁。

日出印象

1871 年，莫奈全家搬到了紧邻塞纳河的巴黎西北郊，他购买了一艘帆船，方便他在河上作画，还特地在院子里种植了很多观赏性的植物，为绘画做参考。这一年，莫奈的父亲去世。虽然悲痛，但父亲留下的遗产，缓解了他与家人的财务窘境。

1872 年，杜兰特·鲁尔购买了莫奈很多作品，多达二十九幅，并且在伦敦为画家举办了展览，进一步解决了莫奈经济上的困境。也是在这一年，雷诺阿为莫奈画了一幅一边抽着烟斗一边看书的著名肖像。

1863年，法国官方的巴黎沙龙，拒绝了莫奈的作品《草地上的午餐》参展，这引起了众多艺术家和民众的不满，为了缓解这种紧张的情绪，拿破仑三世在看到这些被拒绝的作品后，下令公众可以凭自己的审美喜好评判作品，并成立了专门展示未被官方选中作品的沙龙，被称为“落选沙龙”。艺术家们分别在1867年和1872年向官方要求改革落选沙龙的请愿书被拒绝后，1873年12月，莫奈、雷诺阿、毕沙罗、希思黎、塞尚、德加等几位艺术家共同创立了“无名艺术家协会”，以示对官方拒绝的抗议。

1874年4月15日，协会在摄影师盖达尔的工作室举办了首次印象派画展，参展画家多达三十人，几乎包括了所有重要的印象派画家，这是第一次印象派绘画风格的作品集中向公众展示，展览引起了学院派和评论界的嘲笑讥讽，甚至严厉批评，但让公众觉得新鲜好奇，意犹未尽。“印象派”这个词，最初是记者兼评论家路易斯·勒罗伊在看了这次展览后，对他们这种绘画风格的嘲讽，他说：“这幅作品好像没有完成，像它的名字一样，如头脑中一个模糊的印象。”而他讽刺的这幅画，就是莫奈描绘了故乡勒阿弗尔港日出时的作品——《日出·印象》。

莫奈《日出·印象》48cm×63cm
布面油画 1872 巴黎莫奈美术馆

有时候，历史就是这样戏剧或捉弄人。虽然最初勒罗伊是出于讽刺与挖苦，叫出了“印象派”这个词，但好像公众乐于接受这个新奇的称呼，画家们也没有拒绝，于是，这个名字便广为流传，逐渐成为一个影响深远的绘画流派。

1877 年，莫奈的第二个儿子米歇尔出生。1879 年，妻子卡米尔因为癌症去世，看着爱人面如死灰的脸庞，莫奈用画笔记录下了妻子最后的面容。英国评论家约翰·伯杰将这幅作品描述为“一场夹杂着白色、灰色、紫色的暴风雪，这些颜色将永远抹去她的容貌，很少有临终前的画作，有如此强烈的感觉和主观表达”。

与这幅色调灰暗、气氛阴沉的临终肖像不同，在妻子去世前几年，莫奈画了一幅《撑阳伞的女人》，画中描绘了漂亮优雅的妻子在炎炎夏日撑着阳伞，带着他们七岁的儿子让·莫奈在田野中散步的瞬间，被风吹散的白色连衣裙，摇曳的青草野花，湛蓝的天空，蓬松的白云，懵懂的男孩，让画面显得温馨可亲、宁静舒适，这是莫奈最著名的作品之一。

莫奈《临终的卡米尔》90cm×68cm
布面油画 1879 巴黎奥赛博物馆

莫奈《撑阳伞的女人》100cm×81cm

布面油画 1875 华盛顿国家美术馆

睡莲花园

1883 年，莫奈一家搬到了法国北部，塞纳河与艾普特河交汇处的小村子吉维尼，并在那里度过了余生。他先是租了一处带小花园的房屋，将谷仓改造成了画室，开始创作大尺幅的作品。

随着杜兰德 - 鲁尔对莫奈作品的市场运作愈发成功，画价与订购数量也不断上涨，莫奈的命运开始好转，变得越来越富有。1890 年，莫奈买下了整座房屋，将花园和池塘的面积扩建了近四千平方米，在池塘里种植了很多品种的睡莲，在花园里栽种了竹林，还在水塘上建起了一座日本风格的小桥，并雇用了几名园丁，将花园打理得井井有条、欣欣向荣。这为莫奈提供了一处绝好的户外绘画场景，成为画家四十年以来最大的灵感来源。

1899 年，莫奈开始创作“睡莲”题材的绘画，这将是他未来二十年的主要创作主题。莫奈每天在不同的日光条件下，描绘池塘中的睡莲。光线的交替，光影的变化，水面的反射，让睡莲呈现出梦幻般的色彩和生动鲜活的氛围。据统计，莫奈一生画了超过两百五十幅睡莲绘画作品。

除了睡莲，莫奈还以农田上的干草堆作为绘画对象，

莫奈《睡莲与日本桥》90cm×91cm

布面油画 1875 美国普林斯顿大学博物馆

莫奈《干草堆》60cm×101cm

布面油画 1897 美国芝加哥艺术学院

他在阴晴雪雨的不同季节和每天日光变化很大的不同时刻（清晨、晌午、傍晚等）毫不间断，不断描绘同一对象，光线的强弱、颜色的冷暖让这些作品有了不同的韵味，在一次专门展示这些作品的展览上，每幅作品甚至都标有画下它们的精确时间，受到观众，尤其是记者和评论家们的好评。他还以同样的绘画方式，画了鲁昂大教堂、街边白杨树。

1899 年秋天，莫奈和第二任妻子去伦敦旅行，在这里，他画了伦敦议会大厦、泰晤士河风景和查令十字桥的系列，伦敦特有的阴霾浓雾，给画面增添了一份神秘的氛围。1900 年，印象派的作品在巴黎世界博览会上展出，这意味着官方对这种绘画风格的认可。1904 年，杜兰德 - 鲁尔为莫奈举办的展览也展出了这批作品，这是莫奈职业生涯中的巨大成功。

1908 年，莫奈和妻子还去了威尼斯，与一群热爱艺术的朋友一起游览了这座亚得里亚海的明珠，总督宫、大运河、圣马可教堂、圣乔治马焦雷大教堂，这些与法国不同风格的建筑景物，都成为画家笔下五彩斑斓、姹紫嫣红的美丽风景。

生前身后

1912年，莫奈被诊断出患有白内障，家人和朋友们几次建议他去做眼科手术，但都被拒绝。1914年，儿子让·莫奈的去世，让他痛苦万分。在朋友——曾担任法国总理的克列孟梭的鼓励下，莫奈有了创作一套以睡莲为主题巨幅作品的想法，他在家中建造了一个大的椭圆形房间，用来创作这些几十米长的作品。1918年11月，第一次世界大战结束，法国等协约国胜利，莫奈向国家捐赠了两幅巨作，他说，这是他参与战争胜利的唯一途径。这些巨幅作品现在陈列在巴黎的橘园美术馆，当你置身展厅中，你可以体会莫奈在创作时饱含的激情。

1922年，莫奈的视力再次恶化，几乎不能工作，次年1月，他接受了白内障手术，手术虽然做得很成功，但画家对颜色的观感发生了变化，从这时期的作品中，我们可以看出，无论形体、构图还是色彩，都与之前的作品有了很大的不同。

由于不间断的工作，莫奈患上了肺炎，不得不卧床休养。1926年12月5日，莫奈因肺癌去世，享年八十六岁。下葬时，克列孟梭优雅地掀开覆盖在棺材上的黑布，说“莫奈没有黑色”，以此来总结莫奈五彩缤纷的艺术与人生。1966年，莫奈的儿子米歇尔在一场车祸中去世，他继承的所有莫奈作品被捐献给了马莫坦-莫奈博物馆。这些作品回归公众，成为法国重要的文化遗产。

以莫奈为代表的印象派绘画，兴起于1870年，这个流派提倡描绘户外真实的场景，注重光线的多样变化，而不是像新古典主义或浪漫主义，在工作室中布景画画。他们抵制学院派的学术绘画规则，效仿德拉克洛瓦的创作方式，最初受到公众批评，但逐渐被公众发现他们新鲜原生态的绘画视野，他们擅长捕捉现实中的场景，可能为了区别黑白的摄影技术，他们强调绘画中的色彩表达，并且将之前学院派不被重视的风景与静物题材，作为创作的重要对象。易于携带的锡管装油画颜料的出现，异域文化的日本浮世绘也是影响印象派绘画的重要原因。

印象派艺术家们是一个风格和气质多样化的群体，共同的独立和反叛精神是他们凝聚在一起的重要原因。在1874年至1886年间，印象派展览一共举行了八次，尽管成员也会发生变化，但印象派风格，以其松散、自由的笔触，很快成为现代生活的代名词。莫奈、西斯莱、莫里索和毕沙罗，可能被认为是“最纯粹的”印象派画家，他们始终如一地追求艺术的自发性、户外的阳光和绚烂的色彩。

莫奈于1890年创作的油画《干草堆》，在2019纽约苏富比拍卖会上，以1.107亿美元的天价成交（约合7.6亿人民币），成为莫奈最贵的绘画作品。在以杜兰德-鲁尔为代表的艺术经纪人推动下，印象派绘画在欧洲与美国取得了巨大的成功，受到公众和收藏家的青睐，现在艺术品市场价格最高的绘画艺术流派，便是以莫奈、塞尚、凡·高为代表的印象派绘画。在艺术市场的成功，也是印象派绘画总被人津津乐道的重要原因。

人物评价

莫奈画的是光、空气、影子、风等很难捉摸的东西，他说："我的画是独一无二的，因为我画的是我的印象。"有天分就能抓住光画出影子了吗？不是，还需要比他人更加勤奋和努力才行。干草堆系列就画了二十五幅，因为每个时间段光照的角度不同，影子的大小和位置也不同。睡莲系列多达二百五十幅。付出和收获真的是成正比的，莫奈成功的原因更多在于勤奋。

耀眼的星空，传奇的后印象派画家 文森特·凡·高

灰色少年

“让我们保持勇气，试着学会忍耐与宽大。不要害怕离开正道，把善与恶分辨清楚！”

——凡·高致弟弟提奥的信

我们对这位一百多年前传奇画家的了解，源于他留下的六百五十二封信件，在他短暂的生命中，这些信件就像日记一样，真实而鲜活地记录了他放浪形骸的步履、离经叛道的生活和跌宕不羁的一生。

文森特·威廉·凡·高（Vincent Willem van Gogh）1853年3月30日出生于荷兰南部与比利时接壤的津德尔特小镇一个标准的中产阶级天主教家庭，是家中六个孩子中的老大，父亲西奥多鲁斯·凡·高是镇上受人尊敬的牧师，母

亲安娜是来自海牙一个富裕书商家庭的姑娘。

祖父文森特·雅各布·凡·高在获得莱顿大学神学博士学位后，一直在荷兰乡间担任布道、教育和帮助穷人的工作，他育有九个孩子，凡·高的父亲继承了祖父的衣钵做了牧师，一位叔叔做到了海军上将的高位，另外三个叔叔都从事艺术品经销商的工作。

虔诚刻板的父母给了孩子们保守的维多利亚式家庭教育。虽然父亲薪水微薄，但教会为他们家提供了房屋、女仆、厨师、园丁、马车，母亲也一直向孩子们灌输维护家庭崇高社会地位的思想。

七岁时，凡·高被送到一所寄宿学校，不过，学校生活并没有给他带来多少快乐。

十六岁时，凡·高的叔叔介绍他去艺术品经销商古庇画行工作。在海牙完成四年的实习培训后，他被派往伦敦分公司工作，这段时间对凡·高来说，是一生中难得的高光时刻，二十岁时的他，收入已经比父亲高了很多。在伦敦时，凡·高第一次经历了感情的挫败，他爱上了房东太太的女儿，但在表白后惨遭拒绝，这使他尝到了爱情的苦头，也促使他对宗教产生了浓厚的兴趣。1875年，在叔叔的帮助下，凡·高被调到巴黎分公司，但因为对公司将艺术商品化的做法不满，凡·高对客户发了不少牢骚，公司把他解雇了。

第二年，凡·高在伦敦一所小型寄宿学校担任代课老师，几个月后，他又回到了家中。这时期的凡·高沉浸在宗教中，开始为阿姆斯特丹大学的神学考试做准备，但几次考试接连失败。1879 年，凡·高去往比利时博里尼格的煤矿区担任传教士，但不久后教会又解雇了他。他这一连串的失败，让父母感到沮丧和担心，父亲认为他精神出了问题，还建议他入院治疗。

1880 年，凡·高回到比利时，他对周围的景物产生了绘画的冲动，弟弟提奥建议他从事艺术创作，他开始跟随荷兰画家罗洛夫斯学习绘画。尽管凡·高很不喜欢学院派的教学方式，但罗洛夫斯还是说服了他，让他进入比利时皇家美术学院学习。在学校里，凡·高系统地学习了解剖学以及科学透视的规则标准。几个月后，凡·高回到了家中，继续他的绘画创作。

彩色都市

凡·高在荷兰各处游走，在海牙，他遇到了自己的堂兄安东·莫夫，堂兄教授了凡·高水彩画的技巧，从这幅凡·高早期的水彩画《屋顶》中，我们可以看出那时的凡·高刚受过正规美术学院的训练，造型及色彩准确而规整。莫夫也向凡·高介绍了油画的知识与方法，这种能在画布上不受错误的局限，随意覆盖涂抹的绘画方法，引起了凡·高的兴趣。于是，他向弟弟提奥借来钱，购买油画材料，开启了他的油画创作生涯。

凡·高《屋顶》39cm×55cm
纸本水彩 1882 私人收藏

1883 年，凡·高移居荷兰南部城市纽南，在纽南的两年间，他完成了许多素描和水彩作品，还创作了近两百幅油画。他画了“农民性格研究”的系列作品，并创作了他的第一幅重要油画作品《吃土豆的人》。早期凡·高作品的用色都很灰暗，描绘的对象也非常沉闷，这种灰暗色调的作品，也反映出了他这时期心情与生活的状态。当凡·高抱怨做艺术品经销商的弟弟没能卖出他作品的时候，提奥回应说它们太灰暗了，不如印象派的明亮风格受人喜欢。

凡·高《吃土豆的人》82cm×114cm
布面油画 1885 阿姆斯特丹梵高博物馆

11 月，凡·高又搬到了安特卫普，在一家油漆店楼上租了一个房间，生活非常贫困，但凡·高宁愿把提奥寄来的钱花在购买绘画材料上，也不愿吃得稍微好一点儿。他写信给提奥说："去年 5 月以来只吃了六顿热饭。"在安特卫普，他全身心投入到色彩理论的钻研中，还泡在博物馆详细研究鲁本斯的作品。凡·高在码头购买了很多日本浮世绘木刻版画，他将这种东方异域的风格元素融入自己画作的背景中。

虽然反感学院派的教学模式，但他还是进入了安特卫普美术学院学习绘画。一次在绘画课上，老师要求同学们描绘“断臂的维纳斯”，交作业后，老师觉得凡·高的画是对自己艺术教学的蔑视，原因是凡·高画了一个赤身裸体、没有上肢的乡间农妇。老师对作业进行了修改，但凡·高一气之下将作业撕得粉碎，还对老师大喊：“你根本不了解年轻女人是什么样子！”据说这是他最后一次上课，后来凡·高去了巴黎。

1886年6月，凡·高来到巴黎的费尔南德·科蒙工作室学习，与弟弟一起合租一间蒙马特的公寓。在巴黎期间，凡·高结识了修拉、毕沙罗、西涅克、劳特累克、伯纳德、彼得·罗素等很多印象派画家，并且第一次看到了运用点画法的作品。印象派鲜艳明亮的色彩，点画法粗糙洒脱的笔触以及他们对光学混合的色调，都让凡·高深受启发，他找到了自己未来的绘画方向。

凡·高这时期的作品《坦吉的肖像》与《日本女人》，

一扫之前作品中的阴郁沉闷，转而使用大胆锐利的笔触，和未经调和、明快鲜亮的色彩。从画面中我们还能看出，这时凡·高深受日本文化的影响，使用了许多浮世绘元素。

凡·高《坦吉的肖像》65cm×51cm
布面油画 1887 巴黎罗丹博物馆

凡·高《日本女人》101cm×61cm
布面油画 1887 阿姆斯特丹梵高博物馆

1887年11月，凡·高与提奥结识了刚到巴黎的保罗·高更——一个日后对凡·高艺术和生活影响至深的画家。在巴黎，凡·高还接连参加了几次印象派的展览，受狂热的巴黎艺术氛围所鼓舞，凡·高迅速创造出了属于自己独特的艺术语言与视觉体验。

两年内，凡·高在巴黎创作了两百多幅绘画，但这也让他疲惫不堪，1888 年 2 月，他准备离开巴黎，出发前几个小时，在提奥的陪伴下，他第一次也是唯一一次，去工作室拜访了后印象派点彩画法的重要艺术家乔治·修拉。

黄色小屋

离开巴黎后，凡·高搬到了普罗旺斯的海滨城市阿尔勒，这里宜人的气候，美丽的风景，淳朴的民风激起了凡·高强烈的绘画欲望。在阿尔勒的几年是他的创作高产期，他总共完成了两百多幅油画和一百多幅素描水彩。黄色、蓝色和紫色，这些鲜艳的颜色，是凡·高描绘这座小城、表达自己内心情感的主要色彩。

凡·高与一位丹麦艺术家合租了一栋黄色的房子，他从自己的房间开始画起，卧室并不十分宽敞，右侧一张黄色的单人床占据了房间很大的面积，床旁的门是通往楼梯的，墙上挂着画家的自画像，左侧是书桌和二把椅子，同样的构图和题材，凡·高一共画了三张，现在分别保存在阿姆斯特丹凡·高博物馆、芝加哥艺术学院和法国奥赛博物馆。

凡·高曾在信中说，他只描绘亲眼见过的身边景象或

凡·高《阿尔勒的卧室》72cm×91cm
布面油画 1888 阿姆斯特丹梵高博物馆

物体，只有它们能带给他真实而饱满的感觉。在阿尔勒时，凡·高和朋友经常去一家街边的咖啡馆消遣，于是他画下了这间夜晚时分的咖啡馆：煤气灯照的遮阳棚和墙壁反射出明亮的黄色，街对面的小店，石头铺就的街道，路上稀拉的人群和店里就餐的顾客——很能容易就能让人感受到阿尔勒小镇悠闲的生活氛围。天空中的团团星点，可能是画家之后那幅著名《星夜》的灵感来源。凡·高在画

凡·高《夜晚的咖啡馆露台》81cm×65cm

布面油画 1888 荷兰库勒-穆勒博物馆

完这幅画后，给姐姐的信中写道："最近几天，我被一幅新画的咖啡馆外景深深打动……我非常喜欢在晚上现场作画……仅仅一根蜡烛就可以为我提供最丰富的色彩。"

在咖啡馆内部，中间放置了一张台球桌，周围是就餐的桌椅，当年凡·高肯定就在这里，和朋友们打球消遣，甚至堵上一两把输赢，累了就坐在店里喝杯咖啡。他当时连续三个晚上都在熬夜创作这幅作品，他追求作品的真实感觉，只有在现场的描绘，才能带来画面中饱含的情绪。

凡·高《夜间咖啡馆》72cm×91cm
布面油画 1888 耶鲁大学美术馆

凡·高当年画过的这个咖啡馆，如今还在营业，成为凡·高粉丝打卡拍照的景点，还曾多次出现在影视作品中。

凡·高在巴黎结识了保罗·高更后，一直希望与他建立友谊。他不停地与高更通信，恳求他来阿尔勒。高更于10月23日抵达了阿尔勒，他们一起画画，一起游玩，还一起去了蒙彼利埃。凡·高很欣赏高更，但高更的傲慢与霸道让凡·高很沮丧，他们的争吵越来越多，两人关系逐渐恶化。

1888年12月23日晚上，在他们发生争执后，凡·高回到自己房间，用剃须刀割下了自己的左耳。第二天早上，凡·高被一名警察发现并送往医院，在那里他接受了菲利克斯医生的治疗。提奥于第二天赶到阿尔勒，看望半清醒状态的凡·高。

但事后凡·高竟然不记得此事，这表明他可能患有严重的精神疾病。经医院诊断，凡·高患有“急性狂躁妄想症”。在接受治疗的最初几天，凡·高要求见高更，但高更拒绝见他，并离开阿尔勒回到了巴黎。出院后，凡·高回到了他的黄色小屋，但当地三十多名居民向政府提交了请愿信，要求将凡·高逐出小镇，他们称他为“红发疯子”（凡·高天生一头红色的头发）。

蓝色星空

1889年5月8日，凡·高进了距离阿尔勒30公里的圣保罗德莫索莱精神病院，医院给凡·高分配了两间带铁窗的病房，其中一间是凡·高的绘画工作室。住院期间，凡·高将院内花园里的植物作为绘画对象，创作了《丁香花》《鸢尾草》《柏树》和《橄榄树》等作品。

6月的某天，凡·高从窗户往外看，看到天空中闪耀着无比绚烂的星光，他感觉自己像是身处一个巨大的漩涡。可能是对光线的视觉加工，也可能是因为产生了幻觉，凡·高在画布上描绘出了一幅奇幻的景象。画中前景是一棵犹如绿色火焰般熊熊燃烧的柏树，远景是山峰、房屋和村庄，蓝色的天空与黄色的星群占画面四分之三，天空中有一个由星群组成的巨大螺旋形状的星云，这个漩涡就像黑洞，发出强大的磁力将周围的时空全部扭曲——这就是凡·高最伟大的作品之一《星夜》。

凡·高《星夜》73cm×92cm

布面油画 1889 美国纽约现代艺术博物馆

1890 年 1 月，比利时女艺术家安娜·博赫购买下凡·高的作品《红色葡萄园》，这是凡·高一生中唯一一件卖出的作品。

凡·高《红色葡萄园》75cm×93cm
布面油画 1888 莫斯科普希金博物馆

5 月，凡·高搬到了巴黎西北部瓦兹河畔的奥维尔，在这里度过了生命中最后的七十天。保罗·加歇医生是提奥的好朋友，受提奥的委托，他在这里照顾凡·高，加歇还是一位业余画家，除了医治，他们还在一起探讨艺术，加歇为凡·高看病，凡·高为加歇医生画像。

1890年7月27日，凡·高在完成他的最后一幅画作《树根》后，在麦田里朝自己的胸口开了一枪，一瘸一拐地回到了住处，他的呻吟引起了旅店老板的注意，老板赶紧叫来加歇医生，加歇医生也束手无策，只能给凡·高简单包扎下伤口，并紧急通知了提奥。第二天弟弟到了，在他到达的几个小时后，三十七岁的凡·高去世。凡·高的遗言是："悲伤将永远持续下去。"

弟弟提奥是凡·高最坚定的支持者，他们的通信超过六百封，兄弟二人不光是血肉至亲，也是工作中亲密无间的伙伴。他们像是撑起彼此天空的精神支柱，一个支柱不在了，另一个也独木难支，半年后，提奥也随哥哥而去。生前亲密无间，死后同穴而眠，兄弟二人被葬在奥维尔市政公墓。

和伦勃朗一样，凡·高也画了大量自画像（超过四十三幅），这些自画像反映了他的自我审视，既是直击灵魂的自我否定，也有自我欣赏的怜惜之情。

凡·高的向日葵，也成为他一个重要而标志性的符号。他不断重复地描绘向日葵，每一次描绘所带有的情绪与感受都是不同的，每一次的观察与呈现也是迥异的，这就是

凡·高《自画像》65cm×54cm
布面油画 1889 巴黎奥赛博物馆

凡·高《向日葵》95cm×73cm

布面油画 1889 阿姆斯特丹梵高博物馆

创作者敏感而细腻的情感呈现。

凡·高和提奥去世后，提奥遗孀约翰娜突然间继承了几千幅油画、素描和信件，她不遗余力地推广凡·高的作品与艺术。1914年，凡·高的书信集分三卷出版，一些艺术品经销商也开始关注并代理凡·高的作品，还有小说家以凡·高为原型创作了文学作品，更多的艺术家开始模拟和效仿凡·高的笔触，大众渐渐认识到了凡·高的价值。

1925年，约翰娜去世，她的儿子继承了母亲留下的凡·高遗产，继续不遗余力地推广与运作，并与荷兰政府共同建立了基金会。经过不懈的努力，1973年，凡·高博物馆在阿姆斯特丹开幕，成为荷兰最受欢迎的博物馆之一。而遗憾的是，凡·高的侄子并没有看到这一切，他在1964年去世，他的名字叫文森特·威廉·凡·高。

凡·高作为后印象派影响最大的画家，他作品中真挚的情感、扭曲的造型、艳丽的色彩、大胆的笔触直接影响了之后的表现主义和野兽派等艺术运动。

人物评价

凡·高的伟大，在于面对生活的打击，他仍然选择热爱。他曾说："只要我拿起画笔，世界上就再也没有比这更幸福的事了。"正因为热爱，即使作品从未受到赞誉，他也从不气馁；因为热爱，他可以不顾世人的眼光，不顾身上的病痛，可以忍受穷困潦倒。凡·高在去世这一年给提奥的来信中写道："我仍然非常热爱艺术和生活。"

开创未来的画者，现代艺术之父
保罗·塞尚

早年岁月

保罗·塞尚（Paul Cézanne）1839年1月19日出生于法国普罗旺斯地区的艾克斯。他的父亲路易斯-奥古斯特·塞尚原是一名女帽商人，之后成为一家银行的联合创始人。他的母亲安妮-伊丽莎白·奥伯特操持家务，相夫教子，性格活泼而浪漫，塞尚的人生观、价值观深受母亲的影响。

十岁时，塞尚进入艾克斯圣约瑟夫学校，认识了后来成为雕塑家的菲利普·索拉里和亨利·加斯奎特，加斯奎特的儿子阿西姆·加斯奎特是一名作家，他在1921年出版了艺术家传记《塞尚》，讲述了父亲同学塞尚的一生。1852年，塞尚进入艾克斯的波旁学院（现米尼特学院）学习，并在这里认识了后来写出《娜娜》《萌芽》等世界名著的法国现实主义作家左拉，以及之后的光学、声学教授拜耶，他们被同学们称为“三个形影不离的好朋友”，不是在阿克河边游泳钓鱼，就是阅读荷马和维吉尔，讨论艺术与文学，塞尚还经常用拉丁文写诗。这段时间是塞尚一生中最无忧无虑、快乐愉悦的日子。五年后，塞尚进入艾克斯的绘画学校，在西班牙修道士约瑟夫·吉伯特的指导下学习绘画。

二十岁的塞尚进入艾克斯大学法学院学习法律，并在这里度过了两年时间，但他始终提不起对法律的兴趣，而更痴迷于绘画与诗歌。入学这一年，父亲买下了艾克斯一座历史悠久的巴洛克风格城堡“风之屋”，城堡周围环绕着池塘、喷泉、雕塑，从城堡内的私人花园就可以眺望远处的圣维克多山，视野开阔，风景优美。

塞尚一家搬到这里居住。巴洛克式建筑与花园内的古树，是塞尚最喜欢描绘的对象。城堡客厅中巨大的墙壁，引起了塞尚创作的欲望，虽然父亲不喜欢他画画，但塞尚还是在父亲那里争取到了为客厅墙壁创作一组壁画的机会，用了几个月的时间，塞尚创作了一组描绘四季的《春》《夏》《秋》《冬》大型油画，但他讽刺地签下了阻碍印象派发声的法国美术掌权者“安格尔”的名字，从这可以看出塞尚反叛传统、抗争权威的叛逆性格。

塞尚《春夏秋冬》314cm × 97cm
布面油画 1860 巴黎小皇宫

父亲一直希望塞尚学习法律，能继承家族银行的事业。1861 年，在已经搬往艺术之都的好朋友左拉的强烈鼓励下，塞尚不顾父亲的反对，离开小城艾克斯，前往首都巴黎，决心追求自己的艺术梦想。

巴黎时光

1861年4月，二十二岁的塞尚怀着对艺术美好的憧憬移居到世界艺术之都。来到巴黎后，塞尚首先申请了法国历史最悠久、影响力最大的巴黎国立高等美术学院，但被学院无情地拒绝。于是他去了民间免费开办的瑞士学校，这里没有官方学院里严格的要求与规则，创作氛围更轻松、更开放。在这里，塞尚不仅全身心地投入到绘画学习中，还结识了比自己大十岁、亦师亦友的印象派画家毕沙罗。

对巴黎的新鲜劲儿过后没多久，塞尚开始思念家乡普罗旺斯，加上官方美术学院的拒绝让他感到十分失望，塞尚回到了艾克斯，在父亲的银行里工作。但巴黎的吸引力里挥之不去，还在他的脑海中作祟。第二年深秋，塞尚返回巴黎，并且再次申请了官方的美术学院，学院又一次无情地拒绝了他，他只能再去以前的瑞士学校学习。这次在学校里，他结识了莫奈、雷诺阿和西斯莱这些印象派初期最重要的艺术家。可能被学院拒绝了两次后，塞尚对于官方的美术学院产生了抵触，他深受同样不被法国官方美术权威喜欢的库尔贝、德拉克洛瓦的影响，力求艺术上的创新，追求描绘未经修饰的现实。1863年，官方的巴黎艺术沙龙拒绝了马奈、毕沙罗以及莫奈等艺术家的作品，引起了艺术家及公众的愤怒，以至于拿破仑三世下令在官方沙龙旁设立了落选沙龙，用来展示这些落选官方沙龙的艺术作品。这一年，塞尚的作品也参加了第一次落选沙龙。

从 1864 年开始，塞尚连续五年向官方的艺术沙龙提交作品，但都遭到拒绝。1882 年，塞尚的艺术家朋友安托万·吉列梅成为官方沙龙的评审团成员，按照当时的规则，每位评审团成员都有一个在沙龙上展示自己学生作品的机会，于是，塞尚冒充他的学生，将作品《艺术家的父亲》送进了官方的巴黎艺术沙龙。在这幅作品中，塞尚描绘了自己的银行家父亲，坐在灰白色沙发上阅读报纸的时刻。尽管这幅作品挂在了大厅的最上面一排，但还是没得到观众和评论家任何的关注。这是塞尚第一次，也是最后一次参加官方的艺术沙龙。

1865 年，左拉的处女作《克劳德忏悔录》出版，这本著作是作者献给他儿时的好友塞尚与拜耶的。塞尚又回到了家乡艾克斯，在家乡的这段时间，塞尚以普罗旺斯和圣维克多山为对象，创作了一系列风景画。他开始使用调色刀这种金属工具来调和颜料，而不是直接用毛质的画笔在画布上作画。调色刀刮过的画布上，自然的风景被色块重

塞尚《艺术家的父亲》199cm×119cm

布面油画 1866 华盛顿国家美术馆

新组合，成为有多个立面的景象，加上印象派擅长使用的鲜艳亮丽的色彩，这些让画中的风景呈现出既真实又梦幻的感觉。

塞尚《圣维克多山》70cm×92cm
布面油画 1904 美国费城艺术博物馆

1871年，普法战争爆发，塞尚躲过了被送上前线的命运。那个时期的欧洲，各种思潮交织，大国博弈不断，派系斗争不停，社会动荡不安。1871年5月，刚成立不久的革命政府——巴黎公社——在仅仅夺取了首都两个月政权后，就被法国国民军推翻。这时塞尚和女友返回了巴黎。第二年1月，他们的儿子保罗·菲尔斯出生，因为是未婚生子，塞尚怕激怒父亲，失去父亲的经济支持，于是并没有把这个消息告诉他，只邀请母亲参加了孩子的受洗仪式。

塞尚一家三口，在奥维尔居住期间，遇到了同为艺术爱好者、又是医生的保罗·加歇先生，这可是“世界上最贵的医生”，也是在凡·高晚年陪伴他、帮他治病的那位医生。凡·高在生命的最后一年，与保罗·加歇先生交往甚笃，并接连为他画了几幅肖像。

1872年，塞尚接受毕沙罗的邀请，前往距离巴黎西北部三十公里的瓦兹河谷的蓬图瓦兹工作。毕沙罗建议塞尚“只用三种原色，即红黄蓝，以及它们的相近色，直接作画，还应避免线型轮廓描绘的限制，事物的形状是由渐变的色调产生的”，塞尚接受了毕沙罗的建议，觉得印象派的绘画技法，更能让他接近自己的艺术理想。后来毕沙罗回忆道：“那段时间，我们一直在一起，探讨艺术，创作绘画，但我们各自仍然保持着最重要的东西：我们自己对事物的感受。”

塞尚《塞尚之子》65cm×54cm
布面油画 1885—1890 美国华盛顿国家美术馆

印象之风

因为屡次遭到官方美术机构的拒绝和艺术评论家的抨击，印象派画家们联合起来成立了“无名者艺术协会”，并于1874年4月15日至5月15日，在摄影师纳达尔的工作室举办了第一次印象派画展，参展画家有三十多位，他们都是艺术理念相近、创作手法新颖的青年艺术家们，塞尚也参加了第一次印象派展览。虽然塞尚的艺术风格受印象派影响很深，但他暴躁易怒，不善社交，这样的性格让他与大部分印象派画家的关系紧张。甚至印象派的先驱马奈认为塞尚“是一个用抹子作画的泥瓦匠”。

1880年初，父亲在艾克斯城堡的家中为塞尚装修了一间工作室，塞尚根据工作室巨大的窗户外的风景，创作了不少写生作品。他还常与莫奈、雷诺阿、高更、毕沙罗等一起写生创作。这时期的作品中，画家已经有了将事物高度概括为几个简单几何体的倾向，这也预示着启发立体主义风格的到来。

这时的左拉，已经是一位成功的作家，不仅在奥维尔附近建造了一座豪华的度假别墅，还出版了不少文学作品。在其中一部小说《卢浮宫》中，左拉描写了主人公克劳

塞尚《风之屋的泳池》46cm×56cm
布面油画 1876 俄罗斯艾尔米塔什博物馆

德·兰蒂尔作为画家的奋斗故事。据分析，这是左拉将自己和塞尚作为原型创作的，而文中的主人公似乎并没有通过自己的奋斗，成为一名成功的艺术家，这让塞尚觉得左拉是在有意贬低他，他们心生间隙，这也成为他们关系恶化的导火索，后来，他们甚至因此断绝了联系。成人的世界有时候也会充满孩子气，成年人可能因为某些看起来伤及尊严，但实际并不严重的事情，而结束多年的友谊。这实在令人惋惜，尤其是发生在两位文化巨匠之间。

现代之父

1890 年，塞尚患上了糖尿病，这让他的身体状况大不如前，他从巴黎搬回了艾克斯，并且受洗皈依了天主教。回到家乡后，塞尚没有停止艺术的创作，还参加了由比利时艺术家成立团体举办的“Les XX 作品展”，展出了三幅作品。

1895 年 5 月，在法国重要的艺术品经销商杜兰德 - 鲁尔的画廊有一场印象派的展览，塞尚与毕沙罗、莫奈的作品同时展出，取得了很大的成功。紧接着 11 月，另一位重要的艺术推手安布罗斯 · 沃拉德为塞尚举办了他的第一次个人展览，展览从塞尚一百五十幅候选作品中精选了五十幅展出，并在之后持续地推广塞尚的艺术作品。

当时的巴黎，还汇集了众多艺术品经销商，他们在各个艺术群体中，用敏锐的商业嗅觉，前瞻的历史眼光，挖掘和推广这些在当时还不为人知的青年艺术家。不仅艺术品经销商与艺术家互通有无，艺术品经销商之间也交往频繁，形成了某种利益共同体——发现了凡 · 高的艺术品经销商坦吉去世后，沃拉德就购买了他留下来的塞尚、莫奈和凡·高的作品，这些作品在今后的岁月中，价格上涨了超过一百倍。

艺术家们总有一个终极的目标，就是自己的作品被博物馆收藏，这既是对他艺术作品的认可，更是对他学术地位的肯定，并且在博物馆中展出的作品，在公众及收藏家中有巨大的带动作用和宣传影响力。1897 年，柏林国家美术馆馆长雨果·冯·楚迪为柏林国家美术馆购得塞尚的风景画《磨坊》，这是塞尚的作品首次进入国家级博物馆，奠定了塞尚的艺术地位。

没有艺术品经销商或艺术经纪人的商业运作，艺术家的作品也仅是用来自我欣赏的道具而已。在几位法国重要艺术品经销商的接力推广下，塞尚的绘画作品，获得了艺术市场积极的反馈，他的作品拍卖价格高达几千法郎。

1901 年，法国画家莫里斯·丹尼斯创作了一幅大尺幅作品，名为《致敬塞尚》，画中的莫里斯召集了一群艺术家和评论家在沃拉德的画廊中，他们簇拥着一幅塞尚的静物作品《苹果与杯子》，或是思考，或是交谈。这幅画就像一部宣言，宣示塞尚在艺术上的巨大影响与贡献。现在这幅作品收藏在巴黎奥赛博物馆。

塞尚《磨坊》74cm×92cm

布面油画 1881 柏林老国家美术馆

1903年，左拉去世。虽然二人关系已经疏远，不再联络，但童年相伴的情感真挚而珍贵，塞尚悲恸不已。

随着年龄的增长，塞尚的健康状况逐步恶化，除了糖尿病，他还患有抑郁症，不再信任身边的同胞，有时甚至还有被迫害的幻想。晚年的塞尚，开始用自己的画笔，在作品中表达对死亡的忧虑与恐惧，他不再画常用的苹果题材，而是反复描绘人类的骷髅头骨。

1903年和1904年，塞尚接连参加了新成立的“巴黎秋季沙龙”，并且认识了画家与理论家埃米尔·伯纳德，两人保持通信直到塞尚去世。伯纳德之后出版回忆录《纪念保罗·塞尚》。

1906年10月15日，塞尚在户外画画时遭遇风暴，在回家途中，不幸跌倒，失去了知觉，所幸被路过的汽车司机带回家，司机帮他促进血液循环，恢复了意识。第二天，塞尚走进花园，创作了他的最后一幅作品《园丁瓦利埃的肖像》，六天后，塞尚死于肺炎，享年六十七岁。他被安葬在家乡艾克斯的圣皮埃尔公墓。在他的遗嘱中，他的所有遗产只留给了儿子保罗·菲利斯。

在现代艺术中，塞尚毫无疑问是具有开创性的。莫奈写给法国总理克莱蒙梭的信中说“塞尚，是我们当中最伟大的”，毕加索说“塞尚，是我们所有人的艺术之父”，马蒂斯说“塞尚，是亲爱的绘画之神”。塞尚去世后，在巴黎大皇宫的秋季沙龙相继举办了几次纪念塞尚的展览，这几场展览激发了许多艺术家的灵感，包括立体派的布拉克、毕加索，野兽派的德兰、马蒂斯和抽象主义的康定斯基等。塞尚直接或间接开创或启迪了立体主义、野兽派、抽象派的艺术发展走向，对 20 世纪的艺术发展起到了至关重要的作用。

人物评价

塞尚曾说：“绘画，意味着用画笔来思考。”这句话，不仅是他的艺术理念，也是他对于艺术的独特见解。他认为，画笔不仅是描绘物体的工具，更是思考世界的方式。在塞尚的作品中，你可以清晰地看到他是如何用画笔来思考的。

腾飞的精神，美术教育奠基人徐悲鸿

江南布衣

一个二十一岁意气风发的江南青年，掀开了自己灰色长衫的下摆，郑重地跪在一位精神矍铄，头发花白，留着两撇八字胡须的古稀老人面前，敬重认真地磕了三个响头，老人慢悠悠地说道："我一生收了不少的学生，林旭八岁能作诗，天资聪慧；梁启超十六岁考中举人，著作颇丰；谭嗣同文章、人品俱佳，名垂千古！你是第一个精通绘画，拜我为师的学生，从今以后，你就是我的关门弟子了。"

这位老人就是当时声名响彻海内外，曾协助晚清光绪皇帝百日维新，倡导戊戌变法的南海先生——康有为。而这位学生，则是日后影响了中国半个世纪的美术教育家、艺术家——徐悲鸿。

徐悲鸿《愚公移山》144cm×421cm
纸本水墨 1940 徐悲鸿纪念馆

1895 年 7 月 19 日（清光绪二十一年），伴随着一声响亮的啼哭，一个男孩出生在烟波浩渺的太湖西畔，民风淳朴的江苏省宜兴县屺亭桥镇的徐姓家庭。父亲最初给他取的名字，寄托了几乎所有长辈对儿女们的期许——长寿健康——徐寿康。

徐悲鸿的父亲徐达章，是位乡里远近闻名的文化人，无论是国画、书法、篆刻还是诗文，都有着相当不错的水平，他在乡里开了一家私塾，有时也接受一些字画的定制，补贴家用。徐悲鸿的母亲鲁氏是位淳朴的劳动妇女，任劳任怨地操持家务，照顾孩子。九岁时，徐悲鸿就在父亲的教导下，读完了“四书”“五经”，并开始临摹古画，对景写生。

1908年，宜兴县遭遇了历史上少见的洪水，当洪水退去之后，人们面临着饥饿与寒冷的威胁。为了生存，父亲决定带着当时只有十三岁的小寿康远走他乡，开始了流浪江湖的卖画生涯。在溧阳时，徐悲鸿认识了一个叫曹铁生的朋友，并从他那里得到了一些欧洲绘画大师的作品复制品。他第一次看到如此逼真，形体精准，色彩绚丽的西方油画，内心被强烈地触动了，于是他有了一个当时看来不切实际，遥不可及的梦想——去欧洲留学。

父子二人在外流浪了四年之后，回到了家乡屺亭桥镇。父亲的身体每况愈下，两年后便去世了。处理完父亲的丧事之后，徐悲鸿决定离开家乡，去一个更广阔的天地——上海。

在上海，徐悲鸿认识了一些朋友，做了一些插画和教学的工作。有一天，徐悲鸿从报纸上看到上海哈同花园的明智大学征求仓颉画像的广告，他便画了一幅仓颉像去应聘，这幅惟妙惟肖的画像，被大学的教授们选中，教授们不仅让他完成仓颉画像，还打算请他来学校讲授美术。

当时明智大学设有一个广仓学会，并常邀请一些颇负盛名的大儒名士来讲学，例如王国维、沈寐叟等。徐悲鸿就是在这个机缘下，认识了康有为，进而拜他为师，这便有了文章开头的一幕。

徐悲鸿向康有为提到自己有意去北京谋求职业发展的想法，康有为决定向罗瘿公引荐徐悲鸿。当罗瘿公看到康有为的信件和徐悲鸿的作品时，喜出望外，大为赞叹。并立即给当时的教育部长傅增湘写了一封推荐信，盛赞徐悲鸿是个不可多得的人才，希望教育部在派遣留学生时，能考虑让徐悲鸿去法国深造。

徐悲鸿在等待留学期间，经朋友介绍，认识了不久前被任命为北京大学校长的蔡元培。蔡元培看到徐悲鸿饶有新意、富有民族特色的作品后，立即决定聘他为北京大学画法研究会导师，当时的徐悲鸿只有二十二岁。

徐悲鸿在北京读到了很多像《新青年》《每周评论》一样的进步刊物，这些刊物对封建思想的抨击，对民主主义思想文化的传播，让他受到深刻的影响。面对中华民族上千年的美术遗产，徐悲鸿提出："古法之佳者守之，垂绝者继之，不佳者改之，未足者增之，西方绘画之可采者融之。"他还感慨道："中国画学之颓废，至今日已极矣……要以视千年前先民不逮者，实为奇耻大辱！"他立下雄心壮志，希望在20世纪，他们这辈中国画家能复兴中国美术，做出超越前贤的贡献。

欧洲岁月

1918年11月，经蔡元培再次推荐，四个月后，徐悲鸿坐上了开往巴黎的轮船。在海上航行了五十多天，经过太平洋、印度洋，越过红海、苏伊士运河和地中海，轮船停靠在了伦敦。初到英伦，徐悲鸿迫不及待地去了英国国家博物馆，他在这里看到了古希腊巴特农神庙的雕塑，埃及、两河、波斯和古罗马的众多古代艺术；又去了英国国家美术馆，第一次见到了达·芬奇、拉斐尔、委拉斯凯兹、特纳等西方艺术大师的原作。这些都让徐悲鸿大开眼界，深受感触。

在伦敦旅行了一星期后，他来到了世界艺术之都——巴黎。5月的浪漫之都和风拂面，阵阵花香，似曾相识的凯旋门、梦寐以求的卢浮宫、浪漫惬意的塞纳河、高耸入云的圣母院，让徐悲鸿激动不已。也是在这时，徐悲鸿知道国内爆发了震惊中外的五四运动，这使他更加下定决心，要振兴民族艺术！

刚在巴黎安顿好，徐悲鸿就去了艺术圣殿卢浮宫，他看到了达·芬奇的《蒙娜丽莎》、籍里柯的《梅杜萨之筏》、大卫的《荷拉斯兄弟的誓言》等经典的文艺复兴、新古典主义、浪漫主义时期的绘画；还参加了沙龙，看到了很多当时已经流行于巴黎中产阶级中的印象派绘画。

徐悲鸿报考了巴黎高等美术学校，他放下毛笔和墨汁，用铅笔与炭笔，从西方美术教育最基础的素描、速写开始学习，刻苦练习，同时利用闲暇时间，去博物馆观摩西方艺术大师的名作。当时的西方已经跨入了现代主义的艺术阶段，印象派、后印象派、野兽派、新艺术、抽象主义、未来主义等风格不断创新，塞尚、莫奈、马奈、凡·高、高更、毕加索、马蒂斯、克里姆特等现代绘画大师层出不穷，但徐悲鸿还是更钟情于写实绘画的技法，宏大叙事的历史主题，新古典主义、浪漫主义的艺术风格。

1921 年，国内政局动荡，军阀混战不断，远在海外的留学生们难以被顾及，学费被迫中断，但这并未成为徐悲鸿追求艺术道路上的障碍，为了继续学习，他从法国巴黎搬到了生活成本更低的德国柏林。

在柏林期间，徐悲鸿每天作画都达到十个小时以上，有时为了省钱，每天只能勉强吃上一顿面包。除了去博物馆临摹大师名作，他还经常去柏林的动物园，观察动物的神情姿态，进行速写。和在巴黎马场画马时一样，徐悲鸿在柏林动物园将狮子的各种形态，深深印刻在脑中与笔下，这些狮子在徐悲鸿眼中，可能就是那个虽然还在沉睡，但即将苏醒的东方大国。

从 1925 年开始，徐悲鸿接连去了瑞士、比利时、意大利，他纵情欣赏了文艺复兴大师们的传世杰作，游览了古希腊罗马经典的建筑遗迹，领略了古代欧洲灿烂辉煌的文明。

1927 年 4 月，徐悲鸿做出一个决定——归国。

在欧洲八年，徐悲鸿接受了美术史、艺术理论、解剖透视、明暗对比、造型色彩等西方美术教育体系的系统训练，并且大量观摩了欧洲文明遗迹与西方艺术大师的杰作，这些都将成为徐悲鸿日后的底气和弹药，他将用它们改造与武装中国的美术教育系统与艺术创作实践。

烽火年代

1927 年 8 月，徐悲鸿从巴黎乘船抵达新加坡，他少年时随父亲游走卖画和欧洲半工半读的经历，让他拥有了不少推广和销售画作的经验。这次在新加坡停留，主要是为了给华侨画像，筹集回国后安家的费用。

当巨大的轮船缓缓停靠在上海黄浦江岸边，在码头攒动的人群中，有一个戴着宽边礼帽的年轻人，高声喊着："悲鸿！悲鸿！"这个人便是之后写下"起来，不愿做奴隶的人们……"，为《义勇军进行曲》作词的田汉，此时他正在努力恢复上海艺术大学，徐悲鸿在霞飞坊弄堂安顿好后，立马投入到工作中。在恢复上海艺术大学的过程中，他们遇到了困难，但田汉不屈不挠，决定另起炉灶，筹办了南国艺术学院，徐悲鸿担任美术系主任，在紧张教学的同时，开始了巨幅油画《田横五百士》的构思与准备工作。

田横是齐国后裔，陈胜吴广起义后，田横一家也成为抗秦暴政的力量，汉高祖灭秦后，打算招降田横，否则就将他们全部杀掉，田横为了救其他五百战友的性命，便自刎而死，让战友拿着他的头颅去见汉高祖，免受投降侮辱，也保存了战友的生命。这种"富贵不能淫，威武不能屈"的精神，是徐悲鸿崇尚的侠义气节，他因此选定了这个历史上悲壮的故事，作为创作的主题。

徐悲鸿《田横五百士》198cm×355cm
布面油画 1930 徐悲鸿纪念馆

徐悲鸿花费了两年多的时间创作了这幅高 198 厘米，宽 355 厘米的巨大画作。他沉浸在创作的激情中，画面上每个人物，他都会找来真实的模特，先画精准的素描稿，确定没有问题后，再描绘在油画布上。这期间，南京中央大学艺术系还聘请徐悲鸿担任教授，于是，他的大部分时间都用在往返沪宁的道路及教学工作上，并利用所有的闲暇时间，创作《田横五百士》。

徐悲鸿是在伯乐的助推下，才有了去往欧洲学习的机会，他深知伯乐的识才与提携，可能会影响年轻人一生的命运。他接连帮助吕斯百、王临乙、吴作人争取到了三个赴法留学的名额，他们归国之后也成为中国美术教育的中流砥柱。

1929年9月，徐悲鸿受聘担任北平艺术学院院长一职，任职期间，他大胆提出了革新的主张，提倡将西方美术与中国民族绘画相结合，创作出新颖、具有生气和时代感的美术作品。徐悲鸿在聘用教师、人才方面，不墨守成规，大胆聘请造诣高深的草根画家，他专程去西单跨车胡同拜访木匠出身的“北漂”画家齐白石，聘任他为北平艺术学院教授。齐白石虽然自己也收一些徒弟，但还是首次在这种新式的艺术学校教课。齐白石第一天去学校上课时，徐悲鸿清晨亲自坐马车来迎接，并全程陪伴齐白石上完了第一堂课。

除了学校管理、美术教学、艺术创作之外，徐悲鸿还一直在思考和规划如何将代表当时中国文化的优秀美术作品推广到欧美主流阶层。从1933年开始，徐悲鸿接受邀请，陆续在法国、比利时、意大利、德国、苏联等国举办了一系列中国绘画艺术的个展或联展，取得了非常好的成果，还撰写了《在全欧宣传中国美术之经过》的文章。

1931年在沈阳，发生了震惊中外的九一八事变，日本开始了蓄谋已久侵略中国的计划，各地接连爆发了爱国抗日运动。1937 年 7 月 7 日，北京卢沟桥的炮声彻底燃起了中国人民全面抗战的烽火。不久，南京中央大学迁往重庆大后方，北京、天津、上海、南京等地接连失守，战争导致物资短缺，商业瘫痪，大量的工厂和农田被摧毁，百姓无家可归，流离失所。为了筹款捐助失去家园的难民，也为了向国外华侨宣传抗战，徐悲鸿决定去新加坡举办画展。他笔下的雄狮、公鸡、奔马、怪石、苍松都成为彰显中国人民同仇敌忾、英勇抗日的态度与决心的化身，他向海外华人华侨传递着不可动摇的抗日决心和对祖国坚强不屈的信心。

徐悲鸿《狮子》62.5cm × 41cm
纸本素描 1992 徐悲鸿纪念馆藏

徐悲鸿虽身在国外，心心念念的却是还在战火中挣扎的祖国人民。他将画展筹得的画款全部捐寄回祖国，救济难民。徐悲鸿坚信，只要中国人民艰苦奋战，坚持到底，一定会战胜日本侵略者，取得抗日战争的最后胜利——他在印度大吉岭，画下了一幅代表他胸中坚定信念的巨幅国画《愚公移山》。画中人物坚忍执着的精神与强劲刚勇的力量，给人们巨大的鼓舞。

1941 年到 1942 年，徐悲鸿在马来西亚和昆明接连举办抗战画展，并将画展的全部收入捐献祖国，慰劳前线的将士。1942 年夏天，徐悲鸿回到了阔别已久的重庆，他受到中央大学师生们的热烈欢迎。同年冬天，徐悲鸿担任中国美术学院院长一职。

在重庆期间，徐悲鸿创作了一批以马为主题的国画作品，如《奔马图》《六骏图》等。他笔下的马，不是站立就是奔跑，很少见到有躺卧着的；马的体格也多为瘦骨嶙峋，而不是膘肥体壮，养尊处优的。这些绘画对象的刻意设定，带有徐悲鸿深深的忧愤和希冀：渴望奔赴战场，英勇驰骋沙场，正面迎敌，所向披靡，这是他笔下神骏常有的状态。

徐悲鸿《九方皋》139cm×351cm
纸本彩墨 1931 徐悲鸿纪念馆

桃李天下

1946 年夏天，徐悲鸿回到北平。

当时的教育部长朱家骅曾是徐悲鸿在德国时的同学，战争结束，百废待兴，很多学校都要重新聘任校长，他就想邀请徐悲鸿来北平，担任北平艺术专科学校的校长。恰好徐悲鸿也一直希望办一所贯彻他所主张的美术教育理念的学校，所以他放弃了南京安稳优渥的条件，坚持来到北平。

徐悲鸿在南京时，就已经开始考虑和物色北平艺专的教师队伍人选了。他首先想到了曾得他帮助去巴黎留学的吴作人，写信邀请他，请吴作人来北平，担任北平艺专的教务长，还陆续聘任了李桦、王临乙、滑田友、叶浅予、李斛、李可染、李苦禅、冯法祀、周令钊、韦启美、戴泽等一大批全国优秀的人才。到了北平以后，他又专门去看望齐白石，聘他为名誉教授。当时，他们中的很多人，已经是条件优越，事业稳定，在全国有一定知名度的教授了，能放弃已有的安定生活，追随徐悲鸿来到北平，从零开始，不仅因为徐悲鸿的影响力与真挚邀请，还因为徐悲鸿曾对他们有过无私的帮助与提携。于是，全国最有名的艺术家都集中到了北平艺专，为之后建立系统的新中国美术教育体系提供了人才保证。

“艺术家应与科学家同样有求真的精神。研究科学，以数学为基础；研究艺术，以素描为基础……艺术家既有求真的精神，故当以阐发造化之美为天职……”这是徐悲鸿在1947年11月发表的一篇文章《当前中国之艺术问题》中所写的，他在文中阐述了提倡师法造化，反对模仿古人，注重素描严格训练的艺术观点。

1949年对于徐悲鸿来说，是忙碌而崭新的一年。4月，徐悲鸿参加了以郭沫若为团长，曹禺、艾青、丁玲、田汉、马寅初、郑振铎、程砚秋、古元等为团员，在巴黎举行的第一届世界保卫和平大会；6月，徐悲鸿以代表身份在北平参加了新政治协商会议筹备会，会中，徐悲鸿提议用田汉作词、聂耳作曲的《义勇军进行曲》为代国歌；7月，徐悲鸿当选中华全国美术工作者协会(现中国美术家协会)主席。

中华人民共和国成立后，1949年11月，中央人民政府提出，把来自延安的华北大学三部美术系与北平艺专合并，办一个专业的美术院校，当时叫国立美术学院。由周恩来亲自颁发聘书，聘徐悲鸿为国立美术学院校长，徐悲鸿还特意写信请毛泽东主席题写了校名，1950年，改为中央美术学院。他将生命中最后的激情与气力，都用在学校建设与美术教育事业上了。

1950年，在北京召开了全国英模大会，徐悲鸿带领中央美院的教师们，为那些来自全国各地的战斗英雄与劳动模范画像，随后他又准备创作《鲁迅与瞿秋白会见》的巨幅油画，还深入兴建的水利工程工地体验生活……很多时候，徐悲鸿都是坚持带病工作，他那股强劲的热情，不知疲倦的状态，终于将多年透支的身体拖垮。

1953年9月26日，徐悲鸿因脑出血在北京去世，年仅五十八岁。他去世后，妻子廖静文将一千二百余件徐悲鸿作品，以及家中所藏一万多件古代书画和各类藏品，全部无偿捐献给了国家，现大部分收藏在位于北京新街口的徐悲鸿纪念馆。

徐悲鸿从青年时代就立志于美术事业，从 1918 年被蔡元培聘为北大画法研究会导师，到 1928 年在南京中央大学艺术系任教，从 1945 年抗战胜利后被聘为国立北平艺专的校长，再到 1949 年中华人民共和国成立后担任中央美术学院的首任院长，徐悲鸿把自己全部的生命热情和艺术才华倾注在美术教育事业上，并建立中国现代美术教育体系，培养中西兼容的新型美术人才，提出了至今仍被中央美术学院奉为校训的“致广大，尽精微”的教学理念。徐悲鸿与他的学生们，为 20 世纪，乃至 21 世纪培养了一大批功力深厚、富有创见的艺术家，他们也成为中国美术教育、理论研究、艺术创作、工艺设计领域的中流砥柱，为国家建设、文化发展、艺术进步做着巨大的贡献。受教于徐悲鸿建立的美术教育体系的万千学子，遍布在中国文化艺术领域的方方面面、角角落落。

徐悲鸿一生都致力于中国艺术的改革与复兴，在中国社会的历史变迁中寻求新的艺术之路，是时代洪流中致力于新文化传布的先锋者和执旗手。他壮丽的艺术人生，已经超越了历史的局限，不仅绽放着个体生命对文化经典的追求，还体现出传承传统文脉、振兴中华艺术的民族文化使命。

可以说，在20世纪中国美术教育、艺术革新的发展历程中，徐悲鸿是首创融兼之法、广纳育贤之士的领军者与奠基人，为新中国的美术事业做出了最重要的贡献！

人物评价

徐悲鸿并不是要用西学将国画传统“腰斩”。他自己曾明确提出，传统不可丢，“古法之佳者守之，垂绝者继之，不佳者改之，未足者增之”。他将一种新的审美品格引入了国画艺术。他在动荡的时代中坚持不懈，为中国绘画的创新和发展贡献了自己的才华。

（全书完）

附录：本书中涉及的艺术作品

达·芬奇

《三博士来拜》

《最后的晚餐》

《抱银鼠的贵妇》

《瓦尔迪基亚纳地图》

《蒙娜丽莎》

《维特鲁威人》

《伊莫拉地图》

《救世主》

米开朗基罗

《阶梯圣母》

《半人马之战》

《施洗者圣约翰》

《沉睡的丘比特》

《大卫》

《圣经·创世纪》

《西斯廷天庭画》

《最后的审判》

拉斐尔

《三位一体》

《阿格洛诺与玛达莱娜肖像》

《草地上的圣母》

《雅典学院》

丢勒

《自画像》

《天启四骑士》

《玫瑰经的盛宴》

《凯旋门》

《骑手、死亡和魔鬼》

《书房中的圣哲罗姆》

《梅伦科利亚一世》

《母亲》

《四使徒》

《霍尔茨舒赫肖像》

《约翰·克里伯格的肖像》

鲁本斯

《自画像》

《交换公主》

《和平与战争的寓言》

《清晨的风景》

《归来的农民》

《乡村节日》

伦勃朗

《圣斯蒂芬的石刑》

《尼古拉斯·杜尔博士的解剖课》

《夜巡》

《市政官》

雅克-路易·大卫

《安条克的病因》

《帕特罗克罗斯的葬礼》

《霍拉蒂的誓言》

《苏格拉底之死》

《网球场誓言》

《马拉之死》

《拿破仑跨越阿尔卑斯山》

《拿破仑加冕礼》

《拿破仑在杜伊勒宫》

《波拿巴姐妹》

《分发鹰旗》

《丘比特与普塞克》

《解除武装的战神》

德拉克洛瓦

《但丁之舟》

《希俄斯大屠杀》

《米索隆吉废墟上的希腊》

《自由引导人民》

《在房中的阿尔及尔妇女》

克劳德·莫奈

《花园里的女人》

《草地上的午餐》

《日出·印象》

《临终的卡米尔》

《撑阳伞的女人》

《睡莲与日本桥》

《干草堆》

文森特·凡·高

《屋顶》

《吃土豆的人》

《坦吉的肖像》

《日本女人》

《阿尔勒的卧室》

《夜晚的咖啡馆露台》

《夜间咖啡馆》

《丁香花》

《鸢尾草》

《柏树》

《橄榄树》

《星夜》

《红色葡萄园》

《树根》

《自画像》

《向日葵》

保罗·塞尚

《春夏秋冬》

《艺术家的父亲》

《圣维克多山》

《塞尚之子》

《风之屋的泳池》

《磨坊》

徐悲鸿

《田横五百士》

《雄狮》

《愚公移山》

《九方皋》

塑造文明的大师们 画家的觉察

主编 _ 果麦　撰文 _ 王凯

产品经理 _ 陈佳敏　装帧设计 _ 朱大锤　产品总监 _ 熊悦妍
技术编辑 _ 白咏明　责任印制 _ 杨景依　出品人 _ 王誉

果麦
www.guomai.cn

以 微 小 的 力 量 推 动 文 明

图书在版编目（CIP）数据

画家的觉察 / 果麦编 ; 王凯撰文 . -- 南京 : 江苏凤凰文艺出版社 , 2024.1
（塑造文明的大师们）
ISBN 978-7-5594-8085-9

Ⅰ . ①画… Ⅱ . ①果… ②王… Ⅲ . ①画家 – 生平事迹 – 世界 Ⅳ . ① K815.72

中国国家版本馆 CIP 数据核字（2023）第 215188 号

画家的觉察

果麦 编　王凯 撰文

责任编辑　白　涵
特约编辑　陈佳敏
装帧设计　朱凤婷
出版发行　江苏凤凰文艺出版社
　　　　　南京市中央路 165 号，邮编：210009
网　　址　http://www.jswenyi.com
印　　刷　北京世纪恒宇印刷有限公司
开　　本　880 毫米 ×1230 毫米　1/32
印　　张　5.75
字　　数　92 千字
版　　次　2024 年 1 月第 1 版
印　　次　2024 年 1 月第 1 次印刷
印　　数　1–5,000
标准书号　ISBN 978–7–5594–8085–9
定　　价　158.00 元（全五册）